Thomas Mann Jahrbuch Band

THOMAS MANN
Jahrbuch

Band 38 2025

Begründet von
Eckhard Heftrich und Hans Wysling

Herausgegeben von
Marc von Moos und Hans Wißkirchen

Verantwortlich für das Schwerpunktthema
Tim Lörke und Katrin Max

KLOSTERMANN

Herausgegeben in Verbindung mit der Deutschen Thomas Mann-Gesellschaft, Sitz Lübeck e.V. und der Thomas Mann Gesellschaft Zürich

Redaktion und Register: Brita Dufeu, Imke Jelen

Wir bedanken uns bei der Zauberberg-Stiftung, Augsburg, die das Thomas Mann Jahrbuch mit einer namhaften Summe unterstützt.

Name des Verlags: Vittorio Klostermann GmbH
Postanschrift: Westerbachstraße 47, 60489 Frankfurt am Main
E-Mail-Adresse: verlag@klostermann.de, Telefon: (069) 970816-0

Gedruckt auf EOS Werkdruck von Salzer, alterungsbeständig ⊗ISO 9706
Satz: mittelstadt 21, Vogtsburg-Burkheim
Druck: Memminger MedienCentrum, Memmingen
Printed in Germany
ISSN 0935-6983
ISBN 978-3-465-04712-4

Inhalt

Jahrestagung der Thomas Mann Gesellschaft Zürich 2024

Abhandlungen

Anhang

Vorwort

Die Deutsche Thomas Mann-Gesellschaft tagte vom 27. bis zum 29. September 2024 bereits zum zweiten Mal im Format der »Lübecker Thomas Mann-Tage«. Den Auftakt bildete wie im Jahr 2022 am Freitagabend die Verleihung des Thomas Mann-Preises 2024 an Navid Kermani.

Die sich anschließenden Thomas Mann-Tage nahmen das Jubiläum des international bekanntesten Romans des Schriftstellers, *Der Zauberberg*, in den Blick. Unter dem Titel »100 Jahre *Der Zauberberg*« rückte die Tagung die Zeit- und Kontextgebundenheit wie die Aktualität dieses Romans in den Vordergrund und stellte dabei zugleich die Frage nach seinem demokratischen Grundverständnis.

Bereits am Freitagnachmittag konnten die Tagungsgäste in Workshops, geleitet von Barbara Eschenburg, Oliver Fischer und Nils Louen, sowie einem Literarischen Stadtrundgang zum Thema »Davos liegt an der Trave. Auf den Spuren des *Zauberbergs* durch Lübeck« einen ersten Einstieg in das Thema gewinnen.

Unter dem Titel »Thomas Mann kontrovers – Hans Castorp: Ein simpler Held?« sprachen und diskutierten Katrin Max und Michael Navratil am folgenden Vormittag. Sie formulierten dabei unterschiedliche Sichtweisen auf die Heldenhaftigkeit des Protagonisten Hans Castorp. Nach der Möglichkeit des Ausstellungsbesuchs der beiden Sonderausstellungen zum Roman am Nachmittag im Museumsquartier St. Annen (Buddenbrookhaus: »Thomas Manns *Der Zauberberg*. Fiebertraum und Höhenrausch« und Kunsthalle St. Annen: »Extra Time« der Künstlerin Heather Phillipson) beging das Junge Forum Thomas Mann am Abend mit einem Jubiläumsprogramm sein 30-jähriges Bestehen.

Am Sonntag stellte Heinz Strunk im Gespräch mit Edo Reents (*FAZ*) seinen neuen Roman *Zauberberg2* vor. Den Abschluss der Tage bildete eine Podiumsdiskussion. Moderiert von Jan Ehlert (NDR Kultur) beleuchteten die Teilnehmenden, Natascha Strobl, Kai Sina und Thomas Sparr, die doppelte Zeitgenossenschaft des *Zauberberg*.

Neben den beiden von Katrin Max und Michael Navratil gehaltenen Vorträgen finden sich im Jahrbuch noch eine weitere Reihe Aufsätze zum Thema, die über einen Call for Papers ausgewählt wurden. Es handelt sich um Beiträge von Ulrich Kinzel, Michael Lauener, Björn Moll, Till Nitschmann, Erik Schilling und Agnieszka Haas. Zur näheren Erläuterung siehe die Einführung von Katrin Max und Tim Lörke ab Seite 9, die für diesen Themenschwerpunkt verantwortlich zeichneten.

Zusätzlich präsentiert der Band zwei Abhandlungen: James Bade befasst sich mit Thomas Manns Rolle bei Karl Wolfskehls Anträgen auf Asyl in Neuseeland, während Holger Rudloff auf die digitale Aktualität von Thomas Manns früher Erzählung *Luischen* blickt.

Freundlicherweise hat Navid Kermani uns den Abdruck seiner Dankesrede anlässlich der Verleihung des Thomas Mann-Preises gestattet. Dafür sagen wir ausdrücklich unseren Dank. Der Dank geht auch an Wolfgang Matz, dessen Laudatio ebenfalls in diesem Jahrbuch zu finden ist.

Die Thomas Mann Gesellschaft Zürich tagte am 8. Juni. Unter dem Titel »Vom Sog in die Tiefe und vom Schwung in die Höhe hin zur dünnen Luft« sprachen Volker Weidermann und Dana Grigorcea über Thomas Manns Beziehung zur Natur. Das Gespräch finden Sie ebenfalls im Jahrbuch abgedruckt.

Am 3. Dezember begrüßte Rafael Ball, Direktor der ETH-Bibliothek, zur 8. Thomas Mann Lecture der ETH Zürich. Andreas Kilcher, Kuratoriumspräsident, leitete den Festvortrag ein. In seinem Vortrag »Ist der *Zauberberg* zu retten?« ging der deutsch-amerikanische Literaturwissenschaftler Hans Ulrich Gumbrecht auf das Spannungsverhältnis ein, in das Thomas Manns Roman *Der Zauberberg* mit seinem Aufstieg zum Literaturklassiker geraten ist. Der Vortrag ist als Videobeitrag der ETH-Bibliothek auf Youtube abrufbar.

Als Abrundung folgen wie immer die Auswahlbibliografie sowie die Mitteilungen der Deutschen Thomas Mann-Gesellschaft und der Thomas Mann Gesellschaft Zürich. Wie auch schon in den vergangenen beiden Jahren finden sich nach den Mitteilungen der Deutschen Thomas Mann-Gesellschaft der Dank und die namentliche Nennung der Personen, die seit Erscheinen des Jahrbuchs 2024 die Tätigkeiten der Deutschen Thomas Mann-Gesellschaft durch eine Spende unterstützt haben.

Die Deutsche Thomas Mann-Gesellschaft und die Herausgeber bedanken sich in ganz besonderem Maße bei der Zauberberg-Stiftung Augsburg. Die Stiftung unterstützt das Erscheinen des Jahrbuchs in diesem und den folgenden beiden Jahren und trägt damit zur Kontinuität dieser wissenschaftlichen Publikation bei.

Die Herausgeber

Katrin Max und Tim Lörke

Der Zauberberg – Erzählen als demokratisches Verfahren

Das Jahr 2024 stand für die Thomas Mann-Forschung ganz im Zeichen eines Jubiläums: Zum hundertsten Mal jährte sich das Erscheinen des Romans *Der Zauberberg*. Eine Reihe von Veranstaltungen widmete sich dem Text, darunter die Lübecker Thomas Mann-Tage, die in der Varianz ihrer Tagungspunkte das demokratische Grundverständnis des Romans hervorhoben und Aspekte der Entstehungs- und Handlungszeit im Spannungsverhältnis zu heutigen Entwicklungen betrachteten. Dass *Der Zauberberg* gerade durch das weit gefasste Spektrum seiner Themen nach wie vor große Beachtung bei einer aufgeschlossenen Leserschaft findet, zeigte das mediale Interesse an diesem Jubiläum. Artikel in der Presse sowie Beiträge in Rundfunk und Fernsehen fragten vornehmlich nach Gegenwartsbezügen und betonten damit die Relevanz der Literatur und insbesondere des Autors und intellektuellen Zeitzeugens Thomas Mann und dessen literarischen Œuvres. Genannt sei des Weiteren die Ausstellung des Buddenbrookhauses »Thomas Manns *Der Zauberberg*. Fiebertraum und Höhenrausch«, deren Anschaulichkeit unter anderem dadurch realisiert wurde, dass einzelne Elemente des Romans vor dem Hintergrund konkreter tagespolitischer Ereignisse interpretiert wurden.

In der Retrospektive erweist sich das *Zauberberg*-Jubiläum als ein besonderes, da eine deutliche Schwerpunktsetzung erkennbar ist: So verschieden die Formate zu Ehren des Romans waren, strichen sie doch letztlich alle die Aktualität des *Zauberberg* im Lichte seiner artikulierten demokratischen Ausrichtung heraus. Das ist zum einen als Ausdruck der Bedürfnisse unserer Zeit zu verstehen, da die Frage nach der Demokratie als einer Form politischer Herrschaft aufgeworfen wird, unter Konzentration auf deren Gelingensbedingungen sowie deren Anfälligkeit aufgrund äußerer und innerer Einflüsse. Der literarische Text dient hier im besten Sinne als Medium dafür, in seiner historischen Perspektive ein für unsere Zeit relevantes Problem zu thematisieren.

Zum anderen aber erfährt *Der Zauberberg* als hundert Jahre alter Text auf diese Weise neue Impulse für die Interpretation. Mag der auf »Demokratie« gerichtete Fokus zunächst unter Umständen einengend erscheinen, da er die Aufmerksamkeit vordergründig auf bestimmte, ausgewählte Elemente der Handlung lenkt und deren historische Bezüge akzentuiert, ergibt eine genauere Betrachtung, dass das Gegenteil der Fall ist. Das Thema »Demokratie« wird im *Zauberberg* in einem weitaus umfänglicheren Maße verhandelt. Es erstreckt sich nicht allein auf die zeitgenössischen politisch-historischen Kontexte und auf deren Niederschläge im Text. Aspekte des Demokratischen sind – konkret oder im übertragenen Sinne – auf den unterschiedlichen Ebenen des Romans anzutreffen. Das Demokratische wird durch die Handlung und dort namentlich durch die Dispute jener Figuren, die als »lauter Exponenten, Repräsentanten und Sendboten geistiger Bezirke, Prinzipien und Welten« dienen, anschaulich gemacht (XI, 512). Es ist des Weiteren durch die Stationen, die der »einfache[] junge[] Mensch« Hans Castorp durchläuft, erkennbar (5.1, 11). Das Spektrum reicht hier von der Auseinandersetzung mit den Wissenschaften (wie Biologie und Medizin) bis zur Beschäftigung mit dem Irrationalen (wie Okkultismus und Spiritismus), das sich trotz aller vorangegangener wissenschaftlicher Studien und ungeachtet des pädagogischen Einwirkens durch den Aufklärer und Vernunft-Vertreter Settembrini für Castorp als äußerst attraktiv erweist.

Das Demokratische kommt darüber hinaus durch die formale Gestaltung des Textes und dabei namentlich durch die narrative Vermittlung zum Tragen. So ist der Erzähler um Ausgewogenheit der Darstellung bemüht, wenn er die Widersprüche und Antagonismen darlegt, all die verschiedenen Ansichten vorträgt und sich mit Wertungen zurückhält. Sein Schlusssatz, ob »aus diesem Weltfest des Todes [...] einmal die Liebe steigen« werde (5.1, 1085), lässt wiederum Rückschlüsse auf seine humanistische Grundorientierung zu. Diese korrespondiert mit Hans Castorps vorangegangener Schneetraumerkenntnis, der Mensch solle *»um der Güte und Liebe willen dem Tode keine Herrschaft [...] über seine Gedanken [einräumen]«* (5.1, 748). Zugleich ist der gesamte Text durch seine ironische Grundhaltung geprägt, wodurch der Zugriff auf eine solch eindeutige Lesart erschwert wird. Die Ironie steht einerseits für demokratische Offenheit, unterwandert aber andererseits – und ironischerweise – das Demokratische, indem sie alles und jedes hinterfragt, auch die vermeintlich letztgültigen Aussagen des Romans.

All dies im Sinn, stellen die Artikel des Schwerpunktthemas im vorliegenden Band Überlegungen dazu an, inwiefern im *Zauberberg* Aspekte des Demokratischen durch das Erzählen selbst zum Tragen kommen und welche Optionen sich daraus für die Interpretation ergeben. Der Roman zeichnet sich durch die Thematisierung von oppositionellen Positionen und Antagonismen als Text der Moderne aus. Durch seine narrativen Verfahren macht er Meinungsbildungsprozesse transparent und steht so im Kontext seiner Zeit. *Der Zauberberg* artikuliert auf diese Weise u. a. mithilfe seiner literarischen Mittel ein neuartiges demokratisches Grundverständnis.

Die folgenden Beiträge akzentuieren das Schwerpunktthema je individuell. Ulrich Kinzel analysiert den *Zauberberg* im Bezug zu Walter Benjamins *Passagen-Werk*, unter Fokussierung auf die jeweiligen Geschichtskonstruktionen, die er als zwei Formen moderner und demokratischer Erinnerung markiert.

Michael Lauener betrachtet den Roman ebenfalls im Kontext eines zeitgenössischen Kulturkritikers, nämlich Carl Schmitts, den er im Hinblick auf die Figur Leo Naphta als Einflussgröße für den *Zauberberg* sichtbar macht. Dass Lesarten im Lichte zweier so unterschiedlicher Persönlichkeiten wie Walter Benjamin und Carl Schmitt möglich sind, macht deutlich, welch divergierende Ansichten und Positionen im Text zum Tragen kommen und literarisch gespiegelt werden. Mit Leo Naphta wird zudem jene Figur des Romans zum Thema eines Beitrags gemacht, die sich in ihrer radikalen Ausrichtung sowie durch ungewöhnliche Kombinationen in ihrer Vita (Jude, Jesuit, Nihilist, Terror-Fürsprecher) unseren herkömmlichen Vorstellungen dessen, was Demokratie bedeutet, entzieht.

Die Vielzahl der unterschiedlichen Standpunkte und Meinungen ist der Ausgangspunkt für Björn Moll, der im Hinblick auf Polyperspektivität und Mehrsprachigkeit danach fragt, inwieweit dadurch das Prinzip der Demokratie zum Tragen komme. Mit Blick auf die narrativen Arrangements des Textes nimmt er dessen literarische Mittel in den Blick und geht dabei unter anderem darauf ein, wie *Der Zauberberg* das Thema Krieg verhandelt und auf welche Weise sich Aspekte von Weiblichkeit konstituieren. Auch Till Nitschmann wendet sich den literarischen Gestaltungsmöglichkeiten des Textes zu, wenngleich auf andere Weise. Er legt den Fokus auf die im Roman obwaltende Ironie des Romans und perspektiviert diese vor dem Hintergrund seiner Nietzsche-Bezüge. Damit greift er auf viel besprochene Elemente der *Zauberberg*-Forschung zurück, akzentuiert diese jedoch im Sinne des Schwerpunktthemas, da er vornehmlich Nietzsches *décadence*-Theorie im Roman als ironisch vermittelt ansieht und so eine wahrnehmbare erzählerische Demokratisierungsstrategie erläutert.

Erik Schilling unterzieht den *Zauberberg* einer Lektüre im Bezug zum Diabolischen, das die unterschiedlichen Ebenen des Romans berührt. Wie relevant das Diabolische für den Text ist, belegt er zunächst anhand wiederkehrender Formulierungen und erläutert sodann, inwieweit Hans Castorp als moderner Faust aufgefasst werden kann, der zwischen Settembrini und Naphta steht. Beide sind mit dem Teuflischen assoziiert, wodurch insbesondere Settembrini eine differenzierende Charakterisierung erfährt. Agnieszka Haas bietet ebenfalls Impulse für eine Re-Lektüre des *Zauberberg*. Der Schwerpunkt ihres Beitrags liegt auf den intertextuellen Bezügen zu Olga Tokarczuks Roman *Empusion* (2022). Haas erläutert, dass beide Texte als zueinander im Dialog stehend angesehen werden können. Hierbei weist sie nicht nur detailreich inhaltliche wie strukturelle Analogien nach, sondern geht auch darauf ein, dass *Empusion* als Text der Gegenwartsliteratur Themen und Probleme unseres aktuellen Kontexts verhandelt.

Die Beiträge von Katrin Max und Michael Navratil, die das Schwerpunktthema beschließen, gehen auf Vorträge der Lübecker Thomas Mann-Tage

2024 zurück. Unter dem Programmpunkt »Hans Castorp: Ein simpler Held?« wurde der Fokus auf den Protagonisten des *Zauberberg* gelegt. Beider Beiträge favorisieren je unterschiedliche Deutungen hinsichtlich der Entwicklungs- und Bildungsfähigkeit Hans Castorps. Katrin Max geht davon aus, dass Hans Castorp keine nennenswerte Entwicklung erfährt. In seinem ironisch gezeichneten Bildungsgang durchläuft Castorp vielmehr verschiedene Stationen aufgrund von außen gesetzter Impulse und nacheinander. Ähnlich wie der Erzähler ist auch er als Figur um Komplexitätsreduktion bemüht, um den Herausforderungen der Moderne zu begegnen. Dass er alles hörenswert findet, ist Ausdruck seiner demokratischen Grundhaltung, so wie der Roman selbst die verschiedensten Ansichten paritätisch vorträgt. Michael Navratil stellt im Gegensatz dazu das Besondere und Bemerkenswerte Hans Castorps heraus. Er attestiert ihm ein bestimmtes Maß an Heldentum und erläutert, dass Castorp innerhalb der Sanatoriumsgesellschaft eine Sonderstellung einnimmt, die in seinem Charakter und seiner Persönlichkeit begründet ist. Insbesondere streicht Navratil Castorps ethisches Verantwortungsbewusstsein heraus, das sich an verschiedenen Stellen des Romans manifestiert. Er erläutert, dass durch Castorps demonstrierte Haltung ein Weg gezeigt wird, mit den politischen Auswüchsen des historischen Kontexts umzugehen.

Die von Max und Navratil ausgeführte Kontroverse ist damit keine, die einander ausschließende Standpunkte vorträgt. Sie belegt, dass auf eine gestellte Frage (wie die nach Hans Castorps Person) ganz unterschiedliche Antworten gegeben werden können, ohne dass hierdurch davon abweichende Meinungen abgelehnt würden. Das entspricht einer zeitgemäßen Thomas Mann-Forschung, die sich der Komplexität ihres Untersuchungsgegenstandes bewusst ist und die davon ausgeht, dass verschiedene Akzentuierungen zu voneinander differierenden Ergebnissen führen können. Dementsprechend erweisen die Beiträge zum vorliegenden Schwerpunktthema die Vielzahl der Möglichkeiten, sich mit Aspekten des Demokratischen im *Zauberberg* auseinanderzusetzen.

Ulrich Kinzel

Republikanisches Ethos, politische Prophetie

Thomas Manns *Der Zauberberg* und Walter Benjamins *Das Passagen-Werk*

Thomas Manns Roman *Der Zauberberg*, veröffentlicht 1924, und Walter Benjamins Projekt *Das Passagen-Werk*, dessen Erarbeitung Benjamin ab 1927 beginnt, haben zum Gegenstand die bürgerliche Kultur und Lebenswelt des 19. Jahrhunderts. Diese Welt wird aber nicht einfach als etwas Vorangehendes wahrgenommen, sondern als Problem des 20. Jahrhunderts. Für den *Zauberberg* und das *Passagen-Werk* bedeutet das, dass ihre jeweils sehr spezifische Form der Reflexion der Tatsache geschuldet ist, dass in beiden Werken sich die alte bürgerliche Welt samt ihrem Ende auf unübersichtliche Weise kompliziert hat zu einem tiefgreifenden Problem, das die historische Tatsache eines Epocheneinschnitts weit übersteigt. Für Thomas Mann und Walter Benjamin wurde das 19. Jahrhundert zu einer Denk- und Gestaltungsaufgabe jenseits des Historismus. Das heißt, es konnte für beide Projekte nicht mehr darum gehen, die Erfahrungen der bürgerlichen Kultur aus einer Dynamik des zeitlichen Werdens zu erklären oder abzuleiten,[1] sondern es musste darum gehen, neue zeitliche Strukturen zu schaffen, die wiederum neue Formen der Darstellung erforderten. Es musste darum gehen, die Konventionen des realistischen Romans und der Geschichtsphilosophie zu überwinden, das 19. Jahrhundert dem geschärften Blick der Moderne zu unterziehen und mit einem entschlossenen Gestaltungswillen innovative Formen des Diskurses zu schaffen.

Bei allen gravierenden Unterschieden, die zu explizieren sein werden, stellen beide Projekte die kulturelle und alltägliche Erfahrungswelt des Bürgertums in das charismatische Zeichen des Zaubers. Dieser Zauber hat zwei Aspekte – Herrschaft und Unwahrheit. Der Zauber übt Macht über die Verzauberten aus, indem er sie in Bann hält; als Gebannte, ihrer Freiheit und Vernunft Beraubte bewohnen die europäischen Bürger der Vorkriegszeit sowohl das Sanatorium als auch die Passagen. Der Zauber ist zugleich ein Zeichen der Unwahrheit, und zwar – ähnlich wie im Bann und der Krankheit Thebens in *König Ödipus* – einer fundamentalen politischen Unwahrheit, die durch das analytische

[1] Vgl. hierzu Karl Mannheim: Historismus [1924], in: ders.: Wissenssoziologie, hrsg. v. Kurt H. Wolff, 2. Auflage, Neuwied am Rhein/Berlin: Luchterhand 1970, S. 246–307.

Erzählen Thomas Manns[2] und die ›profanen Erleuchtungen‹ Walter Benjamins einer fundamentalen Kritik unterzogen wird.

I.

Der Zauberberg ist konzipiert und ausgeführt als Werk geistiger Erkundung. Es geht also grundsätzlich nicht darum, Ideen und Erfahrungen darzustellen oder nachzuahmen. Vielmehr versucht der Roman, die Wirkung eines tiefen historischen Bruchs, den der Erste Weltkrieg verursacht, zu verarbeiten. Das geschieht durch eine Arbeit der geistigen Orientierung. Wenn dementsprechend der Roman als, wie sein Autor sich ausdrückt, »Denkwerk« (DüD I, 575) anzusehen ist, dann liegt das, was der Roman tut, offensichtlich nicht darin, ein Denken wiederzugeben oder umzusetzen, sondern darin, ein Denken ins Werk zu setzen, das heißt, es durch Erzählen zu konstituieren.

Ein Vergleich des *Zauberberg* mit dem *Passagen-Werk* nun erfordert eine Fokussierung des Blicks auf einen Bereich, der beiden Werken gemeinsam ist, und das ist die historische Erfahrung. Ihr ist das zweite Kapitel des *Zauberberg* gewidmet. Die Vergegenwärtigung, die die Erzählung dem Großvater Hans Castorp angedeihen lässt, ist der erste Schritt, den der Roman in die historische Zeit tut.[3] Sie geschieht über ein biografisches Zeitfenster: Hans Castorp verlebt nach dem Tod seiner Eltern eineinhalb Jahre (bis auch er stirbt) im Hause seines Großvaters Hans Lorenz Castorp, dessen Person und Hausstand zum Gegenstand der Erinnerungen werden. Diese Erinnerungen konstituieren eine genealogische Zeit, die sich von der Gegenwart Hans Castorps in die Kindheit am Ende des 19. Jahrhunderts, dann, über den Lebenslauf des Großvaters, in die Zeit um 1800 und weiter ins 14. Jahrhundert zurückerstreckt. Dieser zeitliche Bogen umspannt die historisch-politische Formation des hanseatischen Stadtpatriziats, eine politische Institution getragen von einer bürgerlichen Oberschicht, die über einen Stadtrat eine maritime Handelsstadt regierte. Diese Wirklichkeit wird an anderer Stelle mit der kulturellen Konstruktion eines Bürgerhumanismus verflochten. Für Hans Castorp, den Spross der Senatorenfamilie, ist vorgesehen, dass er das Amt eines Senators bekleiden wird. Für die genealogische, an Stand, Familie und Polis orientierte Zeit gilt es also, wie es im Zusammenhang mit dem Porträt von Hans Lorenz Castorp heißt, »die Vergangenheit zur Gegenwart, die Gegenwart zur Vergangenheit zu machen« (5.1, 43).

[2] Zur Entfaltung seiner Poetik vgl. Andreas Kablitz: Der Zauberberg. Die Zergliederung der Welt, 2., überarbeitete Auflage, Heidelberg: Winter 2020.

[3] Zur Zeitgestaltung im *Zauberberg* vgl. Ulrich Karthaus: ›Der Zauberberg‹ – ein Zeitroman (Zeit, Geschichte, Mythos), in: Deutsche Vierteljahrsschrift für Literaturwissenschaft und Geistesgeschichte, Jg. 44, 1970, S. 269–305.

Die genealogische Zeit also bildet sich über zwei Bewegungen, sie reicht zurück in die Tiefe der Jahrhunderte, um eine *deep time* zu konstituieren, und sie schließt die tiefe Zeit genealogisch an die Gegenwart an. Die Genealogie ist also zugleich Erinnerung und Vergegenwärtigung. Diese Kette der Zeit wird durch den Diskurs der Erzählung anschaulich gemacht und potenziert, und zwar am Beispiel der Taufschale. Der Pastor, der den kleinen Hans Castorp tauft, heißt Bugenhagen und trägt damit den Namen eines Reformators; Pastor Hesekiel, der 24 Jahre vorher Hans' Vater Hans Hermann Castorp taufte, ist derjenige, »den die Franzosen als jungen Menschen beinahe erschossen hätten, weil er gegen ihre Räubereien und Brandschatzungen gepredigt hatte« (5.1, 39–40); nach dieser Assoziation der französischen Besetzung Hamburgs von 1806 bis 1814 kommt der älteste der erwähnten Castorps, Hans Lorenz, an die Reihe, und hinsichtlich seiner Taufe 75 Jahre vor der Hans Castorps betont die Erzählung, dass der Geistliche »dieselben Worte wie bei dir und deinem Vater« sprach, »ebenso floß das warme, klare Wasser von meinem Haar« (5.1, 40). Die Verbindung des jüngsten mit dem fernsten, des ältesten mit dem gegenwärtigen Punkt der Genealogie und die Korrelation der mittleren beiden Positionen der Familiengeschichte und der Historie erzeugen ein genealogisch-historisches Rad, das die Zeit in einer zyklischen Bewegung hält. In dieser Form stiftet die genealogische Zeit ein Kontinuum, das die tiefe Zeit und die Gegenwart in einer Zeitlosigkeit miteinander verklammert und das Leben der Familie verewigt. Für das junge Individuum, für Hans Castorp, das am Ende der Kette steht, impliziert dies, dass es automatisch Teil der Überlieferung ist: »Bequem und nicht ohne Würde trug er auf seinen Schultern die hohe Zivilisation, welche die herrschende Oberschicht der handeltreibenden Stadtdemokratie ihren Kindern vererbt.« (5.1, 51)

Das Stadtpatriziat ist nicht nur eine genealogische Formation, sondern auch eine Institution des Regierens. Hans Lorenz Castorp »war ein hochchristlicher Herr gewesen, [...] streng herkömmlich gesinnt, auf aristokratische Einengung des gesellschaftlichen Kreises, in dem man regierungsfähig war, [...] hartnäckig bedacht« (5.1, 41). Für Hans Castorp, obwohl noch jung, wird schon ein Prospekt seiner Regierungstätigkeit entworfen, die darin bestehen wird, »Gesetze [zu] machen«, »an den Sorgen der Souveränität« (5.1, 58) teilzunehmen und konkrete Verwaltungsaufgaben zu übernehmen. Er wird dabei die Arbeit seiner Vorfahren fortsetzen, die mit seiner »Amtstracht als Ratsherr[...] der Stadt« (5.1, 42) »den steten Zusammenhang der Dinge« bekundet (5.1, 43). Parallel zur Kontinuität der Zeit etabliert die Genealogie eine Kontinuität der Macht, die sich beide gegenseitig stabilisieren und verstärken.

In diesem Zusammenhang gewinnt die Pragmatik der historischen Konstruktion ihre Bedeutung. So erzählt der Großvater dem Enkel nicht allein von der Geschichte der Taufschale, sondern *en detail* und immer wieder vom Ritual der Taufhandlung. Die Genealogie der Taufschale ist vor allem eine narrative Beschwörung des Taufrituals und damit die Beschwörung eines wiederkehrenden Lebensanfangs, die die Generationenkontinuität der Castorps verlebendigt und festigt. Über den Erzählfaden des Großvaters laufen die Namen der Getauften und der Täufer hin und zurück, unterstützt durch die Lautpoesie des »Ur-Ur-Ur-Ur« (5.1, 38), sodass die historischen Erzählungen des Großvaters und vom Großvater sich zu einer raunenden Zeremonie aufschwingen, deren Funktion es ist, die unauslöschliche Kraft der patrizischen Dynastie bis in die Gegenwart hinein zu erproben und zu beweisen. Die Amtstracht, die der Patron der Castorps auf dem Porträtbild trägt, erfüllt ebenfalls diese Funktion einer zeremoniellen Vergegenwärtigung, die den ungebrochenen Machtanspruch der Senatorenfamilie von der Renaissance bis ins 19. Jahrhundert unterstreicht.

Neben der Poesie der genealogischen Beschwörung und dem rituellen Objekt der Taufschale spielt das Porträtgemälde eine wichtige Rolle. In ihm werden verschiedene historische Zeiten überblendet: Verweist das lebensgroße Bildnis auf die opulente Porträtkunst von John Singer Sargent, so erinnern die Amtstracht des Ratsherrn und der altdeutsche Stil an die Porträtkunst der Reformationszeit. Es ist aber auch das Bild selbst, das die Herrschaft, die es abbildet, praktiziert, denn das Bild ist Vorbild, es repräsentiert durch die Zeiten hindurch den bürgerlichen Patron und mit ihm die Kontinuität patrizischer Herrschaft, es ist »Urbild und Eigentlichkeit« (5.1, 44) für Phänomene der alltäglichen und wirklichen Welt – der Filzhut des Gemäldes ist Vorbild des Zylinders, den der Großvater trug (5.1, 44) – und diese ikonografische Patronage ermöglicht und verstärkt auch die Machtwirkung des Porträts, indem es den Beweis für die Geltung der bürgerlichen Herrschaft erbringt und indem es diese Herrschaft durch Anschaulichkeit potenziert.

Vorbildlichkeit liegt – um schließlich auf die Rolle des Subjekts in dieser Historien- und Herrschaftsbeschwörung zu kommen – auch in der Art und Weise, wie Hans Castorp als Spross der Senatorendynastie auf die Darstellung der »Staatsangelegenheiten« (5.1, 41) blickt. Er ergeht sich in unkritischen und bejahenden Wahrnehmungen und er bewundert, wie viele »Kinder und Enkel« es tun, das Vorgegebene, um »auszubilden, was erblicher Weise in ihnen vorgebildet liegt« (5.1, 41). Herrschaft also ist die Aktualisierung von etwas, das vorgegeben ist wie ein Gesetz. Aber es gibt noch eine weitere Form der Reaktion, die sich zeigt, als der kleine Hans Castorp der Erzählung von der Taufschale lauscht: »und ein schon erprobtes Gefühl kam ihn an, die sonderbare, halb träumerische, halb beängstigende Empfindung eines zugleich Ziehenden und Stehenden, eines wechselnden Bleibens, das Wiederkehr und schwindelige Einerleiheit war« (5.1, 40). Die genealogische Beschwörung versetzt den jungen Hans Castorp in einen Zustand des Träumens, einen Zustand, der nicht nur zu einer affirmierenden Übernahme und Nachahmung der historischen und politischen Vorgaben führt, sondern der gewünscht und begehrt wird: »eine Empfindung, [...] von der wieder berührt zu werden er erwartet und gewünscht hatte: sie war es zum Teil, um derentwillen ihm die Vorzeigung des stehend wandernden Erbstücks angelegen gewesen war.« (5.1, 40) Die Geschichte wird in dieser Reaktion zum Narkotikum.

Bedeutet diese Intoxikation eine Kritik des historistischen Subjekts, so greift diese Kritik über auf die historische Konstruktion insgesamt. Die genealogische Kontinuität der Geschichte nämlich ist in Wahrheit eine Kreisbewegung, es handelt sich um eine umlaufende Kette der Zeit, die das Gewesene mit dem Jetzt verbindet und den Effekt eines mobilen Stillstands erzeugt. Es gibt weder ein geschärftes Bewusstsein der Gegenwart noch eine Vision für die Zukunft, sodass diese Historie, betrieben als Familiengeschichte, das praktiziert, was der Roman als »Zeitverschüttung« (5.1, 38) bezeichnet. Wie die Vorsilbe Ur- wird die Erzählung der kreisenden Zeit zum »dunklen Laut der Gruft« (5.1, 38), die Geschichte wird, wie die »hallende[n] Orte« (5.1, 39) der Kirchen, zu einer Echokammer des Todes.

II.

Über Stempel und Letternkisten rollen Bindfäden und Seidenknäuel. Nackte Puppenrümpfe mit kahlen Köpfen warten auf Behaarung und Bekleidung. Froschgrün und korallenrot schwimmen Kämme wie in einem Aquarium. Trompeten werden zu Muscheln, Okarinen zu Schirmrücken, in den Schalen der photographischen Dunkelkammer liegt Vogelfutter. Drei Plüschstühle mit Häkelschonern hat der Galeriewächter in seiner Loge, aber daneben ist ein ausgeleerter Laden, von dessen Inventur nur ein Schild übrig blieb, das Gebisse in Gold, in Wachs und zerbrochen ankaufen will. (PW 1042)[4]

[E]in Paar geschweifte silberne Armleuchter, ein zerbrochenes Barometer mit figürlicher Holzschnitzerei, ein Album mit Daguerreotypien, ein Likörkasten aus Zedernholz, ein kleiner Türke, hart anzufassen unter seinem buntseidenen Anzug, mit einem Uhrwerk im Leibe, das ihn dereinst befähigt hatte, über den Tisch zu laufen, nun aber schon lange den Dienst versagte, ein altertümliches Schiffsmodell und ganz zu unterst sogar eine Rattenfalle. (5.1, 37)

Beide Texte lassen eine Welt von Objekten erscheinen, die ihren Reiz – und, wie man sehen wird, ihre Erkenntniskraft – daraus gewinnen, dass sie außer Gebrauch sind und nicht zusammengehören.[5] Anders als in psychologisierenden

[4] Zitate aus dem *Passagen-Werk* werden mit der Sigle PW im Text nachgewiesen nach folgender Ausgabe: Walter Benjamin: Das Passagen-Werk, hrsg. v. Rolf Tiedemann, 2 Bände, Frankfurt/Main: Suhrkamp 1983.

[5] Siehe auch Dorothee Kimmich: »Nur was uns anschaut sehen wir«. Walter Benjamin und die Dinge, in: Heinz Brüggemann / Günther Oesterle (Hrsg.): Walter Benjamin und die romantische

Erzählungen der Jahrhundertwende, wo sich eine Erinnerung oder Träumerei an die miteinander verwandten Gegenstände eines Zimmers heften,[6] sind sie hier von jeder psychologisierenden Subjektivität gelöst und treten als Dinge *sui generis* hervor. Im Hinblick auf solche Listen und Landschaften teilen beide Werke die spätbürgerliche Erfahrung einer abgelegten, traumartigen Dingwelt.

Anders als bei den kulturellen Objekten entzündet sich der Reiz dieser Dingwelt am Alltäglichen, Heterogenen, Funktionslosen und Unzeitgemäßen. Bei Thomas Mann ist dieser Reiz Ausgangspunkt und Teil der historischen Beschwörung und damit Teil der großen Historie. Gleichzeitig entzündet sich das Historische an den Anachronismen der kleinen Dinge, die es traumartig durchziehen, am Vatermörder, an der spanischen Krause, dem Zylinder oder dem Filzhut, die ihre Plätze im Porträt und im Alltag tauschen. Im Vergleich hierzu gewinnt die Welt der Dinge bei Benjamin in den 1920er-Jahren eine erheblich größere Bedeutung. Der Grund liegt darin, dass die Betrachtung der Dingwelt bei Benjamin zu einem Umsturz der Fundamente des Historismus und der Geschichtsphilosophie führt.

Den Ausgangspunkt hierfür bildet Benjamins Erfahrung des Surrealismus und hier insbesondere die Erfahrung von Traum und Rausch, die zu einer »Lockerung des Ich«[7] führen. Aber Benjamin geht sofort einen Schritt weiter, wenn er darauf Wert legt, die Erfahrung des Rausches nicht auf die Ekstase der Drogen festzulegen, die für die Surrealisten wichtig waren. Sollte es eine kreative Überwindung religiöser Erleuchtung geben, so liegt diese »wahrhaftig nicht bei den Rauschgiften. Sie liegt in einer *profanen Erleuchtung*«.[8] Mit diesem Begriff ist nicht weniger umrissen als ein komplexes Programm für eine umfassende Analyse der bürgerlichen Welt des 19. Jahrhunderts.

Für Benjamin wird die Entdeckung, dass der Surrealismus seine Traum- und Revolutionsenergien am Unzeitgemäßen entzündet, zum Einstieg in eine neue Gegenstandswelt, um die herum er eine neue Historie bauen wird. Der Surrealismus

> zuerst stieß auf die revolutionären Energien, die im ›Veralten‹ erscheinen, in den ersten Eisenkonstruktionen, an ersten Fabrikgebäuden, den frühesten Photos, den Gegenständen, die anfangen auszusterben, den Salonflügeln, den Kleidern von vor fünf

Moderne, Würzburg: Königshausen & Neumann 2009, S. 355–369; Claudia Liebrand: Belebte Dinge. Thomas Manns »Zauberberg«, in: Andrea Bartl / Franziska Bergmann (Hrsg.): Dinge im Werk Thomas Manns, Paderborn: Fink 2019, S. 153–168.

6 Vgl. bspw. James Joyce: Eveline [1914], in: ders.: Dubliners, Harmondsworth: Penguin 1968, S. 34–39, hier S. 34–35.

7 Walter Benjamin: Der Sürrealismus, in: ders.: Gesammelte Schriften, hrsg. v. Rolf Tiedemann u. Hermann Schweppenhäuser, 7 Bände, Frankfurt/Main: Suhrkamp 1991, Bd. II, 1, S. 295–310, hier S. 297.

8 Ebd.

Jahren, den mondänen Versammlungslokalen, wenn die vogue beginnt sich von ihnen zurückzuziehen.[9]

Das Profane also ist das aus der Zeit Gefallene und das Alltägliche, und dass gerade aus diesen Sphären der Rausch hervorgeht, beschreibt im Kern das, was Benjamin als »profane Erleuchtung« bezeichnet. Aber Benjamin wird die Kontur dieser Erfahrungsmöglichkeit weiter mit dem Leben einer neuen materiellen Historik füllen.

Dazu transponiert er diese Gegenstandserfahrung in einen spezifischen Bereich, die Warenwelt der Pariser Passagen, die so, wie sie sich Benjamin darboten, Reste einer durch Umbauten beseitigten urbanen Formation darstellten. Um dieser Wendung zum Unzeitgemäßen und Alltäglichen das Gepräge historischer Bedeutsamkeit zu verleihen, heroisiert er die abgelebte und abgelegte Dingwelt der Großstadt. Dazu greift er Balzacs Wort von den »Ruinen der Bourgeoisie« (PW 59) auf und vergleicht die Erforschung des Trümmerfeldes der aussortierten Waren und Gebäude des Hochkapitalismus mit der Erforschung der »Überreste des klassischen Altertums« durch die »Humanisten der Renaissance« (PW 1236).[10]

Die Stilisierung der Alltagswelt zu einem erhabenen Gegenstand historischer Forschung ist die erste Stufe zu einer weitergehenden historisch-prophetischen Konstruktion:

Die Entwicklung der Produktivkräfte legte die Wunschsymbole des vorigen Jahrhunderts in Trümmer noch ehe die sie darstellenden Monumente zerfallen waren. [...] Dieser Epoche entstammen die Passagen und Interieurs, die Ausstellungshallen und Panoramen. Sie sind Rückstände einer Traumwelt. Die Verwertung der Traumelemente beim Erwachen ist der Schulfall des dialektischen Denkens. Daher ist das dialektische Denken das Organ des geschichtlichen Aufwachens. Jede Epoche träumt ja nicht nur die nächste, sondern träumend denkt sie auf das Erwachen hin. [...] Mit der Erschütterung der Warenwirtschaft beginnen wir, die Monumente der Bourgeoisie als Ruinen zu erkennen noch ehe sie zerfallen sind. (PW 59)

Mit der Betrachtung der Dinge als Waren wird der materielle und prophetische Charakter von Benjamins historischer Konstruktion konkret. Die in den Auslagen der Passagen sichtbaren Dinge nämlich sind Waren, deren Tauschwert durch die Ästhetik des Luxus glorifiziert wird, der aber mit dem Weiterziehen der Moden und der Veränderung von Produktionsweisen abstirbt und einen abgestorbenen Warenkörper hinterlässt, der nun durch subjektive Projektio-

9 Ebd., S. 299.

10 Zu den antiken Bezügen von Benjamins Moderne vgl. Richard Faber: Paris, das Rom des XIX. Jahrhunderts, in: Norbert W. Bolz / Richard Faber (Hrsg.): Antike und Moderne. Zu Walter Benjamins »Passagen«, Würzburg: Königshausen & Neumann 1986, S. 54–96.

nen oder regellose Verbindungen rätselhafte Bedeutungen annimmt.[11] Auf diese Art und Weise hervorgebracht und wieder abgelegt, werden die Dinge zu Trümmern, und das Studium dieser Trümmerlandschaft gilt den in ihr verschlüsselten Träumen.

Hinsichtlich der Frage, wie nun diese Trümmer der Waren- und Industriewelt des 19. Jahrhunderts lesbar gemacht werden können, entwickelt Benjamin eine eigentümliche Methode der Zeitkonstruktion. Sie wendet sich von der Idee des Historismus ab, gegenwärtige Erfahrungen als Produkt eines historischen Werdens zu begreifen.[12] Für das dagegen entwickelte dialektische Bild muss man bedenken, dass im Passagen-Projekt das Vergangene eine unerlöste Traumwelt darstellt und dass Benjamin dem Jetztsein die Kraft zutraut, dem Vergangenen Wirklichkeit zu verschaffen. Statt also, wie die historische Wissenschaft, das Vergangene historisch zu objektivieren, führt Benjamin das Gewesene und das Jetzt in einer explosiven Reaktion zusammen, durch die das Gewesene politisch aktiviert wird. Die Vergegenwärtigung des Vergangenen

> bringt den Strengstoff, der im Gewesenen liegt (und dessen eigentliche Figur die Mode ist) zur Entzündung. So an das Gewesene herangehen, das heißt nicht wie bisher es auf historische sondern auf politische Art in politischen Kategorien behandeln. (PW 495)

Diese Verdichtung des Vergangenen durch die Aktualität verleiht dem Historischen eine höhere Wirklichkeit und dem Alltäglichen eine erhabene historische Bedeutung. Vor allem aber geht es um eine Erleuchtung des Profanen. Benjamin bezeichnet sie als Erwachen. Es geht darum, durch die Anreicherung des Profanen der Vergangenheit mit Aktualität die Traumwelt des 19. Jahrhunderts dadurch zum Erwachen zu bringen, dass man die Axt der Vernunft an das Dickicht dieser Traumwelt legt (PW 570f.). Dieses das Dunkel und die Verwirrungen der Traumwelt lichtende Verfahren ist die philosophische Seite des dialektischen Bildes. Das Erwachen ist die Philosophie, die die Mythen der Geschichte auflöst. Die politische Seite besteht darin, das geschichtliche Unrecht, das sich in der kapitalistischen Warenwirtschaft verbirgt, durch eine Revolution zu rächen und die Klassengesellschaft umzuwandeln in eine klassenlose. Das Erwachen ist also eine politische Erlösung, die materiale Substanz des dialektischen Bildes eine implizite Prophetie.

Benjamins neue Historik berichtet dabei nicht nur von den Straßenkämpfen in Paris, sie breitet ihren Geschichtsraum als Schlachtfeld aus. Deshalb nehmen

[11] Vgl. hierzu den von Benjamin zitierten Brief Adornos (PW 582).

[12] Zu Benjamins Auseinandersetzung mit dem Historismus vgl. Andreas Greiert: Erlösung der Geschichte vom Darstellenden. Grundlagen des Geschichtsdenkens bei Walter Benjamin 1915–1925, München: Fink 2011.

die Straße und die Anekdote einen prominenten Platz im *Passagen-Werk* ein. Gegen die objektivierende Historik gerichtet heißt es:

> Die Konstruktionen der Geschichte sind Instruktionen vergleichbar, die das wahre Leben kommandieren und kasernieren. Dagegen der Straßenaufstand der Anekdote. Die Anekdote rückt uns die Dinge räumlich heran, lässt sie in unser Leben treten. Sie stellt den strengen Gegensatz zur Geschichte dar, welche die ›Einfühlung‹ verlangt, die alles abstrakt macht. (PW 1014)

Um nicht den stumpfen Glanz der Historie zu reproduzieren, flicht Benjamin den explosiven Stoff seiner Geschichte aus kleinen Erzählungen und Bildern, die auf der Straße, dort, wo die politischen Kämpfe ausgetragen werden, ihren Ort haben. Der Straßenrausch des Flaneurs erhält damit eine utopische Funktion, die sich im Straßenkampf der Arbeiter gegen das Bürgertum Bahn bricht.

III.

Vergleicht man den *Zauberberg* und das *Passagen-Werk* hinsichtlich ihrer historischen Konstruktionen, so fallen sofort die Unterschiede ins Auge. Während die Taufschale eine Dynastie von Vorfahren verzeichnet, folgt das historisch überblendete Patriziat Hans Lorenz Castorps dem Prinzip der Ahnengalerie. Historische Zeit und Aktualität folgen den dynastischen Grundsätzen der Abstammung, die zugleich die Herrschaft eines Geschlechts legitimieren und für die Gegenwart untermauern. Die Senatoren treten hier auf als Herren und Legenden, als Träger und Operatoren einer dynastischen Macht, die Taufschale verzeichnet den ewigen Beginn dieser sich selbst reproduzierenden Macht. Das Porträt fungiert als anschauliche Repräsentation des Regierungsanspruchs, aber auch als Vorbild, das diese Macht vermitteln, verstärken und verewigen und damit den Regierungsanspruch unauslöschlich machen soll. Dem steht auf Benjamins Seite der Lumpensammler der Geschichte gegenüber, ein Subjekt am völlig anderen Ende der Macht, ein Unterworfener, der im Abfall der Geschichte wühlt und aus den abgelegten Kleidern und Gegenständen die namenlosen Chiffrierungen von Unterdrückung und Herrschaft herausliest, um sie als uneingelöste Aufgabe an die Gegenwart zu vermitteln.[13] Der Sammlung, die die Materialität des *Passagen-Werks* konstituiert, steht die zeremonielle Be-

[13] Vgl. Christian J. Emden: »Stückwerk«: Geschichte und Sammlung bei Walter Benjamin, in: Deutsche Vierteljahrsschrift für Literaturwissenschaft und Geistesgeschichte, Jg. 73, Suppl. 1, 1999, S. 69–91. Zu Benjamins Projekt einer »Konstituierung« der Geschichte aus ihrem Abfall vgl. Isabel Kranz: Raumgewordene Vergangenheit. Walter Benjamins Poetologie der Geschichte, München: Fink 2011.

schwörung des Geistes der Regentschaft gegenüber, dem proletarischen Blick von unten der aristokratische Blick von oben.

Damit verbunden ist ein weiterer Gegensatz. Der Raum, in dem sich für Benjamin die aus kleinen Alltagsgegenständen gewobene Geschichte abspielt, ist die Straße. Sie ist der Ort der Geschäfte und des Warenkults, sie ist der Jagdgrund des Flaneurs und sie ist der Ort der Barrikaden und der politischen Kämpfe. Wie dicht die vernetzten Träume des Luxus und der Moden und das politische Erwachen der Revolution nebeneinanderliegen, das hat Benjamin in einem anschaulichen Bild festgehalten:

> Paris ist in der sozialen Ordnung ein Gegenbild von dem, was in der geographischen der Vesuv ist. Ein drohendes gefährliches Massiv, ein immer tätiger Juni der Revolution. Wie aber die Abhänge des Vesuvs dank der sie deckenden Lavaschichten zu paradiesischen Fruchtgärten wurden, so blühen aus der Lava der Revolution Kunst, das festliche Leben, die Mode wie nirgends sonst. (PW 1056)

Die Welt des *Zauberberg* ist demgegenüber eine Welt der geschlossenen Räume und der Institution. Er gehört mit Werken wie Kafkas *Der Proceß* oder Robert Walsers *Jakob von Gunten* zu den sogenannten Institutionenromanen, Erzählungen, die sich in Innenräumen abspielen und das Abenteuer in die Erfahrung des institutionell organisierten Lebens verlegen.[14] Für den *Zauberberg* wird der geschlossene Raum zur Bühne und Echokammer geistiger Abenteuer und steht der Materialität der Straße gegenüber. Die rigorosen Züge der Institution, die die Kollektivierung des sozialen Lebens am Ende des 19. Jahrhunderts spiegeln, sind im *Zauberberg* allerdings etwas milder gezeichnet[15] als beispielsweise bei Kafka, das Bergsanatorium wird eher zur Allegorie für die abgedichtete Traumwelt des späten europäischen Bürgertums.

Es gibt schließlich einen gravierenden Unterschied hinsichtlich der Darstellungsweise. Die ausgeprägte epische Form des *Zauberberg* macht das Werk zu einem Operator der Suche nach geistiger Orientierung für einen unbeschriebenen Helden, und sie verleiht dieser Suche die Gestalt des Abenteuers. Das dialektische Bild dagegen versteht sich als blitzartige Erleuchtung des Gewesenen durch das Jetzt. Die revolutionäre Aktualisierung ist also nicht als langatmige Reise oder als ausführliches *exemplum* angelegt, sondern als sich plötzlich entladende Prophetie, nicht Entwicklung also, sondern Explosion. Dementsprechend betont Benjamin:

14 Vgl. Rüdiger Campe: Body and Time. Thomas Mann's »Magic Mountain«, in: Stefan Börnchen / Georg Mein / Gary Schmidt (Hrsg.): Thomas Mann. Neue kulturwissenschaftliche Lektüren, München / Paderborn: Fink 2012, S. 213–232.

15 Worauf Thomas Mann in seiner *Einführung in den »Zauberberg«* (XI, 613) selbst hinweist.

Der historische Materialismus muss das epische Element der Geschichte preisgeben. Er sprengt die Epoche aus der dinghaften ›Kontinuität der Geschichte‹ ab. Er sprengt aber auch die Homogenität der Epoche auf. Er durchsetzt sie mit Ekrasit, d.i. Gegenwart. (PW 592f.)

Bei allen grundlegenden Differenzen eint beide Werke die Idee, dass das bürgerliche Kollektiv des späten 19. Jahrhunderts in einen kollektiven Traum versunken war. Benjamin spricht vom Kapitalismus als einer »Naturerscheinung, mit der ein neuer Traumschlaf über Europa kam« (PW 494). Und für beide Werke gilt, dass diese Naturerscheinung gemacht wurde, sie ist das Produkt einer biologisch-psychischen Steigerung, die im *Zauberberg* den Kern der Krankheit und der Erotik ausmacht, bzw. das Ergebnis einer spezifischen Produktionsweise, bei deren Analyse Benjamin Marx' Theorie des Warenfetischismus folgt. Ähnlich sind deshalb auch die dem Traumschlaf verwandten Phänomene wie der durch Substanzen, Haschisch, Zigarren oder Alkohol induzierte Rausch, aber auch die durch Flanerie oder Musik oder Glücksspiel hervorgerufene Ekstase.[16] Hierzu gehört ebenfalls der Schwindel oder die Orientierungslosigkeit, die durch körperliche oder geistige Erfahrungen hervorgerufen werden.[17] Darüber hinaus gibt es für den Traum, der sowohl das Bergsanatorium als auch die Passagen von Paris einhüllt, ein explosives Erwachen, das erzwungene Erwachen des Ersten Weltkrieges, das das geistige Projekt eines neuen Humanismus hervorbringen, und das zu erzwingende Erwachen der Revolution, die die klassenlose Gesellschaft gewähren soll. Beide Formen schließlich gehen aus den Prinzipien hervor, die die jeweilige Traumwelt fabrizierten – die klassenlose Gesellschaft löst die dem Warenschein inhärenten Glücksversprechen ein, der neue Humanismus wird aus dem biologischen und geistigen Prinzip der Steigerung gewonnen.

Neben dieser Ähnlichkeit von Themen und Verfahren lassen die unterschiedlichen Verfahren der literarischen und philosophischen Analyse eine Richtung erkennen, die man als Demokratisierung oder als Republikanisierung bezeichnen könnte. Benjamins Wende zum Alltag wäre Teil einer solchen historischen Dynamik, die die kulturelle Aufmerksamkeit enthierarchisiert. Gleiches findet in der Vergegenwärtigung patrizischer Herrschaft statt. Diese Vergegenwärtigung über die Erinnerung an Objekte und Kleidungsstücke laufen zu lassen, bedeutet eine Entpatronisierung der Genealogie. Sie wird dadurch unterstützt, dass die Vergegenwärtigung eines halben Jahrhunderts Familien- und Regierungsgeschichte die genealogische Zeit der Herkunft in einen Reigen verwandelt, der die Zeit aufhebt. Und diese Zeitverschüttung führt bei Hans Castorp zu einer Betäubung, sodass sich die patrizische Ge-

16 Vgl. 5.1, 62, 108, 278, 407; PW, 525, 1023.
17 Vgl. 5.1, 132, 139, 193, 236; PW, 1255.

nealogie in eine zeremonielle Traumlandschaft verwandelt. Die Kritik also an dieser historistischen Phantasmagorie gepaart mit der Tatsache, dass mit Hans Castorp ein mittelmäßiger und zur Arbeit wenig aufgelegter Held die patrizische Linie fortsetzt (bzw. nicht fortsetzt), all dies löst das Modell von historischer Genealogie und politischer Patronage auf, um es in eine kritische Erinnerung und in eine polymorphe narrative Textur zu überführen. Vor allem aber findet das Modell patrizischer Genealogie seine demokratische Nachfolge in den Debatten zwischen Settembrini und Naphta; ein tiefer Bruch trennt die unhinterfragte Herrschaft des Patriziats von den Argumentationen einer polarisierten Redekultur, das dynastische Charisma vom demokratischen *logos*.

Zeitverschüttung als eine Form der Traumversunkenheit ist eine kollektive Erfahrung des 19. Jahrhunderts, die im *Passagen-Werk* in gleicher Weise kritisiert wird wie im *Zauberberg*:

> Das träumende Kollektiv kennt keine Geschichte. Ihm fließt der Verlauf des Geschehens als immer nämlicher und immer neuester dahin. Die Sensation des Neuesten Modischsten ist nämlich ebenso Traumform des Geschehens wie die ewige Wiederkehr des alles gleichen. (PW 1023)

Und so wie der kleine Hans Castorp »wohltuend« (5.1, 39) die Historie des Großvaters einsaugt, so verwandelt sich dem Spieler und Spekulanten »die Zeit in ein Rauschgift« (PW 57), dem Historiker wird sie zum »Narkotikum« (PW 1033). Die beschworene Historie im *Zauberberg* gehört in die Sphäre der »Gruft« (5.1, 38) und des Todes; ihre Verwandlung ist damit Teil der Verwandlung der charismatischen Mächte des Todes in die republikanischen des Lebens. Für Benjamin ist der Traum »ein Tod nur auf Widerruf« (PW 1024), er drängt von sich aus zum Erwachen im erleuchteten Leben einer entmythologisierten Zeit.

Benjamins kühne historische Konstruktion des dialektischen Bildes offenbart ein weiteres republikanisches Prinzip, nämlich das eines aktiven Subjekts. Ausgangspunkt ist eine Kritik der Kulturgeschichte, die die Phänomene der Kultur objektiviert, indem sie sie mittels Begriffen wie Stil oder Habitus auf den Status des Vergangenen fixiert, sie nur dem Verstehen zugänglich macht oder sie als Ware behandelt und so insgesamt einen Zustand des Schwindels erzeugt (PW 577, 1255). Die dagegen aufgerichtete Forderung, das Vergangene und seine politischen Versprechungen durch die Jetztzeit zur Explosion zu bringen, impliziert, dass das Subjekt die Möglichkeit eines aktiven Zugangs zur Geschichte hat und seine kontemplative Passivität abwirft.

Diese Art von republikanischem Erwachen bildet auch einen konstitutiven Teil des *Zauberberg*, und zwar, genauer gefasst, seiner operativen Konstruktion. Sie entfaltet sich auf verschiedenen Ebenen, zunächst auf der Ebene der Fabel: Ihr oberflächliches Fortschreiten von Ereignis zu Ereignis wird gebannt und suspendiert durch die Aufhebung der linearen Zeit und die Anlage der Erzählung als Experiment. Gegenstand dieses Experiments ist das Ethos des Protagonisten Hans Castorp. Diese Figur wiederum ist nicht konzipiert als Charakter, dessen Psychologie oder Entwicklung entfaltet werden soll, sondern als ein lernendes Medium, auf das durch Erfahrungen und Diskurse eingewirkt wird. Es geht darum, diesen unbeschriebenen Hans Castorp zum Wegbereiter der im Schnee-Kapitel verkündeten Lehre zu machen, aber nicht durch Entwicklung, sondern dadurch, dass Hans Castorp »tiefe[...] Erfahrungen von Krankheit und Tod« (DüD I, 558) macht »als eines notwendigen Durchganges zum Wissen, zur Gesundheit und zum Leben« (DüD I, 558 f.). Will es also zu Wissen und zu neuem *ethos* gelangen, muss das mittelmäßige Individuum an sich selbst arbeiten und sich in seinem Sein verändern. Darin besteht die Prüfung, die die geistigen Abenteuer Hans Castorp auferlegen.

An diesem Punkt erhält die stillgestellte Zeit ihre operative Funktion: Sie hebt den moralisch-politischen Diskurs um das Abendland, indem sie ihn der Faktizität einer Entwicklung enthebt, in den Modus der Möglichkeit. Der Versuch, wie Thomas Mann erläutert, durch »die Aufhebung der Zeit [...], der musikalisch-ideellen Gesamtwelt [...] in jedem Augenblick volle Präsenz zu verleihen« (XI, 612), hat seinen operativen Sinn darin, zu jeder Zeit des Romans das Erwägen und Abwägen von gedanklichen Positionen zu ermöglichen (5.1, 154, 305 f.). Die durch motivische Wiederkehr und Rück- wie Vorausweisungen sistierte Zeit erhält hier also die Funktion einer formativen Zeit, einer Zeit der pädagogischen Einwirkung und der Selbstgestaltung. Sie ermöglicht die Einwirkung der Diskurse auf Hans Castorp, sie ermöglicht es Hans Castorp aber auch, aktiv zu werden und die angebotenen Diskurse kennenzulernen und zu prüfen. *Der Zauberberg* gibt die Diskurse insbesondere zwischen Settembrini und Naphta nicht nur wieder, er berichtet nicht nur von diesem Kampf, die epische Erfahrung wird vielmehr angereichert durch Reflexionen darüber, wie Hans Castorp sich den moralisch-politischen Positionen stellt und wie er sie sich aneignet.[18] Auf dieser Ebene wird klar, dass *Der Zauberberg* nicht *der* Linie der modernen Epik folgt, die in einer Kritik der Erzählperspektive den Zugang von Charakteren zur Wahrheit neu ausarbeitet, sondern dem Prinzip der *paideia*, wonach die angeleitete Arbeit des Ich an sich selbst die Voraussetzung für den Zugang zur Wahrheit bildet. So ist Hans Castorp weniger als Charakter konzipiert, sondern eher als operatives Medium, und als solches liefert er eine Matrix für die Herausbildung des *ethos* im Leser, der – und auch hierin manifestiert sich der Republikanismus des *Zauberberg* – eingeladen ist, aktiv an diesem ethopoetischen Rollenspiel zu partizipieren und die Prüfung

[18] 5.1, 228, 468, 499. Vgl. außerdem Jürgen Scharfschwerdt: Thomas Mann und der deutsche Bildungsroman, Stuttgart u. a.: Kohlhammer 1967, S. 132–174.

der Diskurse als Weg zu seinem eigenen und einem republikanischen *ethos* zu begreifen und zu praktizieren. Die Antizipation des neuen, antitotalitären Humanismus durch den Vorläufer Hans Castorp und dessen Vergessen wirft – ermöglicht durch die ästhetische Form des *Zauberberg*[19] – eine moralisch-politische Wahrheit voraus, die es durch die Gestaltung eines neuen Verhaltens einzulösen gilt und für dessen Gestaltung und Einübung das *nunc stans* des Romans eine wiederholbare Matrix anbietet.

Die der Dynamik des Fortschritts entzogene, stillgestellte Zeit bietet sich auch bei Benjamin als Rollenmodell an. Zum einen praktiziert das dialektische, prophetische Bild eine heroische Intervention in den Ablauf der Geschichte.[20] Zum anderen formiert sich in der angehaltenen und verdichteten Zeit das herakleische Subjekt der Moderne.[21] Schließlich kann die Erinnerung zu einer persönlichen Aktivität werden, wenn sie die Form des Eingedenkens annimmt. Das Eingedenken modifiziert die Geschichte, indem es das Geschehene auf die Erfahrung positiven oder verweigerten Glücks bezieht und damit auf die Möglichkeiten und Verweigerungen eines wahren Lebens.[22]

IV.

»Jene Mächte sind nicht mehr.« (15.1, 525) Dieses Wort aus der Rede *Von deutscher Republik* konstatiert das Ende einer Epoche und mit ihr das Ende einer Welt der – wie es später heißen sollte – »machtgeschützten Innerlichkeit« (IX, 419), das heißt einer politischen Struktur, in der eine unhinterfragte Zentralmacht einen schützenden Ring um eine verfeinerte ästhetische Kultur legt. Die Konsequenz dieses Einschnitts ist, dass der Staat – »ob wir wollten oder nicht« – »uns zugefallen« (15.1, 525) ist, er ist zu einer Republik und damit »unser aller Angelegenheit geworden« (15.1, 527). Diese Situation erklärt die neue geistige und politische Landschaft, die *Der Zauberberg* ausbreitet, ein offenes Feld von Erfahrungen und Debatten, deren Geltung und Wert expliziert und befragt wird und wo die alten, der Innerlichkeit verbundenen Prinzipien einer unumkehrbaren Dekadenz positive Gegengewichte erhalten und so eine Ent-

19 »The structured openness thus extends to uncertainty about whether history or aesthetic form has the final word. Post-realist confidence about the ability of narrative to accommodate history converges with the Goethean freedom to prevaricate within the realm of the aesthetic.« (Michael Minden: The German Bildungsroman, Cambridge: Cambridge UP 1997, S. 237).

20 Zur republikanischen Form einer solchen Intervention vgl. Daniel Damer: Gotham City. Architekturen des Ausnahmezustandes, Frankfurt/Main / New York: Campus 2022, S. 140.

21 Walter Benjamin: Charles Baudelaire. Ein Lyriker im Zeitalter des Hochkapitalismus, hrsg. v. Rolf Tiedemann, Frankfurt/Main: Suhrkamp 1974, S. 95.

22 Vgl. Jürgen Habermas: Bewußtmachende oder rettende Kritik – Die Aktualität Walter Benjamins, in: ders.: Kultur und Kritik, Frankfurt/Main: Suhrkamp 1973, S. 302–344, hier S. 340–343.

wicklung des Helden und des Lesers ermöglichen. Wenn der Staat nun allen zugefallen ist, dann besteht die republikanische Verantwortung des Romans darin, den *logos* in die neue *polis* einzuführen, das heißt eine diskussionsorientierte Rede, ein Ensemble von Reden, die miteinander konfrontiert werden können, die sich aneinander messen und die Wahrheit aus dieser Pluralität hervorgehen lassen. Zu diesem *logos* gehört auch die Heranführung der Novizen der Republik an ihn, die Pädagogik der freien Rede.

Zu diesem Modell, das Erziehung (*paideia*), freie Rede (*parrhesia*) und Republik (*polis*) miteinander verbindet, findet sich im *Passagen-Werk* kein Gegenstück. Die Analysen in diesem Werk oder Projekt werden stattdessen getragen von der Prophetie einer erlösten Gesellschaft, die – in welcher konkreten Form auch immer – als Republik vorstellbar ist. Der *logos* dieser Verbindung von Evidenz und Prophetie, das ist nicht die freie, agonistische Rede, das sind die Verdichtungen des dialektischen Bildes.

Gemeinsam ist beiden Projekten ihr Gegner. Ob vom Rausch der Fiebernden oder vom Rausch der Konsumenten die Rede ist, jedes Mal geht es um die Entschleierung eines kollektiven Zaubers, dessen Gefahr nicht nur in der Verblendung, sondern auch darin besteht, dass sich die charismatische Herrschaft über die abendländischen Seelen in tyrannische und totalitäre Politik verlängert, die sich ihrerseits wieder einen ästhetisierenden Schleier überwirft. Auf dieser Achse einer politischen Analyse kultureller Charismatik begegnen sich beide Projekte.

Michael Lauener

Thomas Manns Abgesang auf das antidemokratische Denken im Spiegel von Leo Naphtas »Gottesstaat«*[1]

I. Einführung

Im Jahre 1941 hielt Thomas Mann (1875–1955) in seinem Essay *Germany's Guilt and Mission* (*Deutschlands Weg nach Hitlers Sturz*) fest, dass das »gute und das böse Deutschland [...] offenbar nicht aufeinander in der Zeit« folgen, sondern »nebeneinander [wohnen], sehr oft in ein und derselben Brust«:

> von Fichte's romantischem Idealismus, Vater Jahns Teutonismus und Hegels Staatsvergottung[2], über den Richard Wagner der Bayreuther Blätter[3] [...], über die Hof-Historiographen und Lakaien des Prussianismus Treitschke und Sybel geht es in immer wachsender Verwilderung und Malignität hinab zu Oswald Spengler, dem klugen Affen Nietzsche's, zu Carl Schmidt [sic!], dem Theoretiker des deutschen Faschismus und

* Ich widme diesen Aufsatz meiner lieben Gattin Simone Lauener-Speck, die meine langjährige Beschäftigung mit Naphta geduldig-liebevoll begleitete.

[1] Ich danke meinem Doktorvater Prof. em. Dr. iur. Marcel Senn (†) für seine interessierte und bestärkende Anteilnahme am Entstehungsprozess dieses Aufsatzes. Ebenso danke ich Prof. em. Dr. phil. Dr. h.c. Dieter Borchmeyer, PD Dr. iur. et phil. Rechtsanwalt, LL.M. Thomas Sprecher, Prof. em. Dr. phil. Paul-Ludwig Weinacht und Prof. em. Dr. iur. Frank Fechner, Prof. Dr. phil. Reinhard Mehring und Dr. phil. Philipp Gut für wichtige Hinweise und Anregungen.

[2] Bereits Jeremias Gotthelf hatte in Hegel einen »Staatsvergötzer« gesehen (vgl. Michael Lauener: Schutz der Kirche und Stabilität des Staates durch Absenz von religiöser »Seichtigkeit«: die religionspolitischen Anschauungen von Jeremias Gotthelf und Georg Wilhelm Friedrich Hegel aus dem Geist der Versöhnung, in: Zeitschrift der Savigny-Stiftung für Rechtsgeschichte (ZRG). Kanonistische Abteilung (KA), 105, 2019, S. 293–300; ders.: Jeremias Gotthelf – Prediger gegen den Rechtsstaat, Diss. phil., Zürich/Basel/Genf: Schulthess 2011 (= Zürcher Studien zur Rechtsgeschichte, Bd. 64), S. 218–224, 523 f.). Diese Sichtweise sollte später den Philosophen Karl Raimund Popper dazu bringen, in seinem Werk *The Open Society and Its Enemies* (1945) Hegels Denken als Verklärung der damaligen Gegenwart des preußischen Regimes als Höhepunkt der Entwicklung der Vernunft und damit als Wurzel des Totalitarismus des 20. Jahrhunderts darzustellen (Marcel Senn: Rechts- und Gesellschaftsphilosophie, 2., vollständig überarbeitete Auflage, Zürich/St. Gallen: Dike Verlag 2017, S. 108, Anm. 357).

[3] Vgl. Thomas Sprecher: Thomas Mann und Richard Wagners Gesamtkunstwerk, in: Thomas Mann e le arti – Thomas Mann und die Künste, a cura di Reinhard Mehring e Francesco Rossi, Roma: Istituto Italiano die Studi Germanici, 2014, S. 71–90, hier S. 87; Uwe Wittstock: Februar 33. Der Winter der Literatur, München: C.H. Beck 2021, S. 89–92; Hans Rudolf Vaget: »Wehvolles Erbe«. Richard Wagner in Deutschland. Hitler, Knappertsbusch, Mann, Frankfurt/Main: S. Fischer 2017, S. 329–476; Dieter Borchmeyer: Thomas Mann. Werk und Zeit, Berlin: Insel Verlag 2022, S. 307–314, 1136–1158; Christina Rietz: Ein schlummerndes Dunkel, in: Christian Staas/Volker Ullrich (Hrsg.): Thomas Mann. Was uns der große Schriftsteller über die Deutschen

> zu Rosenbergs ›Mythus des zwanzigsten Jahrhunderts‹ – ohne daß irgend jemand zu sagen vermöchte, wo das ›gute‹ Deutschland aufhört und das ›böse‹ beginnt. Wo liegt die Wasserscheide? (XII, 907 f.)[4]

Bereits zwanzig Jahre zuvor hatte Thomas Mann vor den Nationalsozialisten gewarnt,[5] in einer Zeit, als er mit seinem 1912 begonnenen und am 28. November 1924 erschienenen Roman *Der Zauberberg* weit fortgeschritten war. Auch wenn sich bei Thomas Mann eine »weitreichende geistige Konvergenz mit jungkonservativen Ideen zwischen 1918 und 1921 feststellen« lässt[6], unterscheidet er sich von rechtsradikalen und rassistischen Ideologen wie Houston Stewart Chamberlain[7] und Alfred Rosenberg[8].[9]

Bereits in der ersten Jahreshälfte 1922 hatte Thomas Mann den die Humanitätsidee ablehnenden und für den Staatsterror plädierenden[10] (vgl. 5.1, 1057)[11]

erzählt – und warum er uns bis heute nicht loslässt, Hamburg: Zeitverlag Gerd Bucerius 2025, S. 68–69. Zum *Zauberberg* vgl. Borchmeyer: Thomas Mann (Anm. 3), S. 720 f.

[4] Diese Unterscheidung beginnt erst 1944 unter dem Einfluss von Sebastian Haffners Buch *Germany, Jekyll and Hyde* (1940) (Henning Ottmann: Geschichte des politischen Denkens, Bd. 4/1, Stuttgart/Weimar: J. B. Metzler 2010, S. 160; Borchmeyer: Thomas Mann (Anm. 3), S. 1106). Vgl. Ottmann: Geschichte (Anm. 4), S. 160, 335–339; Hans Rudolf Vaget: Thomas Mann, der Amerikaner, Frankfurt/Main: S. Fischer 2011, S. 464–470. Zu Thomas Manns Abkehr von Oswald Spengler vgl. Philipp Gut: Thomas Manns Idee einer deutschen Kultur, Frankfurt/Main: S. Fischer 2008, S. 162–170.

[5] Dirk Hempel: Die Manns. Der ›Zauberer‹ und seine Familie, Regensburg: Verlag Friedrich Pustet 2013, S. 90. 1923 bezeichnet Thomas Mann München in seinen Briefen für die New Yorker Zeitschrift *The Dial* als »die Stadt Hitlers« (Borchmeyer: Thomas Mann (Anm. 3), S. 195) und sieht in der nationalsozialistischen Machtergreifung von Anfang an eine Revolution (Reinhard Mehring: Thomas Mann. Künstler und Philosoph, München: Fink 2001, S. 196). Vgl. Anm. 107.

[6] Michael Zantke: Thomas Mann und die Versuchung der ›Konservativen Revolution‹, in: TMS LV, 169–179, hier S. 175. Vgl. Barbara Beßlich: Faszination des Verfalls. Thomas Mann und Oswald Spengler, Berlin: Akademie Verlag 2002; dies.: »Das wichtigste Buch!« Zu Thomas Manns Spengler-Rezeption im »Zauberberg«, in: Gilbert Merlio / Gérard Raulet (Hrsg.): Linke und rechte Kulturkritik. Interdiskursivität und Krisenbewusstsein, Frankfurt/Main: Peter Lang 2005, S. 267–285; Hermann Kurzke: Thomas Mann. Das Leben als Kunstwerk. Eine Biographie, München: Beck 1999, S. 365 f.

[7] Houston Stewart Chamberlains rassenideologische Geschichtsinterpretation *Die Grundlagen des 19. Jahrhunderts* (1899) hatte entscheidenden Einfluss auf das nationalsozialistische Denken, insbesondere dasjenige Alfred Rosenbergs (Marcel Senn: Rechtsgeschichte – ein kulturhistorischer Grundriss, 4., neubearbeitete u. erweiterte Auflage, Zürich / Basel / Genf: Schulthess 2007, S. 393, Anm. 76).

[8] Alfred Rosenberg: Der Mythus des 20. Jahrhunderts, München: Hoheneichen 1930.

[9] Hanjo Kesting: Thomas Mann. Glanz und Qual, Göttingen: Wallstein Verlag, S. 294. Vgl. Kurzke: Das Leben als Kunstwerk (Anm. 6), S. 285 f.

[10] Hermann Kurzke: Thomas Mann. Epoche – Werk – Wirkung, 4., überarbeitete u. aktualisierte Auflage, München: C. H. Beck 2010, S. 208. Zu Naphtas Eristik vgl. Borchmeyer: Thomas Mann (Anm. 3), S. 698 f.

[11] Corina Erk: Die Manns, Europa und die Demokratie. Positionen in Essays, Reden und im »Zauberberg«, in: TM Jb 36, 2023, 45–65, hier S. 50.

Jesuiten und Juden[12] Leo Naphta in den Roman eingeführt (»Noch jemand«),[13] nur kurze Zeit, bevor er sich in seiner essayistischen Rede *Von deutscher Republik*[14] zum demokratischen Staat bekannte[15] – in Kontinuität mit den *Betrachtungen eines Unpolitischen*[16], ohne die »nicht nur der *Zauberberg* geschei-

[12] Der Name »Naphta« ist wohl eine Verkürzung des hebräischen »Naphtali« (»Kampf« oder »Streit«; vgl. Gen. 30.8) (5.2, 93, Anm. 204). Möglicherweise geht dieser Name auf Thomas Manns Revolutionserinnerungen, insbesondere die Münchner Räterepublik (1919), zurück (ebd., 93). Zur Entstehungsgeschichte der Naphta-Figur vgl. 5.2, S. 93 f. Zu Thomas Manns weiteren negativen jüdischen Stereotypen vgl. Karl-Josef Kuschel: Weltgewissen. Religiöser Humanismus in Leben und Werk von Thomas Mann, Ostfildern: Patmos Verlag 2025, S. 296. Zu Thomas Manns Verhältnis zu den Juden und zu seinem Verständnis des Jesuitenordens vgl. Kurzke: Das Leben als Kunstwerk (Anm. 6), S. 206–233, 286–288; ders.: Thomas Mann. Ein Porträt für seine Leser, München: C.H. Beck 2009, S. 92 f.; Borchmeyer: Thomas Mann (Anm. 3), S. 430–436, 603, 767–774; Thomas Sparr: Zauberberge. Ein Jahrhundertroman aus Davos, Berlin: Berenberg 2024, S. 38–40; Franka Marquardt: Judentum und Jesuitenorden in Thomas Manns »Zauberberg«. Zur Funktion der ›Fehler‹ in der Darstellung des jüdischen Jesuiten Leib-Leo Naphta, in: Deutsche Vierteljahrsschrift für Literaturwissenschaft und Geistesgeschichte, Jg. 81, 2007, S. 257–281; Harold A. Basilius: Mann's Naphta-Settembrini and the battle of the books, in: Modern Fiction Studies, Vol. 14, No. 4, 1968–1969, S. 415–421; Kuschel: Weltgewissen (Anm. 12), S. 253–297, 424 f.

[13] Daniela Langer: Thomas Mann: »Der Zauberberg«, Stuttgart: P. Reclam jun. 2009, S. 287. Allerdings erscheint sein Name noch nicht in den *Tagebüchern 1918–1921* (Herbert Lehnert: Leo Naphta und sein Autor, in: Orbis Litterarum, Jg. 37, 1982, S. 47–69, hier S. 52).

[14] Gehalten im Oktober 1922 zu Gerhart Hauptmanns 60. Geburtstag im Beethovensaal in Berlin (Sparr: Zauberberge (Anm. 12), S. 62). Insbesondere zu Thomas Manns Humanitätsbegriff als Brücke zur Demokratie vgl. Frank Fechner: Thomas Mann und die Demokratie, Diss. iur., Berlin: Duncker & Humblot 1990, S. 106–110; Gut: Thomas Manns Idee (Anm. 4), S. 152–161.

[15] Kesting: Thomas Mann (Anm. 9), S. 294 f. Nirgendwo in seinen Tagebüchern »ist die Wende zum Republikanischen vorbereitet. Vielleicht war es auch keine wirkliche Wende, vielleicht bekannte sich hier ein Gefühlskonservativer als Vernunftrepublikaner – aus Angst vor den Geistern, die er gerufen hatte« (ebd., S. 295).

[16] Im Vorwort von *Von deutscher Republik* betont Thomas Mann zwar eine mögliche Änderung seiner Gedanken, nicht jedoch seines Sinnes gegenüber den *Betrachtungen eines Unpolitischen* (Borchmeyer: Thomas Mann (Anm. 3), S. 554 f.), sodass der »republikanische Zuspruch [...] die Linie der ›Betrachtungen‹ genau und ohne Bruch ins Heutige« fortsetze (15.1, 584). Vgl. Borchmeyer: Thomas Mann (Anm. 3), S. 551–554; ders.: Der Konservative reformiert das Bestehende, der Revolutionär zerstört es, in: Neue Zürcher Zeitung, 03.05.2025, S. 47; Oliver Jahraus: Kehrtwende oder Kontinuität: Thomas Manns »Betrachtungen eines Unpolitischen« und »Von deutscher Republik« (1922), in: TMS LV, 63–79; Frido Mann: Von deutscher Republik 1922/2022, in: TM Jb 36, 2023, 145–152, hier S. 146 f. Kritisch: Ottmann: Geschichte (Anm. 4), S. 150. Allerdings »machte die konstitutive Beziehung der konservativen Revolution auf einige von Thomas Manns weltanschaulichen Hauptzeugen in den *Betrachtungen eines Unpolitischen*, z. B. auf Dostojewski, [...]« nach seinem Bekenntnis zur Weimarer Republik »eine Uminterpretation und Umgewichtung der weltanschaulichen Grundfiguren notwendig« (Christoph Schwöbel: Theologisches auf dem Zauberberg, in: Dietrich v. Engelhardt / Hans Wißkirchen (Hrsg.): »Der Zauberberg« – die Welt der Wissenschaften in Thomas Manns Roman, Stuttgart: Schattauer GmbH 2003, S. 107–123, hier S. 114; Hans Wißkirchen: Zeitgeschichte im Roman. Zu Thomas Manns »Zauberberg« und »Doktor Faustus« [Thomas-Mann-Studien, 6], Diss. phil., Bern: Francke 1986, S. 82. Vgl. aber Anthony Grenville: »Linke Leute von rechts«, in: Deutsche Vierteljahrsschrift für Literaturwissenschaft und Geistesgeschichte, Jg. 45, 1985, S. 651–675, hier S. 675. Die Vor-

tert« wäre, sondern Thomas Mann »sich auch nicht zu dem engagierten Vordenker und Vorkämpfer der Weimarer Republik [hätte] entwickeln können, der er war«[17] – mit der »Ahnung neuer Humanität« (DüD I, 491), so Thomas Mann im Brief an Josef Ponten vom 5. Februar 1925, »die als Zukunftsprojekt über dem *Zauberberg* schwebt, [...] der eigentliche Inhalt dessen, was er nach dem Ersten Weltkrieg unter Republik und Demokratie verstanden hat«.[18]

Als Vorbild für den die Diktatur des Proletariats anstrebenden Naphta gilt gemeinhin der marxistische Literaturwissenschaftler und Philosoph Georg Lukács (1885–1971).[19] Dadurch wird jedoch Manns Annäherung an die Demokratie zu wenig Rechnung getragen.[20] Zwar mag dies hinsichtlich der äußerlichen Ähnlichkeit Naphtas mit Lukács überzeugen, nicht jedoch in Bezug auf die nichtrevolutionären Elemente von Naphtas Denken.[21]

Es werden deshalb – ausgehend von der Behauptung des französischen Germanisten Pierre-Paul Sagave (1913–2006)[22], hinter dem die bürgerlich-individualistische, demokratische Freiheitsidee ablehnenden Naphta stehe der Jurist

gängerfigur von Naphta, Pastor Bunge, ist ein Vertreter jener Welt, der Thomas Mann sich vor 1921 noch zugehörig fühlte (5.2, 88 f.). Zu Thomas Manns Nähe zum politischen Denken Alexis de Tocquevilles vgl. Borchmeyer: Thomas Mann (Anm. 3), S. 566–568. Ablehnend gegenüber der Kontinuitätsthese: Yahya Elsaghe: Zu Thomas Manns fiktionalen Darstellungen der Weimarer Republik, in: TM Jb 36, 2023, 97–112, hier S. 97–101; Volker Ullrich: Schicksalsstunden einer Demokratie. Das aufhaltsame Scheitern der Weimarer Republik, München: C.H. Beck 2024, S. 99 f., der betont, dass Thomas Mann in seiner Rede *Von deutscher Republik* »deutlicher als zuvor von seinen in den *Betrachtungen eines Unpolitischen* bezogenen Positionen abrückte [...]«.

[17] Reinhard Mehring: Polemik mit System. Grundgedanken der »Betrachtungen eines Unpolitischen«, in: TMS LV, 133–149, hier S. 149.

[18] Borchmeyer: Thomas Mann (Anm. 3), S. 739. Vgl. Brief Thomas Manns an Josef Ponten vom 05.02.1925 (DüD I, 490 f.); Fechner: Thomas Mann und die Demokratie (Anm. 14), S. 117 f., 120–122, 329–336. Zu Manns »antik-christlicher Humanitätsidee« (15.1, 1084): Borchmeyer: Thomas Mann (Anm. 3), S. 748.

[19] 5.2, 57 f., 94 f.; Sparr: Zauberberge (Anm. 12), S. 41–44; Langer: Thomas Mann (Anm. 13), S. 328. Thomas Mann hatte Georg Lukács im Januar 1922, kurz vor der Entstehung von »Noch jemand«, persönlich kennengelernt (vgl. Brief Thomas Manns an Pierre-Paul Sagave vom 18.02.1952 (DüD I, 583)). Die Übereinstimmungen zwischen Naphta und Lukács liegen weniger in der äußeren Erscheinung als in der »dialektische[n] Schärfe und revolutionäre[n] Unbedingtheit« (5.2, 58, Kurzke: Epoche – Werk – Wirkung (Anm. 10), S. 208). Vgl. Anm. 100. Zu Naphtas weiteren Vorbildern vgl. 5.2, 94–97.

[20] Borchmeyer: Thomas Mann (Anm. 3), S. 74; Wißkirchen: Zeitgeschichte im Roman (Anm. 16), S. 65–76. Vgl. Kurzke: Das Leben als Kunstwerk (Anm. 6), S. 269–295; Fechner: Thomas Mann und die Demokratie (Anm. 14), S. 116 f., 118–120, 285–344; Kuschel: Weltgewissen (Anm. 12), S. 212 f.

[21] Niels Werber: Das Politische des Unpolitischen. Paradoxien der Dezision: Thomas Mann, Heinrich von Kleist, Carl Schmitt, in: Athenäum. Jahrbuch für Romantik, Jahrbuch der Friedrich Schlegel-Gesellschaft, 2011, S. 229–239, hier S. 235 f.

[22] Vgl. Jacques Darmaun: In memoriam Pierre-Paul Sagave, in: Cahiers d'Études Germaniques, numéro 51, 2006/1, S. 3.

und »Theoretiker des deutschen Faschismus« (XII, 907)[23] Carl Schmitt (1888–1985) – nachfolgend Gemeinsamkeiten in Schmitts und Naphtas politischem Denken aufgezeigt,[24] wobei auch ein Blick auf den deutschen Schriftsteller Hanns Johst (1890–1978), den späteren SS-Gruppenführer und Freund Heinrich Himmlers,[25] geworfen wird.

II. Naphtas Terror gegen die Humanität

1. Naphtas »Gottesstaat«: eine Terror-Diktatur des Proletariats und des Papsttums

Im Gegensatz zu Augustinus, der den im irdischen Staat unsichtbaren himmlischen Staat als die Liebe zu Gott darstellt, als das oberste Gebot des Naturrechts, den anderen Mitmenschen Gutes zu tun,[26] propagiert Naphta, eine Gestalt der »großen Konfusion« (5.1, 705), das heißt der Ideologien im Umkreis der sogenannten »Konservativen Revolution«[27] mit präfaschistischen Neigungen, einen auf zeitlos-wahrem Naturrecht (*ius divinum*) (5.1, 579)[28] basieren-

23 Zu Carl Schmitt in der Zeit des Dritten Reiches vgl. Ottmann: Geschichte (Anm. 4), S. 217–226.

24 Zu undifferenziert zählt Armin Mohler Thomas Mann zu den Leitfiguren der »Konservativen Revolution« und stellt ihn damit an die Seite von Carl Schmitt, »obwohl eine genaue Untersuchung über ihr Verhältnis fehlt und selbst auch Manns Zugehörigkeit zur ›Konservativen Revolution‹ noch fraglich ist« (Nobutaka Yamamuro: Ironie und Demokratie, in: Hitotsubashi Journal of Arts and Sciences, Jg. 49, 2008, S. 11–24, hier S. 18, Anm. 24). Vgl. Armin Mohler: Die Konservative Revolution in Deutschland, 5. Auflage, Graz: Stocker 1999, S. 325 f.; Alain de Benoist: Mein Leben. Wege eines Denkens, Berlin: Junge Freiheit Verlag 2014, S. 278. Kritisch dazu: Borchmeyer: Thomas Mann (Anm. 3), S. 555–576, der Thomas Mann für einen »Konservativen im alteuropäischen […] Sinne« hält. Immerhin gibt es erste Untersuchungen zum Verhältnis Thomas Mann – Carl Schmitt: Oliver Bach: »Alles Liberale Pathos«, in: TMS LV, 97–114; Reinhard Mehring: Romantik-Aktualisierungen bei Thomas Mann und Carl Schmitt, in: ders.: Thomas Manns philosophische Dichtung. Vom Grund und Zweck seines Projekts, Freiburg / München: Verlag Karl Alber 2019, S. 107–125.

25 Wittstock: Februar 33 (Anm. 3), S. 171.

26 Julia Hänni: Rechtsphilosophie in a nutshell, 2. Auflage, Zürich / St. Gallen: Dike 2025, S. 103 f.

27 Wißkirchen: Zeitgeschichte im Roman (Anm. 16), S. 76. Vgl. u. a. Beßlich: Faszination des Verfalls (Anm. 6), S. 90. Thomas Mann hatte den Begriff »Konservative Revolution«, deren Anhänger mehrheitlich das Erbe der Aufklärung und die liberale Gesellschaftsordnung ablehnten (Urs Bitterli: Licht und Schatten über Europa 1900–1945, Zürich: Verlag Neue Zürcher Zeitung 2016, S. 105), im Artikel »Russische Anthologie« von 1921 (15.1, 341) wohl erstmals in die deutsche politische Debatte geworfen (Andreas Koenen: Der Fall Carl Schmitt, Darmstadt: Wissenschaftliche Buchgesellschaft 1995, S. 176, Anm. 22; Ottmann: Geschichte (Anm. 4), S. 143). Michael Zantke hingegen hält Mann eher nicht für den Namensgeber der Konservativen Revolution (Zantke: Thomas Mann und die Versuchung (Anm. 6), S. 175).

28 Vgl. Hansgeorg Blechschmid: Thomas Mann und das Recht, München: peniope 2004, S. 95 f.; Senn: Rechtsgeschichte (Anm. 7), S. 171–174.

den »Gottesstaat« christlich-kommunistischer Prägung (5.1, 578, 676, 888).[29] Dieser bedeutet sowohl eine Diktatur des Papsttums (vgl. 5.1, 606)[30] als auch eine Diktatur des Proletariats[31], das heißt einen durch soziale Gerechtigkeit[32] herzustellenden Glückszustand (Überwindung der Demokratie und der Herrschaft des »Ökonomismus« und des Privateigentums), in dem der Terror das himmlische Reich verwirklicht (vgl. 5.1, 606–609).[33]

Naphta vertritt – als Gegner der bürgerlich-individualistischen, demokratischen Freiheitsidee und des »Zopf[s]« der »Humanität« (5.1, 1057) und Anhänger der Diktatur[34], als Anwalt der »Reaktion«[35] gegen den wirtschaftlichen Fortschritt des »modernen Händler- und Spekulantentums« (5.1, 611) und »Revolutionär der Erhaltung« (5.1, 694)[36] – in der Sicht seines Gegenspielers Lodovico Settembrini, der sich als Literat in der Nachfolge Dantes sieht,[37] eine Ideologie der »Revolution des antihumanen Rückschlages« (5.1, 694) und einer »Mischung aus Revolution und Dunkelmännertum« (5.1, 786).[38]

29 Erk: Die Manns (Anm. 11), S. 50; Langer: Thomas Mann (Anm. 13), S. 328; Borchmeyer: Thomas Mann (Anm. 3), S. 729.

30 Thomas Sprecher: Rechtliches im »Zauberberg«, in: v. Engelhardt/Wißkirchen (Hrsg.): »Der Zauberberg« (Anm. 16), S. 149–161, hier S. 156.

31 Vgl. Anm. 43.

32 Vgl. aber Naphtas Rede gegen die Gerechtigkeit (5.1, 1047), die Thomas Mann aus seinem Brief an Paul Amann vom 21.02.1915 (22, 62) übernommen hatte.

33 Pierre-Paul Sagave: Der Begriff des Terrors in Thomas Manns »Zauberberg«, in: Rudolf Wolff (Hrsg.): Thomas Mann – Aufsätze zum »Zauberberg«, Bonn: Bouvier 1988, S. 9–21, hier S. 17. Die Quellen von Naphtas Weltanschauung sind u.a. eine Kompilation aus Heinrich von Eickens *Geschichte und System der mittelalterlichen Weltanschauung* (1887) und aus Oswald Spenglers *Untergang des Abendlandes* (1918/1922) und *Preussentum und Sozialismus* (1919) (Borchmeyer: Thomas Mann (Anm. 3), S. 697). Vgl. Beßlich: Faszination des Verfalls (Anm. 6), S. 89–92; Langer: Thomas Mann (Anm. 13), S. 311–313. Bereits in *Buddenbrooks* behandelt Thomas Mann – »als Spross einer hanseatischen Kaufmannsfamilie in ökonomischen Dingen recht bewandert« – ökonomische und monetäre Themen (Borchmeyer: Thomas Mann (Anm. 3), S. 120). Vgl. Klaus Kastner: Urbild und Abbild – Buddenbrooks und andere, in: Jahrbuch der Juristischen Zeitgeschichte, 13, 2012, S. 319–361, hier S. 320–329.

34 Werber: Paradoxien der Dezision (Anm. 21), S. 236.

35 Es handelt sich um eine »revolutionäre Projektion der Vergangenheit in die Zukunft« (Borchmeyer: Thomas Mann (Anm. 3), S. 697).

36 Kurzke: Epoche – Werk – Wirkung (Anm. 10), S. 209.

37 Philipp Theisohn: Das Blut der Bücher. Thomas Manns »Der Zauberberg« als bibliotherapeutisches Experiment, in: Die Neue Rundschau, Jg. 135, H. 3: 100 Jahre Zauberberg, Frankfurt/Main: S. Fischer Verlag 2024, S. 30. Zum Civilisationsliteraten Lodovico Settembrini vgl. Langer: Thomas Mann (Anm. 13), S. 319–323; Gut: Thomas Manns Idee (Anm. 4), S. 175–181; Daniel Jütte: »Placet experiri«. Ein unbekanntes Vorbild für Lodovico Settembrini, in: TM Jb 20, 2007, 209–215; Roberto Zapperi: Thomas Mann und Luigi Settembrini, in: Zeitschrift für Ideengeschichte, Heft VIII/1, 2014, S. 59–72; Sparr: Zauberberge (Anm. 12), S. 22f.

38 Borchmeyer: Thomas Mann (Anm. 3), S. 697f.; Wißkirchen: Zeitgeschichte im Roman (Anm. 16), S. 82. »Formeln, die schon auf die einschlägigen Gespräche im Kridwiss-Kreis des *Doktor Faustus* vorausweisen« (Borchmeyer: Thomas Mann (Anm. 3), S. 698). Zu *Doktor Faustus*

Prägend für die Naphta-Figur war für Thomas Mann die Ermordung Walther Rathenaus am 24. Juni 1922[39] durch deutsch-völkische und antisemitisch gesinnte Attentäter,[40] nachdem er frühestens Anfang Juni desselben Jahres den Abschnitt »Vom Gottesstaat und von übler Erlösung« begonnen hatte (vgl. 5.2, 41). Auch wenn Naphta durchaus Vorstellungen äußert, die Thomas Mann nach dem Ersten Weltkrieg teilweise beeindruckt, wenn nicht begeistert hatten,[41] »gestaltet er die Figur bei aller ästhetisch-ironisch gegebenen ›Neutralität‹ letztlich kritisch«,[42] ist es doch – neben der Münchner Räterepublik von 1919[43] – der Mord an Rathenau, in dem Thomas Mann das Warnzeichen eines sich zum »Terror« organisierenden und die Gegenvernunft verherrlichenden »sentimentale[n] Obskurantismus« (15.1, 522),[44] einer eklektischen, antihuma-

(10.1 und 10.2), der mit Blick auf Thomas Manns Verhältnis zur Demokratie als »Fortsetzung des *Zauberberg* angesehen werden [kann]« (Fechner: Thomas Mann und die Demokratie (Anm. 14), S. 246), vgl. Borchmeyer: Thomas Mann (Anm. 3), S. 1175–1262; Fechner: Thomas Mann und die Demokratie (Anm. 14), S. 245–259; Gut: Thomas Manns Idee einer deutschen Kultur (Anm. 4), S. 329–360; Volker Hagedorn: Deutsche Dämonen, in: Staas/Ullrich (Hrsg.): Was uns der große Schriftsteller über die Deutschen erzählt (Anm. 3), S. 96–97; Kurzke: Das Leben als Kunstwerk (Anm. 6), S. 490–522; ders.: Thomas Mann. Ein Porträt für seine Leser (Anm. 12), S. 159–179; Kuschel: Weltgewissen (Anm. 12), S. 298–323; Mehring: Thomas Mann. Künstler und Philosoph (Anm. 5), S. 100–125; ders.: Das »Problem der Humanität«, Paderborn: mentis Verlag GmbH 2003, S. 102–118. In den Streitgesprächen zwischen Naphta und Settembrini werden beispielhaft die ideologischen Feindschaften in der Weimarer Republik reflektiert (Claudio Steiger: Thomas Manns »Der Zauberberg«. Ein Roman der Weimarer Republik?, in: Barbara Eschenburg/Caren Heuer (Hrsg.): Thomas Manns »Der Zauberberg«. Fiebertraum & Höhenrausch, Würzburg: Königshausen & Neumann 2024, S. 141–159, hier S. 150).

39 Langer: Thomas Mann (Anm. 13), S. 287; 5.2, 40–42. Vgl. Kapitel XXXIV des *Doktor Faustus* (10.1, 534f.); Fechner: Thomas Mann und die Demokratie (Anm. 14), S. 115–117; Bernd Braun: Der neue Republikaner, in: Staas/Ullrich (Hrsg.): Was uns der große Schriftsteller über die Deutschen erzählt (Anm. 3), S. 56–61.

40 Borchmeyer: Thomas Mann (Anm. 3), S. 698.

41 Zu Thomas Manns »schier ungeheuerliche[r] politische[r] Orientierungslosigkeit« vgl. 5.2, 27. Die Tagebücher dieser Umbruchszeit werden später eine der wichtigsten autobiografischen Quellen des *Doktor Faustus* sein (Borchmeyer: Thomas Mann (Anm. 3), S. 739f.).

42 Langer: Thomas Mann (Anm. 13), S. 328

43 Thomas Manns Furcht vor Anarchie und Pöbelherrschaft reicht in die Zeit der am 07.04. 1919 ausgerufenen Münchner Räterepublik zurück (5.2, 91f.). Zur Münchner Räterepublik vgl. Ullrich: Schicksalsstunden einer Demokratie (Anm. 16), S. 13–57.

44 Noch in den *Betrachtungen eines Unpolitischen* hatte Thomas Mann den Glauben an die Demokratie für »*Obskurantismus*« (13.1, 537) gehalten, seit 1922 jedoch – geplagt von Gewissensbissen, ob auch seine *Betrachtungen* die Vergiftung des politischen Klimas mitverursacht hätten, das erst die Voraussetzung für solche Mordtaten wie die Ermordung Walther Rathenaus geschaffen hatte – hielt er die rechten Reaktionäre für obskur (Caren Heuer: »Es lebe die deutsche Republik«? Thomas Mann und die Zeitenwende der Weimarer Demokratie, in: TM Jb 36, 2023, 23–36, hier S. 35). In einem Brief vom 18.04.1927 schreibt Thomas Mann, es sei »viel mehr ›Naphta‹ in der Welt, als ›Settembrini‹« (DüD I, 524), womit er »zum Ausdruck [bringt], dass Naphta obskurantistische Ideen vertritt, die gerade in diesen Jahren, im Umkreis der sogenannten Konservativen Revolution ihre Sumpfblüten treiben« (Borchmeyer: Thomas Mann (Anm. 3), S. 650).

nistischen Ideologie[45] und einer »Roheit«, die »den edlen und geisteszarten Namen der Romantik« verunstalte (15.1, 522), erblickt.[46]

2. Das Vorbild Hanns Johst

Ein in der Thomas Mann-Forschung bis dato nicht genanntes Vorbild für Naphta[47] ist der expressionistische Schriftsteller Hanns Johst.[48] Thomas Mann lässt nämlich Naphta »exakt die Positionen« (Lust am Gehorsam und der Verleugnung des Ich) vertreten, als deren öffentlicher Deklamator sich Johst auf seinen Vortragsreisen seit den frühen 1920er-Jahren emporgeschwungen hatte:[49]

»[...] Alle wahrhaft erzieherischen Verbände haben von jeher gewußt, um was es sich in Wahrheit bei aller Pädagogik immer nur handeln kann: nämlich um den absoluten Befehl, die eiserne Bindung, um Disziplin, Opfer, Verleugnung des Ich, Vergewaltigung der Persönlichkeit. Zuletzt bedeutet es ein liebloses Mißverstehen der Jugend, zu glauben, sie finde ihre Lust in der Freiheit. Ihre tiefste Lust ist der Gehorsam.« [...] »Nicht Befreiung und Entfaltung des Ich sind das Geheimnis und das Gebot der Zeit. Was sie braucht, wonach sie verlangt, was sie sich schaffen wird, das ist – der Terror.« (5.1, 603 f.)

Einst war Thomas Mann mit dem Expressionisten Hanns Johst, der sich zunächst den Kreisen der »Konservativen Revolution« zugehörig gefühlt hatte,[50] freundschaftlich verbunden, dann aufgrund von Thomas Manns Rede *Von deutscher Republik* in »erbitterter Feindschaft« entzweit.[51] Johst bezichtigte

[45] Lehnert: Leo Naphta und sein Autor (Anm. 13), S. 65.

[46] Borchmeyer: Thomas Mann (Anm. 3), S. 74; Wißkirchen: Zeitgeschichte im Roman (Anm. 16), S. 65–76. Im *Zauberberg* zeichnet Thomas Mann ein Bild der Romantik als mögliche Verführung zum Tode und falschen Glauben an die Vergangenheit. Da die Romantik insofern missbraucht werden kann, als der Republik das gestrige Reich entgegengestellt wird, versucht Mann, die Romantik vom Konservatismus zu lösen und sie mit der Idee der Demokratie zu verbinden (Steiger: Thomas Manns »Der Zauberberg« (Anm. 38), S. 147 f.). Zu einseitig jedoch Karl-Josef Kuschel, der in Naphta nur den »moderne[n] Sozialisten« sieht, der »als Menschheitsbeglücker zurück auf mittelalterlich mönchischen Radikalismus und asketische Disziplin« verweist (Kuschel: Weltgewissen (Anm. 12), S. 104).

[47] Rolf Düsterberg: Hanns Johst: »Der Barde der SS«. Karrieren eines deutschen Dichters, Paderborn: Ferdinand Schöningh 2004, S. 99 f.; Wittstock: Februar 33 (Anm. 3), S. 72.

[48] Für diesen Hinweis danke ich Dr. phil. Uwe Wittstock.

[49] Düsterberg: Hanns Johst (Anm. 47), S. 99 f.; Wittstock: Februar 33 (Anm. 3), S. 72. Vgl. z. B. 5.1, 548 f.

[50] Kurzke: Das Leben als Kunstwerk (Anm. 6), S. 360.

[51] Allerdings nahm Johst noch 1925 an der offiziellen Feier zu Thomas Manns 50. Geburtstag teil, um ihm seine Wertschätzung zu erweisen (Hans-Georg Wendland: Hanns Johst. Vom expressionistischen Dichter zum nationalsozialistischen Kulturfunktionär. Die zweifache Karriere, Norderstedt: Grin Verlag 2014, S. 2). Am 10. Oktober 1933 schlug Johst, einige Jahre später

ihn daraufhin in einem offenen Brief des Verrats am Deutschtum, zu dem eben nicht der Glaube an Vernunft, Recht und Menschlichkeit gehöre, sondern die rückhaltlose Hingabe an die Volksgemeinschaft und an mythisch-mystische Ideen wie Schicksal, Blut oder Vorsehung.[52] Dabei lieferte möglicherweise Albert Leo Schlageter, Idol und Märtyrer der Nationalisten, den Johst in seinem Drama *Schlageter* (1933) als den »ersten Soldaten des Dritten Reiches« verherrlichte, Material für die Ausführung und Ausfüllung von Naphtas politischen Thesen.[53]

Damit legte Thomas Mann Naphta Worte in den Mund, »die das nationalistische Gedankengut und die hetzerische Polemik des Nationalsozialismus vorwegzunehmen scheinen,[54] und markierte eine Entwicklungslinie, auf der Hanns Johst sich unaufhaltsam auf das radikale Weltbild des Nationalsozialismus zubewegte, das er schliesslich als Dichter und Kulturfunktionär entscheidend mitprägte«.[55] Dass Naphta Jude ist, dürfte, so die plausible Vermutung Uwe Wittstocks, den Antisemiten Johst besonders gekränkt haben.[56]

Mitglied des Stabes des Reichsführers SS Heinrich Himmler, diesem Thomas Manns Inhaftierung im KZ Dachau vor (Düsterberg: Hanns Johst (Anm. 47), S. 288 f.; Kurzke: Das Leben als Kunstwerk (Anm. 6), S. 360.

52 Wittstock: Februar 33 (Anm. 3), S. 72. Vgl. Düsterberg: Hanns Johst (Anm. 47), S. 97–99. Johst erklärte Thomas Mann, ihm sei das Schwert »sakral wie Ihnen und Ihresgleichen der Federhalter« (Hanns Johst: An einen neuen Republikaner. Offener Brief an Thomas Mann, in: München-Augsburger Abendzeitung vom 28. 11. 1922, zitiert nach Kurzke: Das Leben als Kunstwerk (Anm. 6), S. 360).

53 5.2, 96; Wittstock: Februar 33 (Anm. 3), S. 169 f. Schlageter unterstützte 1920 den Kapp-Putsch, der die Weimarer Republik zu beseitigen versuchte. Auch politisch war er aktiv: Er nahm an der Gründungsversammlung der Großdeutschen Arbeiterpartei teil, einer Tarnorganisation der vorübergehend verbotenen NSDAP. Zu Johsts Drama *Schlageter*, das er Adolf Hitler zu dessen Geburtstag am 20. 04. 1933 gewidmet hatte, vgl. Wittstock: Februar 33 (Anm. 3), S. 169–171.

54 Thomas Mann, für den schon früh – besonders mit Blick auf die Entrechtung der Juden ab 1933 – feststand, dass Nazi-Deutschland ein Staat ohne Recht sei, und der Adolf Hitler 1941 für vertragsunfähig hielt (Thomas Sprecher: Thomas Mann und das Recht. Eine Skizze, in: Hermann Weber (Hrsg.): Recht und Juristen im Spiegel von Literatur und Kunst. Tagung im Nordkolleg Rendsburg vom 6. bis 8. September 2013, Münster: Lit 2014, S. 61–74, hier S. 72 f.), »hat Naphta selbst als politischen Ideologen, einmal mit Sicherheit als Nationalsozialisten interpretiert. Freilich hat eine solche Selbstinterpretation keinen Beweiswert« (Lehnert: Leo Naphta und sein Autor (Anm. 13), S. 69, Anm. 29). Vgl. Hans Wysling / Marianne Fischer (Hrsg.): Dichter über ihre Dichtungen, Bd. 14/1, München: Heimeran 1975, S. 524, 540.

55 Wendland: Hanns Johst (Anm. 51), S. 3.

56 Wittstock: Februar 33 (Anm. 3), S. 72. Naphtas Lebensgeschichte diente Reinhard Heydrich als Begründung des von der Bayerischen Politischen Polizei am 12. 07. 1933 ausgestellten Schutzhaftbefehls (Sparr: Zauberberge (Anm. 12), S. 74 f.).

III. Der mutmaßliche Einfluss Carl Schmitts auf die Naphta-Figur

1. Pierre-Paul Sagaves Anfragen an Thomas Mann und Carl Schmitt

Obwohl Carl Schmitt als Militärzensor in München während des Ersten Weltkriegs Thomas Manns Post- und Büchersendungen kontrolliert und sich gemäß den *Schattenrissen* (1913)[57] mit seinen Schriften beschäftigt hatte,[58] lässt sich bis dato keine persönliche Bekanntschaft zwischen den beiden nachweisen.[59]

Dies hatte Pierre-Paul Sagave jedoch nicht daran gehindert, Thomas Mann 1952 anzufragen, ob Carl Schmitt als Vorbild für Naphta gedient hätte,[60] woraufhinThomas Mann beteuerte, Carl Schmitt beim Entwurf Naphtas nicht gekannt zu haben.[61] Gleichzeitig wandte sich Sagave an Carl Schmitt:

> Viele Äußerungen, die im 2. Band des Romans diesem Naphta in den Mund gelegt werden, scheinen unmittelbar, manchmal fast wörtlich, aus Ihren vor Vollendung des *Zauberberg* erschienenen Büchern (*Die Diktatur, Politische Romantik, Politische Theologie, Römischer Katholizismus und politische Form, Die geistesgeschichtliche Lage des heutigen Parlamentarismus*) übernommen zu sein [...].[62]

[57] Vgl. Carl Schmitt: Schattenrisse von Johannes Negelinus (1913), in: Carl Schmitts Kulturkritik der Moderne, hrsg. v. Ingeborg Villinger, Berlin: Akademie Verlag 1995, S. 11–67.

[58] Niels Werber: Das Politische des Unpolitischen. Thomas Manns Unterscheidungen zwischen Heinrich von Kleist und Carl Schmitt, in: Alexander Honold / Niels Werber (Hrsg.): Deconstructing Thomas Mann, Heidelberg: Universitätsverlag Winter 2012, S. 65–85, hier S. 78. Vgl. Carl Schmitt: Die Militärzeit 1915 bis 1919. Tagebuch Februar bis Dezember 1915. Aufsätze und Materialien, hrsg. v. Ernst Hüsmert u. Gerd Giesler, Berlin: Akademie-Verlag 2005.

[59] Pierre-Paul Sagave mutmaßt in seinem Brief an Carl Schmitt vom 27.01.1952: »Da Thomas Mann sich damals oft in Bonn bei Ernst Bertram aufhielt, ist vielleicht ein Zusammentreffen mit Ihnen anzunehmen. [...]« (zitiert in: Martin Tielke: Carl Schmitt auf dem »Zauberberg«, in: Frankfurter Allgemeine Zeitung, Nr. 163, vom 17.07.2013, S. N4). Jedenfalls gibt es indirekte Kontakte, »die kaum erschlossen sind«. Beispielsweise kannte Schmitt den Rechtshistoriker Fritz Pringsheim, »den er 1933 nationalsozialistisch diskriminierte« (Mehring: Romantik-Aktualisierungen (Anm. 24), S. 109). Vgl. Fritz Pringsheim: Die Haltung der Freiburger Studenten in den Jahren 1933–1935, in: Die Sammlung, Bd. 15, 1960, S. 532–538. Fritz Pringsheim ist nicht der Bruder von Thomas Manns Ehefrau Katia, wie von Reinhard Mehring behauptet (Mehring: Romantik-Aktualisierungen (Anm. 24), S. 109), sondern der Vetter von Alfred Pringsheim, Thomas Manns Schwiegervater (Leonie Breunung / Kay Schweigmann-Greve / Manfred Walther: Die Emigration deutschsprachiger Rechtswissenschaftler ab 1933, Bd. 1: Die Emigration nach Europa, Südamerika und Afrika, Berlin / Boston: de Gruyter 2012, S. 406). Vgl. Tony Honoré: Fritz Pringsheim (1882–1967), in: Jack Beatson / Reinhard Zimmermann (Hrsg.): Jurists Uprooted. German-speaking Émigré Lawyers in Twentieth-century Britain, Oxford: University Press 2004, S. 205–233.

[60] Tielke: Carl Schmitt auf dem »Zauberberg« (Anm. 59), S. N4.

[61] Michael Thews: Figuren und Modelle. Rechts- und staatstheoretische Aspekte in Thomas Manns Roman »Der Zauberberg«, Frankfurt/Main u.a.: Peter Lang 1990, S. 163; Kurzke: Epoche – Werk – Wirkung (Anm. 10), S. 209. Vgl. Brief Thomas Manns an Pierre-Paul Sagave vom 18.02.1952 (DüD I, 583).

[62] Brief vom 27.01.1952, zitiert in: Tielke: Carl Schmitt auf dem »Zauberberg« (Anm. 59), S. N4; vgl. Nachlass Carl Schmitt, bearbeitet von Dirk van Laak und Ingeborg Villinger, Siegburg: Res-

Seine Anfrage blieb jedoch unbeantwortet, sodass er noch 1954 behaupten konnte: »On a souvent rapproché les écrits de Carl Schmitt de certains passage de la *Montagne magique*; cependant, rien ne nous autorise à voir dans ces rapprochements plus qu'une circonstance fortuite«.[63]

2. Carl Schmitt als Naphta avant la lettre

Genau dreißig Jahre später glaubte auch Hans Mayer (1907–2001), Schüler Hans Kelsens (1881–1973) und Germanist[64], ohne sich auf Sagave zu beziehen, Gemeinsamkeiten zwischen Naphta und Carl Schmitt zu erkennen:[65] Schmitt scheine sich »seit Beginn der Zwanziger Jahre, gleichsam wie der kleine Naphta aus Thomas Manns *Zauberberg* aufzuführen«, der sich »über westlichen Parlamentarismus, öffentliche Meinung und Moral, Parteien, Presse und Politische Salons« mokiere und sich gegen Demokratie im Sinne von Gespräch und Kompromiss ausspreche, und zwar noch »vor Erscheinen des erst seit 1924 greifbaren Romans«. So sei denn alles schon

> vor Naphta bei Carl Schmitt proklamiert worden […]. Auf dem Höhepunkt der wirren deutschen Nachkriegsgeschichte, zwischen gehemmter Revolution und noch unreifer Gegenrevolution, also im Jahre 1922, während Thomas Mann in München, bereichert durch die Erfahrungen mit einer Räterepublik[66] der Ideologen von ›Geist und Macht‹, den kleinen Naphta schwatzen und perorieren ließ, hatte Carl Schmitt den Begriff der ›Politischen Theologie‹ von neuem installiert.[67]

Dass Naphta nämlich den »Begriff des Politischen« für »mit dem des Katholischen psychologisch verbunden« hält (5.1, 668) und Settembrini als seinen Feind betrachtet,[68] erinnert einerseits an Carl Schmitts frühe Schriften,[69] ins-

publica-Verlag 1993, S. 138. Zu den erwähnten Werken von Carl Schmitt: Thews: Figuren und Modelle (Anm. 61), S. 146 f.; Ottmann: Geschichte (Anm. 4), S. 227–232, 235–239.

63 Pierre-Paul Sagave: Réalité sociale et idéologie religieuse dans les romans de Thomas Mann, Paris: Les Belles Lettres 1954, S. 143, Anm. 92.

64 Reinhard Mehring: Carl Schmitt in Köln. Sinnwandel eines Semesters: vom Wettstreit mit Kelsen zum Probelauf des »Kronjuristen«, in: ders.: Kriegstechniker des Begriffs. Biographische Studien zu Carl Schmitt, Tübingen: Mohr Siebeck 2014, S. 73–98, hier S. 81. Zu Hans Mayer vgl. Franziska Meister: Hans Mayer, in: Historisches Lexikon der Schweiz (HLS), https://hls-dhs-dss.ch/de/articles/011672/2008-08-27/ (Zugriff am 17. 12. 2024).

65 Vgl. Friederike Proff: Die »grosse Konfusion«, Baden-Baden: Ergon 2022, S. 83, Anm. 186.

66 Vgl. Anm. 43.

67 Hans Mayer: Ein Deutscher auf Widerruf. Erinnerungen I, Frankfurt/Main: Suhrkamp Verlag 1982, S. 141. Für diesen Hinweis danke ich Dr. phil. Martin Tielke.

68 Toni Tholen: Neues vom Dunkelmann Leo Naphta, in: Heinrich Mann-Jahrbuch 8, 1990, S. 81–99, hier S. 93.

69 Werber: Paradoxien der Dezision (Anm. 21), S. 235 f. 1923 erläutert Carl Schmitt das Politi-

besondere an *Römischer Katholizismus und politische Form* (1923) und *Die Diktatur* (1921), andererseits an Thomas Manns *Betrachtungen eines Unpolitischen,* in denen dieser – ähnlich Carl Schmitt[70] – noch zwischen Freund und Feind unterscheidet,[71] obwohl er zur Niederschrift der *Betrachtungen* weder auf Schmitts *Politische Theologie* (1922) noch auf dessen *Begriff des Politischen* (1927 bzw. 1932) zurückgreifen konnte.[72]

2.1. Terror durch souveränen und antiromantischen Dezisionismus

Verkünder dieses gegen die Liberalität[73] gerichteten »heilige[n] Terror[s], dessen die Zeit bedarf« (5.1, 1057), und des Endes des bürgerlich-liberalen Zeitalters ist Naphta, der – entgegen dem christlichen Gehorsamsverständnis[74] – den Terror

sche des Katholizismus mit dem Begriff der »Autorität«, indem er – ähnlich wie Naphta – Befehl und Gehorsam gegen Diskussion und Konsens, Autorität gegen Parlamentarismus, die gottgleiche souveräne Entscheidung gegen die Mehrheitsdemokratie und Bindung gegen Individualismus positioniert (ebd., S. 236). Vgl. Carl Schmitt: Römischer Katholizismus und politische Form [1923], 6., durchgesehene u. erweiterte Auflage, Stuttgart: Klett-Cotta 2016, S. 30–32; Ottmann: Geschichte (Anm. 4), S. 235 f.; Anm. 74 und 86. Reinhard Mehring sieht in Schmitts *Begriff des Politischen* ein Werk, das die »Totalität« des Politischen thematisiere, in Analogie zum »Zauberberg«, der aufgrund der Konfusion der Diskurse kein »unpolitischer« Bereich sei (Mehring: Thomas Mann. Künstler und Philosoph (Anm. 5), S. 99).

70 Dániel Puskás: Einzelner – Menschheit – Volk. Zentrale Begriffe im Werk von Carl Schmitt bis 1928, Diss. iur., Zürich / Basel / Genf: Schulthess 2014, S. 50; Bach: »Alles Liberale Pathos« (Anm. 24), S. 107. Politische Einheiten bilden sich gemäß Carl Schmitt durch die Unterscheidung von Freund und Feind. Im Friedrich-Essay (1915) kritisiert Thomas Mann – ähnlich wie Schmitt – die Gleichsetzung von Politik mit institutionell organisierter Politik (Mehring: Thomas Mann. Künstler und Philosoph (Anm. 5), S. 169). Vgl. Carl Schmitt: Der Begriff des Politischen (1932), Berlin: Duncker & Humblot 2018, S. 38.

71 Bitterli: Licht und Schatten (Anm. 27), S. 77; Gut: Thomas Manns Idee (Anm. 4), S. 109. Vgl. Schmitt: Der Begriff des Politischen (Anm. 70), insb. S. 26–37. Dazu eingehend Werber: Thomas Manns Unterscheidungen (Anm. 58), S. 80 f.; Ottmann: Geschichte (Anm. 4), S. 240–248. 1930 wird dann aber Carl Schmitts *Begriff des Politischen* gegen Thomas Manns *Deutsche Ansprache. Ein Appell an die Vernunft* gestellt, die an der Freund-Feind-Unterscheidung versage, indem sie sich zur Sozialdemokratie bekenne (Thomas Goll: Die Deutschen und Thomas Mann. Die Rezeption des Dichters in Abhängigkeit von der Politischen Kultur Deutschlands 1898–1955, Baden-Baden: Nomos 2000, S. 231). Vgl. Anonym: Das Ende der bürgerlichen Vernunft, in: Deutsches Volkstum, Jg. 12, 1930, S. 879 f. In dieser Ansprache bekannte sich Mann im Oktober 1930, einen Monat nach den Reichstagswahlen, zur Demokratie, indem er die Sozialdemokratie gegen die erfolgreiche NSDAP empfiehlt und den Nationalsozialismus als Gegner der Demokratie offen angreift (Fechner: Thomas Mann und die Demokratie (Anm. 14), S. 127 f.).

72 Bach: »Alles Liberale Pathos« (Anm. 24), S. 98. Vgl. Caren Heuer: Von der dunklen Seite. Begehren und Politik im »Zauberberg«, in: Eschenburg / Heuer (Hrsg.): Thomas Manns »Der Zauberberg« (Anm. 38), S. 35–48, hier S. 47.

73 Kurzke: Epoche – Werk – Wirkung (Anm. 10), S. 209.

74 »Gehorsam sein« im christlichen Sinn bedeutet nicht »Befehlen folgen«, sondern stammt vom Wort »horchen« (Peter von Matt: Bruder Klaus und die Selbstfindung der Schweiz, in: Stephan Leimgruber (Hrsg.): Niklaus von Flüe und Dorothee Wyss. Inspirationen eines Ehe-

für das sittlichste Mittel zur Erzwingung des Gehorsams in einem Staat (vgl. 5.1, 603) hält, dessen Zweck das Gesetz des Sittlichen im Sinne des Philosophen Georg Wilhelm Friedrich Hegel[75] ist,[76] weshalb jede Justiz, die nicht den Tod des Gegners als letztes Ende der Askese für die Herrschaft verlange, absurd sei.[77]

Naphta bezeichnet Hegel als einen »›katholischen‹ Denker«[78], denn

> gerade das Wort »Staatsphilosoph« bekräftige, dass er [Naphta, M. L.] im religiösen, wenn auch natürlich nicht im kirchlich-dogmatischen Sinn mit seiner Behauptung von Hegels Katholizität im Rechte sei. *Denn* [...] der Begriff des Politischen sei mit dem des Katholischen psychologisch verbunden, sie bildeten eine Kategorie, die alles Objektive, Werkhafte, Tätige, Verwirklichende, ins Äußere Wirkende umfasse (5.1, 667f.).

Diese Verknüpfung von Hegel als »Staatsphilosoph« mit dem »Katholischen« im Sinne des Religiösen dürfte vom Philosophen Alfred Bäumler beeinflusst sein (vgl. 5.2, 293), der in einem in der Münchner Ortsgruppe der Kantgesellschaft am 24. Juni 1922 gehaltenen Vortrag, bei dem auch Thomas Mann anwesend war, den Philosophen Hegel »im Gegensatz zum Protestanten Sören Kierkegaard einen katholischen Denker« genannt hatte.[79]

In dieser Ineinssetzung der Begriffe ›katholisch‹ und ›politisch‹ sieht Gerhard Loose mit einigem Recht einen möglicherweise auf Carl Schmitt zurückführbaren Anknüpfungspunkt, wenn sich feststellen ließe, dass Thomas Mann

paars, Luzern: rex verlag luzern 2024, S. 93–98, hier S. 96). Als Naphtas Antipode erscheint beispielsweise Niklaus von Flüe (Bruder Chlaus), der unter Gehorsam das Hören auf Gott und der Menschen aufeinander versteht, nicht primär das Sich-Unterordnen und Ausführen von Befehlen, eine in seiner Sicht unerlässliche Voraussetzung für den Frieden (Stephan Leimgruber: Die Botschaft an die Berner Ratsherren, in: ebd., S. 107–109, hier S. 108). Vgl. Anm. 69, 86 und 151.

[75] Vgl. Anm. 2 und Elisabeth Weisser-Lohmann: Der Staat als Gestalt der »Sittlichkeit«, in: Walter Pauly (Hrsg.): Der Staat – eine Hieroglyphe der Vernunft. Staat und Gesellschaft bei Georg Wilhelm Friedrich Hegel, Baden-Baden: Nomos 2009, S. 71–89.

[76] Hermann Brill: Staatsrecht und Literatur, in: Gewerkschaftliche Monatshefte (GMH), 06, 1955, S. 364–368, hier S. 368.

[77] Ebd. Zu Naphta als Verteidiger der Todesstrafe (späte Philosophie Friedrich Nietzsches und Thomas Mann in den *Betrachtungen eines Unpolitischen* gegen die kriminalistische Philanthropie Cesare Beccarias) vgl. 5.1, 693–695; Blechschmid: Thomas Mann und das Recht (Anm. 28), S. 100–102, 104f. Zu Beccarias Ablehnung der Todesstrafe als Krieg des Staates gegen eine Einzelperson vgl. Senn: Rechtsgeschichte (Anm. 7), S. 274f.

[78] »Katholisch heisst so viel wie ›politisch‹, und es gibt keine Politik, die nicht irgendwie die Weltherrschaft bezweckt und verfolgt« (Claude David: Naphta, des Teufels Anwalt, in: Wolff (Hrsg.): Aufsätze zum »Zauberberg« (Anm. 33), S. 23–37, hier S. 29f.).

[79] Alfred Bäumler: Auszüge aus »Mein Weg als Schriftsteller«, 1957, in: Marianne Bäumler / Hubert Brunträger / Hermann Kurzke (Hrsg.): Thomas Mann und Alfred Bäumler. Eine Dokumentation, Würzburg: Königshausen & Neumann 1989, S. 240–254, hier S. 245. Als sich Bäumler später den Nationalsozialisten anschloss, distanzierte sich Mann von ihm (5.2, 293). Alfred Bäumlers Nietzsche-Editionen und -Interpretationen bilden für Thomas Mann die faschistische Deutungsebene (Borchmeyer: Thomas Mann (Anm. 3), S. 1306).

mit Schmitts in *Römischer Katholizismus und politische Form* dargelegten Ideen vor der Veröffentlichung des *Zauberberg*, etwa durch einen Vortrag, bekannt geworden wäre.[80] Naphtas Behauptung von Hegels Katholizität »im religiösen, [...] nicht im kirchlich-dogmatischen Sinn« spricht m.E. für eine Nähe zu Schmitts Staatsdenken als säkularisierter Theologie, denn hinter dem Dezisionisten[81] und Anhänger der Diktatur des Papsttums (vgl. 5.1, 606)[82] Naphta lässt sich unschwer Carl Schmitt erkennen. Dieser sieht nämlich, den Papstprimat nicht anerkennend, in *Römischer Katholizismus und politische Form* in der Kirche vorrangig eine politische Machtform und unterstellt Hegel in *Die Diktatur*, er halte den eine weltgeschichtliche Aufgabe erfüllenden Diktator für denkbar. Dieser sei auf einen Ausnahmezustand angewiesen, in dem er sich behaupten, das Volk entmachten und zur Bedeutungslosigkeit verkommen lasse könne.[83]

Ähnlich propagiert Schmitt in der gegen Hans Kelsens Deutung einer Verfassung als geschlossenes Normensystem gerichteten[84] *Politischen Theologie* (1922) den souveränen und antiromantischen Dezisionismus[85] in der Tradition des von Carl Schmitt favorisierten Juan Donoso Cortés,[86] der sich – »offen für den nationalsozialistischen Führerstaat, der Recht und Führerwillen identifiziert«[87] – in der Naphta-Figur widerspiegelt.[88]

80 Gerhard Loose: Naphta, in: Klaus Peter / Dirk Grathoff / Charles N. Hayes / Gerhard Loose (Hrsg.): Ideologiekritische Studien zur Literatur, Essays I, Frankfurt/Main: Athenäum Verlag 1972, S. 217–250, hier S. 229.

81 Tholen: Neues vom Dunkelmann (Anm. 68), S. 91. Vgl. Anm. 86.

82 Werber: Paradoxien der Dezision (Anm. 21), S. 236. Vgl. Anm. 69, 74 und 86.

83 Reinhard Mehring: Ein Leben im Ausnahmezustand, in: ders.: Kriegstechniker des Begriffs (Anm. 64), S. 20, 23–25; Puskás: Einzelner – Menschheit – Volk (Anm. 70), S. 121–123. Auch später findet sich bei Schmitt die Anknüpfung an Traditionen, für die Hegel stand (Reinhard Mehring: Carl Schmitt. Aufstieg und Fall, München: C.H. Beck 2009, S. 321).

84 Ottmann: Geschichte (Anm. 4), S. 230f.

85 Puskás: Einzelner – Menschheit – Volk (Anm. 70), S. 85–96. Ob das »Prinzip der Dezision«, »das Thomas Mann in immer neue literarische Formen gegossen hat«, in Naphtas Selbstmord im Duell mit Settembrini »schlussendlich«, wie von Niels Werber behauptet, tatsächlich »triumphiert« (Werber: Paradoxien der Dezision (Anm. 21), S. 238f.), scheint mir fraglich zu sein. Vgl. Steiger: Thomas Manns »Der Zauberberg« (Anm. 38), S. 151.

86 Tielke: Carl Schmitt auf dem »Zauberberg« (Anm. 59), S. N4; Puskás: Einzelner – Menschheit – Volk (Anm. 70), S. 95 f. Im vierten Kapitel seiner *Politischen Theologie* mit dem Titel »Zur Staatsphilosophie der Gegenrevolution« ist es – neben Joseph de Maistre und Louis-Gabriel-Ambroise de Bonald – vor allem der von Schmitt verdeckt bewunderte Donoso Cortés, der 1849 mit dem Liberalismus radikal brach und sich zum vehementesten Verfechter der Diktatur unter den Staatsphilosophen der Gegenrevolution entwickelte (Tholen: Neues vom Dunkelmann (Anm. 68), S. 93 f.). Vgl. Reinhard Mehring: Carl Schmitts Gegenrevolution, Hamburg: Europäische Verlagsanstalt 2021, S. 102–127.

87 Puskás: Einzelner – Menschheit – Volk (Anm. 70), S. 101.

88 Tholen: Neues vom Dunkelmann (Anm. 68), S. 93. Settembrini hält dem dezisionistischen Naphta Fortschrittsfeindlichkeit des Ostens vor, indem er darauf hinweist, dass Lao-Tse lehre,

Eine weitere Gemeinsamkeit des die Inquisition[89] und den Scheiterhaufen verteidigenden Naphta mit seiner »leitmotivische[n] Verbindung [...] mit Spanien«[90] und Carl Schmitt ist ihr Bezug auf Joseph de Maistre, dessen Schriften Thomas Mann kannte, sei es aus erster, sei es aus zweiter Hand. De Maistre forderte eine stabile, hierarchische Gesellschaft, die dem vorgeblich unfehlbaren Papst gehorsam sein sollte und von der halb-mystischen Figur des Henkers in Schach gehalten würde.[91]

2.2. Jean-Jacques Rousseau als Basis für Naphtas und Carl Schmitts Diktatur

Im Unterschied zum Juristen Hans Kelsen, der Rousseau für einen Theoretiker von Freiheit und Demokratie hält,[92] sieht Carl Schmitt – ähnlich wie Naphta und aus denselben Erfahrungen von Revolution und Bolschewismus heraus, wie sie Thomas Mann gemacht hatte – in Rousseau einen Vordenker der »souveränen« Diktatur,[93] in welcher die diktatorischen Befugnisse bloß

»dass Nichtstun förderlicher sei als jedes Ding zwischen Himmel und Erde. [...]« (5.1, 568f.). Dabei verkennt Settembrini, dass Lao-Tses *Dao De Jing* – im Unterschied zu Naphta und Carl Schmitt – gerade keinen Ausnahmezustand (und damit keinen solchen Souverän) kennt, sondern dass *dao* die Gesetze von Himmel und Erde und letztlich auch die Ordnung und das menschliche Handeln bestimmt, weshalb der ideale Regent einer ist, der diese Ordnung nicht eigennützig bekämpft und so wenig wie möglich in das Leben seines Volkes eingreift (Senn: Rechts- und Gesellschaftsphilosophie (Anm. 2), S. 251; Thomas Diesner: Nicht-Handeln (wu wei) als politisches Prinzip. Die Kunst des Regierens bei Lao Zi und Konfuzius, in: Areté, Vol. 6, 2021, S. 91–102, S. 98, https://arete.unimarconi.it/volume-6-2021/ (Zugriff am 04.05.2025). Hier zieht Karl-Josef Kuschel – unter Verwechslung der Namen der beiden Kontrahenten – den falschen Schluss, Naphta habe Lao-Tse »gegen seinen Kontrahenten [...], den Vertreter der europäischen Zivilisation, des Humanismus und Aktivismus« instrumentalisiert (Kuschel: Weltgewissen (Anm. 12), S. 180f.).

89 Naphta verteidigt die Inquisition damit, dass alle Kirchenstrafen der Rettung der Seele vor ewiger Verdammnis dienten, jede »Pein- und Blutjustiz, die nicht dem Glauben an ein Jenseits entspringt, [hingegen] viehischer Unsinn« (5.1, 598) sei. Insbesondere sind die von Naphta, der die Folter verteidigt, an Settembrini gerichteten Vorwürfe, gerade »Leute von der Art des Herrn Settembrini« (5.1, 691f.) seien als Urheber der Folter anzusehen, unhaltbar und rein polemischer Natur (Blechschmid: Thomas Mann und das Recht (Anm. 28), S. 98, 100). Zu Inquisitionsprozess und Folter bzw. deren Abschaffung: Senn: Rechtsgeschichte (Anm. 7), S. 217–220, 266–268.

90 Langer: Thomas Mann (Anm. 13), S. 328; Tholen: Neues vom Dunkelmann (Anm. 68), S. 86f.; »Folterknechtssinn und Menschenfeindlichkeit in spanischem Schwarz« (5.1, 989); Naphta ist eine Gestalt, die »hautnah am Nichts siedelt: Nada – Naphta« (Raimar Zons: Naphta, in: Zeitschrift für deutsche Philologie, Jg. 112, 1993, S. 231–250, hier S. 235). Vgl. Borchmeyer: Thomas Mann (Anm. 3), S. 608–610, 724.

91 Ritchie Robertson: Aufklärung und Gegenaufklärung auf dem Zauberberg, in: TM Jb 34, 2021, 211–224, hier S. 222.

92 Daniel Brühlmeier: Die Schweiz in der Staatstheorie, Basel: NZZ Libro 2023, S. 50f.

93 Mehring: Carl Schmitts Gegenrevolution (Anm. 86), S. 233f. Vgl. Carl Schmitt: Die Diktatur. Von den Anfängen des modernen Souveränitätsgedankens bis zum proletarischen Klassenkampf (1921), 9., korrigierte Auflage, Berlin: Duncker & Humblot 2023.

aufgrund eigener, angemaßter Machtvollkommenheit des Diktators ausgeübt werden.[94]

Thomas Mann hingegen lehnt bereits in den *Betrachtungen eines Unpolitischen* die Verabsolutierung der Politik in Rousseaus *contrat social* ab, da ihr gemäß jeder Mensch seine eigene private Freiheit zugunsten der Gesellschaftsordnung abtreten und der Staat zum absoluten Träger der politischen Macht, der einheitlichen und unveräußerlichen »volonté générale«, werden sollte.[95] Um dies zu verdeutlichen, lässt Mann die Naphta-Figur von einem »anfänglichen paradiesisch justizlosen und gottesunmittelbaren Zustand« (5.1, 604) ausgehen, in dem »alle Herrschaft und Gewalt ursprünglich beim Volke war« (5.1, 605) und »der durch den Sündenfall verloren ging« (5.1, 604). Aufgrund der Tatsache, dass das Volk mittels eines »zum Schutz gegen das Unrecht geschlossenen Gesellschaftsvertrag[s] [...] sein Recht an der Gesetzgebung und seine ganze Gewalt dem Staate, dem Fürsten übertrug«, leitet Naphta – unter Ablehnung des »revolutionäre[n] Recht[s] des Volkes vor dem Königtum« – den »Vorrang der Kirche vor dem weltlichen Staat« (5.1, 605) ab, einer Kirche, die synonym ist mit einer den absoluten Gehorsam fordernden Terror-Diktatur.[96] Allerdings irrt er, wenn er das Völkerrecht als »Rousseausche Verballhornung des ius divinum« bezeichnet, »das weder mit Natur noch Vernunft etwas zu schaffen hat, sondern auf Offenbarung beruht« (5.1, 579), und Rousseau die Emanzipation des Naturrechts von der katholischen Moraltheologie unterstellt; diese Loslösung war nämlich nahezu ein Jahrhundert vor Rousseau erfolgt, und es gibt auch gemäß der auf Thomas von Aquin zurückgehenden katholischen Naturrechtslehre ein *ius naturale*, das heißt den für die menschliche Vernunft erkennbaren Teil des *ius divinum*.[97]

2.3. Krieg als »das Mittel gegen alles und für alles« (5.1, 580)

Naphta, gegen die »Ausbildung der nationalen Staatsidee« (5.1, 579)[98] und gegen das »Prinzip der Freiheit« (5.1, 603) argumentierend, stellt sich damit gegen die »bürgerliche Gesittung« (5.1, 580) mit ihrer »Bildung« und ihrem »Besitz« (5.1,

[94] Thews: Figuren und Modelle (Anm. 61), S. 146 f. Vgl. Puskás: Einzelner – Menschheit – Volk (Anm. 70), S. 85–96; Schmitt: Die Diktatur (Anm. 93), S. 127–149. Vgl. Anm. 85.

[95] Elena Alessiato: Thomas Mann und die Suche nach der verlorenen Politik, in: TMS LV, 83–95, hier S. 92; Bach: »Alles Liberale Pathos« (Anm. 24), S. 100.

[96] Vgl. Anm. 74.

[97] Blechschmid: Thomas Mann und das Recht (Anm. 28), S. 97; Fechner: Thomas Mann und die Demokratie (Anm. 14), S. 101 f. Vgl. Senn: Rechtsgeschichte (Anm. 7), S. 243–269, 273.

[98] Settembrini entgegnet Naphta: »›Der nationale Staat ist das Prinzip des Diesseits, das Sie dem Teufel zuschreiben möchten. Machen Sie aber die Nationen frei und gleich, schützen Sie die kleinen und schwachen vor Unterdrückung, schaffen Sie Gerechtigkeit, schaffen Sie nationale Grenzen [...]‹« (5.1, 576).

773)[99] und gegen den »bürgerlichen Sicherheitsstaat« (5.1, 1046) als »Ergebnis der Zivilisation« (5.1, 1047). Vielmehr bejaht er den »Krieg« als »das Mittel gegen alles und für alles« (5.1, 580)[100]. Dadurch stellt er sich gegen die von Settembrini im Kapitel »Noch jemand« entwickelte Fortschrittstheorie der liberalen Nationalstaaten, deren einziger rechtlicher Zweck in der Verwirklichung der Freiheit des Individuums liegt und »über [deren] positiven Rechten« ein »höher-gültiges, allgemeines sich erhebt[101] und die Schlichtung strittiger Interessenfragen durch Schiedsgerichte[102] ermöglicht« (5.1, 579 f.), wobei Settembrini die Zivilisationskriege für erlaubt hält, da diese »die Beziehungen der Völker im wirtschaftlichen und handelspolitischen Verkehr aufs glücklichste begünstigt und die abendländische Menschheit im Zeichen einer Idee vereinigt« haben (5.1, 578 f.).[103] Wie Naphta glaubt auch Carl Schmitt, dessen Kriegsbegriff Vernichtungscharakter erlangen kann,[104] nicht an die Möglichkeit eines »Weltstaats« und einer »universalen Menschheitsorganisation«.[105]

IV. Keine Herrschaft des Todes, sondern der Kultur als »Credo der Humanität«

Dass der Terror das eigentliche Wesen des Nationalsozialismus mit seinem »Hakenkreuz-Unfug« (*Zur jüdischen Frage,* in: 15.1, 436) bildet, hatte Thomas Mann angesichts der ansteigenden Gewalttaten der paramilitärischen nationalsozialistischen Verbände bald gespürt,[106] sodass er es nicht dem rechten Terror in Gestalt Naphtas überlassen wollte, »die Wahrheit und das Leben« (15.1, 524, vgl. Joh. 14,6) zu verkünden.[107]

99 Erk: Die Manns (Anm. 11), S. 50.

100 Kurzke: Epoche – Werk – Wirkung (Anm. 10), S. 208. Naphta legt es auch »darauf an[...], die Vernunft zu stören« (5.1, 1048). Diese »Störung der Vernunft« könnte auf Georg Lukács' Werk *Die Zerstörung der Vernunft* anspielen (Thomas Vormbaum: Zauberberg und Läuterungsberg. Dante-Rezeption bei Thomas Mann, Erweiterte Neuauflage, Berlin: LIT 2020, S. 62, Anm. 169). Vgl. Anm. 19.

101 Blechschmid: Thomas Mann und das Recht (Anm. 28), S. 94.

102 Vgl. ebd., S. 97 f.

103 Brill: Staatsrecht und Literatur (Anm. 76), S. 367 f. Geht es um Italien, manifestiert sich der vermeintliche Kosmopolit Settembrini gar als Nationalist mit Hang zu Gewalt und Revolution (Ottmann: Geschichte (Anm. 4), S. 158).

104 Puskás: Einzelner – Menschheit – Volk (Anm. 70), S. 53. Im Unterschied zu Rousseau, aber ähnlich wie Naphta ist für Schmitt Feindschaft nicht auf internationale Konflikte beschränkt, sodass gegnerische Gruppen auch innerhalb eines Staatsgebietes einander aus feindlicher Gesinnung bekämpfen können (Bach: »Alles Liberale Pathos« (Anm. 24), S. 109).

105 Werber: Thomas Manns Unterscheidungen (Anm. 58), S. 82. Vgl. Schmitt: Der Begriff des Politischen (Anm. 70), S. 57 f.; Fechner: Thomas Mann und die Demokratie (Anm. 14), S. 340–344.

106 Borchmeyer: Thomas Mann (Anm. 3), S. 741 f.

107 Heuer: »Es lebe die deutsche Republik«? (Anm. 44), S. 35. Thomas Mann wurde trotz seiner

So lässt denn Thomas Mann den sich einer Parteinahme für Naphta beziehungsweise Settembrini enthaltenden[108] Hans Castorp (vgl. 5.2, 67–69) im »Schnee«-Erlebnis des sechsten Kapitels das in *Von deutscher Republik* vorweggenommene »Credo der Humanität« gegen die »Revolution des antihumanen Rückschlages« (5.1, 694) äußern, dass der »*Mensch [...] um der Güte und Liebe willen dem Tode keine Herrschaft [...] über seine Gedanken*« einräumen soll (5.1, 748).[109] Hans Castorps »schlimme Liebe« zum Tod läutere sich, so Thomas Mann in einem Brief an Josef Ponten vom 5. Februar 1925, »wenigstens moment- und erleuchtungsweise zu einer Ahnung neuer Humanität« (DüD I, 491). Dabei ist Thomas Manns Humanität jedoch »nicht zu verwechseln [...] mit dem Humanismus, der aus dem Mund Settembrinis als Ideologie erscheint«,[110] denn »nicht nur auf Naphta, auch auf Settembrini wirft der Faschismus [...] seine Schatten voraus«,[111] wenn er hinsichtlich der »Gesundheit unserer Rasse [...] alle Methoden zur Bekämpfung der Degeneration [prüft]« (5.1, 371).

Allerdings behandelt Thomas Mann in *Von deutscher Republik* weder die Staatsform der Demokratie noch gar verfassungsrechtliche Fragen der Weimarer Republik,[112] nachdem er, schockiert über die Ermordung Rathenaus, in einem Brief an Ernst Bertram vom 8. Juli 1922 (22, 439–441) – vermutlich

Kriegsschriften aus der Zeit des Ersten Weltkriegs und der *Betrachtungen eines Unpolitischen* von den Deutschvölkischen und später von den Nationalsozialisten abgelehnt (Goll: Die Deutschen und Thomas Mann (Anm. 71), S. 392).

108 Ottmann: Geschichte (Anm. 4), S. 158. Allerdings ist Castorp »einfach zu unbedarft, um die geistigen Kontroversen überhaupt zu verstehen, mit denen er konfrontiert wird« (ebd., S. 159).

109 Sparr: Zauberberge (Anm. 12), S. 58; Borchmeyer: Thomas Mann (Anm. 3), S. 656, 650. Bereits 1925 hatte Thomas Mann in seinem Gespräch mit Bernard Guillemin es als »kompositionelle[n] Fehler meines Buches« bezeichnet, »daß das Schneekapitel nicht am Ende steht. Die Linie senkt sich, anstatt sich nach oben zu wenden und in jenem positiven Erlebnis zu gipfeln« (DüD I, 509). Vgl. 15.1, 558; Borchmeyer: Thomas Mann (Anm. 3), S. 716–718. Mit Beginn der Terrorherrschaft der Nationalsozialisten wurde Thomas Mann klar, dass der Humanismus des 19. Jahrhunderts durch einen »militanten Humanismus«, der seine eigenen Ideale verteidigen kann, ersetzt werden muss, so wie er es in seinen Radioansprachen gegen die NS-Propaganda tat (Florian Eichel: Bildung als Krankheit, in: Die Neue Rundschau, Jg. 135, H. 3: 100 Jahre Zauberberg, Frankfurt/Main: S. Fischer Verlag 2024, S. 67).

110 Sparr: Zauberberge (Anm. 12), S. 35. Vgl. Anm. 18. Zu Thomas Manns Humanismus vgl. Kuschel: Weltgewissen (Anm. 12), S. 220–222.

111 Borchmeyer: Thomas Mann (Anm. 3), S. 702. Volker Weidermanns Behauptung, dass sich Thomas Mann »im Laufe seines Romans von seiner eigenen Romanfigur [Settembrini, M. L.] zur Demokratie [hat] überreden lassen«, entbehrt daher der Grundlage; vgl. Volker Weidermann: Auf dem Berg der Infizierten, in: Staas/Ullrich (Hrsg.): Was uns der große Schriftsteller über die Deutschen erzählt (Anm. 3), S. 44–49, hier S. 49.

112 Mehring: Romantik-Aktualisierungen (Anm. 24), S. 118; Borchmeyer: Thomas Mann (Anm. 3), S. 741. Die »Republik«, die Thomas Mann verteidigt, ist eine ohne politisch-juristische Entstehung mit Bezug auf eine Verfassung und ohne Anknüpfung an die deutschen aufklärerischen Traditionen von Christian Thomasius bis Immanuel Kant (Ottmann: Geschichte (Anm. 4), S. 154).

unter dem Einfluss von Joseph de Maistre – die Demokratie nicht mit einer »geschriebenen Verfassung« identifiziert hatte, da diese nur zu »geringem Teil [...] das eigentliche Leben des Volkes« umschreibe (22, 441).[113] Vielmehr betont Mann die positive Möglichkeit, die Republik als politische Form von den Ressourcen der deutschen Nationalkultur her anzuerkennen, indem er mit Novalis die »Einerleiheit von Humanität und Demokratie« (15.1, 536) propagiert,[114] »um [dadurch] zu beweisen, daß Demokratie, daß Republik [...] das Niveau der deutschen Romantik haben kann« (15.1, 541).[115] Er erkennt den demokratischen Staat als Raum für das Gedeihen von Humanität an und knüpft sein Demokratieverständnis unter Bezugnahme auf Novalis – im Gegensatz zu Carl Schmitt – an die deutsche Romantik.[116] Dieser optiert in *Die politische Romantik* (1919) für die Gegenrevolution, indem er – unter ergänzender Heranziehung von Novalis, mit dem er sich nur beiläufig beschäftigt hat – die katholische Kirche gegen die Romantik profiliert und – ähnlich wie Naphta gegenüber Settembrini – die katholisierende Romantik als prinzipienloses Entgegenkommen gegenüber Liberalismus und Moderne ablehnt.[117]

Allerdings befürwortet Thomas Mann aufgrund seines auch nach der erwähnten Rede von 1922 gehegten Misstrauens gegenüber der Masse ein starkes Staatsoberhaupt mit weitreichenden Kompetenzen als Korrektiv der Herrschaft des Volkes.[118] Somit lässt sich mit Tim Lörke festhalten,

> dass der Begriff der republikanischen Wende in die Irre führt, weil er überraschende Kontinuitäten in Thomas Manns Werk ignoriert und überdies Thomas Manns eigentümliches Verständnis von Demokratie verzerrt, insofern mit dem Begriff der republikanischen Wende demokratie- wie republiktheoretische Prämissen verknüpft sind, die Thomas Mann nicht teilt.

[113] Walter Ludwig Schomers: Thomas Mann und der französische Zeitgeist der zwanziger Jahre, Würzburg: Königshausen & Neumann 2012, S. 52. Vgl. ebd., S. 55.

[114] Mehring: Romantik-Aktualisierungen (Anm. 24), S. 118; Borchmeyer: Thomas Mann (Anm. 3), S. 741. Novalis ist eine der »Stimmen der literarischen Tradition«, die der *Zauberberg* sammelt (Theisohn: Das Blut der Bücher (Anm. 37), S. 26).

[115] Borchmeyer: Thomas Mann (Anm. 3), S. 741. Daneben zitiert Mann auch den romantisch inspirierten Walt Whitman (ebd., S. 1045). Vgl. Heuer: »Es lebe die deutsche Republik«? (Anm. 44), S. 34.

[116] Langer: Thomas Mann (Anm. 13), S. 293; Kurzke: Thomas Mann. Ein Porträt für seine Leser (Anm. 12), S. 100. Allerdings sieht Novalis die Aufklärung als mechanistisch und zu abstrakt (Robertson: Aufklärung und Gegenaufklärung (Anm. 91), S. 221).

[117] Mehring: Carl Schmitts Gegenrevolution (Anm. 86), S. 73 f.; ders.: Ein Leben (Anm. 83), S. 25. Naphta zeigt immer wieder auf, dass Settembrinis Liberalismus im Grunde genommen auf den romantischen, antiaufklärerischen Voraussetzungen beruht, deren Einzelerscheinungen dieser bekämpft (Theisohn: Das Blut der Bücher (Anm. 37), S. 24).

[118] Frank Fechner: Die Gestalt des Staatslenkers bei Thomas Mann, in: Michael Kilian (Hrsg.): Dichter, Denker und der Staat. Essays zu einer Beziehung ganz eigener Art, Tübingen: Attempto-Verlag 1993, S. 129–154, hier S. 133 f.

Vielmehr handelt es sich, so Lörke weiter, um eine »Meritokratie der Gebildeten, die gleichwohl in die Pflicht genommen werden, sozial zu handeln und ihr Wissen zu teilen«.[119]

Obwohl Thomas Mann auch nach seinem Bekenntnis zur Weimarer Republik am Begriff der »konservativen Revolution« festgehalten hatte, so etwa im Vorwort zum ersten Jahrgang von *Mass und Wert* (1937),[120] stellte er sich mit seiner Hegels Katholizität behauptenden Naphta-Figur gegen Carl Schmitt. Dieser hatte nämlich in seiner ebenfalls 1922 erschienenen *Politischen Theologie* mithilfe de Maistres und Donoso Cortés' nicht nur dem Liberalismus des 19. Jahrhunderts, sondern auch dem Parlamentarismus der Weimarer Republik eine Abfuhr erteilt.[121] Ab 1927 *(Kultur und Sozialismus)* bewegte sich Thomas Mann dann »genau in der Gegenrichtung zu dieser ideologischen Strömung«.[122] Bereits ein Jahr zuvor hatte er, in Ablehnung der Ansichten seines »unsympathischen Freundes [...] Naphta«, die Todesstrafe abgelehnt.[123]

V. *Fazit: Der »kleine Naphta« gegen den »Groß-Verwerter«*

Kurz bevor Carl Schmitt im April 1933 seinen Aufstieg zum »Kronjuristen« des Dritten Reiches begonnen hatte,[124] fand sich Thomas Mann inmitten von »Naphta's, die jetzt [am 1. Februar 1933] obenauf sind« (DüD I, 540).[125] Damit hatte sich sein Konzept der dezionistischen Naphta-Figur als Prophet des »antihumanen Rückschlages« und des revolutionär-terroristischen »Dunkelmännertums« bis zu Hitler als eine »nicht [...] unbedingt absurde Perspektive« erwiesen.[126] Zwar mag Manns Idee der »Einerleiheit von Humanität und Demokratie« »aus unserer heutigen Perspektive tatsächlich defizitär[]« erscheinen,[127]

[119] Tim Lörke: Thomas Manns republikanische Wende?, in: TM Jb 29, 2016, 71–86, hier S. 76. Vgl. Friedhelm Marx / Hans Wißkirchen: Zur Entwicklung des demokratischen Denkens bei Thomas Mann, in: TM Jb 36, 2023, 9–12; Thomas Pekar: Die Demokratie der Zukunft. Zum fluiden Demokratieverständnis Thomas Manns, in: TM Jb 36, 2023, 67–80.

[120] Ottmann: Geschichte (Anm. 4), S. 153.

[121] Andreas Höfele: Carl Schmitt und die Literatur, Berlin: Duncker & Humblot 2022, S. 470.

[122] Borchmeyer: Thomas Mann (Anm. 3), S. 747.

[123] Sprecher: Rechtliches im »Zauberberg« (Anm. 30), S. 157f. Vgl. Thomas Mann: Die Todesstrafe, in: Die Literarische Welt, Jg. 2, Nr. 11, vom 12. 03. 1926.

[124] Mehring: Carl Schmitt (Anm. 83), S. 319–340; ders.: Carl Schmitt in Köln (Anm. 64), S. 73–98.

[125] Borchmeyer: Thomas Mann (Anm. 3), S. 649. Vgl. Anm. 44.

[126] Philipp Gut: Thomas Mann als Chronist seines Zeitalters, in: Tim Lörke / Christian Müller (Hrsg.): Thomas Manns kulturelle Zeitgenossenschaft, Würzburg: Königshausen & Neumann 2009, S. 59–66, hier S. 60. Vgl. Terence J. Reed: Von Deutschland nach Europa. »Der Zauberberg« im europäischen Kontext, in: TMS XVI, 299–318.

[127] Lörke: Thomas Manns republikanische Wende? (Anm. 119), S. 85. Allerdings ist Reinhard

gleichwohl hat diese ihn, der »Rechtsgefühl immer wieder bewiesen« hat,[128] »so früh und entschieden gegen den Nationalsozialismus antreten« lassen,[129] dessen Führerprinzip Carl Schmitt ab 1934 propagieren sollte.[130] Thomas Mann dürfte sich dabei Hans Kelsen, dem Antipoden Carl Schmitts,[131] nahe gefühlt haben, formuliert Mann doch – ähnlich wie Kelsen[132] – keine demokratischen Inhalte, sondern gibt dem Verfahren moralische Bedeutung im Sinne einer komplexen Form pluralistischer Meinungsbildung, des Interessenausgleichs und der politischen Willensbildung unter den Voraussetzungen ihrer grundsätzlichen Relativierbarkeit und Revidierbarkeit.[133]

So ist es denn Thomas Manns seit seiner Rede *Von deutscher Republik* gewandeltes politisches Denken[134], das »die Rezeption legitimierte, ihn als einen

Mehring zuzustimmen, der in der »Entwicklung des Humanitätskonzeptes bis zum *Zauberberg* [...] keine scharfen Brüche, sondern eine kontinuierliche Entwicklung des Humanitätsproblems und der dichterischen Antworten seit dem Frühwerk« Thomas Manns sieht (Reinhard Mehring: Die philosophische Thomas-Mann-Interpretation im Exil, in: ders.: Das »Problem der Humanität« (Anm. 38), S. 80–92, hier S. 80). Zur Versöhnung von Humanität und Religiosität bei Thomas Mann vgl. Kuschel: Weltgewissen (Anm. 12), S. 214–216.

128 Sprecher: Thomas Mann und das Recht (Anm. 54), S. 74. Zu Thomas Mann in der juristischen Literatur vgl. Fechner: Thomas Mann und die Demokratie (Anm. 14), S. 347f.

129 Lörke: Thomas Manns republikanische Wende? (Anm. 119), S. 86. Vgl. Kuschel: Weltgewissen (Anm. 12), S. 201–213. Zu Thomas Manns Idee von Gewaltanwendung gegen den Nationalsozialismus: Borchmeyer: Thomas Mann (Anm. 3), S. 766f. 1937 hielt Mann im Tagebuch die »Consternation über das neue deutsche Staatsrecht« des Schweizer Juristen Fritz Fleiner fest (Tb 29.9.1937), der kein Sympathisant des NS-Regimes war, sondern seine Landsleute auch in der NS-Zeit zum Schutz der demokratischen Ideale aufrief (Thomas Sprecher: Thomas Mann in Zürich, Zürich: Verlag Neue Zürcher Zeitung 1992, S. 93f.; Thomas Olechowski: Hans Kelsen. Biographie eines Rechtswissenschaftlers, 2., durchgesehene Auflage, Tübingen: Mohr Siebeck 2021, S. 561, Anm. 442). Vgl. Erwin Bischof: Thomas Mann und Rotary, Bern: interforum 2013; Thomas Sprecher: »Mehr Recht, mehr Glück«. Thomas Mann und das Recht im Exil, in: Publications of the English Goethe Society, Vol. 84, Issue 1, 2015, S. 1–17. So rezensierte beispielsweise der dem nationalsozialistischen Deutschland freundlich gesinnte schwedische Literaturwissenschaftler Fredrik Böök, noch Bewunderer der *Betrachtungen eines Unpolitischen*, den *Zauberberg* negativ (5.2, 120f.). Vgl. Fredrik Böök: Thomas Manns nya roman, in: Svenska Dagbladet (Stockholm), 25.08.1925.

130 Rolf Zimmermann: Ankommen in der Republik, München: Verlag Karl Alber 2017, S. 208.

131 Zu Kelsens Verhältnis zu Carl Schmitt vgl. Volker Neumann: Carl Schmitt als Jurist, Tübingen: Mohr Siebeck 2015, S. 64–73; Mehring: Carl Schmitts Gegenrevolution (Anm. 86), S. 153, 155–157.

132 Vgl. Hans Kelsen: Vom Wesen und Wert der Demokratie, Ditzingen: Reclam 2018 [zuerst 1920], S. 127. Zu Kelsens Demokratieverständnis vgl. Andreas Kley: Geschichte des öffentlichen Rechts der Schweiz, 2. Auflage, Zürich / St. Gallen: Dike, S. 507f.

133 Tim Lörke: Verantwortung und Gesinnung, in: TM Jb 32, 2019, 71–81, hier S. 79; ders.: »Royalisten anderer Art«. Zu den Kontinuitäten in Thomas Manns Denken über die Demokratie, in: TM Jb 36, 2023, 37–44, hier S. 42f. Zur Ähnlichkeit des Berghofsystems im *Zauberberg* mit Kelsens Staatsbegriff vgl. Thews: Figuren und Modelle (Anm. 61), S. 137–139. Zu Thomas Manns einziger Begegnung mit Kelsen 1943 vgl. Sprecher: Thomas Mann und das Recht (Anm. 54), S. 64.

134 Thomas Mann wurde in der Weimarer Republik – u. a. neben Friedrich Naumann, Gerhard

der bedeutendsten Autoren des 20. Jahrhunderts anzusehen«,[135] auch wenn der Autor von *Die Diktatur* diese Ansicht nicht teilte. Schmitt glaubte nämlich seit Erscheinen des *Zauberberg*, in Naphta zeige sich ihm gegenüber die feindliche Gesinnung des Philosemiten Thomas Mann.[136] Bevor er Thomas Mann zum konkurrenzlosen Spitzenfeind erklärte,[137] hatte Schmitt diesen zunächst in den Jugendbriefen an seine Schwester bewundert, »um ihn dann vom Thron zu stoßen und ebenso tief zu verachten«.[138] Dies ließ ihn vermuten, Thomas Mann, durch die 1913 veröffentlichten *Schattenrisse*[139] gereizt, hätte sich mit der Naphta-Figur gerächt,[140] auch wenn sich Mann und Schmitt »in den Jahren 1913–1918 noch viel ähnlicher [sind], als es gemeinhin mit Blick auf ihre politische Verortung in der Weimarer Republik und ihrer Haltung zum Dritten Reich scheint«.[141]

Thomas Manns später geäußerte Feststellung, insbesondere Carl Schmitts Schriften über die Diktatur und den Ausnahmezustand »korrespondierten«

Anschütz, Alfred Weber und Hugo Preuss – Mitglied der Deutschen Demokratischen Partei (DDP) (Horst Dreier: Kelsen im Kontext. Beiträge zum Werk Hans Kelsens und geistesverwandter Autoren, hrsg. v. Matthias Jestaedt u. Stanley L. Paulson, Tübingen: Mohr Siebeck 2019, S. 244).

135 Katrin Max: Der Sonderweg des Künstlers: Thomas Manns Bürgerlichkeit, in: TMS LV, 115–132, hier S. 116. Armin Mohler sah im *Zauberberg* zu undifferenziert das Zeugnis der Loslösung Thomas Manns von der Konservativen Revolution (Zantke: Thomas Mann und die Versuchung (Anm. 6), S. 177; Sebastian Kaufmann: Thomas Mann und die ›Konservative Revolution‹ der Neuen Rechten, in: TMS LV, 181–193, hier S. 186f.). Vgl. Mohler: Die Konservative Revolution (Anm. 24), S. 127. Zur Bedeutung der Rede *Von deutscher Republik* für die Gegenwart vgl. Mann: Von deutscher Republik 1922/2022 (Anm. 16), S. 147–152. Vgl. auch Alexander Pappe: Zur Thomas-Mann-Rezeption in den Reden der deutschen Bundespräsidenten, in: TM Jb 36, 2023, 131–144, hier S. 138–144; Bernard-Henri Lévy / Aleksandr Dugin: De terugkeer van Settembrini en Naphta in de 21e eeuw, in: Nexus, 82, 2019, S. 52–68 (auch auf https://www.youtube.com/watch?v=x70z5QWC9qs (Zugriff am 17.12.2024)), wo Dugin – ähnlich wie Naphta – gegenüber Lévy die Nichtuniversalisierbarkeit der Menschenrechte behauptet. Thomas Mann hingegen spricht bereits in *Die Wiedergeburt der Anständigkeit* (1931, in: XII, 649–677) von Menschenrechten: Keine »konservative Revolution« könne ihm, dem Menschenrecht, je den leisesten Abbruch tun! (XII, 676) (Kuschel: Weltgewissen (Anm. 12), S. 200, 250–252). Vgl. Anm. 6, 16, 24, 27, 44 und 151.

136 Entwurf von Schmitts Antwort auf Sagaves Brief vom 27.01.1952, abgelegt in Carl Schmitts Tagebuch unter dem 05.02.1952, zitiert bei Tielke: Carl Schmitt auf dem »Zauberberg« (Anm. 59), S. N4. Zu Thomas Manns Philosemitismus vgl. Borchmeyer: Thomas Mann (Anm. 3), S. 284–314.

137 Höfele: Carl Schmitt und die Literatur (Anm. 121), S. 376. Zu Schmitts Aversion gegen Thomas Mann nach dem Zweiten Weltkrieg: ebd., S. 377f.

138 Tielke: Carl Schmitt auf dem »Zauberberg« (Anm. 59), S. N4. Eine Ursache liegt wahrscheinlich in Schmitts Freundschaft mit Theodor Däubler, mit dem Thomas Mann nichts anzufangen wusste (ebd., S. N4).

139 Vgl. Anm. 57.

140 Entwurf von Schmitts Antwort auf Sagaves Brief vom 27.01.1952, abgelegt in Carl Schmitts Tagebuch unter dem 05.02.1952, zitiert bei Tielke: Carl Schmitt auf dem »Zauberberg« (Anm. 59), S. N4.

141 Werber: Thomas Manns Unterscheidungen (Anm. 58), S. 69.

mit den im zweiten Teil des *Zauberberg* vertretenen Konzepten,[142] wird bestätigt durch das Naphta-Vorbild Georg Lukács, der sich in einer vier Jahre nach Erscheinen des *Zauberberg* publizierten Rezension vorbehaltlos der These Carl Schmitts über den »Okkasionalismus« und den Mangel an politischem Inhalt des romantischen Denkens angeschlossen und – in Anlehnung an Schmitt und im Gegensatz zu Thomas Mann[143] – die »Inkohärenz« der Romantiker, ihren antiwissenschaftlichen Subjektivismus und ihren übertriebenen Ästhetizismus betont.[144] Obwohl Lukács bemerkt hatte, dass sich seine eigenen Anschauungen von denjenigen Naphtas unterschieden, hatte er sich doch in Naphta wiedererkannt.[145] Dass das Naphta-Vorbild sich mit Schmitts »Okkasionalismus«-These identifizieren konnte, dürfte den Nazi-Juristen, der Thomas Mann seit 1945 die gesamtdeutsche Repräsentanz abgesprochen hatte,[146] ermutigt haben, rund fünfzig Jahre nach Erscheinen des *Zauberberg* in der Kladde *Groß-Verwerter / Thomas Mann / 100 000 Jahre Raten / Juni 1975* Manns Novelle *Wälsungenblut* als »Zeugnis eines latenten Antisemitismus zu deuten, der in der Selbstzensur und Publikationsgeschichte zum Ausdruck« komme und eine »Voraussetzung für Manns Erfolg« darstelle.[147] Dabei »kri-

[142] Pierre-Paul Sagave: Thomas Mann: Ocho cartas inéditas a Pierre-Paul Sagave, in: Istor. Division de Historia del Centro de Investigacion y Docencia Economicas, 7, 2001, S. 120–133, hier S. 129.

[143] Langer: Thomas Mann (Anm. 13), S. 293; Kurzke: Thomas Mann. Ein Porträt für seine Leser (Anm. 12), S. 100.

[144] Georg Lukács: Rezension: Carl Schmitt, Politische Romantik (1928), in: ders.: Geschichte und Klassenbewusstsein, Bielefeld: Aisthesis Verlag 2013, S. 695 f.

[145] Andrea Gebhardt: Zeitgeschichte im Roman »Der Zauberberg« von Thomas Mann. Die Antipoden Settembrini und Naphta und ihre ideologischen Gegensätze, Norderstedt: Grin Verlag 2004, S. 12. Vgl. Georg Lukács: Gelebtes Denken. Eine Autobiographie im Dialog, Frankfurt/Main: Suhrkamp 1981, S. 153.

[146] Mehring: Romantik-Aktualisierungen (Anm. 24), S. 110. Zu Schmitts Aversion gegen Thomas Mann nach dem Zweiten Weltkrieg vgl. Höfele: Carl Schmitt und die Literatur (Anm. 121), S. 377 f.

[147] Reinhard Mehring: Der »Groß-Verwerter«: Carl Schmitts Geburtstagsmappe für Thomas Mann, in: ders.: Das »Problem der Humanität« (Anm. 127), S. 119–130, hier S. 124. Zu *Wälsungenblut* vgl. Heinrich Breloer: Ein tadelloses Glück. Der junge Thomas Mann und der Preis des Erfolgs, München: Deutsche Verlags-Anstalt 2024, S. 377–387; Kuschel: Weltgewissen (Anm. 12), S. 257–261. Gegen das »Gerücht«, er habe »eine heftig ›antisemitische‹ (!) Novelle geschrieben, in der ich die Familie meiner Frau fürchterlich compromittirte« (an Heinrich Mann, 17.01.1906; 21, 340), musste sich Thomas Mann schon vor der Veröffentlichung zur Wehr setzen. Mit dem von ihm hinter dem Attribut »antisemitisch« in Klammern eingefügten Ausrufezeichen deutete er an, wie absurd er jenes Gerücht empfand (Borchmeyer: Thomas Mann (Anm. 3), S. 285). Gleichwohl zog Thomas Mann, vor allem aus Rücksicht auf die Familie seiner Frau und ihre Berliner Verwandtschaft, *Wälsungenblut* noch vor der Veröffentlichung zurück (Borchmeyer: Thomas Mann (Anm. 3), S. 304). Die Novelle wurde dann 1958, drei Jahre nach Thomas Manns Tod, im Rahmen der Stockholmer Gesamtausgabe veröffentlicht. »Bedauerlich bleibt«, so Dieter Borchmeyer treffend, »dass der Autor sie nicht nur thematisch für verfänglich, sondern, wohl nicht zuletzt enerviert durch die sich um sie herumrankenden Gerüchte und später durch den Ärger um die

tisierte« Schmitt »nicht [Thomas Manns] antisemitische Neigungen, sondern deren geschäftliche Unterdrückung«.[148] Diese Kritik und die damit verbundene Behauptung antisemitischer Neigungen Thomas Manns[149], der sich bereits in den 1920er-Jahren einem prozionistischen Unterstützungsverein angeschlossen hatte,[150] sowie auch Schmitts Vorwurf, Thomas Mann hätte ihn mit dem »faschistoide[n] Jesuit[en]« Naphta[151] auf feindliche Weise darstellen wollen,

französische Übersetzung (1931), auch künstlerisch für ›zweiten Ranges‹ hielt (an Adele Gerhard, 09.07.1908; DüD I, 227) und sich in diesem etwas abschätzigen Sinne öfter über sie geäußert hat. [...]« (Borchmeyer: Thomas Mann (Anm. 3), S. 306). Es ist diese Selbstkritik Thomas Manns, an die Carl Schmitt im Jahre 1975 mit seinem Vorwurf der geschäftlichen Unterdrückung von Manns angeblichem Antisemitismus polemisch anknüpfte. Zwar hat Thomas Mann stets »seine eigene literarische Produktion durchaus als wohlkalkuliertes ökonomisches Unternehmen, als ›Kapital‹ betrachtet, das seine Unabhängigkeit sicherte [...]«. Gleichwohl unterstützte er mit ihr nicht nur seine Familie, sondern auch andere, die seiner finanziellen Hilfe bedurften – besonders in der Zeit des Exils, in dem er immerhin die Hälfte seines Vermögens verloren hatte. Obwohl Mann nie bereit war, aus falsch verstandenem Idealismus auf größere Einnahmen zu verzichten, war er davon überzeugt, dass höhere Einkünfte anderen gegenüber verpflichten. So sah er sich »persönlich der kapitalistischen Weltordnung [...] zu Dank verpflichtet«, weshalb es ihm keineswegs zukomme, »so recht à la mode auf sie zu spucken« (15.1, 351) (Borchmeyer: Thomas Mann (Anm. 3), S. 120).

148 Mehring: Der »Groß-Verwerter« (Anm. 147), S. 130. Zu Schmitts Bezeichnung Thomas Manns als »Groß-Verwerter« vgl. Carl Schmitt: Glossarium. Aufzeichnungen aus den Jahren 1947 bis 1958. Neuausgabe, hrsg. v. Gerd Giesler u. Martin Tielke, Berlin: Duncker & Humblot 2015, S. 318. Schmitt zählt auch Gustav Gründgens, der in den 1920er-Jahren mit Erika Mann verheiratet war, zur »Sippe« der Manns bzw. Pringsheims und damit zu den »Wälsungen« (Mehring: Der »Groß-Verwerter« (Anm. 147), S. 130, Anm. 39).

149 Auch wenn Thomas Mann die Juden bis an sein Lebensende – trotz grundsätzlicher Wertschätzung – für andersartige Ausnahmeexistenzen hält, hat er sich zu ihrem Bewunderer und Verteidiger entwickelt, in der Überzeugung, dass das Judentum für die Menschheit einen essenziellen Beitrag (universaler Gott und Zehn Gebote als Grundgesetz des Menschenanstandes) geleistet hat (Kuschel: Weltgewissen (Anm. 12), S. 273, 295–297). Jedenfalls zeigt Thomas Mann, so Hermann Kurzke, »an den Gründungsgeschichten des Volkes Israel [...] die Gründungsgeschichte der Humanität« (Kurzke: Thomas Mann. Ein Porträt für seine Leser (Anm. 12), S. 138). Vgl. Markus Flohr: »Die Juden werden dauern«, in: Staas / Ullrich (Hrsg.): Was uns der große Schriftsteller über die Deutschen erzählt (Anm. 3), S. 76–78.; vgl. Kuschel: Weltgewissen (Anm. 12), S. 264–273.

150 Vgl. Kai Sina: Was gut und was böse ist. Thomas Mann als politischer Aktivist, Berlin: Propyläen 2024.

151 Merve Emre: Der Liebesapostel, in: Die Neue Rundschau, Jg. 135, H. 3: 100 Jahre Zauberberg, Frankfurt/Main: S. Fischer Verlag 2024, S. 30. Einen ähnlichen Typus hatte Thomas Mann bereits in seinem Drama *Fiorenza* in der Figur des Dominikanermönchs Savonarola im Florenz des 15. Jahrhunderts entworfen (Langer: Thomas Mann (Anm. 13), S. 324); vgl. Borchmeyer: Thomas Mann (Anm. 3), S. 329–352. Zur Abgrenzung dieser Figur vom deutschen evangelischen Pastor Martin Niemöller (1892–1984), den Thomas Mann aufgrund seines Widerstandes gegen den Nationalsozialismus bewunderte, vgl. Kuschel: Weltgewissen (Anm. 12), S. 222–225. Vgl. auch Anm. 74. Des Weiteren hält Thomas Mann in seiner Novelle *Das Gesetz* (1944) dem Nationalsozialismus, den er für eine Aufkündigung des jüdisch-christlichen Sittengesetzes hält (Kuschel: Weltgewissen (Anm. 12), S. 231), Moses als »Archetypen eines Gesetzgebers« und »Urvater einer

sollten dem Antisemiten Carl Schmitt[152] dazu dienen, die »Verschmelzung deutschen und jüdischen Geistes«[153] erfolgreich zu bekämpfen.

So hat sich denn die Feststellung Hans Mayers, Carl Schmitt scheine sich »seit Beginn der Zwanziger Jahre gleichsam wie der kleine Naphta aus Thomas Manns *Zauberberg* aufzuführen«,[154] bewahrheitet: Carl Schmitt war seiner Rolle treu geblieben.

universalen Moral« mit den »Zehn Geboten« entgegen (ebd., S. 235); vgl. ebd., S. 232–234, 238, 249 f. Umgekehrt lässt sich mit Thomas Vormbaum feststellen, dass »Moses Heiligung der Mittel durch den Zweck« beim Auszug aus Ägypten (vgl. Thomas Mann: Das Gesetz. Novelle (1944). Mit Kommentaren von Volker Ladenthin und Thomas Vormbaum (Juristische Zeitgeschichte, Abt. 6. Recht in der Kunst, Bd. 39), Berlin: de Gruyter 2013, S. 19) »noch unverblümter [erscheint] als Carl Schmitts Rechtfertigung der Röhm-Morde (*Der Führer schützt das Recht*)« (Thomas Vormbaum: Recht und Staat – Mythos, Erzählung, Realität. Thomas Manns Novelle »Das Gesetz«, in: ebd., S. 101–141, hier S. 134), wodurch Thomas Mann – unter Weiterentwicklung der Naphta-Figur – auf die nationalsozialistische Gewaltherrschaft aufmerksam machen wollte. Vgl. oben S. 48 f.; Volker Ladenthin: Ironie und Sittlichkeit. Thomas Manns Moses-Erzählung »Das Gesetz«, in: ebd., S. 57–100 (erweiterte Fassung dieses Aufsatzes in: ders.: Gerechtes Erzählen. Studien zu Thomas Manns Erzählung ›Das Gesetz‹, zu Theodor Storm und Ernst Toller, Würzburg: Königshausen & Neumann 2010, S. 7–46). Ähnlich stellt Philipp Gut fest, »dass der ›Führer‹ Moses […] als Anti-Hitler zugleich in dessen Nähe rückt«, sodass diese Erzählung vor Augen führe, was u. a. Carl Schmitt klar erkannt habe, dass Gewalt jeder Ordnungsstiftung vorausgehe (Gut: Thomas Manns Idee einer deutschen Kultur (Anm. 4), S. 319 f.).

152 Zu Schmitts Antisemitismus vgl. Mehring: Carl Schmitts Gegenrevolution (Anm. 86), S. 254–275; ders.: Carl Schmitt (Anm. 83), S. 358–380; Senn: Rechtsgeschichte (Anm. 7), S. 416 f. Kritisch zur Antisemitismus-These bezüglich der *Schattenrisse*: Neumann: Carl Schmitt als Jurist (Anm. 131), S. 374, Anm. 383; Ingeborg Villinger: Carl Schmitts »Kulturkritik« der Moderne. Text, Kommentare und Analyse der »Schattenrisse« des Johannes Negelinus, Berlin: Akademie Verlag 1995, S. 138 f., 187 f., 194, 263 f., 293 f., 299, 307.

153 Schmitt: Glossarium (Anm. 148), S. 379.

154 Mayer: Ein Deutscher auf Widerruf (Anm. 67), S. 141.

Björn Moll

Zwischen den Unterschieden

Eine politische Lektüre des *Zauberberg*

I. Es ist kompliziert

Thomas Mann gilt nicht nur als ein Vorbilddeutscher, als »Praeceptor Germaniae«, sondern auch als Aushängeschild der deutschen Demokratietradition.[1] Dies beruht auf Manns engagiertem Auftreten gegen die nationalsozialistische Herrschaft, besonders in seinen Radioansprachen *Deutsche Hörer*. Dass Mann als Repräsentant eines »Inneren Reich[s]« zählt,[2] beruht dabei auch auf einem selbstgesteuerten Image-Building, was etwa seine Aussage »Wo ich bin, ist Deutschland« angesichts der Immigration in die Vereinigten Staaten verdeutlicht.[3] Zudem war seine Weigerung, nach dem Zweiten Weltkrieg nach Deutschland zurückzukehren, ein performativer Akt der Absonderung.

Manns herausragende Rolle im deutschen Demokratiediskurs bezeugen etwa die 2024 erschienene Neuausgabe von *Vom zukünftigen Sieg der Demokratie* und die Ausstellung »Thomas Mann: Democracy Will Win!«, die das Literaturhaus München in Kooperation mit dem Thomas Mann House in Pacific Palisades von März 2020 bis Januar 2021 durchgeführt hat und die vom Auswärtigen Amt gefördert wurde.[4] Begründet wurden Buch wie Ausstellung mit dem Erstarken antidemokratischer, rechtsextremer politischer Akteure. Diese Inanspruchnahme Manns ist nicht zu beanstanden, es soll nur hervorgehoben werden, dass hier ein Autor im Rahmen einer memorialen Dramaturgie die Rolle einer Galionsfigur einnimmt, um damit ein deutsches Selbst-

[1] So der Titel des Sammelbandes von Heinrich Oberreuter (Hrsg.): Praeceptor Germaniae. Thomas Mann und die politische Kultur der Deutschen, Baden-Baden: Nomos 2019.

[2] So bezeichnete er es auch selbst in *Deutschland und die Deutschen* von 1945.

[3] Vgl. dazu Hans Rudolf Vaget: Thomas Mann, der Amerikaner. Leben und Werk im amerikanischen Exil 1938–1952, Frankfurt/Main: Fischer 2011; Tobias Boes: Thomas Manns Krieg. Literatur und Politik im amerikanischen Exil, Göttingen: Wallstein 2021. Thomas Mann wird bei seiner Ankunft in New York am 21. Februar 1938 in den *New York Times* vom 22. Februar 1938 folgendermaßen zitiert: »Where I am, there is Germany. I carry my German culture in me« (zitiert nach Hans Wißkirchen: Zwei ungleiche Wagnerianer. Thomas Manns Kampf gegen Hitler, in: Oberreuter (Hrsg.): Praeceptor Germaniae (Anm. 1), S. 60–76, hier S. 67). Vgl. auch Michael Ansel / Hans-Edwin Friedrich / Gerhard Lauer (Hrsg.): Die Erfindung des Schriftstellers Thomas Mann, Berlin: de Gruyter 2009.

[4] Thomas Mann: Vom zukünftigen Sieg der Demokratie, München: Europa Verlag 2024.

verständnis zu vermitteln. Mann steht dabei für eine demokratische Tradition, die sich bereits auf die Zeit *vor* dem Dritten Reich zurückführen lässt und durch sein internationales Renommee besondere Strahlkraft gewinnt. Dabei kann auch Manns Lebenslauf zur Lesefolie werden: die Begeisterung für die Einigung Deutschlands im Deutschen Reich, die Verwirrung der Weltkriegsbegeisterung, die Läuterung zur Demokratie, die (un-)freiwillige Emigration, das Aufbegehren gegen die Diktatur. Eine Eingliederung in einen der beiden deutschen Staaten lehnte er ab, wollte jedoch beiden ihr Recht eingestehen.[5] So konnte er zum Emblem sowohl eines bundesrepublikanischen als auch eines realsozialistischen als auch eines gesamtdeutschen Deutschlands werden.

Die Realität ist allerdings noch komplizierter als das öffentlich vertretene Bild. Das *Thomas Mann Jahrbuch 2023* hat Manns Demokratieverständnis ausführlich aufgearbeitet. Für meine Argumentation sind dabei zwei Erkenntnisse zentral: Thomas Manns Wende zum Demokraten geschah nicht über Nacht und sie entwickelte sich im Laufe seines Lebens immer weiter. War die Hinwendung zur Demokratie in der Weimarer Republik noch von unten, nämlich der Kameradschaft der Soldaten des Ersten Weltkriegs, gedacht, erschien sie in den USA von oben, von den Gründervätern, her. Manns Demokratieverständnis passte sich also den jeweiligen zeithistorischen Situationen an und seine monarchischen Ansichten schlichen eher aus, anstatt abrupt zu verschwinden.[6]

In den *Betrachtungen eines Unpolitischen* propagiert Mann, zumindest nach geläufiger Lesart, ein rechtskonservatives, bellizistisches, nationalistisches, antidemokratisches und antifranzösisches Weltbild und verteidigte dies als seinen Waffengang mit Feder und Tinte. In der Vorstellungswelt der *Betrachtungen* ist die Demokratie schlichtweg undeutsch, weil sie der Kultur entgegensteht. Anders als für heutige Leser*innen naheliegend, steht Demokratie für Unfreiheit, weil sie keinen unpolitischen Raum lässt, was die Autonomie von Kunst und Kultur gefährdet: Das französische »Stimmrecht« ist das Gegenteil der »Freiheit« und die »deutsche[ ]« »geographische[ ], soziale[ ] und seelische[ ] ›Mitte‹« (vgl. 13.1, 35) finde sich vielmehr zwischen französischem Republikanismus (ergo: »Anarchie«) und russischem Zarentum (ergo: »Despotie«), also in der Monarchie (vgl. 13.1, 281).

[5] Vgl. zu diesen Selbstinszenierungen Alexander M. Fischer: Posierende Poeten. Autorinszenierungen vom 18. bis zum 21. Jahrhundert, Heidelberg: Winter 2015, S. 238–338.

[6] Vgl. die Einführung von Friedhelm Marx und Hans Wißkirchen: Zur Entwicklung des demokratischen Denkens bei Thomas Mann (S. 9–12) und vor allem den Beitrag von Thomas Pekar: Die Demokratie der Zukunft. Zum fluiden Demokratieverständnis bei Thomas Mann (S. 67–80), beide in: TM Jb 36, 2023.

Gemeinhin wird Manns Rede *Von deutscher Republik* aus dem Jahr 1922 als sein Wendepunkt in Richtung Demokratie verstanden.[7] In dieser Rede vollzieht er eine Abkehr von den Ansichten aus den *Betrachtungen eines Unpolitischen* und bricht dabei auch bewusst und ostentativ mit einer konservativ-reaktionären Anhängerschaft. Ausschlaggebend waren für ihn dabei die zahlreichen rechtsradikalen politischen Morde der Weimarer Republik der 1920er-Jahre, besonders der an Walther Rathenau.

In *Von deutscher Republik* argumentiert Mann mit romantischen Texten und aktualisiert das Argument der ›deutschen Mitte‹, wendet es aber um. Anschließend an Novalis' Überlegungen zur Synthese von organischer und geistiger Welt, setzt er es diesmal für die »Humanität« ein, die »sozial und innerlich, menschlich und aristokratisch zugleich ist« (15.1, 535).[8] Damit versucht Mann auch eine Gegenposition zur Vereinnahmung der Romantik durch die völkische Bewegung zu etablieren.[9] Der zweite Stichwortgeber seiner Rede ist Walt Whitman und dessen Verherrlichung homoerotischer Männerbünde. Mann erklärt die Männerbünde zu Keimzellen des demokratischen Staates. Diese sorgten nämlich für Gleichheit und Freiheit der Individuen in der Gemeinschaft und für Frieden, wenn man sie als Modell eines gleichberechtigten demokratischen Staaten-Europas versteht (vgl. 15.1, 540). Mann kann damit eine deutsche Demokratie-Urszene konstruieren, nämlich die männlichen Schützengräben des Ersten Weltkrieges und nicht die gesamtgesellschaftliche Revolution von 1918:

> Mann bleibt »Herzensmonarchist« auch als »Vernunftrepublikaner« [...]. Mann begründet deshalb die Republik nicht aus der Novemberrevolution von 1918, sondern aus der emotionalen Volkseinheit beim Kriegsausbruch von 1914, nicht aus der Tradition der Aufklärung, sondern aus der Romantik (Novalis), dem Ästhetizismus (George), dem Vitalismus (Whitman) und versteckt auch aus der Homosexualität (George, Whitman, Blüher). (5.2, 347)[10]

Die Entstehung beider Texte, der *Betrachtungen* und *Von deutscher Republik*, wurde literarisch begleitet von der Arbeit am *Zauberberg*. Und diese im Grunde sehr einfache Konstellation möchte ich untersuchen und dabei das

7 Die Rede entstand zum Zeitpunkt des Kapitels »Jähzorn« im *Zauberberg*, also bei Joachims Abreise, ungefähr 60 Prozent der finalen Textmasse (vgl. 5.2, 349).

8 Er kompiliert dies aus einer Reihe von Novalis-Texten, vgl. 15.2, 347–363.

9 Als umstrittene Analyse dieser Verbindung siehe Peter Viereck: Metapolitics. From the Romantics to Hitler, New York: Knopf 1941. Rüdiger Safranski hat dieses Problem und auch Manns Deutung, die er im *Doktor Faustus* präsentiert, diskutiert; Rüdiger Safranski: Romantik. Eine deutsche Affäre, München: Hanser 2007, S. 348–380.

10 Das Zitat stammt aus dem Beitrag von Hermann Kurzke: Die Politisierung des Unpolitischen, in: TM Jb 22, 2009, 61–69. Die Wendung von »Herzensmonarchist« und »Vernunftrepublikaner« zitiert Kurzke von Friedrich Meinecke aus dem Jahr 1919.

Erzählen an politische Kategorien binden, geleitet von folgenden Fragen: Lässt sich auch anhand des Romans ein Übergang von Monarchie zu Demokratie beobachten oder zumindest analytisch fruchtbar machen? Wie würde man solche Erzählstrategien überhaupt erfassen? Und in welchem Verhältnis stehen diese Ergebnisse dann zu Manns Eigenaussagen?

Methodisch werde ich verschiedene Zugänge zur Untersuchung von Demokratisierung im Text vorstellen und zeigen, dass solche politisch-literarischen Zugänge möglich sind. Der Roman betreibt dabei eine Textpolitik, die zwar auf Differenz und Ausschluss im Sinne der *Betrachtungen* setzt, diese jedoch relativiert, indem er sich mit Demokratie immunisiert. Manns Wende zur Demokratie in *Von deutscher Republik* wird im *Zauberberg* vorbereitet, wo Figurenkontaminierungen zu einer geschlechtlich codierten Leitunterscheidung führen, nämlich der zwischen einer stabilisierenden männlich-homosozial-republikanischen und einer bedrohlichen weiblich-revolutionären Demokratie.

II. Text-Politik

Der Zauberberg steht in einem intertextuellen Bezugsnetz: Zum einen strahlt er in viele Texte aus, die parallel zu ihm entstanden sind oder sich später mit ihm beschäftigen, zum anderen nimmt er selbst eine Vielzahl von Texten auf und verarbeitet sie.

Als ein prominenter Intertext des Romans gilt *Faust*: Die »kleine« und »große« Welt des Dramas zeigt sich in den beiden Schwerpunkten des Romans, also einerseits der detailliert beschriebenen immanenten Welt des Sanatoriums mit der Liebesgeschichte Castorp-Chauchat in Analogie zu Faust-Margarete und andererseits den jene Welt übersteigenden Themen Politik und Weltgeschichte. Diese deuten sich in der ersten Romanhälfte (bis zum Ende von Kapitel fünf, womit auch der erste Band des Erstdrucks endete) höchstens im Hintergrund in Gesprächen von Settembrini oder Ziemßen an, was sich im zweiten Teil jedoch ändert.[11] Dies hat auch mit den *Betrachtungen* zu tun, denn diese sind, laut Manns Eigenaussage, ein Supplementtext zum *Zauberberg*. Sie versammeln Diskurse, die ursprünglich in den Debatten von Settembrini und Naphta hätten vorkommen sollen, die Mann aber aus kompositorischer Sicht auslagerte (vgl. 5.2, 24).

Naphtas und Settembrinis Romandialoge transzendieren die Sanatoriumswelt, indem sie von politischer Philosophie handeln. Die Zeitgeschichte allerdings bildet das Unbewusste, das gegen Ende immer weiter in die bis dahin davor geschützte Krankengemeinschaft hineinragt. Während beispielsweise

[11] Vgl. Katrin Max: Der Zauberberg, in: TM Hb (2015), 32–42, hier S. 34.

anhand der Figur Peeperkorns die kolonialistische Realität kaum Erwähnung findet, manifestieren sich die politischen Spannungen der Vorkriegsjahre in der Anrufung des Geistes Ziemßens mit Pickelhaube, den antisemitischen Ausfällen im Sanatorium und den auch über Tagespolitik eskalierenden Debatten zwischen Settembrini und Naphta. Wenn aber die Politik auf der Ebene der *histoire* kaum eine Rolle spielt, wie kann man sie denn auf andere Weise untersuchen? Der Vorschlag wäre eine ›politische Lektüre‹.[12] Um ein solches Vorgehen zu konturieren, muss zunächst konstatiert werden, dass der Begriff der ›Politik‹ nicht einfach vorhanden ist. Man kann vielmehr eine Leitunterscheidung zwischen ›Politik‹ und ›Politischem‹ annehmen, wie es etwa Uwe Hebekus und Jan Völker im Anschluss an Jacques Rancière und Paul Ricœur tun.[13] ›Politik‹ zeigt sich in offiziellen Taten, aber bezeichnet auch eine Arbeit, die vor allem durch Stratifikationen, Gruppierungen und Segmentierungen gekennzeichnet ist. ›Das Politische‹ hingegen ist ein allgemeiner Raum, der in der Öffentlichkeit immer schon vorhanden ist, einfach weil sich in den Taten des alltäglichen Lebens politische Überzeugungen ausdrücken und zugleich Handlungen der Politik vorbereitet und ausprobiert werden. Insofern kann man dann auch sagen, dass das Private politisch ist, weil auch dieses kodiert ist. Wollte man nun behaupten, dies sei eine zu forcierte Anwendung auf Mann, sollte man nur an den Romananfang denken. Nicht nur geht es in diesem ausführlich um Castorps Abend- und Morgenhygiene, um damit dessen Zugehörigkeit zu einer gewissen Klasse zu demonstrieren, gerade das Verhalten seiner Zimmernachbarn wird von ihm eingeordnet und bewertet. Die Tatsache, dass sie tagsüber Sex haben und es ihnen egal zu sein scheint, dass er sie hört (was übrigens überhaupt nicht gesichert ist, stand sein Zimmer doch leer), bringt ihn dazu, »ein sehr absprechendes Wort gegen sie« zu verwenden (5.1, 64).

Mit einer ›politischen Lektüre‹ lässt sich sodann die ›Textpolitik‹ untersuchen. Damit ist gemeint, dass im Text durch bestimmte Zuschreibungen und die damit verbundenen Diskurse Figuren in einem imaginären Bewertungssystem auf- und abgewertet werden. Dass Textpolitik für Manns Schreiben zentral ist, betonen sowohl seine Bewunderer*innen als auch seine Kritiker*innen

[12] Der Begriff der ›Lektüre‹ ist dabei an den *cultural turn* in der Literaturwissenschaft geknüpft und versucht sich von Totalitätsversprechen der klassischen Hermeneutik zu emanzipieren, um bislang vernachlässigten Aspekten nachzugehen und aus diesen Interpretationen zu gewinnen, die womöglich auch bekannte Texte umdeuten. Grundlegend dafür Simone Winko: Lektüre oder Interpretation?, in: Mitteilungen des deutschen Germanistenverbandes, Jg. 49, H. 2, 2002, Sonderheft »Interpretation«, hrsg. v. Peter Strohschneider u. Friedrich Vollhardt, S. 128–141. Hans Wißkirchen hat den Begriff auch verwendet, allerdings mit Bezug auf die Wahrnehmung der Mann-Brüder; Hans Wißkirchen: Politische Lektüren. Die Rezeption der Brüder Heinrich und Thomas Mann im geteilten Deutschland zwischen 1945 und 1955, in: TM Jb 27, 2014, 33–46.

[13] Uwe Hebekus / Jan Völker: Neue Philosophien des Politischen zur Einführung, Hamburg: Junius 2012, S. 15.

immer wieder. So gelinge es Mann, Figuren der Lächerlichkeit preiszugeben, um damit, zumindest in der rezeptionsorientierten Annahme, Gemeinsamkeiten mit der Leser*innenschaft herzustellen. Die Idee dahinter hat Mann einmal als »doppelte Optik« bezeichnet, die oft ästhetisch als Gleichzeitigkeit von Erzählung und intertextuellem Anspielungshorizont verstanden wird.[14] Sie lässt sich aber auch schlicht marktstrategisch verstehen und dann hat man es mit einer ›dreifachen Optik‹ zu tun: Figuren werden desavouiert, um erstens für die breite Käufer*innenschicht komische Effekte, also Unterhaltung, zu produzieren; um zweitens für die etwas engere Milieukäufer*innenschicht bestimmte eigene Vorannahmen zu teilen; und um drittens für eine sehr spezielle, kanonisch gebildete Käufer*innenschicht, Anspielungen einzubauen. Insofern sind Manns Texte auch darauf ausgelegt, dass die Leser*innen sich bei der Lektüre selbst bestätigt sehen.[15]

Dabei können Text- und Realpolitik auch zusammenkommen, wie Yahya Elsaghe gezeigt hat: Die Grenzziehungen, die Mann in seinen Texten, vor allem denen bis 1901, vornimmt, korrespondieren nämlich mit den realen Grenzen des Deutschen Kaiserreiches und schaffen so eine Polittopografie. Manns Texte arbeiten somit an der Konstitution einer ›imaginären Nation‹, die sich ja erst 1871 tatsächlich konstituierte und noch lange Zeit in Verhandlung blieb. Einige Figuren werden mit Merkmalen versehen, die sie aus ›Deutschland‹ ausschließen, andere wiederum mit solchen, die eine gewisse Höherwertigkeit innerhalb der Reichshierarchien signalisieren (der Norddeutsche Bund ist beispielsweise ›besser‹ als Bayern); und zuletzt gibt es Figuren, die zwar vom Pass her Deutsche sind, die aber durch stigmatisierende Merkmale ausgegrenzt und etwa als jüdisch markiert werden.[16] Manns polittopografische Methode ist auch im *Zauberberg* noch präsent, was die wiederholte Herabstufung von »Asien« (5.1, 366) und dem »Osten[]« (5.1, 370) durch Settembrini zeigt. Auch die feinen Unterschiede innerhalb der Patient*innenschaft werden hervorgehoben: Die Hallenser (Hr. und Fr. Magnus) und Schwaben (Fr. Stöhr) sind etwa weniger ernst zu nehmen als die Norddeutschen (Castorp, Ziemßen, Behrens).

Bei Elsaghe findet sich also bereits eine politische Lesart. Sie steht in der poststrukturalistischen Tradition, indem sie Hierarchien und Segmentierungen identifiziert und damit diskursiv angereicherte Strukturen aufzeigt. Wich-

[14] Vgl. Paolo Panizzo: Ambiguität und Doppelte Optik, in: TM Hb (2015), 281–283.

[15] Vgl. Wolfgang Schneider: Lebensfreundlichkeit und Pessimismus. Thomas Manns Figurendarstellung, in: TMS XIX, 210: »Daß der Erzähler sich jedoch mit einer solchen oberflächlichen Kenntnis seiner Nebenfiguren begnügt, […] daß er zudem nicht einen einzigen positiven Zug gewährt, sondern vergnüglich auf den Defekten und Groteskwirkungen beharrt, macht das Degradierende dieses Beschreibungsverfahrens aus«.

[16] Yahya Elsaghe: Die imaginäre Nation. Thomas Mann und das ›Deutsche‹, München: Fink 2000, S. 9–26.

tig ist dabei hervorzuheben, dass es keine ›unschuldigen‹ Textstellen gibt, wie es eine rein ästhetische Lesart unterstellen würde. Der Text ist jederzeit, wenn man es in Anlehnung an den New Historicism sagen möchte, mit ›sozialer Energie‹ aufgeladen und verknüpft zahlreiche Debatten in sich, deren Fäden man herauslösen kann und die so, neben vielem anderen, auch immer in politische Kontexte führen.[17] Damit macht man Romane keinesfalls unnötig kompliziert: Gerade die mehrfache Optik, die man Manns Texten unterstellt, zeigt doch, dass sie konzentriert gearbeitet sind und zahlreiche Ebenen miteinander in Beziehung setzen. Dies hat dann aber auch zur Folge, dass die Aussagen der *histoire* mit denen der Intertexte in Spannung stehen und sich eventuell sogar widersprechen, woraus sich wiederum Interpretationsmaterial ergibt.

Eine weitere Möglichkeit, Politik und Literatur miteinander zu verbinden, findet sich bei Michail Bachtin und seiner Unterscheidung des ›dialogischen‹ und ›monologischen‹ Erzählens. Bachtin hebt hervor, dass es einerseits Textgattungen gibt, bei denen eine Stimme alles ordnet, übertönt und dominiert, und andererseits solche, in denen die Stimmen im Dialog miteinander stehen und sich teilweise miteinander vermischen. Als ein monologisches Erzählen gilt ihm die Literatur des Realismus und vor allem Tolstoi, als ein Beispiel des dialogischen Erzählens die Satire und karnevaleske Texte, aber auch Dostojewski. Nun ist Bachtins Analyse auch vor dem Hintergrund seiner historischen Entstehung zu betrachten, in dem es einen sowjetischen, ausschließenden und überwölbenden, monologisch erzählenden (und vor allem handelnden) Staatsapparat gab und eine dialogische, vielstimmige Volkskultur.[18]

Manns Literatur wäre *prima facie* dem monologischen Erzählen zuzuordnen, was gerade die obigen Ausführungen zur Textpolitik und ihren Exklusionsstrategien unterstreichen. Dem stehen im *Zauberberg* Techniken der »Metanarration«, »Polyperspektivität« und »Hybridisierung« gegenüber. So untergräbt etwa die ironische Selbst-Thematisierung des Erzählers dessen Autorität durch Unzuverlässigkeit, Uneindeutigkeit und Unangemessenheit.[19]

[17] Elsaghe bekennt sich zum poststrukturalistischen (wenn auch dekonstruktivistischen) Paradigma auf S. 13. Zum New Historicism vgl. Moritz Baßler (Hrsg.): New Historicism. Literaturgeschichte als Poetik der Kultur, 2., aktualisierte Auflage, Tübingen / Basel: Francke 2001.

[18] Vgl. Sylvia Sasse: Michael Bachtin zur Einführung, Hamburg: Junius 2010. Vgl. Michail Bachtin: Das Wort im Roman, in: ders.: Die Ästhetik des Wortes, hrsg. und eingeleitet v. Rainer Grübel, aus dem Russischen übersetzt v. Rainer Grübel u. Sabine Reese, Frankfurt/Main: Suhrkamp 1979, S. 154–300, besonders S. 219–251.

[19] Vgl. Tom Kindt: Narratologie, in: TM Hb (2015), 352–355; Christian Baier: Der Zerfall der Worte und die Brüchigkeit der Zeichen: Polyvalenz als Strukturprinzip in Thomas Manns Roman »Der Zauberberg«, in: Katrin Max (Hrsg.): Wortkunst ohne Zweifel? Aspekte der Sprache bei Thomas Mann, Würzburg: Königshausen & Neumann 2013, S. 100–128; Björn Moll: Störenfriede. Poetik der Hybridisierung in Thomas Manns »Zauberberg«, Frankfurt/Main: Klostermann 2015, S. 44–70.

Auch die Diskussionen verschiedener Akteur*innen im Roman fördern die Mehrfachkodierung von Zusammenhängen und damit ein ›Stimmengewirr‹. Es gibt folglich Tendenzen zur Auflösung des Erzählermonopols, die aber nicht in letzter Konsequenz vollzogen werden, die Kontrolle bleibt immer noch beim Erzähler, er gibt sie allenfalls kurz ab. Manns moderne Texturen sind nicht vollumfänglich chaotische, vielfältige und hochgradig mehrdeutige.[20] Und insofern kann man behaupten, dass *Der Zauberberg* eine Überlagerung von Tradition und Avantgarde und damit ein ästhetisches Konfliktfeld der 1910er- und 20er-Jahre in Szene setzt.

III. Politik im Text: Zusammenleben, Populärkultur

Ein weiterer Zugang politischer Lektüre würde beim Roman-Setting ansetzen: Der Berghof nennt sich ein »international[es]« (5.1, 827) Sanatorium und diese Internationalität wird immer wieder betont. Es ist also auch eine für Hans Castorp unbekannte Welt, weshalb er gleich im ersten Gespräch mit seinem Vetter versucht, etwas über die Bewohner*innenschaft in Erfahrung zu bringen. Und auch wenn das Sanatorium ein Ort für Gutbetuchte ist, so macht er dort ebenfalls demokratische Erfahrungen, nämlich dadurch, dass er sich Personen ausgesetzt sieht, mit denen er lieber nichts zu tun haben möchte, etwa bei der Tischgesellschaft. Castorp versucht deshalb immer wieder, seine eigenen Ingroups zu finden, indem er etwa Hofrat Behrens besucht, den Kontakt mit Settembrini aufrechterhält und den mit Naphta aufbaut. Castorps Bemühen besteht darin, sich zugleich von seinen Mitbewohner*innen abzugrenzen und sich ihnen anzugleichen: Er möchte auch ein Kranker sein, aber eben ein ›besserer‹ Kranker als die übrigen Insass*innen. Die Krankheit, von der er angenommen hatte, dass sie per se Personen auszeichne und verfeinere, hat einen gleichmachenden und verkörperlichenden Charakter. Er lehnt sich dagegen auf, indem er versucht, Differenzierungen einzuführen, die den Schweregrad der Erkrankung, die Duldsamkeit, mit der man sie erträgt, und die Imaginationen, die man an sie bindet, betreffen. Man kann seine bürgerlichen Fähigkeiten eben auch im Kranksein ausleben, diesem »gemeinsame[n] Berufsinteresse« (5.1, 650) aller.

Kurzum: Im Berghof wird das »Wie-zusammen-Leben« eintrainiert, um den Titel einer Vorlesung von Roland Barthes zu zitieren, der darin auch auf Manns Roman eingeht. Für ihn ist das Sanatorium Berghof Paradigma eines »Grandhotel[s]« und Ausdruck eines »begrenzten Raums des Zusammen-

[20] Moritz Baßler: Deutsche Erzählprosa 1850–1950. Eine Geschichte literarischer Verfahren, Berlin: Erich Schmidt 2015, S. 209–287.

lebens«.[21] Hier gebe es jedoch einen Unterschied zwischen »Bestimmung« und »Telos«: »Das objektive Ziel = leben. Doch das affektiv besetzte, faszinierende Objekt, die Sache, das Telos, ist der Tod.«[22]

Barthes hebt hervor, dass Erkältungen und Krankheiten im Sanatorium nicht (oder nur nachlässig) behandelt würden, aber »die Krankheit« zu einem Dispositiv wird: »Die Krankheiten: glühender Lebensprozeß ≠ die Krankheit: kontemplative Annäherung an den Tod.« In diesem Zusammenleben ist es elementar, einen »Alltag« zu etablieren, der rhythmisch geregelt sein muss und den äußere Ereignisse immer wieder unterbrechen.[23] Bei Barthes zeichnet sich das Zusammenleben dadurch aus, dass es zumindest implizit gemeinsame Absichten und Beschäftigungen der Bewohner*innen gibt und sich ein gemeinschaftlicher Rhythmus synchronisiert. Dieser ist jedoch kein Produkt diskursiver gemeinsamer Willensbildung, sondern beruht auf der Bereitschaft, sich einem institutionellen Zeit- und Behandlungsregime zu unterwerfen.[24]

Ereignisse bringen den Alltag der Insass*innen wiederholt durcheinander und erfüllen so verschiedene Funktionen im Roman. Aus Castorps Perspektive erscheinen einige dieser Ereignisse als ›Störungen‹ oder gehen von Stör-Figuren aus – etwa Lodovico Settembrini oder Karoline Stöhr, die beide auf ihre Weise Castorps Genuss des Sanatoriumslebens sabotieren. Diese Störungen unterbrechen einen Vollzug, behindern damit Castorps Projektionen und machen so den Rahmen sichtbar, innerhalb dessen sich seine Vorstellungen und Handlungen vollziehen.[25] In der Gattungstradition literarischer Entwicklungsnarrative fungieren die Ereignisse als Irritationen, die verarbeitet werden müssen.[26] Zugleich sind sie auch bewusst eingesetzte Momente der Abwechslung sowohl innerhalb der Sanatoriums- als auch der Romanlogik. Das Sanatorium als Verwaltungseinheit ist ebenso »rastlos auf [...] Divertierung bedacht« (5.1,

21 Roland Barthes: Wie zusammen leben. Simulationen einiger alltäglicher Räume im Roman. Vorlesung am Collège de France 1976–1977, hrsg. v. Éric Marty, Frankfurt/Main: Suhrkamp 2007, S. 265.

22 Ebd., S. 94f.

23 Vgl. ebd., S. 148.

24 Das Thema Institutionalisierung lässt auch eine politische Perspektive zu: Der Roman führt vor, dass Subjektivität nur als ›Sub-jektivität‹, also als Unterwerfung, gewonnen werden kann. Vgl. Rüdiger Campe: Body and Time. Thomas Mann's »The Magic Mountain«, in: Stefan Börnchen / Georg Mein / Gary Schmidt (Hrsg.): Thomas Mann. Neue kulturwissenschaftliche Lektüren, München: Fink 2012, S. 213–232.

25 Vgl. Dieter Mersch: Medientheorien zur Einführung, Hamburg: Junius 2006 und Markus Rautzenberg: Die Gegenwendigkeit der Störung. Aspekte einer postmetaphysischen Präsenztheorie, Zürich / Berlin: diaphanes 2009. Stöhr (etwa 5.1, 451) und Settembrini (5.1, 141) werden von Castorp auch als störend beschrieben.

26 Vgl. Nicolas Pethes: Zöglinge der Natur. Der literarische Menschenversuch des 18. Jahrhunderts, Göttingen: Wallstein 2007; Moll: Störenfriede (Anm. 19), S. 103–125.

948) wie Thomas Mann als Schriftsteller, der eben auch, laut Eigenaussage, für die »*Dummen*« schrieb (21, 448).[27]

Politische Diskurse sind zudem durch die Unterhaltungskultur impliziert. Die ›soziale Frage‹ taucht im Roman überhaupt nicht auf, nur ganz vereinzelt kommen Personen einer anderen Schicht vor (die Holzfäller, die Krankenschwestern, Peeperkorns Diener) oder es wird erwähnt, dass ein längerer Aufenthalt für manche Patient*innen, etwa Settembrini, nicht erschwinglich ist. Die Handlungselemente dienen der Hauptgeschichte und weisen durch ihre Ausrichtung klar auf die bürgerliche Literaturtradition hin. So wird auch den besonders ›demokratischen‹ Erlebnissen Abneigung entgegengebracht, etwa dem Kino: »Frau Stöhr dagegen, die ebenfalls anwesend war und nicht weit von den Dreien [Castorp, Ziemßen, Karstedt, B.M.] saß, erschien ganz Hingabe; ihr rotes, ungebildetes Gesicht war im Genusse verzerrt. Übrigens verhielt es sich ähnlich mit allen Gesichtern, in die man blickte.« (5.1, 480) Allerdings ist diese Unterhaltungskultur eben Zeichen einer Populär- und Massenkultur und wurde deshalb auch politisch von Vertreter*innen der Arbeiterschaft genau anders, nämlich positiv, bewertet. Für den SPD-Politiker Carlo Mierendorff war es gerade der »Durchbruch des Triebhaften«, der das Kino zu einem Medium der Arbeiterschaft machte:[28] »Das Kino ist sein [des Proleten, B.M.] Pan-optikum. Hier empfängt er das Leben. Es ist die Klasse der ohne Buch Lebenden. [...] Das Publikum des Kino [!] ist das klassenlose Kino.«[29]

In der im Roman zum Ausdruck gebrachten Abneigung gegen das Kino – und damit die Populärkultur – steckt also nicht nur eine ästhetische, sondern auch eine politische Dimension. Die Sorge vor einer Herrschaft der Arbeiterschaft, dem »Proletarier-Terrorismus« (Tb 16.11.1918, 80), teilte auch Mann. Bezug nehmend auf die Kämpfe um die Auflösung der Münchner Räterepublik beschrieb er im Tagebuch den »Bolschewismus« als »entsetzlichste Kulturkatastrophe, die der Welt je gedroht hat, die Völkerwanderung von unten« (Tb 2.5.1919, 222).

[27] Man kann auch behaupten, dass Castorp mit seinen Versuchen, das Sanatorium abseits der vorgegebenen Pfade und Handlungszyklen zu erkunden, selbst zur Störung wird, die den Regelbetrieb unterbricht und erst wieder vom herrschenden Diskurs, hier in Figur des Hofrates, durch Billigung inkludiert werden muss (vgl. 5.1, 463).

[28] Carlo Mierendorff: Hätte ich das Kino!, Berlin: Erich Reiß 1920, S. 18.

[29] Ebd., S. 8–12.

IV. ›Schlechte‹ und ›gute‹ Demokratie

Die Bedrohung des Bürgertums liegt gerade im ›Durchbruch des Triebhaften‹, also im Exzessiven, wie beide Seiten des politischen Spektrums behaupten. Der Exzess ist eine zentrale Denkfigur des *Zauberberg*. Die Krankheit erzeugt dabei einen Zeichenexzess: Der kranke Körper agiert, wie Joachim Ziemßen es ausdrückt, »auf eigene Hand« (5.1, 111), wobei die Symptome in keinem rückführbaren Verhältnis zu ihren Ursprüngen stehen. Im Verhalten zeigt sich der Exzess durch maßlosen Konsum – die Kranken verschlingen alles wie »Schlemmer« (5.1, 163) und agieren äußerst redselig und theatralisch. Der kranke Körper exzediert zudem in eine abstoßende andersartige Präsenz; er ist ein »ungeheuer betonte[r] und noch einmal zum Körper gemachte[r] Körper« (5.1, 349), dem zivilisatorische Linderungsmaßnahmen nicht vollständig Herr werden können, was Castorp an seiner Gesichtshitze erfährt (vgl. 5.1, 64).

Einführer*innen in die Krankheit tragen alle abstoßende Insignien: Karoline Stöhrs »Hasenzähne[ ]« (5.1, 116) streichen Verzehr und zügellose Sexualität hervor; der Husten des Herrenreiters erinnert an »Matsch und Schlamm« (5.1, 25); Settembrinis Erscheinung strahlt »Schäbigkeit und Anmut« aus (vgl. 5.1, 88); Krokowski trägt einen »abgenutzten Sakkoanzug« und hat »gelbliche[ ] Zähne« (5.1, 30); Behrens charakterisieren »große[ ], vorquellende[ ] und blutunterlaufene[ ] blaue[ ] Augen« (5.1, 73); bei Chauchat fällt ihre »Schulmädchenhand mit [...] schlecht und recht beschnittenen Nägeln« auf – »man war nicht einmal sicher, ob sie an den äußeren Fingergelenken ganz sauber war, und die Haut neben den Nägeln war zerbissen« (5.1, 197). Diese Körperlichkeit wirkt gleichzeitig anziehend wie abstoßend.

Das Konzept des Abjekten, das Julia Kristeva geprägt hat, hilft, die politische Dimension dieser Beschreibungen zu verstehen. Beim Abjekten handelt es sich um einen Teil, der, wie beispielsweise Körperausscheidungen, ausgesondert wird, aber dennoch auch zum Körper gehört und deshalb die Grenzen zwischen Subjekt und Objekt irritiert. Dies fordert rhetorische Strategien heraus: In der Rede über das Abjekte wird kompensatorisch etwas Eigenes, das zum Subjekt gehört, zum Äußeren – und damit objektifiziert und verworfen. Nur so kann die Bedrohung der Grenzüberschreitung aufrechterhalten werden. Dieses Andere rufe dann Ekel hervor, obwohl oder gerade weil es zu einem selbst gehört. In gesellschaftlichen Diskursen wurde die Vorstellung des Abjekten oft mit dem Weiblichen assoziiert und dieses deshalb auch zurückgewiesen und geradewegs bekämpft.

Nun ist dieses Phantasma aber auch einem revisionistischen Demokratiediskurs der Weltkriegszeit inhärent, wie Klaus Theweleit herausgearbeitet hat: »Aus dem Schlamm des Zusammenbruchs und den Wellen der roten Flut entsteht die ›Republik‹, der ›Sumpf‹; Republik ist nicht mehr Kampf, Bewegung. Sie ist ein Zustand, in dem man zu versinken droht, der Zustand des Vermischten par excellence«.[30] Und es ist eben, laut Theweleit, dieses Vermischen und Versinken, das dem Femininen zugeordnet wird und insofern Politik und Geschlecht zusammenbringt. Thomas Mann kennt diese Denkfigur, sein Antifeminismus und Antidemokratismus zeigen sich etwa in den *Gedanken im Kriege* von 1914, wo er Frankreich mit den »Suffragetten« gleichsetzt und behauptet: »Diese Nation nimmt Damenrechte in Anspruch« (15.1, 42).[31]

In diesem genderpolitischen Diskurszusammenhang werden Männerbünde, wie sie etwa Hans Blüher berühmt gemacht hat, zu den Antagonisten des ›Weiblichen‹. Und gerade diese deutet Thomas Mann in der Rede *Von deutscher Republik* demokratisch um. Zwar erwähnt er die Interpretation der Männerbünde als faschistoid, doch sieht er in ihnen die »innige[ ] Liebe von Kameraden« (15.1, 555) wirken, die auch zwischen den republikanischen Staaten und innerhalb eines Staates zwischen seinen einzelnen Teilen herrsche (vgl. 15.1, 554 f.).[32] Diese »soziale Erotik« (15.1, 538) richtet sich auch gegen eine Demokratievorstellung, die er sowohl mit »Tugendstarre« (15.1, 521) identifiziert als auch mit dem »Judenjungen« der Republik-Regierung (15.1, 530).[33]

Mann begreift seine Hinwendung zur Demokratie nicht als vollständige Abkehr von früheren Positionen, sondern als Refashioning. Dies zeigt sich in den Parallelen, die er zwischen *Betrachtungen* und *Von deutscher Republik* zieht. Beiden Texten gehe es darum, einen konservativen Nukleus zu definieren: »[S]eine [des Textes *Betrachtungen eines Unpolitischen*, B.M.] Sorge galt der Bewahrung jenes Stockes und Kernes, an den das Neue anschließen und um den es in schönen Formen sich bilden könne.« (15.1, 534) Dieses Bewahren richte sich gegen den »Fieberzustand der Revolution« (15.1, 534), verfolge aber auch, mit Novalis, das Ziel, »*die totale Zerfließung zu behindern*« (15.1, 533). Also richten sich, mit Mann, beide Schriften gegen Auflösungsphantasien.

Seine Vorstellung einer Faszination durch den Tod als Zentrum der deutschen Demokratie, nämlich dass »das Erlebnis des Todes […] ein Erlebnis des Lebens ist« (15.1, 558), richtet sich auch gegen Frauen: »Die Frauen lieben den

30 Klaus Theweleit. Männerphantasien, Bd. 1: Frauen, Fluten, Körper Geschichte, 4. Auflage, München/Zürich: Piper 2009, S. 422.

31 Vgl. dazu auch das Nachwort von Heinrich Detering in 14.2, 590–592, der zeigt, wie Mann eine zunächst noch positiv konnotierte Weiblichkeit mit Kriegsbeginn zum Feindbild erklärt: »Die nunmehr als widerwärtig, anstoßend geschilderte Weiblichkeit avanciert umgehend […] Grundmotiv der antifranzösischen Kriegspolemik« (592).

32 Zum Faschistoiden ebd.: »[M]an sagt, daß Beziehungen solcher Art den geheimen Kitt monarchischer Bünde bilden, ja, daß ein erotisch-politisches Pathos nach dem Muster gewisser antiker Freund-Liebschaften einzelnen terroristischen Akten dieser Tage zu Grunde gelegen habe.«

33 In den Tagebüchern bezeichnet er die Bayrische Regierung auch als »jüdische[] Literaten« (Tb 8. 11. 1918, 63) und »Judenregiment« (Tb 16. 11. 1918, 81).

Tod nicht« hat er von Flaubert in diesem Zusammenhang exzerpiert.[34] Manns zur Schau getragene republikanische Wende geht also einher mit einer gleichzeitigen Leugnung eben dieser Wende. Dies zwingt ihn dazu, Überschneidungen zwischen Monarchie und Demokratie herzustellen, wenn er etwa Gerhart Hauptmann, zu dessen 60. Geburtstag die Rede entstand, den »König der Republik« (15.1, 515) nennt. Man kann dies als Umordnung beschreiben, denn in den *Betrachtungen* hatte er mit Goethe bereits die Demokratie der Monarchie untergeordnet, nämlich als Mittel der »aristokratischen Auslese im Staatsinteresse« (13.1, 282). In romantischer Logik führt dies dazu, den Menschen selbst als ein Abjektes zu sehen, wie Mann in Auseinandersetzung mit Novalis deutlich macht: »Der Mensch: das komplizierteste, gebildetste Exkrement einer höchsten und künstlichen Flamme« (15.1, 551) und »[d]as Leben selbst als Krankheit« (15.1, 556).

Doch ist das romantische Vermischen nicht als Auflösen, sondern als Vereinigen gedacht. Mann versucht, ein Positiv-Abjektes zu konstituieren, um damit negative, weiblich kodierte Demokratiephantasmen aufrechterhalten und gleichzeitig eine neue Demokratiekonzeption entwickeln zu können. Diese steht im Dienste der »Humanität« und des »Menschen« – und man muss hierbei betonen, dass ›Mensch‹ für Thomas Mann ›Mann‹ (forciert: europäischer, wohlhabender, gebildeter, weißer Mann) bedeutet. Er bewegt sich damit aber genau in dem Argumentationsschema, das Theweleit herausgearbeitet hat, und opponiert gegen eine fragmentierende weibliche Revolution, überträgt diese Opposition dann aber nicht auf die neu errichtete Republik. Stattdessen fundiert und legitimiert er die Republik in dem und durch den unifizierenden männlichen Krieg. Manns Demokratieverständnis spaltet sich also auf in die negativ-feminine Revolution einerseits und die positiv-virile Republik andererseits.

V. Immunisierung

Welche Rolle spielt dies nun im Roman? *Der Zauberberg* ruft eine Irritation hervor, die auch Mann selbst artikulierte, nämlich die Gleichzeitigkeit von Bildungs- und Verfallsgeschichte im Roman: »Ein kompositioneller Fehler meines Buches ist, daß das Schneekapitel nicht am Ende steht. Die Linie senkt sich, anstatt sich nach oben zu wenden und in jenem positiven Erlebnis zu gipfeln« (DüD I, 509).[35]

[34] Vgl. 15.2, 359 und 361.
[35] Thomas Mann in einem Gespräch mit Bernard Guillemin vom 30. 10. 1925.

Dies ist allerdings nicht verwunderlich, wenn man den Roman von seinen Immunisierungsstrategien her versteht. Johannes Türk hat einen Vorschlag zur Beschreibung der Immunisierungsdynamik im Roman gemacht: In der Auseinandersetzung mit der Fremdheit und einem unbekannten Wissensregime entwickele sich eine »prototypische Initiation [...], die ihn [Castorp, B.M.] in ein wissenschaftliches Paradigma einführ[e]«.[36] Man kann diesen Befund aber noch ausweiten und mit den Ansteckungstexturen im Roman, die etwa Elisabeth Strowick pointiert hat, zusammenführen:[37] In dem Kontakt mit Unverständlichem und Fremdem wird Castorp irritiert und mit diesen Elementen infiziert, das heißt, sie wirken auf ihn ein, und er hat keinen Einfluss auf sie und die Effekte, die sie bei ihm hervorrufen. Immunität aufzubauen bedeutet dann, Elemente partiell zu integrieren, sodass sie gebannt sind und keine schädliche, will sagen unkontrollierbare, Wirkung ausüben. Dies betrifft sowohl die *histoire* (die Wissensgeschichte) als auch den *discours* (also die Frage ihrer Vermittlung). Dieser Zugang erklärt auch nochmals die Notwendigkeit der Ansätze im Sinne der Polyphonie und des New Historicism.

Der Text erzählt auf der Ebene des *discours* einen Bildungsroman des Erzählens, der versucht, avantgardistische Elemente zu integrieren.[38] Die im Roman auftauchenden Geräusche, Wortwitze und Wortverdrehungen können als Auseinandersetzung mit den ästhetischen Neuerungen der Jahrhundertwende verstanden werden – also mit Ästhetiken des Hässlichen, des Sinnlosen und der Bedeutungswillkür.

Eine Immunisierungsthese ist jedoch keine Transformationsthese. Dies kann die Simultaneität von Wende und ihrer Verweigerung erklären, die sich eben nicht nur in der politischen Rhetorik Manns zeigt, sondern auch in der Handlung und Textur des *Zauberberg*-Romans. Immunisierung erklärt die Polyphonie und Hybridisierung der Stimmen, in denen Figuren Äußerungen von anderen aufnehmen können.[39] Damit wird an der Autorität des Erzählers gerüttelt, ohne sie jedoch vollständig aufzulösen. Letztlich wird mit der Immunisierung der Erzählerfigur versucht, diese in die Moderne ›hinüberzuretten‹. Immunisierung erklärt auch die Komposition des Romans, der mehrere Anfänge und Enden hat, weil in ihm verschiedene Handlungen verbunden sind:

[36] Johannes Türk: Die Immunität der Literatur, Frankfurt/Main: Fischer 2011, S. 231.

[37] Vgl. Elisabeth Strowick: Sprechende Körper – Poetik der Ansteckung: Performativa in Literatur und Rhetorik, München: Fink 2009, S. 261–281.

[38] Die Avantgarde, so wie die ›Moderne‹ und die Revolution, sind bei Mann weiblich konnotiert, wie sich noch in der Figur der Anna von Tümmler aus der *Betrogenen* zeigt. Elsaghe kommt zu dem Ergebnis, dass die Denkfigur ›Antimodernismus = Antifeminismus = Antidemokratismus‹ im Grunde Manns gesamtes Wirken begleitet; Yahya Elsaghe: Zu Manns fiktionalen Darstellungen der Weimarer Republik, in: TM Jb 36, 2023, 97–112.

[39] Und die ja beispielsweise auch über die Mann'sche Leitmotivik in Szene gesetzt wird.

Da gibt es zunächst einen »Vorsatz« (5.1, 9) vor der eigentlichen Handlung, dann eine »verzettelt[e]« (5.1, 11) Ankunft im Dorf, die früher stattfindet als eigentlich geplant. Hinzu kommt Castorps Kennenlernen zahlreicher Figuren wie Ziemßen, Stöhr, Settembrini, Chauchat und Behrens und später Naphta und Peeperkorn. All diese Figuren müssen auch wieder aus dem Roman verabschiedet werden. Nicht zu vergessen sind das Ende im »Schnee« und dasjenige im Krieg. Gerhard Neumann und Lothar Kammel haben deshalb auch von der »eigentümliche[n] Struktur des Thomas Mannschen Romans« gesprochen: »Zwar bietet er die lineare Erzählung einer siebenjährigen Geschichte [...]; aber dieser Weg erweist sich mehr und mehr als ein Prozeß ohne Interpungierung; ein sich schrittweise erweiternder Sinnraum«.[40]

Parallel dazu gibt es die Immunisierung auf diskursiver Ebene, also der *histoire*, der Text immunisiert sich mit dem Demokratisch-weiblich-Abjekten. Um es an einem Beispiel zu zeigen: Die Figur Karoline Stöhr ist wahrscheinlich die größte Antagonistin Castorps in der Sanatoriumsgesellschaft. Als Störung, ihr Name ist sprechend, verkörpert sie sowohl physisch als auch sprachlich Immanenz, Materialität und Präsenz. Sie ist für Ziemßen »das Ungebildetste, was ihm jemals vorgekommen« (5.1, 28). Ihre ›Unbildung‹ ist dabei sowohl ästhetisch als auch sprachlich zu begreifen: Ästhetisch repräsentiert sie das Abjekte durch eine abstoßende, aufdringliche Körperlichkeit wie ihre »Hasenzähne[]« (5.1, 116); sprachlich zeigt sich das ›Semiotische‹, also die sinnlose, bloß materielle Zeichenhaftigkeit, in ihren Malapropismen – den falsch verwendeten Fremdwörtern wie beispielsweise »Fomulus« statt »Famulus« (5.1, 29).[41]

Sie taucht innerhalb der Handlung häufig auf, und zwar an überraschend vielen Orten. Dafür gibt es verschiedene Gründe: Sie dient so der bereits erwähnten Klassifizierung und Leser*innenkollaboration,[42] vertritt repräsentativ die Patient*innenschaft und stört Castorp dermaßen, dass er sie nicht in seine Vorstellungswelt integrieren kann. Gerade diese besondere Aufmerksamkeit, die ihr entgegengebracht wird, lässt sich im Sinne einer Reaktionsbildung als Ähnlichkeitshinweis deuten. Man könnte mit ein wenig interpretatorischem Verve Castorp durchaus unterstellen, es Stöhr gleichtun zu wollen. Wie sie möchte er jedes neue Gerücht kennen und über alles unterrichtet sein, und wie sie wäre auch er gerne »krank und dumm« (5.1, 149), um das Leben vor

[40] Gerhard Neumann / Lothar Kammel: Thomas Manns »Zauberberg«. Eine Kulturtheorie der Liebe, in: Günter Schnitzler / Edelgard Spaude (Hrsg.): Intermedialität. Studien zur Wechselwirkung zwischen den Künsten, Freiburg im Breisgau: Rombach 2004, S. 11–35, hier S. 15.

[41] Vgl. zum Semiotischen Julia Kristeva: Die Revolution der poetischen Sprache, Frankfurt/Main: Suhrkamp 1978, S. 32–113.

[42] Vgl. Martin Walser: Ironie als höchstes Lebensmittel oder: Lebensmittel der Höchsten, in: Heinz Sauereßig (Hrsg.): Besichtigung des Zauberbergs, Biberach an der Riß: Wege und Gestalten 1974, S. 183–215, hier S. 187.

Ort genießen und konsumieren zu können. Castorp unternimmt viel dafür, in eine solche Rolle zu kommen: Er wird krank bzw. behauptet die ganze Zeit, es zu sein, obwohl sein Befundbild nicht eindeutig ist. Und er beschäftigt sich mit Dingen, die ihn permanent überfordern und eben dumm aussehen lassen. Zudem versucht er, sich an immer neue Netzwerke anzuschließen und eine nur empfangende Rolle für sich zu finden.

Doch bis zum Schluss kann er die Störung, die von Frau Stöhr ausgeht, nie integrieren und sie so nie von ihrer prominenten Position verdrängen. Stöhrs letzte Worte lauten »Ziem – ßen –!« (5.1, 1032), woraufhin der Geist Ziemßens für die Gesellschaft der Séance sichtbar wird. Dies lässt sich als Ende einer klimatischen Entwicklung lesen. Bereits vor der Séance hatte Castorp ihre Malapropismen wertschätzender beurteilt und ihnen damit einen gewissen Informationsgehalt zugewiesen (so dem Ausdruck »Magnet« statt »Magnat«, vgl. 5.1, 835). Es ließe sich folgern, dass Frau Stöhr in dem Moment aus dem symbolischen System des Romans ausgeschlossen wird, in dem ihr Malapropismus selbst zur Information wird, wodurch sie die Rolle der Konsumentin für Castorp verlässt und zur Produzentin wird. Denn ein Malapropismus ist eben nicht nur ein falsch gebildetes Fremdwort, sondern auch eine Buchstabenkombination, die auf keinen vorhandenen Referenten verweist – so wie der tote Ziemßen einer ist. Insofern könnte man behaupten, dass der Malapropismus in dieser Szene den Geist heraufbeschwört und ermöglicht, das mimetisch-realistische Register des Romans zu verlassen. Poetologisch wäre also der Buchstabenexzess in einen phantasmatischen Exzess gewechselt, die Störung auf der Ebene der Signifikanten auf eine der realistischen Handlung übergesprungen. Castorp immunisiert sich mit ihrem Un-Sinn so, wie der Roman sich mit phantastischer Literatur immunisiert und sie integrieren und bewerten kann.[43]

Es ließe sich hier zudem Barthes' Unterscheidung von »der Krankheit« als einem metaphysischen Todesdienst und den »Krankheiten« als Lebensäußerungen ins Felde führen.[44] Der große Affront, der von Karoline Stöhrs Anwesenheit im Sanatorium für Castorp ausgeht, besteht darin, dass sie leben will, dies einfordert und sich damit dem männlichen Todeskult entgegenstellt. Die Erwähnung des Todes macht sie »wütend« (5.1, 447), sie stürzt sich auf den Klatsch der Patient*innenschaft und auf jede mediale Neuheit. Sie beschreibt gerade die Symptome, etwa selbst Husten und Niesen, als »kostenfreie Genüsse des Lebens« und in dieser Beschreibung kaum verdeckt weibliche Sexualität:

43 Es stellt sich die Frage, ob mit Karoline Stöhrs Verschwinden die Störung den Roman verlässt oder ob sie sich vielmehr auf die gesamte Handlung ausbreitet, die »große Gereiztheit«, die letztlich mit einer massiven Störung, eben dem Krieg, endet.

44 Barthes: Wie zusammen leben (Anm. 21), S. 148.

Frau Stöhr insbesondere, hochroten, störrischen Gesichts über ihrer Halsrüsche und kleine Sprünge in der Wangenhaut, legte eine fast wilde Gesprächigkeit an den Tag und erging sich über die Vergnüglichkeit des Hustens, – ja, es habe unbedingt eine unterhaltliche und genußreiche Bewandtnis damit, wenn in den Gründen der Brust der Kitzel sich mehre und wachse und man mit Krampf und Pressung so recht tief hinunterlange, um dem Reiz zu genügen: ein ähnlicher Spaß sei das wie das Niesen, wenn die Lust dazu gewaltig anschwelle und unwiderstehlich werde und man mit berauschter Miene ein paarmal stürmisch aus- und einatme, sich wonnig ergäbe und über dem gesegneten Ausbruch die ganze Welt vergäße. Und manchmal komme es zwei-, dreimal hintereinander. Das seien kostenfreie Genüsse des Lebens, wie beispielsweise auch noch, sich im Frühling die Frostbeulen zu kratzen, wenn sie so süßlich juckten, – sich so recht innig und grausam zu kratzen bis aufs Blut in Wut und Vergnügen, und wenn man zufällig in den Spiegel sähe dabei, dann sähe man eine Teufelsfratze. (5.1, 263 f.)[45]

Das von ihr ausgehende Problem bedroht das patriarchal fundierte Bürgertum, nämlich das der lebendigen Frau mit eigener Sexualität. Ihre unterschiedlich ausgeprägte Symptomlust verbinden Stöhr und Castorp und setzen sie zugleich in Konkurrenz. Bis zur Séance gelingt es Castorp nicht, ihren Lebensdiskurs in einen Todesdiskurs zu verwandeln. Erst als sie selbst etwas Totes zum Leben erweckt und ein Exkrement produziert,[46] das Castorps Wünschen entspricht, ist sie aus dem Koordinatensystem des Romans vertrieben und seinem Diskurs assimiliert. Knapp gesagt: Aus dem Leben im Tod wird der Tod im Leben, aus der lebendigen Frau der tote Mann.

45 Das Thema der weiblichen Sexualität kommt camoufliert als Krankheit im Roman häufig zur Sprache, beispielsweise auch in der Geschichte von Leila Gerngroß, deren »Händchen« beim Besuch der Vettern »nicht nur feucht, sondern geradezu naß« (5.1, 457) wird und deren letztlich todbringende Disposition auf ihre Mutter zurückgeführt wird: »[I]hr Mann sei völlig unbeteiligt daran, habe nicht das geringste damit zu tun. Aber auch sie, könne sie versichern, habe nur ganz vorübergehend damit zu tun gehabt, nur ein bißchen und obenhin, ganz kurze Zeit, als junges Mädchen. Dann habe sie es überwunden, ganz und gar, wie ihr bezeugt worden sei, denn sie habe heiraten wollen« (5.1, 458). Weibliche (Auto-)Sexualität ist also ekelhaft, todbringend und eine vererbbare Schuld.

46 Mann war bekanntermaßen mehrfach Gast bei spiritistischen Sitzungen von Albert von Schrenck-Notzing. Die Erscheinungen werden im Roman von Dr. Krokowski so erklärt: »In seiner Sprache handelte es sich da um biopsychische Projektionen unterbewußter Komplexe ins Objektive, um Vorgänge, als deren Quelle man die mediale Konstitution, den somnambulen Zustand zu betrachten hatte, und die man insofern als objektivierte Traumvorstellungen ansprechen mochte, als sich darin ein ideoplastisches Vermögen der Natur bewährte, eine unter gewissen Bedingungen dem Gedanken zukommende Fähigkeit, Materie an sich zu ziehen und sich zu ephemerer Wirklichkeit darin auszuprägen. Diese Materie entströmte dem Körper des Mediums, um sich außerhalb seiner zu biologisch-lebendigen Endorganen, Greifgliedern, Händen, vorübergehend auszugestalten, die eben jene erstaunlichen Unbeträchtlichkeiten vollbrachten, deren Zeuge man in Dr. Krokowskis Laboratorium war.« (5.1, 1013)

VI. Beziehungen zwischen Roman und Rede

Anhand dieses Beispiels kann man den Prozess der Immunisierung erklären, der hier in eine komplette Auflösung mündet. Hinsichtlich der Genderkonfigurationen zeigt sich, dass das Weibliche zugleich abgewiesen, integriert und dabei aber vermännlicht wird. Und dies verweist auf den Krieg und letztlich auf ein polyvalentes Konglomerat, das für das demokratische Verständnis der ›Wende‹ Manns kennzeichnend sein wird: Die Republik wird retrospektiv Telos des Krieges; Krieg und Republik verbindet der Ekel und die Bedrohung der Ich-Auflösung; der Krieg erscheint homoerotisch-männerbündisch: »Denn dort lagen zwei, – es waren Freunde, sie hatten sich zusammengelegt in der Not: nun sind sie vermengt und verschwunden.« (5.1, 1084)

Dies korrespondiert mit Castorps Bildungsgeschichte, die auch als Geschichte einer »Rehomosexualisierung« konzipiert ist: Castorps Fieber macht ihn zum Teil des erotischen, ›erhitzten‹ Romantableaus. Es bringt sein wiedererwachendes homoerotisches Begehren, das er aus der Schulzeit kannte, zum Vorschein, als er sich in seinen Mitschüler Pribislav Hippe verliebte, den er in Clawdia Chauchat wiederzuerkennen glaubt.[47] Damit ist also das Ende im Krieg sinnvoller und dennoch ambivalenter Abschluss dieser Geschichte: Es liegen die »fiebernden Knaben« (5.1, 1082) im »Kot« und »vermeng[en]« sich, sind aber als solche auch »Kameraden« (5.1, 1084) und insofern Personal einer soldatisch-erotischen Phantasie.

Darauf aufbauend lässt sich die Wechselbeziehung zwischen Roman *Zauberberg* und Rede *Von deutscher Republik* konturieren: Einerseits bereitet der Roman die Rede gedanklich vor, indem er zum ersten zeigt, wie durch Immunisierung Fremdes integriert und transformiert werden kann, was auch die Demokratie betrifft, und indem er zum zweiten weibliche Figuren durchgängig als Stellvertreterinnen männlicher Figuren konzipiert. Dies wird besonders deutlich in der ›Rehomosexualisierung‹ Castorps, bei der Chauchat als Platzhalterin für Hippe fungiert und so die politische Umdeutung der Männerbünde ermöglicht. Andererseits erlaubt die Rede Vereindeutigungen, etwa hinsichtlich der Rolle von Männerbünden, die poetologisch für den Roman, der gerade auf gleichzeitige diskursive Akkumulation wie Hinterfragung setzt, nicht zulässig waren.

[47] Vgl. dazu Astrid Lange-Kirchheim: Zergliederte Jünglinge und Missgeburten. Zum ›gender trouble‹ in Thomas Manns Roman »Der Zauberberg«, in: Klaus-Michael Bogdal / Ortrud Gutjahr / Joachim Pfeiffer (Hrsg.): Jugend. Psychologie – Literatur – Geschichte. Festschrift für Carl Pietzcker, Würzburg: Königshausen & Neumann 2001, S. 231–257, S. 233, die Karl W. Böhm zitiert (Karl W. Böhm: Zwischen Selbstzucht und Verlangen. Thomas Mann und das Stigma Homosexualität. Untersuchungen zu Frühwerk und Jugend, Würzburg: Königshausen & Neumann 1991, S. 359).

Demokratie kann man im *Zauberberg*, zusammengefasst, nicht nur in der Handlung erkennen als Thema, sondern auch in narrativen Arrangements, in Polyperspektivität und Mehrsprachigkeit und in der Thematisierung von Krieg, Unterhaltungskultur und Weiblichkeit. Man kann die Rede *Von deutscher Republik* somit auch als eine nachträgliche autoritative Leseanweisung begreifen, die versucht, das Chaos von Dekadenzliteratur, Intertexten, Demokratiefeindlichkeit und Republikfreundlichkeit zu vereinheitlichen. Die Rede muss gattungsbedingt viel klarer Position beziehen und dadurch Unterscheidungen etablieren, die der Roman in seiner Ambiguität weder einlösen kann noch muss. Dennoch scheint gerade in der Immunisierung eine Mechanik greifbar, die die partielle Integration erklären kann. Damit lässt sich eine Anfangsgeschichte schreiben, aus der heraus sich Manns weitere demokratische Theoriebildung entwickelte und die letztlich darin mündete, ihn heutzutage als Repräsentationsschriftsteller eines deutschen Staates zu sehen.

Till Nitschmann

Ironie als erzählerische Demokratisierungsstrategie der Nietzsche-Rezeption in Thomas Manns *Der Zauberberg*

I. Einstieg

Die Ironie als erzähltechnisches Verfahren der *discours*-Ebene in Thomas Manns *Der Zauberberg* (1924) ist ausführlich untersucht worden.[1] Thomas Manns »Totalisierung des ironischen Verfahrens«[2] trägt als »ironische *Dekomposition*«[3] maßgeblich zur überzeitlichen Wirkung des Romans bei, indem antagonistische Positionen – wie beispielsweise die von Settembrini und Naphta – »vom Erzähler ironisch perspektiviert« (TM Hb (2015), 309) und somit versöhnlich vermittelt und nicht zeitverhaftet und polemisch wie in den *Betrachtungen eines Unpolitischen* (1918) verhandelt werden. Die »Erzählerironie« (TM Hb (2015), 308) im Roman geht dabei mit einer demokratisierenden Wirkung einher: Differierende Positionen werden vom Erzähler nicht als gewertet und entschieden präsentiert, sondern die Lesenden haben diese selbst in fortwährender Diskussion abzuwägen. Im vorliegenden Beitrag wird die von Thomas Mann im *Zauberberg* verwendete Ironie als eine demokratische Offenheit generierende Erzähltechnik auf der Ebene des *discours* verstanden, die erstens mit einer Demokratisierung in der Figurenkonzeption einhergeht, zweitens Positionen von Figuren für die Lesenden unentschieden bestehen

[1] Vgl. u. a. Reinhard Baumgart: Das Ironische und die Ironie in den Werken Thomas Manns, Frankfurt/Main u. a.: Ullstein 1974 (= Ullstein-Buch 3085: Literatur als Kunst); Ulrich Karthaus: Zu Thomas Manns Ironie, in: TM Jb 1, 1988, 80–98; Peter-André Alt: Ironie und Krise. Ironisches Erzählen als Form ästhetischer Wahrnehmung in Thomas Manns »Der Zauberberg« und Robert Musils »Der Mann ohne Eigenschaften«, 2., veränderte Auflage, Frankfurt/Main u. a.: Lang 1989 (= Europäische Hochschulschriften: Reihe 1, Deutsche Sprache und Literatur 722); Michael Neumann: Thomas Mann. Romane, Berlin: Schmidt 2001 (= Klassiker-Lektüren 7), S. 54–58; Børge Kristiansen: Thomas Mann – Der ironische Metaphysiker. ›Nihilismus‹, Ironie, Anthropologie in Thomas Manns Erzählungen und im »Zauberberg«, Würzburg: Königshausen & Neumann 2013; Jens Ewen: Erzählter Pluralismus. Thomas Manns Ironie als Sprache der Moderne, Frankfurt/Main: Klostermann 2017. Mit Jens Ewen kann in Bezug auf die Thomas Mann'sche Ironie festgehalten werden: »Ironie stellt einen Sprachmodus zur Verfügung, der einseitige Positionierungen vermeidet, unterschiedliche Überzeugungen in der Schwebe hält und nicht gegeneinander ausspielt. Ironie dient deshalb dazu, die in den Texten verhandelten Probleme als unlösbar zu inszenieren.« (Jens Ewen: Ironie, in: TM Hb (2015), 308–310, hier S. 309).

[2] Neumann: Thomas Mann (Anm. 1), S. 54.

[3] Kristiansen: Thomas Mann – Der ironische Metaphysiker (Anm. 1), S. 486, Hervorhebung im Original.

lässt und drittens insbesondere Hans Castorp auf der *histoire*-Ebene in eine demokratische Vermittlerposition rückt. Diese ironiebedingte Demokratisierungsstrategie befördert über den Roman hinaus viertens die inhaltliche Positionierung Thomas Manns für die Demokratie in seinen politischen Stellungnahmen ab 1922.

Besonders zentral ist die Strategie der demokratisierenden Ironie für die Nietzsche-Rezeption im *Zauberberg*.[4] Diesbezüglich gilt es herauszustellen, dass sich durch den erzähltechnischen Einsatz der Ironie die Rezeption Nietzsches im *Zauberberg* nicht nur demokratisiert, sondern Nietzsches Texte durch diese narratologische Technik auf der *discours*-Ebene überhaupt erst ›*Zauberberg*-kompatibel‹ werden. Dies gilt insbesondere für die Thematik der von Nietzsche aufs Schärfste bekämpften *décadence*, der gegenüber sich der *Zauberberg*, die Bildungsromanthese relativierend, ästhetisch weitgehend affirmativ verhält: Der ›mittelmäßige‹ Hans Castorp bewahrt seine Lebenszugewandtheit zu Güte und Liebe aus der Schneevision kaum, sondern geht in die von romantischer Todesthematik durchdrungene schopenhauerisch-chaotische Willenswelt des Weltkrieges ein.

Mittels der demokratisierenden Ironie gelingt es Thomas Mann, Nietzsche, den unironischen Gegner der *décadence*, im *Zauberberg* zu verbürgerlichen, zu entschärfen, ihn demokratisierend in verschiedene Figuren einfließen zu lassen und ihn somit ›hermetisch‹ im Roman zu konservieren, anstatt seine ästhetischen Philosopheme direkt zu affirmieren. Durch sein poetisches Verfahren der demokratisierenden Ironie, so die These des Beitrages, vermag es Thomas Mann, sich auf Nietzsches Schriften zu beziehen, gleichzeitig jedoch im *Zauberberg* die Faszination für die *décadence* ästhetisch zu gestalten. Insbesondere Nietzsches antidemokratische und die *décadence* verurteilende ›Herrenmoral‹[5] wird im Roman gebrochen, indem die Theoreme seiner ästhetischen Philosophie von Thomas Mann ins ironische Verweisspiel überführt werden.

Zudem weist *Der Zauberberg* auf seiner ästhetisch-konzeptionellen Formebene über die *Betrachtungen eines Unpolitischen* hinaus und zeigt insgesamt vielmehr seine Nähe zu der Rede *Von deutscher Republik* (1922): Der Roman unterstützt durch seinen Einsatz von Ironie Thomas Manns demokratische Entwicklung, die in den *Betrachtungen* argumentativ noch weitgehend abgewehrt wird. Im *Zauberberg* bereitet die grundsätzlich ironische Erzählerhaltung der Demokratisierung ausgehend von der *discours*-Ebene den Weg. Die

[4] Vgl. zur Nietzsche-Rezeption u. a. Erkme Joseph: Nietzsche im »Zauberberg«, Frankfurt/Main: Klostermann 1996 (= Thomas-Mann-Studien 14).

[5] Vgl. Friedrich Nietzsche: Jenseits von Gut und Böse. Vorspiel zu einer Philosophie der Zukunft [1886], in: ders.: Nietzsche. Werke. Kritische Gesamtausgabe, 6. Abt., 2. Bd.: Jenseits von Gut und Böse. Zur Genealogie der Moral, hrsg. v. Giorgio Colli u. Mazzino Montinari, Berlin: de Gruyter 1968, S. 1–255, hier S. 218–222.

im Roman durch das ironische Verfahren beförderte Demokratisierung verbindet sich dabei nicht nur mit Thomas Manns Bekenntnis zur demokratischen Staatsform in seiner Republikrede, sondern weist auch auf seinen programmatischen Vortrag *Vom zukünftigen Sieg der Demokratie / The Coming Victory of Democracy* (1938) voraus.

II. Nietzsches ›pädagogische‹ Ironie

Die scharfe und angriffslustige Polemik des Antidemokraten Nietzsche ist nicht ironisch, auch wenn er in *Ecce homo* (1889/1908) mit Bezug auf *Der Fall Wagner* (1888) nicht ausschließt, dass er »die Ironie liebe, sogar die welthistorische Ironie«[6], und in einem Nachlassfragment die Formel »Unabhängig, geduldig, ironisch –«[7] erwägt. Nietzsches Kritik der Ironie überwiegt jedoch diese affirmativen Anklänge, und er hält »die Ironie in der Welt« für »ü b e r f l ü s s i g«, da seiner Auffassung nach bereits »[a] l l e s Menschliche [...] in Hinsicht auf seine E n t s t e h u n g die ironische Betrachtung [verdient]«.[8] Die Ironie steht im Gegensatz zu Nietzsches aristokratischer Grundausrichtung und seiner Fürsprache für die ›Herrenmoral‹; er postuliert, »Ironie ist unedel«,[9] und ist der Auffassung: »Die Gewöhnung an Ironie, ebenso wie die an Sarkasmus, verdirbt [...] den Charakter, sie verleiht allmählich die Eigenschaft einer schadenfrohen Ueberlegenheit«.[10] Als Erziehungsmittel in einer hierarchischen Lehrer-Schüler-Konstellation lässt Nietzsche die Ironie allerdings gelten: »Die Ironie ist nur als pädagogisches Mittel am Platze, von seiten eines Lehrers im Verkehr mit Schülern irgend welcher Art: ihr Zweck

[6] Friedrich Nietzsche: Ecce homo [1889/1908], in: ders.: Nietzsche. Werke. Kritische Gesamtausgabe, 6. Abt., 3. Bd.: Der Fall Wagner. Götzen-Dämmerung. Der Antichrist. Ecce homo. Dionysos-Dithyramben. Nietzsche contra Wagner, hrsg. v. Giorgio Colli u. Mazzino Montinari, Berlin: de Gruyter 1969, S. 253–372, hier S. 361.

[7] Friedrich Nietzsche: Nachgelassene Fragmente Frühjahr bis Herbst 1884, 25[489], in: ders.: Nietzsche. Werke. Kritische Gesamtausgabe, 7. Abt., 2. Bd.: Nachgelassene Fragmente Frühjahr bis Herbst 1884, hrsg. v. Giorgio Colli u. Mazzino Montinari, Berlin/New York: de Gruyter 1974, S. 138.

[8] Friedrich Nietzsche: Menschliches, Allzumenschliches I [1878], in: ders.: Nietzsche. Werke. Kritische Gesamtausgabe, 4. Abt., 2. Bd.: Menschliches, Allzumenschliches. Erster Bd. Nachgelassene Fragmente 1876 bis Winter 1878, hrsg. v. Giorgio Colli u. Mazzino Montinari, Berlin: de Gruyter 1967, S. 1–381, hier S. 214, Hervorhebung im Original.

[9] Friedrich Nietzsche: Nachgelassene Fragmente Oktober–Dezember 1876, 19[25], in: ders.: Nietzsche. Werke. Kritische Gesamtausgabe, 4. Abt., 2. Bd.: Menschliches, Allzumenschliches. Erster Bd. Nachgelassene Fragmente 1876 bis Winter 1877–1878, hrsg. v. Giorgio Colli u. Mazzino Montinari, Berlin: de Gruyter 1967, S. 432.

[10] Nietzsche: Menschliches, Allzumenschliches I (Anm. 8), S. 266.

ist Demüthigung, Beschämung, aber von jener heilsamen Art, welche gute Vorsätze erwachen lässt«.[11]

Diese Einlassung Nietzsches steht im *Zauberberg* in einem Spannungsverhältnis zu der von Settembrini vorgetragenen Haltung zur Ironie. Zunächst rückt Settembrini die Ironie in Hans Castorps Wahrnehmung in die Nähe zur Musik, womit erstere damit ebenfalls geradezu als »politisch verdächtig« (5.1, 175 u. 336) erscheint. Thomas Manns »humanistischer Pädagog« (5.1, 307) warnt seinen Schützling ausdrücklich vor der Ironie, was im *Zauberberg* allerdings wiederum durch den Erzähler in ironischer Weise dargestellt wird:

> Hüten Sie sich vor der hier gedeihenden Ironie, Ingenieur! Hüten Sie sich überhaupt vor dieser geistigen Haltung! Wo sie nicht ein gerades und klassisches Mittel der Redekunst ist, dem gesunden Sinn keinen Augenblick mißverständlich, da wird sie zur Liederlichkeit, zum Hindernis der Zivilisation, zur unsauberen Liebelei mit dem Stillstand, dem Ungeist, dem Laster. (5.1, 335 f.)

Diese pädagogische Haltung des Vergil- und Carducciverehrers verhandelt ironisch transformiert die bei Nietzsche präfigurierte Skepsis gegenüber der Ironie. Thomas Mann hingegen benötigt die Ironie ganz grundlegend, um unvereinbare und kompromisslose Positionen wie die von Settembrini und Naphta durch eine ironische Haltung des Erzählers perspektivieren und somit von einem überlegenen Standpunkt aus darstellen zu können. Bemerkenswerterweise gibt es auch für diese Verfahren eine Präfiguration bei Nietzsche, der in einem Nachlassfragment angemerkt hatte: »Ich habe keinen Menschen mit Überzeugungen kennen gelernt, der mir nicht, wegen dieser Überzeugungen, bald Ironie erregt hätte.«[12] Dennoch bleibt Nietzsche der Ironie gegenüber weitestgehend ablehnend und verwirft das ironische Überlegenheitsgefühl, das er in dem Lehrer-Schüler-Verhältnis noch gelten ließ, im Bereich der Schriftstellerei: »Alle ironischen Schriftsteller rechnen auf die alberne Gattung von Menschen, welche sich gerne allen Anderen mit dem Autor zusammen überlegen fühlen wollen, als welchen sie das Mundstück ihrer Anmaassung ansehen.«[13] Diese Kritik Nietzsches vermag Thomas Mann wiederum ironisch zum Rezept der eigenen ästhetischen Produktion zu wenden.

[11] Ebd., S. 265.

[12] Friedrich Nietzsche: Nachgelassene Fragmente Frühling–Sommer 1878, 28[4], in: ders.: Nietzsche. Werke. Kritische Gesamtausgabe, 4. Abt., 3. Bd.: Menschliches, Allzumenschliches. Zweiter Bd. Nachgelassene Fragmente. Frühling 1878 bis November 1879, hrsg. v. Giorgio Colli u. Mazzino Montinari, Berlin: de Gruyter 1967, S. 362.

[13] Nietzsche: Menschliches, Allzumenschliches I (Anm. 8), S. 266.

III. Thomas Mann cum/contra Nietzsche

Thomas Manns Nietzsche-Rezeption setzt bereits 1894 ein[14] und erstreckt sich über sein gesamtes weiteres Leben. Trotz dieser intensiven Auseinandersetzung mit Nietzsche sieht sich Thomas Mann im Hinblick auf sein Nietzsche-Verständnis scharfer Kritik ausgesetzt. Walter Nigg meint, dass der »manierierte Schriftsteller wenig Substanz in sich hatte« und »nie auch nur einen Schritt über die ironische Einstellung hinaus gelangt« sei, »eine Haltung, die gegenüber dem Phänomen Nietzsche versagen musste«.[15] Bruno Hillebrand merkt polemisch an:

> Nein, von Nietzsches Philosophie hat Thomas Mann nichts begriffen, bis zum Schluß nicht [...]. Die Affirmation des Seienden unter dem Gesichtspunkt des Lebens konnte der Spätmoralist Thomas Mann ebensowenig verstehen wie die daraus resultierende unbedingte Selbstbejahung des Lebenswillens. Der sammelnde Humanist steht auf dem Ufer bürgerlicher Bewahrung, moralischer Begründung und Absicherung. Undenkbar für ihn, die Dinge fundamental als seiende zu denken jenseits von moralisch-metaphysischer Wertschätzung.[16]

Diese Kritik blendet aus, dass Thomas Mann in seiner – nicht zuletzt über Ernst Bertram vermittelten (vgl. TM Hb (2005), 268) – Auseinandersetzung mit Nietzsche einen spezifischen Weg sucht, sich das Denken des radikalen Philosophen zu bewahren und in das eigene ästhetische und theoretische Schaffen zu integrieren, sich dabei jedoch gleichzeitig nicht den extremen Axiomen Nietzsches zu unterwerfen. Im *Lebensabriß* heißt es 1930:

> [I]ch sah in Nietzsche vor allem den Selbstüberwinder; ich nahm nichts wörtlich bei ihm, ich *glaubte* ihm fast nichts, und gerade dies gab meiner Liebe zu ihm das Doppelschichtig-Passionierte, gab ihr die Tiefe. Sollte ich es etwa ›ernst‹ nehmen, wenn er den Hedonismus in der Kunst predigte? Wenn er Bizet gegen Wagner ausspielte? Was war mir sein Machtphilosophem und die ›Blonde Bestie‹? Beinahe eine Verlegenheit. Seine Verherrlichung des ›Lebens‹ auf Kosten des Geistes, diese Lyrik, die im deutschen Denken so mißliche Folgen gehabt hat, – es gab nur eine Möglichkeit, sie mir zu assimilieren: als Ironie. (XI, 109f., Hervorhebung im Original)[17]

[14] Vgl. Børge Kristiansen: Thomas Mann und die Philosophie, in: TM Hb (2005), 259–283, hier S. 260.

[15] Walter Nigg: Große Unheilige, 2. Auflage, Olten/Freiburg im Breisgau: Walter 1981, S. 224.

[16] Bruno Hillebrand: Ästhetik des Nihilismus. Von der Romantik zum Modernismus, Stuttgart: Metzler 1991, S. 97.

[17] Vgl. hierzu auch Kristiansen: Thomas Mann und die Philosophie (Anm. 14), S. 261. Børge Kristiansen betont zwar die Differenz zwischen Thomas Mann und Nietzsche, hebt aber dabei ebenfalls hervor, dass die Ironie für Mann als Lösung seines Nietzsche-Dilemmas fungiert: »Die eine Möglichkeit, die die Nietzscheschen Lebensphilosophie inhärent ist, ist der radikale Nihilismus. Die andere ist die begeisterte Annahme des Lebens und das vorbehaltlose große Ja

Während Nietzsche im *Zauberberg* durch die grundsätzlich ironische Gestaltung des Romans auf der *discours*-Ebene in die demokratische Vielstimmigkeit und Widersprüchlichkeit eingeht, müht sich die theoretische Begründung der Ironie durch Thomas Mann in den *Betrachtungen*, mit einem konservativen Monarchismus in Übereinstimmung gebracht zu werden, wobei Nietzsche als Gewährsmann für die antidemokratische Haltung herangezogen wird. Aus der Retrospektive betrachtet hat *Der Zauberberg* durch seine Ästhetik der Ironie bereits den Weg zur Demokratie eingeschlagen, den der programmatisch bei seinem Erscheinen schon anachronistische Großessay mit seinem theoretischen Begründungsversuch der Ironie noch versperrt.

IV. Theoretische Betrachtungen eines Ironikers

Im Abschnitt »Ironie und Radikalismus« der *Betrachtungen* postuliert Thomas Mann 1918: »Der geistige Mensch hat die Wahl [...], entweder Ironiker oder Radikalist zu sein« (13.1, 617). Konservatismus wird von ihm als die »erotische Ironie des Geistes« (13.1, 618) bestimmt und, so Thomas Mann: »Ironie und Konservatismus sind nahe verwandte Stimmungen. Man könnte sagen, daß Ironie der Geist des Konservatismus sei, – sofern dieser nämlich Geist hat [...].« (13.1, 634) Insbesondere für den ästhetischen Bereich hebt Thomas Mann die aus seiner Sicht zentrale Rolle der Ironie hervor. »Sicher ist«, so Thomas Mann, dass die »Mittel- und Mittlerstellung« (13.1, 622) der Kunst

> zwischen Geist und Leben ihr das Ironische zu einem sehr heimatlichen Elemente macht, und wenn ich nicht sage, daß Kunst immer ironisch sein müsse, so nenne ich Ironie doch, im Gegensatz zum Radikalismus, ein künstlerisches Element; denn der Geist wird in ihr konservativ und erotisch, während er in jenem nihilistisch und selbstsüchtig bleibt. (13.1, 622)

Für Thomas Mann ist darüber hinaus »Ironie als Bescheidenheit, als rückwärts gewandte Skepsis [...] eine Form der Moral, ist persönliche Ethik, ist ›innere Politik‹« (13.1, 626). In den *Betrachtungen* wird die Ironie, von der Thomas Mann sagt, »[e]s ist möglich, daß ich sie sehe, wo andere Leute sie nicht sehen«, und in Bezug auf die es ihm scheint, »als könnte man diesen Begriff nicht weit genug fassen, ihn niemals zu ethisch und zu politisch nehmen« (13.1, 631 f.), äußerlich doch letztlich in den Rahmen eines konservativen Monarchismus

zu dessen Prinzip des Willens zur Macht und zum Übermenschen-Philosophem. Diese beiden Extreme waren für Thomas Mann unannehmbar, und er versucht daher durch seine spezifische Form der Ironie, die vor allem in den *Betrachtungen eines Unpolitischen* theoretisch begründet wird, eine ihm eigentümliche Lösung zu finden.« (S. 262 f., Hervorhebung im Original).

eingebettet und somit dementsprechend politisiert. Auch wenn das konservative Element der Ironie von Thomas Mann theoretisch schlüssig und ausführlich begründet ist, bleibt ihre argumentative Anbindung an die Staatsform der autoritären Monarchie doch wiederum recht locker. Am Ende des Abschnitts bringt der Autor sogar selbst bereits den Gedanken ins Spiel, dass die Ironie, verstanden als intellektuelle Haltung, den Weg zur Demokratie bereitet, auch wenn die Weiterführung dieser Idee in den *Betrachtungen* noch abgewehrt wird:

> Ironie ist eine Form des Intellektualismus, und ironischer Konservativismus ist intellektualistischer Konservativismus. In ihm widersprechen einander im gewissen Grade Sein und Wirken, und es ist möglich, daß er die Demokratie, den Fortschritt fördert durch die Art, in der er ihn bekämpft. (13.1, 634)

Die ästhetische *Methode* des ironischen Konservatismus übt in die demokratische Haltung ein, auch wenn dies, zumindest auf der theoretischen Argumentationsebene der *Betrachtungen*, nicht intendiert ist. Da Thomas Mann auf die Ironie, die seine literarischen Texte von Anfang an durchzieht, nicht verzichten kann, die Ironie aber jegliche autoritäre Staatsorganisation und somit auch das Wilhelminische Kaiserreich mit der Zeit geradezu zwangsläufig untergräbt, drängt die ästhetische Struktur zu einer Anpassung der politischen Haltung, wie sie in der Republikrede dann erstmals öffentlichkeitswirksam Ausdruck erfährt. Das Theorie-Praxis-Verhältnis kehrt sich um: Die angewandte Ironie auf der Ebene des *discours* im *Zauberberg* bereitet die Demokratisierung vor, auch wenn Thomas Mann Letztere auf der theoretischen Argumentationsebene der *Betrachtungen* noch zurückweist. Mit Nietzsches ernstgenommenem Postulat einer aristokratischen ›Herrenmoral‹ im Dienste der von ihm in der Zukunft erhofften Schaffung des Übermenschen kann die ironische Untergrabung autoritärer Strukturen nicht in Übereinstimmung gebracht werden. Der einzige Weg für Thomas Mann, Nietzsche für sich dennoch zu bewahren, ist, seine Schriften ebenfalls dem ironischen Prinzip zu unterwerfen, sie zum Material für die eigene ästhetische Produktion zu machen und sie somit in einem vielstimmigen aber unentschiedenen intellektuellen Gespräch zu demokratisieren. Thomas Mann ist kein Jünger Nietzsches, sondern ein ironischer Nietzscheaner, der den radikalen Philosophen sehr wohl versteht, sich seinen Postulaten jedoch nicht unterwirft. Insbesondere wird dies im Umgang Thomas Manns mit der *décadence* deutlich, die den *Zauberberg* ganz grundlegend durchzieht und dabei im fortwährenden Spannungsverhältnis mit der Lebensbejahung steht.

V. *Liebe zur* décadence *im* Zauberberg *und Nietzsche-Demokratisierung durch Ironie*

Hängt man Nietzsches ästhetischer Philosophie an, so scheint es unmöglich, sich affirmativ gegenüber der *décadence* zu verhalten; ›Nietzsche contra *décadence*‹ ist die Formel, die allumfassend aus seinen Texten spricht. Das Schöne und Starke, durchaus ganz konkret körperlich gedacht, ist bei Nietzsche mit dem Willen zur Macht direkt verbunden, während das Hässliche immer mit der *décadence* einhergeht und zu Schwäche und Niedergang führt. Insbesondere die Krankheit, die Clawdia Chauchat im *Zauberberg* ihre Freiheit gibt, die Moral in der Sünde zu suchen (vgl. 5.1, 515), steht antipodisch zu Nietzsches Position. In *Götzen-Dämmerung* (1889) heißt es:

> Nichts ist schön, nur der Mensch ist schön: auf dieser Naivität ruht alle Aesthetik, sie ist deren erste Wahrheit. Fügen wir sofort noch deren zweite hinzu: Nichts ist hässlich als der entartende Mensch [...]. – Physiologisch nachgerechnet, schwächt und betrübt alles Hässliche den Menschen. Es erinnert ihn an Verfall, Gefahr, Ohnmacht; er büsst thatsächlich dabei Kraft ein. [...] Wo der Mensch überhaupt niedergedrückt wird, da wittert er die Nähe von etwas ›Hässlichem‹. Sein Gefühl der Macht, sein Wille zur Macht, sein Muth, sein Stolz – das fällt mit dem Hässlichen, das steigt mit dem Schönen [...]. Das Hässliche wird verstanden als ein Wink und Symptom der Degenerescenz: was im Entferntesten an Degenerescenz erinnert, das wirkt in uns das Urtheil ›hässlich‹. Jedes Anzeichen von Erschöpfung, von Schwere, von Alter, von Müdigkeit, jede Art Unfreiheit, als Krampf, als Lähmung, vor Allem der Geruch, die Farbe, die Form der Auflösung, der Verwesung, und sei es auch in der letzten Verdünnung zum Symbol – das Alles ruft die gleiche Reaktion hervor, das Werturtheil ›hässlich‹. Ein Hass springt da hervor: wen hasst der Mensch? Aber es ist kein Zweifel: den Niedergang seines Typus. Er hasst da aus dem tiefsten Instinkte der Gattung heraus; in diesem Hass ist Schauder, Vorsicht, Tiefe, Fernblick, – es ist der tiefste Hass, den es giebt. Um seinetwillen ist die Kunst tief ...[18]

Für den *décadence*-affinen Hans Castorp, der »ganz gern einen Sarg« (5.1, 168) sieht, ist Krankheit hingegen »gewissermaßen etwas Ehrwürdiges«, sie »muß den Menschen fein und klug und besonders machen« (5.1, 149). An Madame Chauchat bewundert er zudem »ihren Körper, ihren lässigen und gesteigerten, durch die Krankheit ungeheuer betonten und noch einmal zum Körper gemachten Körper« (5.1, 349). Dieser erzeugt für Hans Castorp gemeinsam mit der sündigen Freiheit der ihm im Verlauf des Romans bewusst werdenden

[18] Friedrich Nietzsche: Götzen-Dämmerung oder Wie man mit dem Hammer philosophirt [1889], in: ders.: Nietzsche. Werke. Kritische Gesamtausgabe, 6. Abt., 3. Bd.: Der Fall Wagner. Götzen-Dämmerung. Der Antichrist. Ecce homo. Dionysos-Dithyramben. Nietzsche contra Wagner, hrsg. v. Giorgio Colli u. Mazzino Montinari, Berlin: de Gruyter 1969, S. 50–157, hier S. 118, Hervorhebung im Original.

Inkarnation der Knabenliebe zu Pribislav Hippe durch die ›kirgisenäugige‹ Türenzuschmetterin den dionysischen »Rausch« (5.1, 350).

Der von Hans Castorp mit einem »Drehorgelmann« (5.1, 89) assoziierte ›Zivilisationsliterat‹, Freimaurer (vgl. 5.1, 764) und pädagogische Mentor Lodovico Settembrini versucht hingegen, den ›mittelmäßigen‹ Helden immer wieder von der *décadence* abzubringen und ermutigt dementsprechend den jungen »Ingenieur« (5.1, 96) aus dem Flachland zu tätiger Arbeit und apollinischer Klarheit. Zur dekadenten Faszination für die Krankheit vertritt er im Roman die Gegenthese: »Krankheit ist durchaus nicht vornehm, durchaus nicht ehrwürdig, – diese Auffassung ist selbst Krankheit oder sie führt dazu. Vielleicht rufe ich am sichersten Ihren Abscheu gegen sie wach, wenn ich Ihnen sage, daß sie betagt und häßlich ist.« (5.1, 151) Der sich von seiner eigenen Krankheit gedemütigt fühlende Settembrini gehört dem »Internationale[n] Bund für Organisierung des Fortschritts« an, der »alle Methoden zur Bekämpfung der Degeneration [prüft]« (5.1, 371). Für eben jene Vereinigung gedenkt der Literat einen Band für die »›Soziologie der Leiden‹« (5.1, 373) zu verfassen; ein ironischerweise schier unabschließbares Werk, das durch die Analyse sämtlicher Leiden in der Weltliteratur zur Ausmerzung des Menschheitsleides in der Zukunft beitragen soll. Der vom Erzähler und durchaus auch respektvoll von Hans Castorp ironisierte Settembrini steht mit seiner Fortschrittsbegeisterung jedoch nur partiell auf der Seite Nietzsches. Der Philosoph des Dionysos mit seiner radikalen Lebensbejahung kann mit der von Settembrini angestrebten allgemeinen Menschheitsverbesserung in der Aufklärungstradition zum Zwecke der Schaffung einer »Weltrepublik« (5.1, 240) nicht in Einklang gebracht werden, wie mit Bezug zu Sokrates und dessen philosophischem Vernünftigkeitsregime deutlich wird:

> Das grellste Tageslicht, die Vernünftigkeit um jeden Preis, das Leben hell, kalt, vorsichtig, bewusst, ohne Instinkt, im Widerstand gegen Instinkte war selbst nur eine Krankheit, eine andre Krankheit – und durchaus kein Rückweg zur ›Tugend‹, zur ›Gesundheit‹, zum Glück ... Die Instinkte bekämpfen müssen – das ist die Formel für décadence: so lange das Leben aufsteigt, ist Glück gleich Instinkt. – [19]

Der Humanist Settembrini bejaht das Leben nicht wie Nietzsche, der jenseits von Gut und Böse dem instinktgeleiteten Willen zur Macht amoralisch die höchste Priorität einräumt und das Leiden nicht beseitigen will, da er es im Dienste der Schaffung des zukünftigen Übermenschen in einer aristokratischen Gesellschaft gerechtfertigt sieht.

Doch auch der vom Judentum konvertierte Jesuit Leo Naphta (vgl. 5.1, 663–673) taugt trotz seiner argumentativen Radikalität und Schärfe nicht zum

[19] Nietzsche: Götzen-Dämmerung (Anm. 18), S. 67, Hervorhebung im Original.

Nietzscheaner. Anhand von Naphta, der als jemand von »ätzender Häßlichkeit« (5.1, 562 f.) beschrieben wird und der den Terror befürwortet (vgl. 5.1, 604) sowie den Krieg herbeisehnt (vgl. 5.1, 580), zeigt Thomas Mann allerdings die Folgen einer kompromisslos radikalen und vollkommen unironischen Haltung. Diese wird im Roman bis zum gewaltsamen Ende, dem Pistolenduell zwischen Naphta und Settembrini, das mit dem Suizid Naphtas endet (vgl. 5.1, 1069 f.), durchexerziert. Naphta wünscht mit gewaltsamen Mitteln den »kommunistischen Gottesstaat[ ]« (5.1, 888) herbei, ein Konzept, das antipodisch zu Nietzsches aristokratischer Künstlerphilosophen-Elite konstruiert ist, wobei sich beide Konzepte in ihrer Radikalität wiederum begegnen. In christlich-mittelalterlicher Tradition schätzt der Jesuit den Körper gering und zeigt sich insofern offen für die *décadence*, indem er das irdisch-aktive Leben, das Nietzsche kompromisslos gesteigert sehen will, zugunsten von Seele und Jenseits abwertet. So preist Naphta an Bernhard von Clairvaux anschließend das »Ruhebett« (5.1, 568) als den höchsten Stand, woraufhin ihm Hans Castorp sogleich, sehr zum Missfallen Settembrinis, beipflichtet (vgl. 5.1, 569). Naphtas Lob der Krankheit, das diametral zu Nietzsche steht, zeigt sich insbesondere im »große[n] Kolloquium über Gesundheit und Krankheit« (5.1, 677). Über die »frommen Ausschreitungen der Liebestätigkeit« (5.1, 678) im Mittelalter weiß der Jesuit zu berichten:

> Königstöchter hatten die stinkenden Wunden Aussätziger geküßt, hatten sich geradezu mit Absicht an Leprosen angesteckt und die Schwären, die sie sich zugezogen, dann ihre Rosen genannt, hatten das Wasser ausgetrunken, womit sie Eiternde gewaschen, und danach erklärt, nie habe ihnen etwas so gut geschmeckt. (5.1, 678)

Sehr zur Provokation Settembrinis und zur Faszination Hans Castorps steht für Naphta fest, dass die Krankheit unausweichlich zum menschlichen Leben dazugehöre, »denn Mensch sein, heiße krank sein« (5.1, 700). Die Krankheit gebe dem Menschen aus Naphtas vom Erzähler zusammengefassten jenseitsdeterminierter Weltsicht erst seine Würde und führe zur Genialität: »Im Geist also, in der Krankheit beruhe die Würde des Menschen und seine Vornehmheit; er sei, mit einem Worte, in desto höherem Grade Mensch, je kränker er sei, und der Genius der Krankheit sei menschlicher, als der der Gesundheit.« (5.1, 701) Als außerfiktionale Reminiszenz an Nietzsche und konzeptionelle Vorausschau auf *Doktor Faustus* (1947) kann dabei die Passage aufgefasst werden, in der Genie und Krankheit enggeführt werden (vgl. 5.1, 701) und die Thomas Mann Naphta zuordnet: »Es habe Menschen gegeben, die bewußt und willentlich in Krankheit und Wahnsinn gegangen seien, um der Menschheit Erkenntnisse zu gewinnen« (5.1, 701).

Der Syntheseversuch zwischen den Positionen von Settembrini und Naphta ereilt Hans Castorp schließlich in der lebensgefährlichen Situation des

»Schneesturm[s]« (5.1, 726). Während er körperlich zu erfrieren droht, erscheinen ihm in seinem Schneetraum die lebensfreundlichen »Sonnenleute«, die er als »hübsch, gesund und klug und glücklich« imaginiert: »Ja, nicht nur wohlgestalt – auch klug und liebenswürdig von innen heraus.« (5.1, 742) Doch, so setzt sich die Vision fort, in der »Tempelkammer« (5.1, 745) begegnet er »[z]wei graue[n] Weiber[n]«, die »ein kleines Kind [zerrissen]« und »die Stücke [verschlangen]«, »daß die spröden Knöchlein ihnen im Maule knackten und das Blut von ihren wüsten Lippen troff« (5.1, 745). Nach dieser drastischen Zusammenführung von apollinischer Klarheit und dionysischem Gewaltrausch erwacht Settembrinis »Sorgenkind des Lebens« (5.1, 467) und ist überzeugt: »Ich weiß alles vom Menschen.« (5.1, 746) Die Schneevision liefert die Begründung für das programmatische Festhalten des Romans an der *décadence*, »[d]enn«, so perspektiviert es der Erzähler durch Hans Castorp, »alles Interesse für Tod und Krankheit ist nichts als eine Art von Ausdruck für das am Leben« (5.1, 746). Humanistischer Lebensfreundlichkeit wird als sie ermöglichende Kehrseite *décadence*, Hässlichkeit und dionysischer Gewaltrausch gegenübergestellt, rhetorisch fragt sich Hans Castorp: »Waren sie so höflich und reizend zueinander, die Sonnenleute, im stillen Hinblick auf eben dies Gräßliche?« (5.1, 747) Durch seinen Schneetraum sieht sich Hans Castorp in seiner mittleren und vermittelnden Position bestätigt, der Mensch wird demokratisierend als »Herr der Gegensätze« (5.1, 748) bestimmt und die zentrale Einsicht der Schneevision ist im Text als Lehr- und Leitsatz kursiv hervorgehoben: »*Der Mensch soll um der Güte und Liebe willen dem Tode keine Herrschaft einräumen über seine Gedanken.*« (5.1, 748) Hans Castorp stellt sich damit auf die Seite der Lebensfreundlichkeit und drängt die Herrschaft des Todes unter dem starken Eindruck der Erfahrung des Grässlichen zurück, ohne die Brücken zu seiner romantischen »Sympathie mit dem Tode« (5.1, 988) gänzlich abbrechen zu müssen. Nach dem überstandenen Sturm und der abgewendeten Lebensgefahr ist er sich in Bezug auf seine neue Erkenntnisstufe sicher: »Nun habe ich es. Mein Traum hat es mir deutlichst eingegeben, daß ich's für immer weiß.« (5.1, 748 f.) Der Erzähler ist es, der rund zwei Seiten später durch eine ironische Wendung diese Einsicht Hans Castorps wieder zu großen Teilen kassiert und somit eine deutliche Relativierung der Bildungsromanthese vornimmt: »Was er geträumt, war im Verbleichen begriffen. Was er gedacht, verstand er schon diesen Abend nicht mehr so recht.« (5.1, 751)

Nach der Peeperkorn-Episode, in der es über die dionysisch-undeutliche Herrschernatur wiederum ironisch dargestellt vom Erzähler heißt, »Könige kennen keine Ironie« (5.1, 880), und der erneuten und endgültigen Abreise von Madame Chauchat, ist es das jüngst auf dem Berghof angeschaffte Grammophon (vgl. 5.1, 964), das Hans Castorp aus seinem Stumpfsinn (vgl. 5.1, 947–963) erlöst, ihn jedoch erneut tief in den Bannkreis der Todessympathie führt. Mit dem Grammophon stellt sich die Herrschaft des Todes nicht eruptiv-grausam wie in der Schneevision, sondern sanft-schleichend im wohlbehüteten »Hauptgesellschaftsraum[ ]« (5.1, 964) des Sanatoriums wieder ein. Der »mattschwarz gebeizte Schrein« (5.1, 964) wird von Hans Castorp als »Zauberkasten« (5.1, 971) empfunden, dem der »Wohllaut« (5.1, 974) einer »Geistermusik« (5.1, 973) entströmt. Auch wenn Wagner im Musik-Kapitel nicht namentlich erwähnt wird, sind die Todesbezüge der Musik, die aus dem »gestutzten kleinen Sarg[ ]« respektive dem »mattschwarzen Tempelchen[ ]« (5.1, 974) erklingt, allgegenwärtig. Insbesondere Franz Schuberts Vertonung des Lindenbaumgedichtes von Wilhelm Müller als »Exponent [...] einer ganzen Gefühls- und Gesinnungswelt« (5.1, 987) »bedeutet[ ]« Hans Castorp »viel, eine ganze Welt und zwar eine Welt, die er wohl lieben mußte« (5.1, 987). Deutlich wird, dass gegen Ende des Romans Hans Castorp wieder im Bannkreis der *décadence* steht und sich die Zurückdrängung der Todesherrschaft durch die Synthese aus der Schneevision nachdrücklich relativiert hat, denn die hinter dem Lindenbaumlied »stehende Welt« entpuppt sich als »eine Welt verbotener Liebe«, mithin als »Tod«, und »die geistige Sympathie« mit dem Lied, die bei Hans Castorp geradezu umfassend ausgeprägt ist, »war Sympathie mit dem Tode« (5.1, 988). Hans Castorps »holdes Heimwehlied« (5.1, 989), das aus dem »Musiksarge« (5.1, 990) ertönt, steht der Lebensbejahung entgegen, auch wenn der Erzähler den Kunstgriff unternimmt, diese Todessympathie mit einer humanistischen Zukunft zu verbinden: »Es war so wert, dafür zu sterben, das Zauberlied! Aber wer dafür starb, der starb schon eigentlich nicht mehr dafür und war ein Held nur, weil er im Grunde schon für das Neue starb, das neue Wort der Liebe und der Zukunft in seinem Herzen – –« (5.1, 990).

Der Roman endet mit der Schopenhauer'schen Manifestation des chaotischen Weltwillens in Form des »Donnerschlag[s]« (5.1, 1075), der den Ersten Weltkrieg einläutet. Hans Castorp »glüht« schließlich »durchnäßt« (5.1, 1083 f.) inmitten von »dreitausend fiebernden Knaben« (5.1, 1082) und singt im Kriegsgeschehen »bewußtlos« (5.1, 1084) das Lindenbaumlied (vgl. 5.1, 1084), bevor der Erzähler ihn in seine ungewisse, aber höchstwahrscheinlich nur noch kurze und tödliche Zukunft entlässt. Die humanistische Projektion aus dem Musik-Kapitel, die sich auf »das neue Wort der Liebe und der Zukunft« berufen hatte, wird ganz am Ende des Romans wieder aufgegriffen, indem Hans Castorp zumindest für »Augenblicke« ein »Traum von Liebe« zugestanden wird und abschließend die Möglichkeit im Raum stehen bleibt, dass auch aus dem großen Krieg, »diesem Weltfest des Todes, [...] einmal die Liebe steigen« (5.1, 1085) werde.

Am Tiefpunkt der Lebensfreundlichkeit, dem Krieg, fragt der Erzähler nach den Möglichkeiten der Humanität, die Radikalität und Gewalt überwindet. Hans Castorp, auch wenn er für Momente der Liebe zugänglich gewesen sein mag, bleibt über die meiste Zauberbergzeit im Bannkreis von *décadence* und Todessympathie. Nietzsche wird im Verlauf der Geschichte von Hans Castorp dabei im *Zauberberg* durch die ironische Haltung des Erzählers demokratisiert, seine Radikalität findet sich in der Form, nicht im inhaltlichen Sprechen Naphtas, seine unbedingte Lebensbejahung ist humanistisch entschärft partiell in Settembrinis unerschütterlicher Haltung erkennbar, und seine Verdammung der *décadence* wird ironisch als inakzeptabel für die ästhetische Produktion Thomas Manns im Roman zurückgewiesen. Nietzsche wird ›hermetisch‹ bewahrt, indem er ironisch gewendet in verschiedene Figuren und Aspekte des Romans und somit insgesamt in dessen demokratische Vielschichtigkeit eingeht.

VI. Ironiefreie Politik und der zukünftige Sieg der Demokratie

1922, noch vor der Veröffentlichung des *Zauberberg*, vollzieht Thomas Mann nach seinem Schock über die Ermordung Walther Rathenaus (vgl. 22, 440) öffentlich mit seiner Rede *Von deutscher Republik* die Hinwendung zur Demokratie und republikanischen Verfassung. Damit bestätigt Thomas Mann auf der theoretischen und politischen Ebene eben jene Entwicklung, die auf der ästhetischen Ebene durch die ironische Methode bereits während der Arbeit am *Zauberberg* gestaltet wurde: die Demokratisierung, und zwar letztlich die der gesamten Welt. Die Erfahrung des Ersten Weltkrieges befördert dabei die aus heutiger Sicht ausgesprochen modern und aktuell anmutende Idee eines europäischen Bundesstaates. »Anstand und Menschenwürde gebieten«, so Thomas Mann in seiner Rede, den »roten Lumpenkönig« (15.1, 521) – gemeint ist Stefan Georges »alte[r] Gott der Schlachten«, der »nicht mehr [ist]« (15.1, 520) – »vom Weltenthron zu stoßen und Europa zur Republik zu erklären« (15.1, 521). Durch die Engführung von »Demokratie« und »Humanität« (15.1, 522) sowie »Freiheit« und »Verantwortlichkeit« (15.1, 526) wird einer von ›Herrenmoral‹ bestimmten, radikal-aristokratischen Tyrannenkünstlerkaste im Sinne Nietzsches eine nachhaltige Absage erteilt. Dies geschieht, ohne Nietzsche grundlegend verwerfen zu müssen, vielmehr werden seine Positionen neben zahlreichen anderen Einflüssen in einen demokratischen Diskurs überführt. In Anlehnung an die homoerotisch-männerbündische Lyrik Walt Whitmans erläutert Thomas Mann dieses Rezept: »Jede Person, die aus Personen bestehe, sei eine Person in der zweiten Potenz oder ein Genius«. (15.1, 542) Diese bei Thomas Mann wesentlich durch seine ironische Methode ermöglichte Haltung befreit ganz grundsätzlich vom Radikalismus. Nicht angestrebt wird folglich der Übermensch Nietzsches, auch nicht das Sündig-»[M]ähnschlich[e]« (5.1, 903) Madame Chauchats. Vielmehr steht eine verantwortungsvolle und demokratisierende Humanität im Zentrum, die erstaunlich nahe an der Position Settembrinis wäre, wenn Thomas Mann nicht darauf bestehen würde, die Todesfaszination mit ihr zu verbinden und somit seine politische Positionierung, die er selbst als konservative Kontinuität versteht, an sein Romanwerk rückzubinden: »[E]s könnte Gegenstand eines Bildungsromanes sein, zu zeigen, daß das Erlebnis des Todes zuletzt ein Erlebnis des Lebens ist, daß es zum *Menschen* führt.« (15.1, 558, Hervorhebung im Original)

Nach der Machtübernahme der Nationalsozialisten und dem Beginn des Exils 1933 sowie der Aberkennung der deutschen Staatsbürgerschaft 1936 bezeichnet Thomas Mann in der Rede *Vom zukünftigen Sieg der Demokratie* diese 1938 als »zeitlos-menschlich« (Ess IV, 217) und führt Demokratie und Würde eng (vgl. Ess IV, 219), wodurch der Kerngedanke des späteren Grundgesetzes der Bundesrepublik berührt ist: »Man muß die Demokratie als diejenige Staats- und Gesellschaftsform bestimmen, welche vor jeder andern inspiriert ist von dem Gefühl und Bewußtsein der Würde des Menschen.« (Ess IV, 220) Noch klarer als in *Von deutscher Republik* weicht die ironisch-demokratisierende Unentschiedenheit und *décadence*-Affinität der ästhetischen Zauberbergwelt einer eindeutigen, also *ironiefreien* politischen Positionierung und dem Aufruf zum humanistisch aktiven Handeln: »Demokratie ist Denken; aber es ist ein dem Leben und der Tat verbundenes Denken« (Ess IV, 224), das schließlich der »Gemeinschaft der Völker« (Ess IV, 244) den Weg bereiten solle. Dabei zeigt Thomas Mann in seiner Rede einen Rückbindungswunsch an Nietzsche, dessen aristokratische Grundhaltung er an sein Demokratieverständnis anschlussfähig zu machen versucht:

> Selbst ein so extrem individualistischer und aristokratischer Denker wie Nietzsche ist Demokrat in diesem bestimmten modernen Sinne: sein Kampf gegen den theoretischen Menschen, seine fast schon exzessive und gefährliche Verherrlichung des Lebens auf Kosten des Geistes und der abstrakten Wahrheit hat philosophisch-demokratischen Charakter, und einen sehr künstlerischen dazu. (Ess IV, 225 f.)

Thomas Mann bewahrt sich ›seinen‹ Nietzsche durch die Zeiten. Im *Zauberberg* vermag er es durch die ironische Methode, den radikalen Philosophen in eine demokratische Vielstimmigkeit zu überführen, eine künstlerische Strategie, die wiederum die politische Positionierung für die Demokratie vorwegnimmt. Während Thomas Mann die Philosophie Nietzsches auch insbesondere in ihrer ästhetischen Qualität feiern kann, müsste der Philosoph den Schriftsteller als dem aufsteigenden Leben entgegengerichteten *décadent* und später als Demokrat verurteilt haben. Thomas Manns ästhetisches Möglichkeitsspiel und seine auch auf der politischen Ebene vollzogene Öffnung zur Demokratie sind im Gegensatz zur ›Hochgebirgsphilosophie‹ Nietzsches nicht radikal, sondern sie stehen im Dienste einer neuen Humanität.

Erik Schilling

Demokratie und Diabolismus

Thomas Manns *Zauberberg* als Teufelsroman[1]

Der große Teufelsroman in Thomas Manns Werk ist zweifellos *Doktor Faustus* (1947), der den Faust-Stoff inklusive Teufelspakt aufgreift und in das 20. Jahrhundert überführt.[2] An weiteren Teufelsgestalten erwähnt werden in der Forschung wiederholt Figuren aus den *Buddenbrooks*[3] und dem *Tod in Venedig*.[4] Vergleichsweise wenig Aufmerksamkeit wurde hingegen darauf gerichtet, dass auch im *Zauberberg* (1924) ›teuflische‹ Sprachzeichen, Semantisierungen, Strukturen und Symbole eine wichtige Rolle spielen.[5]

Auffällig ist dies bereits quantitativ: An über 75 Stellen im Roman ist von ›Teufel‹/›teuflisch‹, ›Satan‹/›Satana‹, ›diabolisch‹ oder ›luziferisch‹ die Rede.

[1] Bei dem vorliegenden Text handelt es sich um einen Teil meiner Antrittsvorlesung an der Universität Leipzig. Eine erste Fassung des Textes durfte ich in der Staatsbibliothek Berlin in der Reihe »(Fast) frisch aus der Druckerpresse – Neuerscheinungen 1924« vortragen. Dem Publikum sowie den Studierenden meiner *Zauberberg*-Seminare in Bielefeld, Leipzig und München verdanke ich wichtige Anregungen und Kritik.

[2] Vgl. z.B. Herfried Münkler: Wo der Teufel seine Hand im Spiel hat. Thomas Manns Deutung der deutschen Geschichte des 20. Jahrhunderts, in: Werner Röcke (Hrsg.): Thomas Mann, »Doktor Faustus«. 1947–1997, Bern [u.a.]: Lang 2004, S. 89–107; Helmut Koopmann: Teufelspakt und Höllenfahrt. Thomas Manns »Doktor Faustus« und das dämonische Gebiet der Musik im Gegenlicht der deutschen Klassik, in: Walter Hettche / Rolf Selbmann (Hrsg.): Goethe und die Musik, Würzburg: Königshausen & Neumann 2012, S. 167–185; Ulrich Karthaus: Teuflische Gestalten aus Kaisersaschern. Zur Figurenkomposition und einigen Motiven des »Doktor Faustus«, in: Heinrich Detering / Friedhelm Marx / Thomas Sprecher (Hrsg.): Thomas Manns »Doktor Faustus«. Neue Ansichten, neue Einsichten, Frankfurt/Main: Klostermann 2013, S. 111–131.

[3] Die *Buddenbrooks* beginnen sogar mit einer Teufelsanrufung: »Je, den Düwel ook, c'est la question, ma très chère demoiselle!« (1.1, 9).

[4] Auf einschlägige Szenen aus den beiden Werken verweisen Dieter Beyerle: Thomas Mann und der Teufel, in: Andreas Kablitz / Ulrich Schulz-Buschhaus (Hrsg.): Literarhistorische Begegnungen, Tübingen: Narr 1993, S. 1–16, hier S. 5–9 sowie Ruprecht Wimmer: Thomas Mann und der Teufel, in: Thomas Sprecher (Hrsg.): Zwischen Himmel und Hölle. Thomas Mann und die Religion, Frankfurt/Main: Klostermann 2012, S. 127–141, hier S. 130f.

[5] Einzig Michael Maar: Leoparden im Tempel. Portraits großer Schriftsteller, Hamburg: Rowohlt 2024, S. 56 untersucht dies ausführlicher: »*Der Zauberberg* handelt offenbar davon, wie der Held in eine satanische Sphäre gerät, deren Einfluß er immer mehr verfällt«. Beyerle: Thomas Mann und der Teufel (Anm. 4), S. 1 erwähnt den *Zauberberg* am Rande. Luca Crescenzi / Elisabeth Galvan: I pantaloni di Settembrini. Demonismo, cannibalismo e nichilismo nel Dostoevskij di Merežkovskij e in Thomas Mann, in: Alessandro Fambrini / Fulvio Ferrari / Michele Sisto (Hrsg.): Sull'utopia, Trento: Università degli studi di Trento 2017, S. 193–212 gehen zu Beginn ihres Beitrags auf Teufelsreferenzen im *Zauberberg* ein.

Interessant aber ist nicht nur die absolute Zahl, sondern die Frage, wer vom Teufel spricht: Beim Jesuiten Naphta, von dem man eine gewisse Teufelsaffinität erwarten könnte, ist dies nur sechsmal der Fall. Bei anderen Figuren (Hofrat Behrens, Clawdia Chauchat etc.) geschieht es in vernachlässigbarer Zahl. Hans Castorp selbst verwendet in etwa 25 Fällen Teufelsbegriffe. In den meisten Fällen aber reagiert er damit auf denjenigen, der über dreißigmal vom Teufel spricht oder als solcher bezeichnet wird: Lodovico Settembrini. Überraschend ist dieser Befund, weil Settembrini als Atheist, Freimaurer und fortschrittsaffiner Denker in vielerlei Hinsicht das Gegenteil eines religiös-teufelsgläubigen Menschen darstellt. Und dennoch zeigt sich schon quantitativ, dass *Der Zauberberg* mit Settembrini eine Mephisto-Figur aufweist.[6] Thomas Mann gestaltet damit die Goethe-Anleihen weiter aus, die er in seinem 1921 als Vortrag gehaltenen und 1922 gedruckten Essay über *Goethe und Tolstoi* skizziert hatte.[7]

Der vorliegende Beitrag wird dem auf den Grund gehen. Zu zeigen ist, dass der Teufel in vierfacher Gestalt im Roman eine Rolle spielt: (1) *sprachlich* als scheinbar floskelhafte, tatsächlich aber mit Bedeutung aufgeladene Redeweise, (2) *semantisch* als Denkfigur der religiös geprägten Weltsicht Naphtas und Settembrinis, (3) *strukturell* als Gliederungselement der Handlung, nämlich als ›Kampf um die Seele‹ Hans Castorps, sowie (4) *symbolisch* als Teufelszahl dreizehn. These ist, dass *Der Zauberberg* den faustischen Teufelspakt ironisiert, indem der Kampf um Castorp als Faust des 20. Jahrhunderts nicht mehr zwischen Gott und Teufel, sondern zwischen den beiden Teufeln Naphta und Settembrini stattfindet.

1. Teuflische Rhetorik: Satana-Settembrini

Settembrini wird im *Zauberberg* als der »Aufklärer und überzeugte Kosmopolit, der Humanist und der Literator, der Fortschrittsgläubige und der Voltairianer«[8] präsentiert, der damit vielfach konträr zu seinem Antagonisten Naphta steht. Die entsprechenden Gegensätze wurden oft herausgearbeitet, insbesondere auf propositionaler Ebene; zugleich wurde gezeigt, dass sie doch ineinander übergehen.[9] Letzteres gilt auch für die Teufelsreferenzen: Settembrini wird

[6] Zuerst darauf hingewiesen hat, soweit ich sehe, Herman Meyer: Das Zitat in der Erzählkunst. Zur Geschichte und Poetik des europäischen Romans, Stuttgart: Metzler 1961, S. 215: Thomas Mann »überträgt auf Settembrini etwas von der Rolle des Mephisto«.

[7] Zahlreiche weitere Faust-Referenzen, u. a. musikalischer Art, wären im Detail zu untersuchen. Ich beschränke mich im Folgenden auf diejenigen, die Teufelsfigurationen betreffen.

[8] Helmut Koopmann: Thomas Mann. Studien, statt einer Biographie, Würzburg: Königshausen & Neumann 2016, S. 151.

[9] Mit Kai Sina: Kollektivpoetik. Zu einer Literatur der offenen Gesellschaft in der Moderne.

nicht nur als der Demokrat dargestellt, als der er sich vornehmlich positioniert, sondern auch als Freund theokratischen Gedankenguts eingeführt. Weil Settembrini die Teufelsreferenzen von Beginn an verwendet, lässt sich sein Faible für demokratische *und* theokratische Positionen als Grundbedingung seines Argumentierens verstehen.

Schon bei seinem ersten Auftritt wird er als Teufelsfigur präsentiert: Er begegnet Hans Castorp und Joachim Ziemßen, als diese während eines Spazierganges auf einer Bank ausruhen. Der letzte Absatz des einen Abschnitts führt den »Fremde[n]« ein: als »zierliche[n] brünette[n] Herr[n] mit schön gedrehtem schwarzen Schnurrbart und in hellkariertem Beinkleid« (5.1, 88). Auffällig gegenüber dieser Begegnung ist der Titel des nächsten Abschnitts – »Satana« –, wenngleich darin die Beschreibung Settembrinis ebenso alltäglich fortgesetzt wird, wie sie begonnen worden war. Liest man die beiden Abschnitte als ineinander übergehend, ohne der Zwischenüberschrift größere Aufmerksamkeit zu schenken, bemerkt man die Charakterisierung Settembrinis als Satan möglicherweise kaum. Hat man jedoch die späteren Teufelsreferenzen präsent, ist frappierend, wie deutlich der Roman Settembrini bereits bei seinem ersten Auftritt als Mephisto-Figur in Szene setzt.[10]

Darüber hinaus erinnert Settembrini Hans Castorp »an gewisse ausländische Musikanten, die [...] mit emporgerichteten Samtaugen ihren Schlapphut hinhielten« (5.1, 89), weswegen dieser ihn als »Drehorgelmann« (ebd.) bezeich-

Mit Studien zu Goethe, Emerson, Whitman und Thomas Mann, Berlin/Boston: de Gruyter 2019, S. 201 kann man von »einer für die Figurenkonzeption charakteristischen inneren Polyphonie [sprechen], verstanden als Neben- und Gegeneinander unterschiedlicher und in sich widerspruchsvoller Gedanken und ›Stimmen‹«. Wie Friedrich Vollhardt: Kultur/Zivilisation. Weltanschauliche Denkmuster in Thomas Manns Essay und im Roman »Der Zauberberg«, in: Erik Schilling (Hrsg.): Thomas Manns »Betrachtungen eines Unpolitischen« nach 100 Jahren. Neue Perspektiven und Kontexte, Frankfurt/Main: Klostermann 2020, S. 15–31, hier S. 24 ausführt, stehen die Debatten stellvertretend für den »Weltanschauungsdiskurs der Zeit«. An diesem hatte Mann sich mit den *Betrachtungen eines Unpolitischen* gerade beteiligt, im *Zauberberg* kommentiert er ihn ironisch und zitiert sich dabei auch selbst: Mit seinem »Blick von der Metaebene« könne Mann im *Zauberberg* nun die »Pluralität der Angebote« mit ihrem »nicht aufzuhebendem Widerspruch zwischen Kontingenz und Geltung« (ebd., S. 25) darstellen.

[10] Hinzu kommen Ähnlichkeiten zu *Odyssee* und *Aeneis*; vgl. Eckhard Heftrich: Die Welt »hier oben«: Davos als mythischer Ort, in: Thomas Sprecher (Hrsg.): Das »Zauberberg«-Symposion 1994 in Davos, Frankfurt/Main: Klostermann 1995, S. 225–247. Maria Gabriella Riccobono: »La montagna incantata«, il »Purgatorio« dantesco, »Tonio Kröger« e il misterioso Virgilio-mentore Lodovico Settembrini, in: Il nome nel testo. Rivista internazionale di onomastica letteraria, XI, 2009, S. 411–421, hier S. 411 weist zudem darauf hin, dass der Zauberberg »nel suo sovratesto simbolico« eine »libera riscrittura amplificante del *Purgatorio* di Dante« sei. Zu den Dante-Referenzen vgl. auch Thomas Vormbaum: Zauberberg und Läuterungsberg. Dante-Rezeption bei Thomas Mann. Mit Illustrationen von Marianne Kühnel, erweiterte Neuauflage, Berlin: LIT 2020.

net, zunächst nur in Gedanken, später auch explizit.[11] Im Schneetraum verleiht Hans Castorp der Drehorgel Settembrinis – metonymisch für ihren Besitzer – sogar ein »hölzerne[s] Stelzbein« (5.1, 737). Vergleichbare Musikanten sind im *Tod in Venedig* die Vorboten des Cholera-Todes, die als »kleine Bande von Straßensängern« (2.1, 570) auftreten. Ihr Anführer wird als Teufelsgestalt gezeichnet: »Sein bleiches, stumpfnäsiges Gesicht [...] schien durchpflügt von Grimassen und Laster« (2.1, 573), »ein Lächeln tückischer Unterwürfigkeit entblößte seine starken Zähne«, »man warf mit spitzen Fingern Münzen in seinen Filz« (2.1, 574). Und »karierte Hosen [wie Settembrini sie trägt] sind auch ein Kennzeichen [...] jenes Teufels, der später im *Doktor Faustus* auftritt und der Teil des Helden Adrian Leverkühn selbst ist«.[12]

Fiktionsintern kann Hans Castorp selbstverständlich nichts von diesen Ähnlichkeiten wissen. Und doch ist auffällig, dass er schon bei der ersten Begegnung mit Settembrini ausruft: »›Ja, das weiß der Teufel!‹ [...], und es kam ihm von Herzen« (5.1, 92). Der Erzählerkommentar lässt den Schluss zu, dass es sich nicht nur um eine rhetorische Floskel handelt: Man kann die Stelle durchaus als Bereitschaft Castorps deuten, das eigene Herz dem Teufel zu verschreiben. Entsprechend ironisch-begeistert reagiert Settembrini: »›Sogar den Teufel rufen Sie an‹, sagte er, ›um das zu bekräftigen? Den leibhaftigen Satan? [...]‹« (ebd.). Im Folgenden relativiert Castorp zwar seinen Kommentar: »›Ach, Herr Settembrini, Sie nehmen meine Worte viel zu genau. Das mit dem Teufel war nur so eine Redewendung von mir, ich versichere Sie!‹« (5.1, 93). Aber der Ton für die Unterhaltungen mit Settembrini ist gesetzt.[13]

Der Ton macht die Musik, dies gilt für die rhetorische Teufelsnähe in mehrfacher Hinsicht: Settembrini bezieht den Teufel in seine Aussagen ein, andere Figuren (v. a. Hans Castorp) reagieren darauf, indem sie ihrerseits den Teufel erwähnen, und der Erzähler des Romans präsentiert Settembrini als Teufel, sei es durch die genannte Überschrift, sei es durch die intertextuellen Ähnlichkeiten mit anderen Teufelsfiguren.

[11] Zu den verschiedenen Konnotationen des »Drehorgelspielers« vgl. Roberto Zapperi: Thomas Mann e Luigi Settembrini, in: Studi germanici, 3–4, 2013, S. 317–336, hier S. 331–333.

[12] Koopmann: Thomas Mann (Anm. 8), S. 153.

[13] Settembrini wählt seine Worte in der Tat sehr genau, weswegen es auffällig ist, dass er Hofrat Behrens wiederholt als »Teufelsknecht« (5.1, 148 bzw. 5.1, 338) bezeichnet und den Concierge des Hotels einen »hinkende[n] Teufel« (5.1, 365) nennt.

2. *Teuflische Weltsicht: Naphta und Settembrini*

Nicht nur rhetorisch, auch propositional in seinen Aussagen und mit seinem Auftreten deckt Settembrini teuflische Aspekte ab. Kurz nach der ersten Begegnung charakterisiert Castorp ihn sozusagen als »Geist, der stets verneint«,[14] wenn er sagt: »›Er ist ein Oppositionsmann, darüber war ich mir gleich im klaren. Er hackt auf alles Bestehende, und das hat immer etwas Verwahrlostes, ich kann mir nicht helfen‹« (5.1, 156). Das ›Hackend-Verwahrloste‹ ähnelt dem, was Goethes Mephisto als sein Kerngeschäft beschreibt: »Zerstörung, kurz, das Böse nennt, | Mein eigentliches Element«.[15]

Darüber hinaus wird in die Auftritte Settembrinis eine Teufelsnähe subtil eingewoben.[16] Bezeichnend etwa ist, wie Settembrini den kranken Hans Castorp in dessen Zimmer besucht und als erstes das Licht einschaltet:

> [A]uf Hans Castorps fragendes Herein erschien Lodovico Settembrini auf der Schwelle, – wobei es mit einem Schlage blendend hell im Zimmer wurde. Denn des Besuchers erste Bewegung, bei noch offener Tür, war gewesen, daß er das Deckenlicht eingeschaltet hatte [...]. (5.1, 293)

Konkret erzeugt Settembrini die Helligkeit im Krankenzimmer Castorps, im übertragenen Sinne betätigt er sich als Aufklärer[17] – und zusätzlich als Lichtbringer.[18] Er erscheint also nicht nur als der Satan der ersten Begegnungen, sondern auch als Luzifer.

Endgültig als Terrain des Teufels entpuppt sich die »Walpurgisnacht« (5.1, 488). Settembrini beginnt mit scherzenden Kommentaren über die Untoten und

[14] Johann Wolfgang Goethe: Sämtliche Werke. Briefe, Tagebücher und Gespräche in 40 Bänden, Bd. 7: Faust. 8., revidierte und aktualisierte Auflage, hrsg. v. Albrecht Schöne, Frankfurt/Main: Deutscher Klassiker-Verlag 2017, V. 1338.

[15] Ebd., V. 1343 f.

[16] Liest man Settembrini als Teufelsfigur, ist die scheinbar klare Differenzierung zwischen Realität und Phantastik, die Simone Costagli aufmacht, nicht zu halten – ähnlich wie für den *Doktor Faustus*, wo der Teufel auf derselben diegetischen Ebene auftritt wie Adrian Leverkühn. Vgl. Simone Costagli: Politisch verdächtig: Thomas Manns Verhältnis zur Phantastik in den 1920er Jahren, in: Marie-Thérèse Mouray / Evelin Jaquelin (Hrsg.): Phantastik und Gesellschaftskritik im deutschen, niederländischen und nordischen Kulturraum. Fantastique et approches critiques de la société: Espaces germanique, néerlandophone et nordique, Heidelberg: Winter 2018, S. 101–114, hier S. 106: »Träume und Mythen sind insofern realistisch, als sie nach einem wissenschaftlichen Modell abgebildet werden, das Anspruch auf Wirklichkeit erhebt. Dasselbe kann von auferstandenen Toten, Teufeln und ähnlichen übernatürlichen Erscheinungen nicht gesagt werden, die sämtlich als Ausdruck des Aberglaubens betrachtet werden können.«

[17] Gleichzeitig ist die aufklärerische Lichtmetaphorik hier dermaßen plakativ gestaltet, dass man sie auch als ironische Distanzierung von der Aufklärung verstehen kann.

[18] Auch dies lässt sich als subtil-ironische Anspielung lesen: auf den Luzifer-Kult bei den Anthroposophen um Rudolf Steiner. Diesen und den vorigen Hinweis sowie eine hilfreiche Lektüre des Gesamttextes verdanke ich Friedrich Vollhardt.

zitiert Mephisto sowie die folgenden Verse, die bei Goethe von einem Irrlicht gesprochen werden und in mehrfacher Hinsicht als Motto des *Zauberberg* angesehen werden können:

[Settembrini:] »Allein bedenkt! Der *Berg* ist heute *zauber*toll,
Und wenn ein Irrlicht Euch die Wege weisen soll,
So müßt Ihr's so genau nicht nehmen.« (5.1, 492, Hervorhebung E.S.)

Wie schon Herman Meyer herausgearbeitet hat,[19] findet sich hier der ›Zauber-Berg‹ begrifflich grundgelegt, ergänzt um dessen zentrale Charakteristika des Irrlichternden und des Unscharf-Ambivalenten. Im Folgenden wird sogar ein Dialog zwischen Faust und Mephisto wörtlich eingebettet. Ein Vergleich zwischen *Zauberberg* und *Faust* illustriert dies:

[Settembrini:] »Betrachte sie genau! […] Lilith ist das.« »Wer?« fragte Hans Castorp. Der Literat freute sich. Er replizierte: »Adams erste Frau. Nimm dich in acht …« (5.1, 496f.)	MEPHISTOPHELES: Betrachte sie genau! Lilith ist das. FAUST: Wer? MEPHISTOPHELES: Adams erste Frau. Nimm dich in acht […].[20]

Ob Hans Castorp ›bewusst‹ ist, dass er mit seiner Frage wörtlich den Text der Dramenfigur Faust einbringt und vermutlich damit Settembrinis Freude auslöst, darf bezweifelt werden – zumindest fasst er im Folgenden Settembrinis ›Du‹ nicht als Goethe-Zitat auf, sondern als real verwendete Ansprache unter den Auspizien der Walpurgisnacht.

Die Walpurgisnacht im Speziellen, aber auch den *Zauberberg* im Ganzen kann man somit als ›Re-Enactment‹ von Goethes *Faust* verstehen, und zwar erstaunlich nah an der Vorlage, anders als Thomas Mann es zwei Jahrzehnte später in seinem eigentlichen Faust-Roman handhaben wird. Denn für den *Doktor Faustus*, in dem »dieselbe Fehde ausgekämpft [wird] wie im *Zauberberg*«,[21] hat die Forschung bedeutende Modifikationen gegenüber Goethes Drama herausgearbeitet: Die »Teufelsverschreibung in Thomas Manns Plan hat nichts mehr zu tun mit dem, was der Teufel dem Goetheschen *Faust* verspricht«,[22] der Ro

[19] Meyer: Das Zitat in der Erzählkunst (Anm. 6), S. 216.

[20] Goethe: Faust (Anm. 14), V. 4118f. Auch auf dieses Zitierspiel hat zuerst Meyer: Das Zitat in der Erzählkunst (Anm. 6), S. 217 hingewiesen.

[21] Claude David: Naphta, des Teufels Anwalt, in: Beatrix Bludau / Eckhard Heftrich / Helmut Koopmann (Hrsg.): Thomas Mann. 1875–1975. Vorträge in München – Zürich – Lübeck, Frankfurt/Main: Fischer 1977, S. 94–106, hier S. 104.

[22] Koopmann: Teufelspakt und Höllenfahrt (Anm. 2), S. 168; vgl. auch ders.: »Mit Goethes Faust hat mein Roman nichts gemein«. Thomas Mann und sein »Doktor Faustus«, in: Peter Boemer / Sidney Johnson (Hrsg.): Faust through Four Centuries: Retrospect and Analysis. Vierhundert Jahre Faust: Rückblick und Analyse, Tübingen: Niemeyer 1989, S. 213–228.

man sei »keine Wiedererzählung der alten Historie vom Magier Faust, sondern eine moderne Entsprechung [...], die das alte Muster ganz anders wendet«.[23]

Für den *Zauberberg* hingegen kann man – unter den Vorzeichen der Parodie – ein recht genaues Anknüpfen an den *Faust* konstatieren, spätestens wenn neben Settembrini auch Naphta auftritt. Claude David spricht davon, dass Settembrini um eine »Gegenstimme« ergänzt werden müsse: »Es mußten die Antithese, die Negation, die Welt des Teufels nun zu Worte kommen« – und dies ist Naphta.[24] Wie oben erwähnt und durch die Ausführungen Davids unterstrichen, liegt der Gedanke an den Teufel für den Jesuiten Naphta deutlich näher als für den Atheisten Settembrini. Und immerhin ist Naphta die Figur im *Zauberberg*, die, allerdings mit weitem Abstand, am dritthäufigsten vom Teufel spricht. Ist also Settembrini der Teufel auf dem Zauberberg – oder Naphta?[25]

Um Naphtas Rolle zu beleuchten, gewinnt eine Äußerung Settembrinis bei der ersten Begegnung zwischen Castorp, Ziemßen, ihm selbst und Naphta an Gewicht. Settembrini versucht, die Begegnung zu verhindern; es wirkt, »als wünsche er kein Zusammentreffen« (5.1, 562). Als ihm dies nicht gelingt, reagiert er vorgeblich überrascht mit den Worten: »›Sapristi!‹ und ›Teufel noch einmal!‹« (ebd.). Was auf den ersten Blick wieder eine bedeutungslose Floskel sein könnte, entpuppt sich als präzise Beschreibung der Situation, wenn man die Äußerung wörtlich nimmt. Denn wenn Settembrini in der ersten Hälfte des Romans die Mephisto-Rolle gespielt hat, dann tritt mit Naphta in der zweiten Hälfte des Romans ein zweiter Teufel[26] auf (also: ›Teufel, noch einmal‹),[27] und genau als solchen präsentiert er Naphta mit seinem Ausruf.

[23] Wimmer: Thomas Mann und der Teufel (Anm. 4), S. 128. Im Folgenden unternimmt Wimmer eine biografische Rückbindung an Thomas Mann als Autor: »Es stellt sich rasch heraus, dass Leverkühns höchstpersönlicher Teufel auch der höchstpersönliche Teufel Thomas Manns ist« (ebd.). Zu den Grenzen eines solchen biografischen Ansatzes vgl. Erik Schilling: Felix Krull – der ›authentische‹ Hochstapler?, in: Julia Schöll / Franziska Solana Higuera / Christian Wiebe (Hrsg.): Thomas Mann lesen, Würzburg: Königshausen & Neumann 2024, S. 15–26.

[24] David: Naphta, des Teufels Anwalt (Anm. 21), S. 95.

[25] Die Frage gewinnt zusätzlich an Relevanz dadurch, dass Settembrini sich wiederholt vom ›Teuflischen‹ distanziert. Dies gilt etwa für die Szene, in der er sich kritisch über Musik äußert und diese als »politisch verdächtig« klassifiziert: »›Wenn sie [die Musik, E. S.] betäubt, einschläfert, der Aktivität und dem Fortschritt entgegenarbeitet? Auch das kann die Musik, auch auf die Wirkung der Opiate versteht sie sich aus dem Grunde. Eine teuflische Wirkung, meine Herren! Das Opiat ist vom Teufel, denn es schafft Dumpfsinn, Beharrung, Untätigkeit, knechtischen Stillstand ... Es ist etwas Bedenkliches um die Musik, meine Herren. Ich bleibe dabei, daß sie zweideutigen Wesens ist. Ich gehe nicht zu weit, wenn ich sie für politisch verdächtig erkläre.‹« (5.1, 175)

[26] Crescenzi / Galvan: I pantaloni di Settembrini (Anm. 5), S. 212 sprechen von Settembrini und anderen Teufeln: »Se volesse superare il nichilismo dei Settembrini e di tutti gli altri diavoli che si nascondono nel sereno discorso della ragione, la civiltà occidentale dovrebbe prendere nuovamente le mosse dall'istinto e ricominciare di lì a immaginare un'etica non più separabile dal dovere umano – e divino – nei confronti della vita.«

[27] Walter Delabar: Mittelmäßige Helden, wohin? Hans Castorp, Clawdia Chauchat und an-

Dass Naphta ebenfalls Teufelsaffinität aufweist, ist, wie gesagt, wenig überraschend. Settembrini etwa spricht davon, wie gut Naphta als Jesuit durch den »Teufel von hinten versorgt« (5.1, 617f.) werde – und verleiht damit der Teufelsanspielung eine sexuelle Konnotation,[28] die spätestens dann als persönlich involviert auffällt, wenn Settembrini eine Ablehnung gegenüber Clawdia Chauchat und Mynheer Peeperkorn zum Ausdruck bringt, die an Eifersucht grenzt.[29] Darüber hinaus postuliert Naphta einen »religiöse[n] Individualismus, der das Menschliche nicht als Widerstreit von Ich und Gesellschaft, sondern als den von Ich und Gott, von Fleisch und Geist erlebt« (5.1, 610), was sich auf das Interesse des Teufels am Körperlichen beziehen lässt. *Der Zauberberg* präsentiert also zwei Teufel, die um die »Seele« (5.1, 719) Hans Castorps kämpfen.

3. *Teuflische Strukturen: Der ›Kampf um die Seele‹ Hans Castorps*

Am Ende des ersten Streitgesprächs zwischen Naphta und Settembrini fasst Letzterer für Castorp und Ziemßen zusammen: »›Sie dürfen sich nicht wundern, dieser Herr und ich, wir zanken uns oft, aber es geschieht in aller Freundschaft und auf Grund manchen Einverständnisses.‹« (5.1, 573) Vergleichbar resümierend und versöhnlich sagt Mephisto am Ende des »Prologs im Himmel« nach dem Streitgespräch mit Gott: »Von Zeit zu Zeit seh ich den Alten gern, | Und hüte mich, mit ihm zu brechen.«[30]

dere Persönlichkeiten in Thomas Manns »Zauberberg«, in: ders. / Bodo Plachta (Hrsg.): Thomas Mann (1875–1955), Berlin: Weidler 2005, S. 125–151, hier S. 147 hat darauf hingewiesen, dass die »Figuration [...] neu aufgestellt« wird, als Settembrini nach der Walpurgisnacht aus dem Berghof ins Dorf umzieht.

[28] Koopmann: Thomas Mann (Anm. 8), S. 153 spricht von einer »untergründig erotische[n] Komponente in der Pädagogenbeziehung Settembrinis zu seinem Schützling«. Ich würde allerdings darauf verzichten, diese erotische Komponente von der Figur auf den Autor zu beziehen, wie Koopmann es im Folgenden tut (wenngleich mit Einschränkungen): »Literarische Gleichungen hinken immer, und so kann man nicht sagen: Thomas Mann ist Settembrini. Dazu sind die Spuren zu stark verwischt, ist das Bekenntnishafte gleich wieder zugeschüttet. Aber der Gemeinsamkeiten bleiben viele« (ebd., 154).

[29] Das »Verhalten Herrn Settembrinis« zu Clawdia Chauchat ist »so ablehnend [...], wie humanistische Höflichkeit es nur irgend gestattete« (5.1, 878f.); es zeigt sich »die Mißstimmung des Erziehers gegen die Frau als störendes und ablenkendes Element, diese stille und ursprüngliche Gegnerschaft, die sie [Naphta und Settembrini, E.S.] vereinigte, weil ihre pädagogisch verdichtete Zwietracht sich darin aufhob. Spielte nicht etwas von dieser Feindseligkeit auch in das Verhalten der beiden Dialektiker zu Pieter Peeperkorn hinein?« (5.1, 879).

[30] Goethe: Faust (Anm. 14), V. 350f. Wiederum im Disput mit Naphta betont Settembrini seine Präferenz für das Leben angesichts von Krankheit und Tod: »Er verstieg sich dazu, den Menschenleib als den wahren Tempel Gottes zu feiern« (5.1, 684), was Ähnlichkeiten zu Mephistos Vorliebe für die Lebenden aufweist: »mit den Toten | Hab ich mich niemals gern befangen. | Am

Und als die Debatten zwischen Naphta und Settembrini auf dem Zauberberg bereits Alltag geworden sind, werden sie mit einer Wette verglichen: Der Erzähler bezeichnet sie als einen »Streit, der geführt wird, als ob es ums Leben ginge, außerdem aber mit einem Witz und Schliff, als ob es *nicht* ums Leben, sondern nur um ein elegantes Wettspiel ginge [...]« (5.1, 782). Auch hierin lassen sich Anklänge an den »Prolog im Himmel« identifizieren, in dem es einerseits ›ums Leben geht‹, nämlich um dasjenige Fausts, andererseits aber auch um ein ›elegantes Wettspiel‹ zwischen Gott und Teufel:

MEPHISTOPHELES:
Was wettet Ihr? den sollt Ihr noch verlieren!
Wenn Ihr mir die Erlaubnis gebt,
Ihn meine Straße sacht zu führen.

DER HERR:
Solang er auf der Erde lebt,
So lange sei dir's nicht verboten,
Es irrt der Mensch so lang er strebt.[31]

Wie oben erwähnt, überkreuzen sich in den Streitgesprächen zwischen Naphta und Settembrini die Positionen,[32] weswegen Hans Castorp am Ende eine ›große Konfusion‹ diagnostiziert (5.1, 583).[33] Im Zuge dieser Konfusion aber verschwimmt auch die Frage, wer der Teufel sei, dem Hans Castorp – Settembrini zufolge – Zugeständnisse mache: »Die Naivität seiner Ausdrucksweise, sprach Settembrini, sei weniger bedenklich, als seine Scheu vor dem Anstoß und seine Neigung, dem Teufel Zugeständnisse zu machen« (5.1, 697). Der Logik nach muss sich dieser Kommentar auf Castorps Offenheit gegenüber den Argumenten *Naphtas* beziehen. Da Castorp in seinem voranstehenden Einwurf jedoch gerade eine Synthese der Positionen Naphtas und Settembrinis versucht hat, bleibt – zumindest für die Draufsicht der Leserinnen und Leser – unklar, ob nicht auch seine Offenheit gegenüber *Settembrinis* Standpunkt als Zugeständnis an den Teufel zu verstehen ist.

meisten lieb ich mir die vollen, frischen Wangen. | Für einem Leichnam bin ich nicht zu Haus« (Goethe: Faust (Anm. 14), V. 318–321).

31 Ebd., V. 312–317.

32 Vgl. Erik Schilling: Politik und Geschichte, in: Anke Detken / Tom Kindt / Kai Sina (Hrsg.): Zauberberg-Handbuch, Stuttgart: Metzler 2025, S. 237–246 mit Hinweisen auf weitere Forschungsliteratur. Inwieweit die Gegensätze bereits auf Manns *Betrachtungen eines Unpolitischen* zurückgehen, untersucht Erik Schilling: Wer spricht? Gattungstheoretische und narratologische Überlegungen zu Thomas Manns »Betrachtungen eines Unpolitischen«, in: ders. (Hrsg.): Thomas Manns »Betrachtungen eines Unpolitischen« nach 100 Jahren. Neue Perspektiven und Kontexte, Frankfurt/Main: Klostermann 2020, S. 47–61.

33 Sina: Kollektivpoetik (Anm. 9), S. 215 spricht von einem »Zustand ›heilloser Verworrenheit‹«.

Castorp selbst unterstreicht dies, indem er unmittelbar danach auf *zwei* Teufel verweist (und damit den Gedanken vom gedoppelten Teufel aufgreift):

Na, über den Teufel hatten sie ja schon vor Jahr und Tag diskutiert, Herr Settembrini und er, Hans Castorp. »O Satana, o ribellione!« Welchem Teufel er denn nun eigentlich Zugeständnisse gemacht habe. Dem mit der Rebellion, der Arbeit und der Kritik oder dem anderen? Es sei ja lebensgefährlich, – ein Teufel rechts und einer links, wie man in's Teufels Namen da durchkommen solle! (5.1, 697)

In Form eines (für ihn nicht allzu häufigen) selbstreflexiven Moments bringt Castorp hier seine Situation im Angesicht von Naphta und Settembrini zum Ausdruck: Wie Gott und Mephisto im »Prolog im Himmel« streiten sich die beiden Zauberberg-Pädagogen um seine Seele (Naphta nennt Settembrini explizit einen »Seelenfänger«, 5.1, 774), mit dem Unterschied, dass an die Stelle Gottes ein zweiter Teufel getreten ist.

Naphta stellt im Folgenden genau dies als Ideal vor: Gott und Teufel »seien [...] eins und einig dem Leben entgegengesetzt, der Lebensbürgerlichkeit, der Ethik, der Vernunft, der Tugend, – als das religiöse Prinzip, das sie gemeinsam darstellten« (5.1, 698), und nimmt damit die spätere gemeinsame Haltung der geistbetonten Intellektuellen gegenüber Mynheer Peeperkorn als dem Vertreter der Lebensphilosophie vorweg.[34]

Darüber hinaus wird Castorp in zahlreichen Passagen des Romans als ähnlich erkenntnishungrig präsentiert wie Goethes Faust. Er bildet sich nicht nur als Zuhörer bei den Debatten zwischen Naphta und Settembrini philosophisch und politisch fort, sondern liest auch medizinische und naturwissenschaftliche Traktate. Vergleichbar mit Faust im Studierzimmer kommt Castorps Geist, wie es das Kapitel »Forschungen« formuliert, »über gewissen neuen und fesselnden Studien [...] nicht zur Ruhe« (5.1, 412). Als Kulminationspunkt dieses Strebens lassen sich die Szenen im Durchleuchtungskeller und im Schneesturm auf dem Berg verstehen: der tiefste und der höchste Punkt der Erkenntnis, zu denen Castorp vordringt. Beim Röntgen sieht er das Skelett seiner eigenen Hand und erhascht so einen Blick auf seinen Körper nach dem Tod. Und der Schneesturm mündet in eine Feier des Lebens mit der Einsicht, der Mensch solle »*um der Güte und Liebe willen dem Tode keine Herrschaft einräumen*

[34] Settembrini empört sich in erwartbarer Weise über diesen »guazzabuglio« von »Gut und Böse, Heiligkeit und Missetat«, insbesondere darüber, dass Naphta »vor den Ohren der Jugend Gott und Teufel zusammenwerfe« (5.1, 698). Zugleich kann man diese Ausführungen ebenfalls im Kontext von Manns *Betrachtungen* lesen. Darin heißt es: »Auch das Leben verlangt nach dem Geiste. Zwei Welten, deren Beziehung erotisch ist, ohne daß die Geschlechtspolarität deutlich wäre, ohne daß die eine das männliche, die andere das weibliche Prinzip darstellte: das sind Leben und Geist. Darum gibt es zwischen ihnen keine Vereinigung, sondern nur die kurze, berauschende Illusion der Vereinigung und Verständigung, eine ewige Spannung ohne Lösung ...« (13.1, 618).

über seine Gedanken« (5.1, 748). Wie Faust also blickt Castorp, nachdem er seinen Teufelspakt mit Naphta und Settembrini geschlossen hat, tiefer und höher als seine Mitmenschen.

Schon die eingangs vorgenommene quantitative Betrachtung hatte gezeigt, dass sich Hans Castorp von Settembrinis Teufelsbegeisterung nur zu gerne anstecken lässt, schließlich spricht er beinahe ebenso häufig vom Teufel wie sein Lehrer. Dieser Sieg des Teuflischen aber reicht weit über die Rhetorik hinaus. Im Schnee-Kapitel solidarisiert sich Castorp mit Settembrini, während er Naphta inhaltlich zustimmt:

> Ach ja, du pädagogischer Satana mit deiner ragione und ribellione, dachte er [Hans Castorp, E. S.]. Übrigens habe ich dich gern. Du bist zwar ein Windbeutel und Drehorgelmann, aber du meinst es gut, meinst es besser und bist mir lieber als der scharfe kleine Jesuit und Terrorist, der spanische Folter- und Prügelknecht mit seiner Blitzbrille, obgleich er fast immer recht hat, wenn ihr euch zankt ... euch pädagogisch um meine arme Seele rauft, wie Gott und Teufel um den Menschen im Mittelalter ... (5.1, 719)

Hier nun ist der pädagogische »guazzabuglio« (5.1, 747) zwischen Naphta und Settembrini endgültig auf den Begriff des Wettstreits von Gott und Teufel um die Seele des Menschen gebracht: um diejenige des »Sorgenkind[s] des Lebens« (5.1, 467), als das Castorp von Settembrini bezeichnet wird und als das er – wie Faust – stellvertretend für den Menschen an sich angesehen werden kann, mit der ironischen Modifikation, dass es im *Zauberberg* zwei Teufel sind, die sich streiten. Und in diesem Wettstreit verschreibt sich der Faust des 20. Jahrhunderts dem diabolischen Prinzip Settembrinis und Naphtas, mit dem er sprachlich, semantisch und strukturell sympathisiert.

4. *Teuflische Zahlen: Hans Castorp und die wilde 13*

Mit seinem Erkenntnisstreben und seiner Faszination für das Teuflische lässt Hans Castorp sich als *faustus redivivus* verstehen. Unterstrichen wird dies durch die Bedeutung der ›teuflischen‹ Zahl dreizehn,[35] die im Roman an mehreren Stellen eine Rolle spielt,[36] in abgrenzender Nennung zur Zahl zwölf. Da-

[35] Vgl. den Artikel »Zahlen« in: Hans Biedermann: Knaurs Lexikon der Symbole, Lizenzausgabe, Augsburg: Weltbild Verlag 2000, S. 497–500, hier S. 498 f.: »Die Dreizehn ist fast immer eine Unglückszahl [...]. Dem ›Coven‹ der 12 *Hexen* sollte der *Teufel* als Dreizehnter beigewohnt haben.«

[36] Im Zuge von Untersuchungen zur Zahlensymbolik wurde, soweit ich sehe, vornehmlich auf die Bedeutung der Sieben eingegangen, die im Zentrum des Romans steht (sieben Jahre, sieben Tische, sieben Pelze im Schneetraum, Castorps Zimmer 34 mit der Quersumme sieben etc.);

bei handelt es sich fast immer um Abschnitte, die für die Entwicklung Hans Castorps zentral sind.

Als er »dreizehn Jahre alt [ist], Untertertianer, ein Junge in kurzen Hosen« (5.1, 183), spielt sich auf dem Schulhof die Begegnung mit Pribislav Hippe ab, bei der sich Castorp einen Bleistift leiht: »ein versilbertes Crayon mit einem Ring, den man aufwärts schieben mußte, damit der rot gefärbte Stift aus der Metallhülse wachse« (5.1, 188). Mit seiner phallischen Konnotation, die durch die Doppelung der Szene mit Clawdia Chauchat in »Walpurgisnacht« unterstrichen wird, lässt sich das Erlebnis des Dreizehnjährigen als Moment des (erotischen) Sündenfalls fassen. Hans Castorp gesteht sich nicht nur ein erotisches Interesse per se ein, sondern zudem eines, das zumindest partiell auf das eigene Geschlecht gerichtet ist. Versteht man die Dreizehn allgemein als ein Heraustreten aus der Ordnung (sie sprengt etwa die Zwölfzahl der Jünger Christi),[37] dann kann man das homoerotische Interesse des 13-jährigen Hans Castorp als einen solchen Schritt aus der (in diesem Fall: heteronormativen) Ordnung verstehen. Mit einer wörtlichen Übersetzung des ›Dia-Bolischen‹ lässt sich dies als ein ›Auseinander-Werfen‹ des Geordneten beschreiben.

Ähnliches gilt für die dreizehn Monate, die Castorp im Sanatorium verbringt, ehe er zum ersten Mal wieder den Bahnhof betritt, der ihn in die Ordnung des Flachlands zurückführen könnte. Wie Joachim, den er zum Bahnhof begleitet, hätte er die Möglichkeit, in seine Herkunftswelt zurückzukehren. Doch erneut deutet die Teufelszahl an, dass er die bürgerliche Ordnung zu weit hinter sich gelassen hat, als dass er sich wieder in sie einfügen könnte.

Ein Fall, der sich ebenfalls auf das Lebensalter bezieht, findet in die Reflexionen über die Zeit Eingang. Castorp auf dem Zauberberg wird wiederholt als »Siebenschläfer« beschrieben, für den die Zeitordnung des Flachlandes nicht gelte. Im letzten Kapitel des Romans jedoch schränkt der Erzähler dies mit einem Gleichnis ein:

> Aber wir wissen, daß auch am Siebenschläfer die Zeit ihr Werk tut. Ein Arzt beglaubigt den Fall eines zwölfjährigen Mädchens, das eines Tages in Schlaf verfiel und dreizehn Jahre darin verharrte, – wobei sie aber kein zwölfjähriges Mädchen blieb, sondern unterdessen zum reifen Weibe erblühte. (5.1, 821)

vgl. z.B. Christiane Pritzlaff: Zahlensymbolik bei Thomas Mann, Hamburg: Buske 1972. Die Sieben ist mit der Zwölf verbunden, denn beide sind das Ergebnis einer Rechenoperation mit den beiden ›heiligen‹ Zahlen drei und vier: sieben die Summe, zwölf das Produkt. Diesen Hinweis verdanke ich Marianne Isépy.

[37] Vgl. Isabel Rohner: Dreizehn, in: Günter Butzer / Joachim Jacob (Hrsg.): Metzler Lexikon literarischer Symbole, 2. Auflage, Stuttgart / Weimar: Metzler 2012, S. 80: »Die Deutung der D[reizehn] als Unglück verheißend« ist »häufig an die neutestamentl[iche] Erzählung vom Verrat Christi durch Judas geknüpft«, denn Judas ist der Dreizehnte beim Abendmahl, wenn man Christus zu den zwölf Jüngern hinzuzählt.

In dem Gleichnis liegt erneut ein Wechselspiel aus Ordnung und Unordnung vor: Das Mädchen befindet sich auf der Schwelle zwischen zwölf (Lebensjahren) und dreizehn (Jahren im Schlaf), zwischen der objektiven Zeitordnung und der subjektiv als zeitlos erlebten, wie auch der schlafwandelnde Siebenschläfer Castorp die verstreichende Zeit nicht bemerkt, die dann aber mit dem Ausbruch des Ersten Weltkriegs und dem Transfer vom Luxussanatorium auf das Schlachtfeld umso drastischer ihren Tribut fordert.

Um unbemerkt verstrichene Zeit geht es auch im Schneetraum. Nachdem er die apollinische Vision der Sonnenmenschen und die dionysische des »Blutmahl[s]« (5.1, 746) im Tempel erlebt hat, wacht Hans Castorp auf und sieht auf seine Uhr: »Es fehlten zwölf, dreizehn Minuten daran. Erstaunlich! Konnte es denn sein, daß er nur zehn Minuten oder etwas länger hier im Schnee gelegen und so vieles an Glücks- und Schreckensbildern und waghalsigen Gedanken sich vorgefabelt hatte [...]?« (5.1, 750). Erneut ist gerade die Ambivalenz[38] zwischen der geordneten Welt der Zwölf und der chaotisch-teuflischen Welt der Dreizehn entscheidend für die Erlebnisse – und zwar in der Kombination beider Welten, wie sie die Doppelvision von Schönheit und Schrecken zum Ausdruck bringt.

Am Ende des Romans stehen zwei Tischszenen, in denen die Zahlen zwölf und dreizehn eine Rolle spielen. Zunächst lädt Mynheer Peeperkorn (nicht nur eine Hauptmann-, sondern auch eine Goethe-Figuration)[39] zum Abendmahl: »Zu zwölf Personen ließ man sich nieder, Hans Castorp zwischen dem majestätischen Gastgeber und Clawdia Chauchat [...]« (5.1, 848). Wie eine an Hölderlins *Der Einzige* oder Nietzsche erinnernde Symbiose aus Christus und Dionysos teilt Peeperkorn mit seinen Mitspielern das von ihm so genannte »gebrannte« Brot, »Gottesbrot, klares Brot« (5.1, 834): Gin und andere Alkoholika. Spätestens an diesem Abend wird Hans Castorp zum Apostaten am Geistigen, indem er seine Jüngerschaft auf die körperliche Präsenz Peeperkorns richtet,[40]

[38] Christoph Lundgreen hat mich darauf hingewiesen, dass hier gerade keine Entscheidung zwischen der Welt der Zwölf und derjenigen der Dreizehn getroffen wird.

[39] Vgl. Hans Wysling: Probleme der »Zauberberg«-Interpretation, in: TM Jb 1, 1988, 12–26, hier S. 23: »Die sensationelle Aufdeckung, daß Thomas Mann in Peeperkorn Gerhart Hauptmann karikiert hat (und daß er ihn damit zu ermorden versuchte), verdeckt in vielen Darstellungen die auf die Dauer wichtigere Einsicht, daß Peeperkorn auch eine Goethe-Inkarnation ist, daß Thomas Mann also im *Zauberberg* seine *imitatio* Goethes mit großer Bewußtheit fortsetzt.«

[40] Vgl. dazu Hans Mayer: Thomas Manns »Zauberberg« als Roman der Weimarer Republik, in: ders. (Hrsg.): Ansichten von Deutschland. Bürgerliches Heldenleben, Frankfurt/Main: Suhrkamp 1988, S. 89–113, hier S. 111: »Peeperkorn wird zwischen 1922 und 1924 konzipiert, als das meiste bereits niedergeschrieben ist. Allein da waren neue historische Erfahrungen zu verarbeiten. Eine neue Wirklichkeit in der kranken bürgerlichen Nachkriegsgesellschaft ließ sich nicht reduzieren auf die Antithese Settembrini-Naphta.« Manfred Engel: Der Dichter als Zeit(krisen)deuter. Thomas Manns Roman »Der Zauberberg«, in: Michael Ansel / Hans-Edwin Friedrich / Gerhard Lauer (Hrsg.): Die Erfindung des Schriftstellers Thomas Mann, Berlin / New

auf den »schweren Körper« des »König[s]« (5.1, 880) – und von Settembrini dafür der »Götzenanbetung« (5.1, 884) bezichtigt wird.

Der eigentliche Abfall vom Glauben erfolgt jedoch nicht durch diese »Mystifikation« einer »Maske« (5.1, 884). Tatsächlich problematisch wird es erneut in einem Moment, in dem die Zwölfzahl am Tisch durch die Dreizehn abgelöst wird – bei einer Séance mit dem Medium Elly, bei der der Geist Joachims heraufbeschworen wird: »Der Halbkreis war seßhaft geworden. Es waren dreizehn Personen« (5.1, 1021).[41] Während bei Peeperkorns Abendmahl zu zwölft trotz aller dionysischer Ausschweifungen die Ordnung gewahrt bleibt, deutet die Dreizehn wieder auf einen Bruch mit der Ordnung hin. Spätestens in dem Moment, in dem der Geist Joachims, beschworen durch die Valentin-Arie aus Gounods Faust-Oper, vermeintlich oder fiktionsimmanent real erscheint, hat Hans Castorp den Eindruck, eine Grenze überschritten zu haben: »Es zog ihm die Kehle zusammen, und ein vier- oder fünffaches Schluchzen stieß ihn innig-krampfhaft. ›Verzeih!‹ flüsterte er in sich hinein; und dann gingen die Augen ihm über, so daß er nichts mehr sah.« (5.1, 1033)

Castorps Nichts-mehr-Sehen lässt sich an den Schneetraum und dessen Parallelen zu Platons Höhlengleichnis zurückbinden, in dem die zu gewaltige Erkenntnis das sehende Individuum blendet.[42] Gleichzeitig steht es für das Zu-viel-Wollen aus Goethes *Faust*, in dem das Erkenntnisstreben des Protagonisten der Auslöser für die Tragödie ist.[43] Und es illustriert im Kontext des *Zauberberg* ein letztes Mal, dass Hans Castorp sehenden Auges einen Teufelspakt eingegangen ist und – wie Settembrini – zum Luzifer wird: »[M]it wenigen Schritten [war Hans Castorp] bei den Stufen der Eingangstür und schaltete mit knappem Handgriff das Weißlicht ein« (5.1, 1033).

Den Schneetraum mit seinen »zwölf, dreizehn Minuten« kann man als Kulminations- und Kipp-Punkt des *geistigen* Bildungsprozesses von Hans Castorp verstehen, inklusive des Umschlagens in die Katastrophe, die der doppelte ›Teufelspakt‹ mit Naphta und Settembrini vorbereitet hatte und die sich in den kannibalischen Szenen im Tempel manifestiert. In vergleichbarer Weise lässt sich die Séance, die die Zwölfzahl des Abendmahls auf dreizehn erhöht, als Kulminations- und Kipp-Punkt des *körperlichen* Bildungsprozesses von

York: de Gruyter 2009, S. 421–434, hier S. 427 resümiert: »Sowohl Settembrini als auch Naphta können das Leben nur unvollkommen in ihre am Geist orientierten Ausführungen integrieren«.

41 Der Satz geht weiter: »nicht eingeschlossen den Böhmen Wenzel [...]« (5.1, 1021), was das Zahlenspiel ironisch relativiert – der Erzähler erzeugt die passende Symbolik. Diesen Hinweis verdanke ich Katrin Max.

42 Vgl. dazu Jakob Lenz / Erik Schilling: Gipfelblick – und dann zurück: Intertextuelle Reflexionen auf Räume, Erkenntnis und Politik in Thomas Manns »Zauberberg« und Platons »Politeia«, in: TM Jb 36, 2023, 81–95.

43 Von »Hans Castorps ›Tragödie‹« spricht Andreas Kablitz: Der Zauberberg. Die Zergliederung der Welt, Heidelberg: Winter 2017, S. 24.

Hans Castorp fassen; die Pakte, die Castorp mit Clawdia Chauchat und Mynheer Peeperkorn schließt, kann man dann als zweiten doppelten Teufelspakt verstehen.[44] Die Bewunderung der physischen Präsenz, wie sie in der Faszination für Peeperkorn ihren Ausdruck gefunden hatte, schlägt in einen Moment des Abscheus um, als der Körper Joachim Ziemßens heraufbeschworen wird. Das faustische Erkenntnisstreben Hans Castorps überschreitet seine Grenzen und landet qua Teufelspakt in der Katastrophe.

5. Hans Castorp, Deutschland und die Deutschen

Bezogen auf *Doktor Faustus* resümiert Helmut Koopmann: »Die klassisch-vernünftige Humanitätsphilosophie hatte sich in ihrer Ohnmacht gezeigt [...]. Leverkühn und Deutschland hat der Teufel geholt.«[45] Es ist naheliegend (und in der Forschung vielfach unternommen worden),[46] das faustische Streben Adrian Leverkühns auf die fatalen Bestrebungen des ›Dritten Reiches‹ zu beziehen. Zwei Jahre nach dem Ende der nationalsozialistischen Diktatur hält Thomas Mann Deutschland und den Deutschen den Spiegel vor:[47] Das Versagen nicht nur der Politik, sondern insbesondere auch der Intellektuellen ist mit Händen zu greifen. Ganz anders liegen die Dinge vordergründig im *Zauberberg*. Wiederum Koopmann fasst die Beziehung zwischen Settembrini und Castorp mit folgenden Worten zusammen:

> So ist er [Settembrini, E.S.] vom etwas suspekten Drehorgelmann am Ende zum Freund geworden, hat als Einziger Hans Castorp durch alle sieben Jahre hindurch pädagogisch begleitet, hat ihn bewahrt vor Dunkelmännertum und allerlei Verwirrungen, so gut er das konnte.[48]

[44] Dies wäre ausführlich zu untersuchen; die Anregung dazu verdanke ich Reinhard Zimmermann.

[45] Koopmann: Teufelspakt und Höllenfahrt (Anm. 2), S. 185.

[46] Vgl. z.B. Peter Michelsen: Faust und die Deutschen (mit besonderem Hinblick auf Thomas Manns »Doktor Faustus«), in: Boemer/Johnson (Hrsg.): Faust through Four Centuries (Anm. 22), S. 229–247; Jan-Dirk Müller: Renaissance, Reformation und der deutsche ›Sonderweg‹. Von Thomas Manns »Betrachtungen eines Unpolitischen« zum »Doktor Faustus«, in: Helmut Koopmann/Frank Baron (Hrsg.): Die Wiederkehr der Renaissance im 19. und 20. Jahrhundert, Münster: mentis 2013, S. 233–257. Kablitz: Der Zauberberg (Anm. 43), S. 14 betont: »[N]icht aus dem historisch-politischen Geschehen wird das Entstehen dieses Kriegs im *Zauberberg* plausibel gemacht, sondern aus dem Denken der Moderne [...]. Und vermutlich genau darin unterscheidet sich *Der Zauberberg* von Thomas Manns *Doktor Faustus*, der die intellektuelle Vorgeschichte des anderen großen Krieges des 20. Jahrhunderts erzählt. Denn dieser Text rückt den deutschen Sonderweg des Denkens in den Mittelpunkt, während *Der Zauberberg* sehr viel grundlegendere anthropologische Ursachen für die Effusion der Gewalt am Jahrhundertbeginn aufsucht.«

[47] Vgl. Thomas Mann: Deutschland und die Deutschen, Berlin: Suhrkamp 1947.

[48] Koopmann: Thomas Mann (Anm. 8), S. 152.

Sieht man Settembrini jedoch nicht nur als Verfechter von Aufklärung, Freiheit und Demokratie, sondern auch als Verkörperung des diabolischen Prinzips, dann ist Koopmanns These zu relativieren. Hans Castorp geht mit Settembrini einen Teufelspakt ein, beginnend mit der ersten Begegnung, bei der er sich »von Herzen« (5.1, 92) dem Teufel ›ver-spricht‹. Der Roman führt vor Augen, dass die von Settembrini vertretenen politischen Ideale nicht ohne ihre Kehrseite zu haben sind – eine Dialektik der Aufklärung, die von Naphta verkörpert wird, mindestens ebenso aber Teil Settembrinis selbst ist. Konsequenterweise gehen Naphta und Settembrini gegen Ende des Romans eine intime geistige Verbindung ein: sowohl in ihrer gemeinsamen Ablehnung des körperlichen Prinzips von Mynheer Peeperkorn als auch in Naphtas Ende, das die faustische Logos-Übersetzung aufgreift, wenn es das Wort in die Tat überführt, so wie Settembrini es zuvor schon in den Debatten getan hatte: »›Sache des Abendländers, trotz aller Propositionen, ist die Vernunft, die Analyse, die Tat [...]!‹« (5.1, 569).

Settembrinis These, »das schöne Wort erzeuge die schöne Tat« (5.1, 243), wird durch die Debatten mit Naphta und dessen daraus folgenden Suizid allenfalls in sarkastischer Weise bestätigt. Wenn aber der Geist des *Zauberberg* in eine solch schreckliche Tat mündet, dann bedarf es kaum des berüchtigtsten Verehrers der Logos-Tat,[49] um die fatalen Folgen des Teufelspaktes zu illustrieren. So wie Adrian Leverkühn im *Doktor Faustus* Deutschland der nationalsozialistischen Barbarei überantwortet, tapst der unpolitische Siebenschläfer Hans Castorp im *Zauberberg* über seinen Teufelspakt mit Naphta *und* Settembrini schlafwandlerisch[50] in die Abgründe des Ersten Weltkriegs.[51]

[49] Hermann Rauschning: Gespräche mit Hitler, Wien: Europaverlag 1973 [1940], S. 211 zitiert Hitler mit den Worten: »Dem Wesen der Welt kommt man nur im Gefühlsüberschwang und in der Aktion nahe. Ich liebe Goethe nicht. Aber um des einen Wortes willen bin ich bereit, ihm vieles nachzusehen: ›Im Anfang war die Tat.‹«

[50] Nicht fehlen darf daher der Verweis auf Christopher M. Clark: Die Schlafwandler. Wie Europa in den Ersten Weltkrieg zog, München: Deutsche Verlags-Anstalt 2013.

[51] Und dort, auf den Schlachtfeldern des Krieges, holt ihn der Teufel, in Form eines Artilleriegeschosses: »Das Produkt einer verwilderten Wissenschaft, geladen mit dem Schlimmsten, fährt dreißig Schritte schräg vor ihm wie der Teufel selbst tief in den Grund [...]« (5.1, 1084).

Agnieszka K. Haas

Empusion (2022) von Olga Tokarczuk – eine »ironische Paraphrase« des *Zauberberg* von Thomas Mann

Nahezu ein Jahrhundert liegt zwischen der Veröffentlichung des *Zauberberg*, eines der meistrezipierten Werke von Thomas Mann in Polen,[1] und des jüngsten Romans *Empusion. Eine natur(un)heilkundliche Schauergeschichte* (2022, dt. 2023) von Olga Tokarczuk. In einem Interview mit der *Neuen Zürcher Zeitung* bezeichnet ihn die Autorin als »ironische Paraphrase« des *Zauberberg*.[2] Die Ähnlichkeiten zwischen den beiden Texten liegen vor allem in der Zeit, dem Ort, der Handlung und den Protagonisten, aber auch im inter-, meta- und hypertextuellen Charakter des Romans.[3] Besonders attraktiv für die polnischen Nachfolger Thomas Manns scheinen die heterotopische Verortung der Handlung und die ähnliche Rahmenkonstruktion der An- und Abkunft des Protagonisten zu sein.

Tokarczuks Roman[4] spielt in Görbersdorf (heute: Sokołowsko)[5], einem kleinen malerisch gelegenen Dorf im Tal des Waldenburger Berges im südlichen

[1] Katarzyna Bałżewska: Czarodziejska góra w literaturze polskiej. Ślady, interpretacje, nawiązania, Katowice: Wydawnictwo Naukowe »Śląsk« 2017.

[2] Julia Kohli: Nobelpreisträgerin Olga Tokarczuk: »Ich erlebe das Schreiben als eine Art Zwang«. Ein Gespräch über Frauen, die sich an Männern rächen, Thomas Mann und die Schönheit Polens, in: Neue Zürcher Zeitung vom 06.01.2024, online: https://www.nzz.ch/nzz-am-sonntag/nobelpreistraegerin-olga-tokarczuk-ich-erlebe-das-schreiben-als-eine-art-zwang-ld.1772911 (Zugriff am 21.07.2024).

[3] Als Anverwandlungen des *Zauberberg*, die der Auseinandersetzung mit Problemfragen der Gegenwart dienen, lassen sich außer *Empusion* auch die früher entstandenen polnischen Romane klassifizieren, deren Handlung in einer topografisch und sozial isolierten Umgebung angesiedelt ist; vgl. Bałżewska: Czarodziejska góra w literaturze polskiej (Anm. 1). Die Autorin analysiert u.a. solche Romane wie *Szpital Przemienienia* (*Das Hospital der Verklärung*, 1948) von Stanisław Lem, *Tadzio* (2000) von Jurek Zielonka und Paweł Huelles Roman *Castorp* (2004).

[4] Nachfolgend wird in Bezug auf *Empusion* (aus dem Polnischen übersetzt von Lisa Palmes und Lothar Quinkenstein, Zürich: Kampa Verlag 2023) die Sigle E mit Seitenangabe in Klammern hinter dem Zitat angegeben.

[5] Görbersdorf war bis in die Mitte des 19. Jahrhunderts im Besitz der Familie von Hochberg. Im Jahre 1849 erwarb Marie von Colomb hier ein Grundstück. Begeistert von der Landschaft eröffnete sie in Görbersdorf die erste Wasserheilanstalt, in der sie nach der Methode von Vincenz Prießnitz behandelte (vgl. Irina Hundt: Marie von Colomb (1808–1868). Das kalte Wasser. Schicksal einer Hydrotherapeutin, in: dies. (Hrsg.): Vom Salon zur Barrikade. Frauen der Heinezeit. Mit einem Geleitwort von Joseph A. Kruse, Stuttgart: Springer-Verlag 2002, S. 299–321). 1854 übernahm ihr Schwager Dr. Hermann Brehmer den Kurbetrieb. Nach dem Zweiten Weltkrieg kam der Ort zu Polen und wurde nach dem polnischen Arzt Dr. Alfred Sokołowski benannt, der zwischen 1874 und 1880 als Assistent Brehmers über die klimatische Behandlung von Lungen-

Teil des Riesengebirges. Hierher kommt Mieczysław Wojnicz, »Katholik, Student des Lemberger Polytechnikums, geboren 1889« (E, 12), im Jahr 1913, um sich von den ersten Symptomen der Tuberkulose mit neuen Therapien heilen zu lassen. Dies erfolgt im Anschluss an die Konsultation von Dr. Sokołowski, polnischer Arzt und ab 1913 Professor an der Universität Warschau, der in *Empusion* in Rückblenden als Bekannter des Vaters von Wojnicz (E, 26) und hochgeschätzter Arzt erwähnt wird, der sich um die Entwicklung des Kurortes verdient gemacht hat.

Tokarczuk hat in ihren Roman viele historische und geografische Informationen über den niederschlesischen Kurort sowie die für ihn wichtigen historischen Persönlichkeiten einfließen lassen. Über die geografische Lage und Geschichte des Kurortes informiert sich Wojnicz zu Beginn des Romans in der Werbebroschüre, der zufolge Görbersdorf »eine Viertelmeile von der tschechischen Grenze entfernt und elf Meilen südwestlich von Breslau [...] im Kreise Waldenburg« liegt (E, 28). Die Lage in einem Tal auf einer Höhe von 570 Metern über dem Meeresspiegel, wo sich »seit Jahrzehnten« ein »Luftkurort für Brustkranke« (E, 28) befindet, ist für Lungenkranke besonders günstig, denn die Ortschaft liegt »in einem Areal, das die medizinische Wissenschaft als ›frei von Schwindsucht‹ bezeichnet« (E, 28). Die Berge »schützen das Dorf und seine Heilstätten vor den Winden, die hier nur mehr abgemildert wehen. In Görbersdorf ist es deshalb so windstill wie in kaum einem anderen Tal.« (E, 28)

Bis ins erste Drittel des 20. Jahrhunderts war das Dorf eines der bekanntesten Mittelgebirgsklimatisierungen für Lungenkrankheiten in Deutschland.[6] Neben Dr. Sokołowski wird an verschiedenen Stellen der schlesische Arzt Dr. Hermann Brehmer[7] erwähnt, der 1855 in Görbersdorf die erste Spezialheilanstalt für Tuberkulosekranke gründete und der ein Jahr zuvor die Leitung des Kurbetriebes von Marie von Colomb (1808–1868)[8] übernommen hatte. Mit seinem Konzept der heilklimatischen Behandlung von Lungenkranken beeinflusste Dr. Brehmer maßgeblich andere Sanatorien, darunter auch das erst 1868 gegründete Schweizer Alpensanatorium in Davos[9].

Wie sich später herausstellt, ist Wojnicz ein Hermaphrodit, der seine Geschlechtsidentität geheim hält. Wegen des Platzmangels im Sanatorium wird

krankheiten forschte (vgl. Julian Janczak: Z kuferkiem i chlebakiem. Z przeszłości uzdrowisk i turystyki śląskiej, Warszawa: Wydawnictwo »PTTK« 1988, S. 37).

6 Hundt: Marie von Colomb (Anm. 5), S. 299.

7 Hermann Brehmer ist 1826 in Kurtsch, heute Kurczów in Polen, geboren. 1889 ist er in Görbersdorf gestorben und wurde als Einziger in der Nähe der Ortschaft begraben.

8 Marie von Colomb wird im Roman nicht namentlich erwähnt, erscheint aber als Brehmers »gut situierte Schwägerin« (E, 129) in einer Erzählung über die Jugend des Arztes in einem der Gespräche zwischen den Bewohnern des »Gästehauses für Herren«.

9 Vgl. Andreas Jüttemann: 150 Jahre Lungenheilstätte Görbersdorf (Sokołowsko), in: Pneumologie, Jg. 68, 2014, S. 483–487.

er im »Gästehaus für Herren« untergebracht, wo kurz nach seiner Ankunft Clara, die Frau des Gastwirts Wilhelm Opitz, Selbstmord begeht. Seitdem wird das Gästehaus ausschließlich von Männern bewohnt. Im Laufe der Zeit erfährt er, dass jedes Jahr bei Vollmond im November ein Mann im Wald, ein Einheimischer oder ein Kurpatient, von einer geheimnisvollen Macht grausam zerrissen wird (E, 65, 240). Die Angst wird durch lokale Legenden über Hexen und weibliche Dämonen geschürt. Dabei verschwimmt allmählich die Grenze zwischen Realität und Traum, zumal die Geschichten beim Genuss von Alkohol und »Schwärmerei«, einem Getränk aus halluzinogenen Pilzen, erzählt werden. Wie auf dem Berghof, wo der Alltag »durch medizinische Behandlungen, Mahlzeiten, Spaziergänge, Ruhestunden, Träume, Schweigen und vor allem Gespräche«[10] bestimmt ist, reden hier die Kurpatienten über Politik, den bevorstehenden Weltuntergang, Kunst, Philosophie und Frauen. Über all die Themen unterhalten sich ausschließlich männliche Figuren: der Gastwirt Wilhelm Opitz, Longin Lukas, Katholik und Gymnasiallehrer aus Königsberg, August August, Sozialist, Altphilologe und Schriftsteller aus Wien, Walter Frommer, Theosoph aus Breslau. Trotz unterschiedlicher Herkunft und Bildung stehen die Männer den Frauen grundsätzlich ablehnend gegenüber. Eine Ausnahme bildet der homosexuelle Malereistudent Thilo von Hahn aus Berlin, mit dem Wojnicz befreundet ist. Bei einem der Spaziergänge, bei denen sich Reflexionen über Frauen mit Erzählungen über Hexenverfolgungen im 17. Jahrhundert abwechseln, wird im Wald die Tuntschi aufgefunden, eine Waldpuppe aus Holz, Moos und Zweigen, die den in Abgeschiedenheit lebenden Hirten und Köhlern zur sexuellen Befriedigung diente. Wojnicz verwirrt der Anblick, später kehrt er aber an die Stelle im Wald zurück, um den Fund in der Einsamkeit zu betrachten. Ab und zu verweilt er auch im Zimmer der verstorbenen Clara auf dem Dachboden, wo er ihre Sachen betrachtet und berührt. All diese Erlebnisse und die Freundschaft zu Thilo helfen ihm, seinen bisher verheimlichten Hermaphroditismus allmählich zu akzeptieren. Nach den grausamen Novemberereignissen, denen Wilhelm Opitz im Wald zum Opfer fällt, verlässt Wojnicz Görbersdorf mit Claras Ausweis und einem wertvollen Gemälde, das ihm Thilo vor seinem Tod vermacht hat, um ein neues Leben zu beginnen.

*

Im Vergleich zum *Zauberberg* erstreckt sich die Handlung von *Empusion* über einen wesentlich kürzeren Zeitraum von drei Monaten. Die Zahl drei lässt sich auf die Pläne Hans Castorps zurückführen, der einen »Besuch für

[10] Klaus Wieland: Moderne Mannsbilder. Zur Semantik von ›Männlichkeit‹ in der deutschsprachigen Erzählliteratur der Frühen Moderne, 1890–1930, Bielefeld: Transcript 2024, S. 259.

drei Wochen« (5.1, 11) plante. Der eine erfährt in der Entfernung von seinem »Tiefland[]« (5.1, 278, 336) die »Auflösung der zeitlichen Ekstasen von Vergangenheit und Zukunft«[11]. Der andere wird zwar in eine ähnliche Zeitlosigkeit versetzt, in der Krankheit, Tod, Erinnerungen, Träume und Alpträume miteinander verwoben sind, aber »Vergangenheit und Zukunft« weisen sowohl in der Handlung als auch in der Erzählweise eine enge Verknüpfung auf. Die Auflösung der Zeit in den beiden Romanen ist im Rahmen der utopischen Heterotopie und der Chronotopie möglich. Eine Heterotopie ist nach Michel Foucault ein Ort, der sich »in den angenehmen Gefilden der Utopien«[12] befindet und von eigenen Regeln beherrscht wird. Im Rahmen der Heterotopie und in ihrer Abgrenzung von der Realität sind das Irrationale, das Mythische und das Magische sowie der dem Irrationalen nahestehende Traum[13] in der Handlung denkbar. In der Heterotopie sowie in all diesen Zuständen ist das Zeitempfinden anderen Regeln unterworfen, wobei die Figuren sich auch der Zeitrelativität bewusst werden können.[14] Auch wenn sich Thomas Mann und Olga Tokarczuk ironisch von der dargestellten Welt distanzieren, bleiben diese Elemente konstitutiv für die Struktur beider Werke.

Der Handlungsrahmen ist durch eine räumliche und zeitliche Abgrenzung von der übrigen Welt gekennzeichnet, wobei die Grenze durch den Ausstieg aus dem Zug markiert und mit unbewusster Angst signalisiert wird. Die Gegend im *Zauberberg* wirkt »verwirrend [...], da man nicht mehr wußte, wie man fuhr, und sich der Himmelsgegenden nicht länger entsann« (5.1, 14). Es wird nahegelegt, dass es sich um eine metaphorische Reise handelt: »Großartige Fernblicke in die heilig-phantasmagorisch sich türmende Gipfelwelt des Hochgebirges, in das man hinan- und hineinstrebte, eröffneten sich und gingen dem ehrfürchtigen Auge durch Pfadbiegungen wieder verloren.« (5.1, 14) Beim Aussteigen aus dem Zug und dem Anblick der Landschaft in Dittersbach bei Waldenburg fühlt sich Wojnicz ebenfalls verwirrt, »die ganze Erscheinung [macht] einen beunruhigenden Eindruck. Als wäre sie aus dem Jenseits in diese melancholischen Berge gekommen« (E, 12).

Die räumliche Abgrenzung geht einher mit der Andersartigkeit der Protagonisten, die sich von den Figuren durch ihre Herkunft und Lebenshaltung

[11] Christian Hick: Vom Schwindel ewiger Gegenwart. Zur Pathologie der Zeit in Thomas Manns »Zauberberg«, in: Dietrich von Engelhardt / Hans Wißkirchen (Hrsg.): »Der Zauberberg« – die Welt der Wissenschaften in Thomas Manns Roman. Mit einer Bibliographie der Forschungsliteratur, Stuttgart / New York: Schattauer 2003, S. 77.

[12] Michel Foucault: Die Heterotopien. Der utopische Körper: Zwei Radiovorträge. Aus dem Französischen von Michael Bischoff, Frankfurt/Main: Suhrkamp 2005 [1966], S. 9.

[13] Manfred Dierks: »Spukhaft, was?« Über Traum und Hypnose im »Zauberberg«, in: TM Jb 24, 2011, 73–83.

[14] Carsten Könneker: Raum der Zeitlosigkeit. Thomas Manns »Zauberberg« und die Relativitätstheorie, in: TM Jb 14, 2001, 213–224, S. 216.

unterscheiden. Castorp, dessen Mentalität mit »der Denkungsart der Leute da unten im Tieflande« (5.1, 279) verglichen wird, steht in einer Opposition zu der Gesellschaft, die »oben gelebt haben« muss (5.1, 278). Sein Pendant Wojnicz, der Pole aus Lemberg, der sich nicht nur wegen der anderen Sprache, sondern auch wegen seiner natürlichen Andersartigkeit in einem preußischen Dorf zurechtfinden muss, ist umso mehr vereinsamt. Die Herkunft aus Lemberg erklärt Wojniczens Deutschkenntnisse und unterstreicht die Distanz zwischen dem preußischen Görbersdorf und der multikulturellen Stadt Lemberg. Deutlich wird dies beim Vergleich der Bahnhofsszenen. Während Hans Castorp in »Davos-Platz im Graubündischen« (5.1, 11) von seinem Vetter Joachim Ziemßen begrüßt wird (5.1, 14), wird Wojnicz auf dem Bahnhof in Dittersbach von niemandem »empfangen« (E, 12).

Die Heterotopie Görbersdorf verbindet Olga Tokarczuk mit den realen topografischen Gegebenheiten des schlesischen Dorfes. Da die umliegenden Berge sich bis auf 900 Meter erheben, »schützen [sie] das Dorf und seine Heilstätten vor den Winden« (E, 28). An einer anderen Stelle wird die Geschichte der ersten Kaltwasserheilanstalt als medizinisches Argument für die Kur um weitere Details erweitert: »›Wir befinden uns in einem Talkessel‹, […] Unter uns haben wir einen großen unterirdischen See […]. Die hiesige Bevölkerung kannte nie Lungenerkrankungen oder Epidemien. […] Niemand ist hier je lungenkrank geworden.« (E, 31 f.)

Die symbolische Grenze zwischen der Utopie Görbersdorf und dem Rest der Welt markiert das Grab von Dr. Hermann Brehmer[15], der 1854 die Leitung der 1849 errichteten Heilanstalt übernahm und ein Sanatorium für Tuberkulosekranke gründete. Dass Brehmer der einzige in Görbersdorf Begrabene ist und der Tod hier ein Tabuthema, »überholtes Element einer alten Ordnung«, »eine Art prähistorische Schwäche« (E, 79), stellt eine utopisch-ironische Anspielung auf den *Zauberberg* dar.

> Die nächstgelegenen Friedhöfe […] befänden sich in Friedland und Langwaltersdorf […]. Görbersdorf hatte also nie eine Beerdigung gesehen. […] Görbersdorf ist somit ein heiteres Städtchen. Hier feiert man das Leben, nicht den Tod. Wir kümmern uns nicht um den Tod, nicht wahr? […]. Die Toten verschwinden, und weiter interessieren wir uns nicht für sie. Wir ignorieren den Tod. (E, 79)

Die Utopie der blühenden Gesundheit wird von Tokarczuk den mysteriösen Morden in der näheren Umgebung ironisch gegenübergestellt.

[15] Der Friedhof in Sokołowsko wurde erst 1926 angelegt, vorher wurden die Toten auf den Friedhöfen in Langwaltersdorf (heute: Unisław) und Friedland (heute: Mieroszów) bestattet. Die Nekropole war bis in die Nachkriegsjahre in Betrieb. Seit 1972 ist sie geschlossen.

Die erzählte Zeit wird in beiden Romanen durch Erinnerungen der Protagonisten erweitert, wobei die Rückblenden mit den aktuellen Ereignissen verknüpft sind. Als solche können die Episoden um Pribislav Hippe angesehen werden, die sich mit dem Motiv der Clawdia Chauchat verschränken. In *Empusion* erkennt der Protagonist in dem homosexuellen Kunststudenten Thilo seinen Altersgenossen Anatol wieder, für den er in der Pubertät eine homoerotische Neigung empfand. Im Vergleich zum *Zauberberg*, wo das Vergessen und die Zeitlosigkeit im Mittelpunkt stehen, nehmen die Erinnerungen des Protagonisten im polnischen Pendant deutlich mehr Raum ein.

Die Wahrnehmung der Zeit und ihre Relativität werden bereits im ersten Kapitel »Ankunft« thematisiert, indem auf die Zeitspanne zwischen »dem jüngst Zurückliegenden« und »dem unmittelbar Bevorstehenden« (5.1, 13) verwiesen wird. Auch die Unverhältnismäßigkeit der zurückgelegten Strecke von Hamburg nach Davos »zu einem so kurzen Aufenthalt« (5.1, 11) führt das Thema des Zeit-Raum-Verhältnisses und seiner subjektiven Wahrnehmung ein. Joachim Ziemßen bringt das relative Zeitempfinden auf den Punkt: »Drei Wochen sind wie ein Tag vor ihnen. Du wirst schon sehen.« (5.1, 17)

Die ungewöhnliche Verbindung von Raum und Zeit, die für die Wirklichkeit »hier oben« (5.1, 16) charakteristisch ist, manifestiert sich auch in einer entsprechenden Wirkung auf den Menschen und den Prozess seines Vergessens, der »oben« (5.1, 17) beschleunigt wird: »Zeit, sagt man, ist Lethe; aber auch Fernluft ist so ein Trank, und sollte sie weniger gründlich wirken, so tut sie es dafür desto rascher.« (5.1, 12) Der Raum, der »die Person des Menschen [...] in einen freien und ursprünglichen Zustand versetzt« (5.1, 12), ähnelt der Zeitwirkung und -wahrnehmung im Traum, wo die Grenzen zwischen Raum und Zeit aufgehoben werden. »Mit der Höhendistanz mindert sich« nicht nur »die Anziehungskraft flachländischer Vergangenheit«.[16]

Die ›zeitliche Entwurzelung‹ ist vergleichbar mit dem Eintauchen in die mythische Zeitlosigkeit oder in die zeit- und raumlose Traumwirklichkeit. Diese Relativität der Zeit wird in *Empusion* im Kontext der kosmischen Ordnung und der Natur angedeutet, die nach Claras Beerdigung zum Stillstand kommt:

> Im Tal, das sich über dem Spiegel des unterirdischen Sees erstreckte, trat Ruhe ein, und man spürte nicht nur keinen Wind, [...]. Als hielte die Welt den Atem an. [...] Ein Spinnennetz, zwischen Brombeerranken gewoben, [...] spannt sich, im Bemühen, Wellen aus dem Kosmos zu erlauschen. [...] Das Eichhörnchen betrachtet das Wunder der Nuss und begreift, dass dies die reine, kondensierte Zeit ist und zugleich das eigene Künftige vor Augen führt [...]. (E, 90f.)

[16] Hick: Vom Schwindel ewiger Gegenwart (Anm. 11), S. 77.

Im Gegensatz zum *Zauberberg*, wo das Vergessen mit dem Aufenthalt im Sanatorium erfolgt, wird in *Empusion* nicht das Vergessen, sondern der Prozess des Erinnerns als kollektive Aufgabe in den Mittelpunkt gestellt. Man muss sich, wie der Theosoph Frommer zu Wojnicz sagt, »für neue Dimensionen« öffnen:

> Für das, was in Vergessenheit geraten ist, weil es modernen Menschen unwürdig verworfen wurde. Unsere Ahnen hatten recht: Sie sind immer noch bei uns, sie sind da, sprechen zu uns, ja sie fordern unsere Aufmerksamkeit. All das Unrecht, das sich in der Vergangenheit ereignete, hat es [...] nicht aufgehört zu existieren, es hallt noch immer nach und versetzt uns in inneren Aufruhr. (E, 345)

Die zeitliche und räumliche Trennung der Handlung von der Außenwelt ermöglicht in *Empusion* ein hypertextuelles Spiel, in dem hinter der Kulisse einer literarischen Inszenierung aktuelle Probleme diskutiert werden.

*

Hans Castorp und Mieczysław Wojnicz sind Protagonisten, die sich durch eine schwache Gesundheit und eine nicht eindeutig definierbare Geschlechtsidentität auszeichnen. Der erstere, der »im Hochsommer« (5.1, 11) im Zug »bei niedergelassenem Fenster« sitzt, aber »den Kragen seines modisch weiten, auf Seide gearbeiteten Sommerüberziehers aufgeschlagen« (5.1, 12) hat, wird als »Familiensöhnchen und Zärtling« (5.1, 12) bezeichnet. Auch der andere ist gesundheitlich angeschlagen. Er hat »helle[] Augen, Brauen und Wimpern«, die »das Gesicht ungesund erscheinen« lassen (E, 12). Diese Erscheinung geht einher mit einer fast unmännlichen Zartheit, von der seine »zierliche Hand, blass und blutleer« (E, 11), und der »erdige[] Teint« (E, 12) zeugen.

Hans Castorp, dessen Tuberkulose sich während des Aufenthaltes im Berghof entwickeln wird, trifft auf dem Zauberberg ähnlich schwache Figuren wie er. Zum Teil ist ihre Fragilität durch die Krankheit bedingt, zum Teil ergibt sie sich aus dem Mangel an maskulinen Eigenschaften. Dieser Mannestypus hat sich in der Literatur der Moderne etabliert und ist als »Homme fragile«[17] oder »fragiler Antiheld«[18] bekannt. Der Mannestyp wurde von Rainer Maria Rilke in *Die Aufzeichnungen des Malte Laurids Brigge* (1910) geschildert. Die Eigenschaften des Titelhelden zählt Klaus Wieland im Buch *Moderne Mannsbilder* auf: »›Gebrechlichkeit‹, ›Müdigkeit‹, ›Passivität‹, ›Nervenschwäche‹, ›Sensibilität‹, ›Willensschwäche‹, ›mangelnde Selbstkontrolle‹ und ›Emotionalität‹«.[19]

17 Wieland: Moderne Mannsbilder (Anm. 10), S. 253.
18 Ebd.
19 Ebd.

Die Fragilität männlicher Figuren ergibt sich jedoch vor allem aus der Krankheit. Hans Castorp spürt »im Hochsommer« (5.1, 11) die kühle Alpenluft und wird beim Aussteigen aus dem Zug in Davos-Dorf »von einem leichten Schwindel und Übelbefinden«[20] (5.1, 14) überfallen. Als fragiler Mann ist Wojnicz, wie Figuren der Literatur der Moderne, nicht nur »von schwächlicher Statur«[21], sondern auch »psychisch-emotional verweiblicht und tendenziell asexuell«[22].

Thomas Mann entwickelt im *Zauberberg* die »Varianten fragiler Maskulinität«[23], indem er die Eigenschaften fragiler Männer aufgreift und um das Motiv der Androgynität erweitert, die sowohl männliche wie weibliche Figuren betrifft. Aufgrund ihrer »weiblichen Männlichkeit«[24] gelten Männer wie Hans Castorp, Joachim Ziemßen, Lodovico Settembrini und Leo Naphta als »asexuell oder verdrängen ihre sexuellen Triebe«[25]. Zum schwachen Mannestyp gehören sogar die Ärzte, der Hofrat Behrens oder der Doktor Krokowski.

Der Typus des »Homme fragile« ist nicht nur mit körperlicher Schwäche verbunden, sondern vor allem mit der Feminisierung, die sowohl sein »biologisches als auch sein soziales Geschlecht«[26] betrifft. Aufgrund ihrer äußeren wie inneren Feminisierung sind Männer eines solchen Typs »viel zu schwach, um sexuelle Handlungen zu vollziehen«[27], und »so zerbrechlich [...], dass sie nicht sexuell aktiv werden können«[28]. Diese hypertextuelle Parallele verbindet Hans Castorp und Mieczysław Wojnicz, wobei dem Letzteren als Hermaphroditen die »weibliche Männlichkeit« oder »männliche Weiblichkeit« zugeschrieben werden können. Aufgrund seiner biologischen Veranlagung und der weiblichen

[20] Castorps »Übelfinden« wird vor allem mit dem Überschreiten einer symbolischen Grenze in Verbindung gebracht. Hans Wysling bezeichnet die Fahrt ins Hochland als »Hadesfahrt« (Probleme der Zauberberg-Interpretation, in: TM Jb 1, 1988, 12–26, S. 22). Ursula Reidel-Schrewe beschreibt sie als »Übergang vom Gewohnten zum Ungewohnten, vom Vertrauten zum Unbekannten« (Die Raumstruktur des narrativen Textes: Thomas Mann, Der Zauberberg, Würzburg: Königshausen & Neumann 1992, S. 55). Timo Ogrzal stellt fest, dass »diese Entgrenzung die Entsetzung des Selbst« impliziert (Kairologische Entgrenzung: Zauberberg-Lektüren unterwegs zu einer Poetologie nach Heidegger und Derrida, Würzburg: Königshausen & Neumann 2007, S. 140).

[21] Wieland: Moderne Mannsbilder (Anm. 10), S. 249.

[22] Ebd.

[23] Ebd.

[24] Vgl. Judith Halberstamm: Female Masculinity, Durham / London: Duke University Press 1998, S. 1–43; Wieland: Moderne Mannsbilder (Anm. 10), S. 253.

[25] Wieland: Moderne Mannsbilder (Anm. 10), S. 259. In seinem Aufsatz »Die Erotik des ›Zauberbergs‹« (in: Hefte der Deutschen Thomas-Mann-Gesellschaft, Sitz Lübeck, Nr. 6/7, 1987, 55–69) vertritt Hermann Kurzke die Auffassung, dass im Vergleich mit den Typen, die die »versagende[] Männlichkeit« repräsentieren, »Castorps Androgyneität ihr positives Profil« gewinnt (S. 66).

[26] Wieland: Moderne Mannsbilder (Anm. 10), S. 253.

[27] Ebd.

[28] Ebd., S. 249.

Körpereigenschaften weist Wojnicz, ein schüchterner, übersensibler Mensch, weibliche Charakterzüge und eine Distanz zur Sexualität auf, die sowohl im Kontakt mit Frauen als auch im Kontakt mit Thilo sichtbar ist. Aufgrund dessen distanziert er sich auch von den Ansichten anderer Kurpatienten, die ihren Mangel an Männlichkeit durch eine geradezu aggressive Misogynie zu kaschieren suchen.

Der körperliche Aspekt der Krankheit wird von psychischen Merkmalen und Verhaltensweisen begleitet, die einen eindeutig sexuellen Hintergrund haben. Mieczysław Wojnicz sieht sich gezwungen, den eigenen Ängsten und Phobien entgegenzuwirken, was sich in einem ständigen Verfolgungswahn manifestiert. Aus den Rückblenden wird evident, dass er dies vor seinem Vater, der als Offizier die starke, heterosexuelle Männlichkeit repräsentiert, verheimlicht. Für den Prozess der Selbsterkenntnis und Akzeptanz seiner geschlechtlichen Doppelidentität ist der fast obsessive Fetischismus relevant, der sich in der Pubertät beim Tragen weiblicher Kleidung offenbart und später in Görbersdorf beim Berühren der Dinge der verstorbenen Clara fortsetzt.

Der Prozess innerer Reifung von Wojnicz wird durch eine eher asexuelle Erfahrung initiiert. Die Funktionen von Clawdia Chauchat und Pribislav Hippe übernehmen Thilo von Hahn und Anatol, dem er in der frühen Jugend homoerotische Gefühle entgegenbrachte. Auch Thilo verkörpert das weibliche Prinzip im Mann: Er ist ängstlich, brüchig und schwach. Nicht zufällig interessiert er sich für Kunstgeschichte mit dem Schwerpunkt Landschaftsmalerei, die Kunst, Natur und Geschlecht zusammenbringt.

Auch andere »Hommes fragiles« aus dem *Zauberberg* haben ihre Pendants in *Empusion*. In den Figuren des Doktor Semperweiß und der in den Rückblenden gezeigten Ärzte Sokołowski und Brehmer lassen sich Ärzte aus dem Berghof erkennen. August August lässt sich wiederum mit Lodovico Settembrini vergleichen, während Longin Lukas und Walter Frommer Ähnlichkeit mit Leo Naphta aufweisen.

Außer einem deutlichen Defizit an starken Männern ist in *Empusion* das Fehlen von aktiv an den Ereignissen teilnehmenden Frauenfiguren festzustellen. In der Handlung treten nur wenige Frauen auf: Frau Weber und Frau Brecht, die Krankenschwester Sydonia Patek und eine anonyme Frau mit großem Hut, die bei dem jungen Wojnicz Faszination hervorruft. Die meisten Frauen tragen entweder männliche bzw. androgyne Züge, wie zum Beispiel Sydonia Patek, oder sind Surrogate der Mutter, wie Mieczysławs Amme Gliceria. Eine andere Gruppe bilden die in den Hexengeschichten erwähnten Frauen, deren Wirkung in Form von mörderischen weiblichen Dämonen sich bis in die Gegenwart hinein fortsetzt.

Der Titel des Romans ist mit weiblichen Gestalten, mythischen Empusen, verbunden. Diese Angstgöttinnen werden anhand des Zitats aus dem Drama

Frösche von Aristophanes herbeigeführt und manifestieren sich als zerstörerische, mörderisch-rachsüchtige, Männer tötende Kraft. Dem Titel liegt eine antithetische Wortneubildung zugrunde, die aus dem Morphem »Empusa« und der auf das griechische Wort »Symposion« zurückgehenden Endung »-(s)ion« besteht. In der Handlung zeigt sich die dämonisch-weibliche Macht in den blutigen Gewalttaten an männlichen Personen, die im Akt der Rache für das den Frauen einmal angetane Übel Jahr für Jahr auseinandergerissen werden. Die Wirkung weiblicher Spukgeister geht auf Ereignisse zurück, die »im Vorfrühling des Jahres 1639 geschehen« sind (E, 105) und die als geschichtliche Tatsachen inszeniert werden. Damals werden »zwei Frauen namens Eva Bernhard und Anna Tieff wegen Hexerei zum Tode verurteilt[]« und »einer mehrtägigen Folter unterzogen« (E, 105). Eine von ihnen »wurde in Neurode geköpft und verbrannt«, die andere »hielt nicht mehr bis zum Scheiterhaufen durch – sie starb bereits im Verlies an ihren bei der Folter davongetragenen Verletzungen« (E, 105 f.). Infolge der Hexenverfolgung werden die anderen Frauen aus der nahen Umgebung der Untaten verdächtigt, sie sollten sich dort ihrer Leibesfrüchte entledigen, »giftige Mixturen« zusammenbrauen und »Unschuldige [...] verhexen« (E, 106).

Die Folgen des Hexenwahns werden von Thilo im Kapitel 3 beschrieben, der grausame Morde im Wald mit den Legenden verbindet. Alles erschien Wojnicz »äußerst irreal, einen Augenblick lang wollte er glauben, er wäre längst schon eingeschlafen und Thilo und die gesamte Tischrunde bevölkerten seinen Traum. Zerrissene Körper im Wald, Opitz, der seine Frau geschlagen hatte« (E, 71).

Das Motiv des zerstückelten menschlichen Fleisches, das in *Empusion* Element der Schauergeschichte und in der Legende fundiert ist, ist mit dem Kapitel »Schneetraum« vergleichbar. In einer Traumvision von Hans Castorp wird das Dämonisch-Weibliche wie folgt dargestellt:

> Zwei graue Weiber, halbnackt, zottelhaarig, mit hängenden Hexenbrüsten und fingerlangen Zitzen, hantierten dort drinnen zwischen flackernden Feuerpfannen aufs gräßlichste. Über einem Becken z e r r i s s e n sie ein kleines Kind, z e r r i s s e n es in wilder Stille mit den Händen [...] und verschlangen die Stücke, daß die spröden Knöchlein ihnen im Maule knackten und das Blut von ihren wüsten Lippen troff. (5.1, 745.)

Die Verbindung der Gewaltnatur mit den Frauen wird in *Empusion* an einer anderen Stelle realisiert, nämlich durch die Bezugnahme auf »weibliche« Elemente der Landschaft wie den unterirdischen See, Ritzen und Löcher, die bei Wojnicz merkwürdige Gefühle erwecken, und durch die Holzpuppe Tuntschi, die noch deutlicher als Requisit der weiblichen Sexualität gilt.

Die im *Zauberberg* thematisierte Geschlechtsidentität und Androgynität sind in der Forschung mehrfach in Bezug auf Clawdia Chauchat beschrieben.[29] Anhand des symbolischen Requisitenspiels mit dem Bleistift, vor allem aber durch Castorps Traumvisionen wird sie als androgyne, dämonische, mit Lilith vergleichbare Figur angesehen: In »Clawdias Augen, die [...] nach Stellung, Farbe, Ausdruck denen Pribislav Hippes so auffallend und erschreckend ähnlich waren« (5.1, 223 f.), werden die beiden Figuren für den gleichen Androgynen-Typ gehalten: »[E]s waren dieselben Augen; und auch die Breite der oberen Gesichtshälfte, die eingedrückte Nase [...] – alles war ganz wie bei Pribislav [...]« (5.1, 224).

Durch das Prisma der Figurenkonstellation Hippe – Chauchat[30] fungiert die Frau als Sinnbild androgyner Erotik. Klaus Wieland bemerkt, dass Castorp, »eine nur angedeutete Liebesnacht mit der androgynen Clawdia Chauchat [verbringt], mit der er sein latent homoerotisches Begehren befriedigt und seine jugendliche Knabenliebe zu Pribislav Hippe reaktiviert, die er bis dato verdrängt hatte«.[31]

In *Empusion* trägt die Unbekannte mit dem großen Hut einige Züge Clawdias: Sie ist »groß und schlank, kerzengerade«, und zeichnet sich durch eine »schöne Zeichnung der hohen Wangenknochen« und eine »Nasenspitze« (E, 83) aus, die an die »hochsitzende[] Wangenknochenpartie« (5.1, 223) der Madame Chauchat erinnern.

Eine androgyne Gestalt ist auch die Krankenschwester Sydonia Patek. Man fragt sich auch, ob sie einen Ehemann hat oder »Jungfrau von Lesbos« ist (E, 211). Lukas scherzt, dass sie »überhaupt kein weibliches Wesen« ist (E, 269). Mit Sydonia Patek wird das Dämonische der androgyn-weiblichen Gestalt in Zusammenhang gebracht. Mieczysław kommt dabei eine Konnotation mit der mythischen Harpyie in den Sinn, die auf den Schneetraum sowie auf das Motiv der Empusen verweist: »Da erinnerte sie ihn an einen Raubvogel, eine Harpyie, die sich über einen saftigen Fleischbrocken neigt, bereit, den Schnabel darin zu versenken und ihn in Fetzen zu reißen« (E, 270).

Die Androgynität wird im *Zauberberg* auch in Zusammenhang mit verschiedenen Dingen signalisiert. Dem »phallusförmigen Bleistift«[32], den Castorp von Madame Chauchat bekommen hat, entspricht ein anderer, den ihm einstmals »Hippe während einer Zeichenstunde«[33] ausgeliehen hatte. In *Empusion* weisen

[29] Vgl. dazu Gisela Bensch: Träumerische Ungenauigkeiten: Traum und Traumbewusstsein im Romanwerk Thomas Manns. Buddenbrooks – Der Zauberberg – Joseph und seine Brüder, Göttingen: V&R 2004, S. 81; Ulf Eisele: Die Struktur des modernen deutschen Romans, Tübingen: Niemeyer 1984, S. 181; Reidel-Schrewe: Die Raumstruktur des narrativen Textes (Anm. 20), S. 152; Gerhard Härle: Die Gestalt des Schönen. Zur Homosexualitätsthematik in Thomas Manns Roman »Der Zauberberg«, Königstein: Hain Verlag bei Athenäum 1996, S. 123–132.

[30] Härle: Die Gestalt des Schönen (Anm. 29), S. 123–132.

[31] Wieland: Moderne Mannsbilder (Anm. 10), S. 259.

[32] Ebd.

[33] Ebd.

auf das Weibliche andere, von Wojnicz mit Furcht und Faszination entdeckte Naturdinge hin. Zu den weiblichen Symbolen in der Natur gehören Kröten, Wasser des unterirdischen Sees, aber auch die Elemente der Architektur wie Spalten und Ritzen. Das Geheimnis des Hermaphroditismus kommt durch Wojniczens Verhalten unbewusst ans Licht. Davon zeugen seine obsessiven Handlungen: Abdecken der Fenster mit Vorhängen, Verschließen aller Schlüssellöcher mit Papierkugeln, Interesse an Ritzen in Türen, Löchern in der Wand, die man als Verfolgungsmanie, aber vor allem als Ausdruck seiner verdrängten weiblichen Identität diagnostizieren könnte.

Sowohl Thomas Mann als auch Olga Tokarczuk verwenden eine Vielzahl von Requisiten, die symbolisch auf die Auflösung der binären Geschlechterordnung verweisen: Während im *Zauberberg* Gegenstände wie Thermometer, Zigarre, Bleistift, aber auch Möbel- und Kleidungsstücke auf Männlichkeit, Weiblichkeit, vor allem aber auf die Androgynität verweisen, stehen in *Empusion* Wasser, Feuchtigkeit, Frösche oder »Löcher in der Erde« (E, 92–124) traditionell für Symbole für Weiblichkeit und Fruchtbarkeit. Für Tokarczuks Roman ist dieser Themenkomplex zentral, obgleich das Motiv der Androgynie durch das des Hermaphroditen ersetzt ist. Eine erotisch-sexuelle Initiation wird hier in Zusammenhang mit der Neudefinition der Geschlechtsidentität gebracht, denn Wojnicz durchläuft seinen Reifeprozess mit der schrittweisen Entdeckung und Akzeptanz seiner bisher verdrängten Geschlechtsidentität.

*

Ein deutliches Ungleichgewicht zwischen männlichen und weiblichen Figuren entspricht dem tendenziell angestrebten und in den Gesprächen betonten Konflikt zwischen der dominanten Männerwelt und der auf traditionelle Rollen reduzierten Frauenwelt. Der Begriff »Symposion«, auf den der Titel des Romans anspielt, bedeutet ein geselliges Beisammensein, das mit Diskussionen über philosophische Themen verbunden ist und das in erster Linie auf den Dialog »Gastmahl« von Platon verweist, in dem Liebe, Leben, Identität von Mann und Frau thematisiert werden. Demzufolge kann *Empusion* als parodierte Paraphrase des griechischen Werkes gelten, die die männlichen Dialoge einseitig darstellt. Wenn aber Frauen für Schwäche, Unterordnung und Bedrohung der ›männlichen‹ Ordnung stehen, in der sogar ihre Fruchtbarkeit als ›Allgemeingut‹ der Menschheit fungiert, wird die Männerwelt nicht, wie aufgrund der in den Gesprächen verwendeten männlich-weiblichen Antithesen zu erwarten wäre, durch starke Figuren vertreten, sondern ausschließlich durch männliche Schwächlinge, die ihre kontroversen Äußerungen über Frauenrollen in der Gesellschaft durch intertextuelle Paraphrasen untermauern: »… denn der Leib des Weibes gehört nicht ihm allein […]. Da er gebiert, ist der weibliche

Leib Allgemeingut; die Fähigkeit des Weibes, zu gebären, kann daher nicht als private Eigenschaft betrachtet werden« (E, 166–167). Die stereotypen männlichen Figuren werden ausschließlich von dem Vater und dem Onkel von Mieczysław repräsentiert, die in Lemberg, also außerhalb der Heterotopie leben. Wie bereits aufgezeigt, entsprechen die Vorstellungen der Kurpatienten über die Rolle der Frau den Zügen der weiblichen Figuren im Roman nicht, denn auch die Frauen im Text entziehen sich typischen Merkmalen der Weiblichkeit.

Eine ähnliche Funktion wie intertextuelle Verweise im *Zauberberg*, die für den Roman »inhaltlich wie formal strukturbildend«[34] sowie »punktuell für die Deutung einzelner Szenen bzw. Abschnitte oder als Vorlage für bestimmte Figuren von Belang« (TM Hb (2015), 33) sind, haben in *Empusion* Paraphrasen literarischer, philosophischer und theologischer Schriften von Platon, Augustinus Aurelius, John Milton, William Shakespeare, Schopenhauer, Nietzsche und Freud, Sartre, Kerouac, Wedekind, Lombroso und Strindberg.

Während im *Zauberberg* »Wissensquellen zur Gestaltung des historischen Kontexts« (TM Hb (2015), 33) dienen und literarische Quellen »als Prä- und Subtexte fungieren« (TM Hb (2015), 33) können, bezieht sich das Reservoir an intertextuellen Einfügungen, die in den Dialogpartien von *Empusion* hervorgerufen werden, vor allem auf das Thema Frau und Weiblichkeit im sozialen und kulturellen Kontext. Literarische und essayistische Einschübe bilden eine intertextuelle Grundlage für die Handlung, in der allerdings tendenziös ausschließlich frauenfeindliche Werke zitiert werden, die als Beispiele für männlichen Chauvinismus dienen. Die Anhäufung solcher klischeehafter Aussagen über Frauen lässt diese wie eine Karikatur erscheinen.

Das Weibliche ist in den Augen der Männer in *Empusion* mit Sexualität teilweise positiv besetzt. Gleichzeitig wird es aber auch mit der Tuntschi in Verbindung gebracht, die für die Verdinglichung der Frau und ihre Reduzierung auf ein Sexualobjekt steht. Die Naturpuppe repräsentiert demnach die Materialisierung des Dämonischen in den jährlichen Morden, im übertragenen Sinne auch in jeder Frau, die bereit ist, sich an den Männern zu rächen. Die Rache für die Betrachtung der Frau als Sexualobjekt und Ursache des Bösen scheint paradoxerweise gerecht zu sein.

Die intertextuellen Verweise plädieren demzufolge, unter dem Deckmantel der den Männern zugeschriebenen Diskriminierung von Frauen, für eine freie Wahl der Geschlechtsidentität, die im Falle des hermaphroditischen Protagonisten biologisch begründet ist. Olga Tokarczuks *Empusion* übt eine aktuelle Zeit- und Gesellschaftskritik am Patriarchat sowie an traditionellen Geschlechtervorstellungen aus. Es legitimiert die Wahl des sozialen Geschlechts, indem ein Hermaphrodit in den Mittelpunkt gestellt wird. Hierdurch werden

[34] Katrin Max: Der Zauberberg (1924), in: TM Hb (2015), 32–42, S. 33.

die Bezüge zum Androgynie-Diskurs im *Zauberberg* offenbar. Im Vergleich mit den intertextuellen Verweisen auf »Werke der Kunst (Literatur, Musik, bildende Kunst)«, auf »literarisches, philosophisches und essayistisches Schrifttum« und auf »Zeitungsartikel und Lexikoneinträge« (TM Hb (2015), 33) im *Zauberberg* weist *Empusion* eine geringere inter- und hypertextuelle Komplexität auf, was nicht nur an seinem geringeren Umfang von knapp 400 Seiten liegt. Im Gegensatz zur »hochkomplexen« Geschichte Hans Castorps (TM Hb (2015), 32) und »einer Vielzahl von Aspekten«, wie intra- und intertextuellen Bezügen auf Philosophie, Psychoanalyse, Mythologie, Kunst, Technik, Musik, Zeitgeschichte, Medizin und Biologie (TM Hb (2015), 32), bietet *Empusion* mit seiner Fokussierung auf das Thema ›Frauen‹ bzw. Geschlechteridentität einen knappen Ausschnitt aus dem Panorama des frühen 20. Jahrhunderts und dessen literarischer Inszenierung.

*

Wojnicz wird in Görbersdorf wie einst Hans Castorp mehrmals mit der Tuberkulose und dem Tod konfrontiert. Thomas Mann, der sich für die neuesten Errungenschaften in Medizin und Technik ebenso interessierte wie für Philosophie und Kulturgeschichte, zeigt den menschlichen Körper als komplexes Gebilde und setzt sich im *Zauberberg* mit dem Verhältnis zwischen Körper und Seele auseinander. Körperteile und Körperbilder in Form von Röntgenaufnahmen, Filmen und Fotografien sowie Darstellungen von toten Körpern der Familienmitglieder und Kurpatienten bilden ein breites Panorama des damaligen Körperdiskurses. Den durch Krankheit verzerrten, veränderten oder ungewöhnlich aussehenden Körpern entsprechen verschiedene technische wie künstlerische Abbilder der Körperteile:

> Gliedmaßen: Hände, Füße, Kniescheiben, Ober- und Unterschenkel, Arme und Beckenteile. Aber die rundliche Lebensform dieser Bruchstücke des Menschenleibes war schemenhaft und dunstig von Kontur; wie ein Nebel und bleicher Schein umgab sie ungewiß ihren klar, minutiös und entschieden hervortretenden Kern, das Skelett. (5.1, 327)

Den zahlreichen akribischen Beschreibungen von physiologischen und pathologischen Prozessen entspricht in *Empusion* zum Beispiel das Kapitel »Husten-Symphonie«, in dem das Motiv der menschlichen Körpermaschine aufgegriffen wird und musikalische Motive mit den beim Husten entstehenden Geräuschen der Bewohner des Gästehauses (E, 176–198) zusammengestellt werden.

Dem im *Zauberberg* dargestellten Körperdiskurs, in den Motive der Technik und des Fragments eingewoben sind, entspricht in *Empusion* eine akribische

Darstellung der Fragmente der Kleidung und der Körperteile, die als pars pro toto gebraucht werden. Bei der ersten Konsultation bei Dr. Semperweiß fällt dem Protagonisten das kopflose hölzerne Torso-Modell auf. Der geöffnete Brustkorb und der Unterleib zeigen die inneren Organe, die in verschiedenen Farben gemalt sind. Die Lungen erzeugen bei Mieczysław eine besondere Aufmerksamkeit, da er sie mit seiner eigenen Krankheit assoziiert. Im Gegensatz zu den hölzernen Organen, die glatt, sauber und glänzend lackiert sind, weisen die Lungen der meisten Kurpatienten Defekte auf.

Der Körper verbindet sich mit Krankheit und Tod und gilt in Settembrinis Augen als teuflisches Element der menschlichen Natur. »,[I]nnerhalb der Antithese von Körper *und* Geist bedeutet der Körper das böse, das teuflische Prinzip, denn der Körper ist Natur, und die Natur – innerhalb ihres Gegensatzes zum Geiste, zur Vernunft, ich wiederhole das! – ist böse, – mystisch und böse.‹« (5.1, 378 f.)

Diese mystisch-böse Natur des Körpers kommt in *Empusion* im Motiv der weiblichen Naturelemente und der erwähnten Holzpuppe zum Ausdruck. Der menschliche, insbesondere der weibliche Körper wird durch Naturmetaphern ausgedrückt, wobei der unterirdische See durch dessen Verbindung mit dem Wasserelement eine herausragende Rolle einnimmt. In ähnlicher Weise treten Bodenlöcher in der Erde, mit Moos und Beerenholz bewachsen, als Imitation des weiblichen Körpers, seiner Fruchtbarkeit und im übertragenen Sinne der Erotik auf. Diese Bodenlöcher werden in der im Roman erwähnten Volkstradition als »Hexenmünder« (E, 110) bezeichnet.

Der mit dem Ausbruch des Ersten Weltkrieges einhergehende Schluss der beiden Werke ist für die Interpretation und die eventuelle Zuordnung des *Zauberberg* zum Bildungs-, Zeit- oder Initiationsroman[35] und die Diskussion über die Anspielung auf diese Gattung in *Empusion* von entscheidender Bedeutung. Bereits in Bezug auf den Roman von Thomas Mann wird die Debatte über die Einordnung seines Werkes als Bildungs- und Zeitroman geführt.[36] Als problematisch galt die Abreise des Protagonisten direkt in den Krieg, was dem Werk nicht nur ein offenes Ende verleiht, sondern sein weiteres Schicksal als unbestimmt erscheinen lässt.

Ein ähnliches literarisches Spiel mit der Gattung wird teilweise von Olga Tokarczuk geführt, die den Protagonisten seinen Lebensumbruch während einer knappen Zeit erleben lässt. Durch die Rahmenkonstruktion, die von der An- und Abreise markiert wird, sowie durch den Wandel des Protagonisten spielt *Empusion* gattungstheoretisch auf die Tradition der heterotopischen

[35] Daniela Langer: Thomas Mann »Der Zauberberg«, Ditzingen: Reclam Verlag 2009, S. 360–364.

[36] Ebd., S. 360–374; Michael Neumann: Ein Bildungsweg in der Retorte: Hans Castorp auf dem Zauberberg, in: TM Jb 10, 1997, 133–148.

Ordnung an. Das Werk vereint die Merkmale der Horrorgeschichte und des Romans und bricht zugleich mit der literarischen Konvention dieser Gattungen. Wie im Titel und Untertitel angedeutet ist, hat man es mit zwei Genres zu tun: mit der der Unterhaltungsliteratur zugerechneten Horrorgeschichte und dem Roman. Im Gegensatz zu seinem deutschen Pendant erweckt *Empusion* gar nicht erst den Anschein, ein typischer Bildungs- oder Entwicklungsroman zu sein[37], obwohl im Mittelpunkt der Handlung ein mit Hans Castorp vergleichbarer Protagonist steht. Trotz der sich auf nur knapp drei Monate belaufenden Handlungszeit durchläuft Mieczysław Wojnicz jedoch einen Selbsterkenntnisweg und lernt seine eigentümliche Geschlechtsidentität zu akzeptieren. Hermann Kurzke, der »Menschlichkeit [...] an die Androgyneität, an die natürliche Bisexualität des Menschen gebunden« sieht, betrachtet die Entwicklung Hans Castorps als einen Weg »von der todverbundenen, hinter einer oberflächlichen Heteroerotik versteckten Homoerotik zu einer ›idealisierten Bisexualität‹«.[38] Tokarczuks Roman setzt sich als Inszenierung des Epochenpanoramas auch mit aktuellen Problemen wie der Geschlechterfrage auseinander. In diesem Sinne wäre die Entwicklung des Protagonisten in *Empusion* als ein Weg vom unterdrückten Hermaphroditismus als idealisiertes Menschsein zur freiwilligen Geschlechtswahl zu verstehen.

Der Untertitel kann gattungsgemäß das Vorhandensein der mysteriösen Ereignisse in der Handlung rechtfertigen, denn der Autorin zufolge werden hier andere Schrecken, nämlich die der Gegenwart, thematisiert, die im Roman zwei Bedeutungen haben. Als Schrecken werden nicht die Morde angesehen, sondern die leitmotivisch gestaltete, seit Jahrhunderten kultivierte männliche Feindlichkeit den Frauen gegenüber. Diese wird von der Autorin als eine »Art, wie Männer [...] über Frauen reden«[39], definiert und manifestiert sich in Dialogen über verschiedene Aspekte des Lebens, welche die Frau missachten und entwürdigen.

37 Auch Thomas Mann hat mit diesem Genre experimentiert. Im Brief an Félix Bertaux vom 01.03.1923 gesteht er, dass »›Der Zauberberg‹ einen Versuch darstellt, den ›Bildungsroman‹ zu erneuern« (22, 474). Im Brief an Bertaux vom 23.07.1924 fügt Mann hinzu, der Roman sei »eine Art von Modernisierung des Bildungs- und Erziehungsromans«, »etwas wie eine Parodie darauf« (23.1, 75).

38 Kurzke: Die Erotik des »Zauberbergs« (Anm. 25), S. 65.

39 Kohli: Nobelpreisträgerin Olga Tokarczuk (Anm. 2).

Katrin Max

Sonderbar, aber hörenswert

Überlegungen zu Hans Castorps Bildungsstand

»Thomas Mann kontrovers« lautete das Format der Lübecker Thomas Mann-Tage 2024, auf das sich die folgenden Ausführungen beziehen. Es soll also in den Beiträgen von Michael Navratil und mir darum gehen, verschiedene Standpunkte einzunehmen und einen Text im besten Wortsinn von kontrovers (*contra* = gegen, *versus* = gerichtet) zu diskutieren. *Der Zauberberg* scheint nicht zuletzt deshalb hierfür ideal geeignet zu sein, da es sich um einen Roman handelt, der fortlaufend Widersprüchliches zur Sprache bringt und – auf unterschiedlichen Ebenen – die Gegensätze zu seinem Thema macht. Gesund oder krank, klassisch oder romantisch, Europa (West) im Vergleich zu Asien (Ost), apollinisch vs. dionysisch, Form im Gegensatz zu Un- oder Überform[1], Leben im Kontrast zum Tod – all das und mehr wird im Text verhandelt. Es sind dabei nicht allein die Gegensätze selbst, die im Text einander im Sinne von These und Antithese gewissermaßen kontrovers gegenübergestellt werden. Die Kontroverse bezieht sich innerhalb der Handlung wie auf den übergeordneten Erzählebenen darüber hinaus auf die Frage, inwiefern eine solch klare dichotomische Zuordnung überhaupt den Gegebenheiten entspricht; ja mehr noch, ob sie wünschenswert ist, oder ob nicht besser eine Synthese dieser vermeintlichen oder tatsächlichen Widersprüche mitgedacht werden sollte.

Hans Castorp und die Antagonismen des Zauberberg

Auch im Hinblick auf seinen Protagonisten Hans Castorp operiert der Text mit Widersprüchen. Sei es, dass Castorps ursprüngliche Ansichten über Krankheit und Tod auf dem Zauberberg angesichts der dortigen Erfahrungen eine Revision einfordern,[2] sei es, dass er sich durch Settembrini und Naphta als Repräsentanten konträrer Standpunkte mit unterschiedlichen Weltbildern auseinandersetzen muss, sei es, dass er selbst durch die neuen Bekanntschaften

[1] Vgl. XI, 371 sowie zur Erläuterung Børge Kristiansen: Thomas Manns »Zauberberg« und Schopenhauers Metaphysik, Bonn: Bouvier 1986, S. 38 f.

[2] Vgl. Katrin Max: Liegekur und Bakterienrausch. Literarische Deutungen der Tuberkulose im »Zauberberg« und anderswo, Würzburg: Königshausen & Neumann 2013, S. 130–139.

und Begegnungen äußerst verschiedene Einschätzungen seiner Person erfährt. Die Antagonismen werden zumindest im ersten Teil des Romans zu Castorps ständigem Begleiter. Im Abschnitt »Schnee« spricht er die Frage nach den Gegensätzen im Zuge seiner formulierten Erkenntnis, dass »*[d]er Mensch [...] um der Güte und Liebe willen dem Tode keine Herrschaft einräumen [soll] über seine Gedanken*« (5.1, 748), schließlich direkt an. Hans Castorp erklärt: »Der Mensch ist Herr der Gegensätze, sie sind durch ihn, und also ist er vornehmer als sie.« (5.1, 748) Damit verweist er einerseits auf den Konstruktcharakter jeglicher Antagonismen im Sinne einer »Weltentzweiung« (5.1, 570, 584) als Bestandteil der Erscheinungswelt.[3] Zum anderen aber richtet er den Fokus auf sich selbst als »Mensch«, der die Gegensätze beherrschen können sollte (5.1, 748). Dadurch fragt er letztlich nach seiner eigenen Positionierung.

Allerdings schafft es Hans Castorp nicht, seinem eigenen Anspruch gerecht zu werden. Noch am selben Tag vergisst er bekanntlich, was er im Sinne eines kategorischen Imperativs als »Ergebnissatz« (XI, 423) seines Schneetraums formulierte. Folglich resultiert daraus kein Handeln seinerseits. Er bleibt auf dem Zauberberg, bis er schließlich durch Einflüsse von außen auf die Schlachtfelder des Ersten Weltkriegs entlassen wird, mit für ihn sehr wahrscheinlich letalem Ausgang. Dennoch ist ja aber auffällig, dass er überhaupt dazu fähig ist, Gegensätze zu erkennen, sie als solche zu benennen und sich wenigstens momentweise dazu zu positionieren.

Die in der Figur Hans Castorp zutage tretende Widersprüchlichkeit, einerseits über das gewöhnliche Maß der Davoser Patientenschaft hinausgehende Einsichten zu erlangen, diese andererseits aber jedes Mal weder lange zu bewahren noch daraus Handlungsmaximen ableiten zu können, hat dazu geführt, auch ihn als Protagonisten kontrovers zu betrachten. Erfährt Hans Castorp im Laufe der Handlung eine besondere Entwicklung, wodurch er sich von den übrigen Figuren abhebt? Werden die Reflexionen, Ansichten und möglichen Erkenntnisse des Textes in und durch Hans Castorp gebündelt? Oder ist die Komplexität des *Zauberberg* und seiner Aussagen gerade dadurch realisiert, dass sie im Zuge der Geschichte eines wahrhaft schlichten Helden dargeboten werden? Beide Positionen können durch den Text gestützt werden.

Die Ambivalenz Hans Castorps zeigt sich vom Beginn des *Zauberberg* bis zu dessen letztem Absatz. So heißt es am Anfang gleich zweimal, dass es sich bei ihm um einen »einfachen [...] jungen Menschen« handele (5.1, 9, vgl. 11). Sowohl der der Geschichte vorgeschaltete »Vorsatz« als auch der die eigentliche Handlung einleitende erste Abschnitt »Ankunft« beginnen auf diese Weise. Die Dopplung entspricht einem Strukturprinzip des Romans. Sie ist ironisch

[3] Hierin folge ich Børge Kristiansen, den *Zauberberg* im Kontext von Thomas Manns Schopenhauer-Rezeption zu deuten; vgl. Kristiansen: Thomas Manns »Zauberberg« (Anm. 1).

dahingehend lesbar, dass sie ebenso Bekräftigung wie Zurücknahme des Gesagten sein kann.[4] Am Ende wird nochmals auf diese einleitenden Worte Bezug genommen, wenn der Erzähler in direkter Ansprache an seine Figur erklärt, dass Hans Castorp »Abenteuer im Fleische und Geist« erlebte, die seine »Einfachheit steigerten« (5.1, 1085).

Ungeachtet dessen, dass diese Formulierung in ironischer Manier eine eindeutige Aussage verweigert (denn was bedeutet es im Grunde konkret, dass die »Einfachheit« gesteigert wird?), hat vornehmlich die ältere Forschung diesen Gedanken der Steigerung aufgegriffen.[5] Sie konnte sich hierbei auf Selbstkommentare Thomas Manns berufen, der sich als Autor zu diesem Aspekt des Romans geäußert hat. Wiederholt stellte Mann Bezüge zum Bildungsroman der Goethezeit her, wodurch nahegelegt wurde, dass Hans Castorp eine Steigerung im Sinne einer Entwicklung, also als eines klassischen Bildungsganges, durchlaufe. So notiert Mann im Tagebuch 1921 »über Sinn und Idee des Zbg«, dieser sei »auf seine parodistische Art ein humanistisch-goethischer Bildungsroman, und H.C. besitzt sogar Züge von W. Meister« (Tb, 15.6.1921). Durch die Einschätzung als parodistisch und die Relativierung mittels des Wortes »sogar« lässt sich hieraus keine Eindeutigkeit ableiten. Dass im Roman selbst wiederholt davon die Rede ist, Hans Castorp sei ein »Bildungsreisende[r]« (5.1, 869, 893, 997, 1034), plausibilisiert den Goethe-Bezug, stellt durch den jeweiligen Handlungskontext aber zugleich dessen ironische Note heraus.

Anders verhält es sich in der Princeton-Vorlesung *Einführung in den »Zauberberg«* (1939), in der Thomas Mann artikuliert, der »Ehrgeiz« seines Buches beziehe sich auf das »Grundthema [...] der *Steigerung*« (XI, 612). Hans Castorp sei zwar »ein simpler Held«, in »der fieberhaften Hermetik des Zauberberges aber erfährt dieser schlichte Stoff eine Steigerung, die ihn zu moralischen, geistigen und sinnlichen Abenteuern fähig macht [...]. Seine Geschichte ist die Geschichte einer Steigerung« (XI, 612).

Abgesehen davon, dass dieser Kommentar Thomas Manns ebenfalls Relativierungen beinhaltet, ist er als Autor nicht die ausschlaggebende Instanz für die Erklärung seines Werkes, sondern der Text selbst stellt die Grundlage für die Interpretation dar. Der zeitgeschichtliche Kontext der späten 1930er-Jahre lässt es nachvollziehbar erscheinen, dass sich Thomas Mann in dieser Vorlesung für eine Deutung im Sinne humanistischer Werte aussprach. Die von Mann

[4] Vgl. Katrin Max: Der Zauberberg (1924), in: TM Hb (2015), 32–42, hier S. 36.

[5] Vgl. exemplarisch Eckhard Heftrich: Zauberbergmusik. Über Thomas Mann, Frankfurt/Main: Klostermann 1975, S. 37, 88; Peter Pütz: Krankheit als Stimulans des Lebens: Nietzsche auf dem Zauberberg, in: TMS XI, 249–264, hier S. 260. Vereinzelt gehen auch neuere Forschungsarbeiten von einer ungebrochenen Steigerung aus; vgl. Andreas Kablitz: Der Zauberberg. Die Zergliederung der Welt, Heidelberg: Winter 2020, S. 56; Dieter Borchmeyer: Thomas Mann. Werk und Zeit, Berlin: Insel 2022, S. 657–664.

rezipierten ersten Forschungsarbeiten zum Roman bestätigen diese Lesart.[6] *Der Zauberberg* jedoch ist gerade dadurch ein komplexer Text, dass er gegensätzlich Kontroverses miteinander interagieren lässt. Das betrifft nicht nur die dargebotenen großen Themen und philosophisch-weltanschauliche Fragen, sondern auch das Figureninventar. Wie verhält es sich daher mit Hans Castorp? Er kann ebenso auf unterschiedliche Weise perspektiviert werden.

Der Untertitel des vorliegenden Beitrags deutet darauf hin, dass ich mich bei meinen Ausführungen auf die Frage der Bildung des Protagonisten beziehe, dabei aber den Fokus auf das Statische lege. Der verwendete Begriff »Bildungsstand« soll die innerhalb dieser Kontroverse vertretene Position aufgreifen, dass Hans Castorp in der Tat keine nennenswerte Entwicklung durchmacht. Er ist zwar ein Sonderfall, der sich von der übrigen Berghof-Gesellschaft unterscheidet,[7] und dadurch, dass er sich in vielerlei Hinsicht als »aufnahmelustig« zeigt (5.1, 255, 259, vgl. 355) und alles an ihn Herangetragene »hörenswert« findet (5.1, 152, 244, 700), mag der Eindruck entstehen, dass er sich weiterentwickelt. Das ist jedoch nicht der Fall. Hans Castorp bleibt in seinem Wesen relativ konstant. Er erfährt keine Steigerung, die es ihm erlaubt, fortschreitend oder nachhaltig Erkenntnis zu erlangen und daraus Konsequenzen für sein Leben abzuleiten. Die folgenden Ausführungen sollen erläutern, inwiefern der Text eine solche Lesart anbietet und welche Deutungsoptionen sich hieraus ergeben.

Interesse für das Neue: Suggestibilität und gesteigerte Sinnesempfänglichkeit

Hans Castorp wird von Anbeginn als jemand charakterisiert, der äußerst empfänglich für äußere Reize ist. Dass er eine erhöhte Suggestibilität aufweist, zeigt sich in verschiedener Hinsicht. Im Folgenden soll der Fokus auf die Handlungsebene gelegt werden.[8] Hofrat Behrens schätzt seinen Neuzugang sogleich so ein, dass dieser ein »Talent zum Kranksein« habe (5.1, 278, vgl. 74). Allgemeiner gefasst bedeutet dieses »Talent«, dass Hans Castorp sich allzu bereitwillig

[6] Thomas Mann bezieht sich auf Hermann J. Weigand: Thomas Mann's Novel »Der Zauberberg«, New York / London: Appleton-Century 1933 und Howard Nemorov: The Quester-Hero: Myth as Universal Symbol in the Works of Thomas Mann, Cambridge: Harvard Univ. Lib. 1932; vgl. XI, 614f.

[7] Vgl. hierzu ausführlich Christian Gloystein: »Mit mir aber ist es was anderes«. Die Ausnahmestellung Hans Castorps in Thomas Manns Roman »Der Zauberberg«, Würzburg: Königshausen & Neumann 2001.

[8] Dazu, dass es zu den Strukturprinzipien des Romans zählt, die großen Themen durch z. T. schlicht anmutende Aspekte der Handlung wie die durchaus sinnstiftenden Bildungsschnitzer der Frau Stöhr zu verdeutlichen, vgl. Heftrich: Zauberbergmusik (Anm. 5), S. 51.

auf all das einlässt, womit er in Berührung kommt. Er ist »aufnahmelustig« (5.1, 259) nicht nur bezüglich der Krankheit,[9] sondern hinsichtlich all jener anderen Einflüsse der verschiedenen Bereiche, die in der neuen Umgebung des Davoser Sanatoriums auf ihn einwirken. Insofern findet er alles »hörenswert« (5.1, 244).

Eine Betrachtung seines ›Bildungsganges‹ ergibt, dass er tatsächlich durch Einflüsse von außen gelenkt wird. Ohne diese Impulse würden ihn nicht jene Themen beschäftigen, mit denen er sich auseinandersetzt. Seine Interessensgebiete sind dementsprechend. Das lässt sich gut aus der Makrostruktur des Textes ableiten. Nach anfänglichem Erstaunen über die Zustände »hier oben« (5.1, 82) und Überlegungen zur Zeittheorie und Krankheit, die ihm selbst zuzurechnen sind,[10] nimmt die Handlung derart ihren Verlauf, dass Hans Castorp im Wesentlichen durch Außenreize angeregt wird.

Es beginnt mit den Wissenschaften vom Menschen, die durch Krokowskis psychoanalytisch geprägte Ausführungen, Behrens' Erläuterungen zu biologischen Prozessen und durch das Selbststudium im Abschnitt »Forschungen« von Castorp nicht allein theoretisch erschlossen werden, sondern in so unterschiedlichen Dingen wie der erotischen Begegnung mit Madame Chauchat und der karitativen Moribundenpflege auch ihre praktische Erprobung erfahren. Bezüglich des historisch-politischen Kontexts wird Castorp durch die Dispute zwischen Settembrini und Naphta gelenkt und geleitet. Je nach Diskussionsstand kann er sich jeweils mit einer der beiden Seiten identifizieren. Der Abschnitt »Schnee« sticht sodann aus der Handlung des Geführtwerdens heraus. Es ist vorrangig Hans Castorps eigener Impuls, sich auf den Weg zu machen (vgl. 5.1, 713). Die Träume und seine im Anschluss formulierten Sätze sind als punktuelle Einsicht zu verstehen. Jedoch ist dies eben nur eine Momentaufnahme. Die »Aufnahmelustigkeit« (5.1, 255) Hans Castorps setzt sich danach weiter fort. Es erscheint Peeperkorn als neue charismatische Figur, die ihn in den Bann zieht, nicht zuletzt, da sie die Gegensätze zwischen Napha und Settembrini zu neutralisieren scheint (vgl. 5.1, 892). Zum Ende hin vollzieht sich die Romanhandlung dann »auf krankhaftem Wege« (5.1, 991). Wurde der erste Teil durch das Interesse an den Wissenschaften und am Rationalen geprägt, ist nun die Hinwendung zur Unform und zum Irrational-Pathologischen erkennbar. Hans Castorp ist hiervon ebenfalls betroffen. Die absteigende Linie formiert sich durch Stumpfsinn, Musik, Okkultismus und Spiritismus sowie

[9] Analog zur Frage seiner Steigerungsfähigkeit bleibt der Roman dahingehend vage, ob Hans Castorp tatsächlich behandlungsbedürftig an Tuberkulose erkrankt oder nicht. Sein Talent zum Kranksein wird mit seiner erhöhten Suggestibilität eng geführt, was ebenfalls kontroverse Deutungen zulässt; vgl. Max: Liegekur (Anm. 2), S. 146–163.

[10] Vgl. seine Aussage gegenüber Settembrini: »Und doch ist mir auch andererseits wieder, […] als ob ich hier schon älter und klüger geworden wäre, so kommt es mir vor.« (5.1, 132)

Gereiztheit. Sie mündet im Ersten Weltkrieg, der in diesem Sinne seine Wertung als reaktionär und pathologisch erfährt.[11]

Dieser Verlauf entspricht nicht einer Entwicklung des Protagonisten. Vielmehr durchlebt Hans Castorp einen Werdegang, der durch die äußeren Bedingungen vorgegeben ist. Er beschäftigt sich jeweils mit dem, wozu ihn andere Figuren anregen. Das sind nicht nur die großen philosophischen Fragen und Überlegungen dazu, was das Leben denn eigentlich sei (vgl. 5.1, 416f.), sondern auch scheinbar weniger wichtige Begebenheiten, die innerhalb des Romankontexts ihre erweiterte Bedeutung erfahren. Zur Illustration seien einige Beispiele gegeben.

Allgemein ist zu lesen, dass es »den jungen Hans Castorp [...] herzlich [verlangte], beeinflußt zu werden« (5.1, 228). Er »war guten Willens, sich beeinflussen zu lassen« (5.1, 239). Später im Text heißt es dann, dass »Hans Castorp nach wie vor bereit war«, Settembrinis »Lehren unverbindlicherweise hörenswert zu finden und sich zum Versuche pädagogisch beeinflussen zu lassen« (5.1, 468).

Von Interesse ist für Castorp dabei das, was jeweils an ihn herangetragen wird. Er ist stets für das Neue empfänglich. So erklärt er, nachdem er die Bekanntschaft mit Naphta gemacht hat: »›Absolut neu und geradezu aufregend für mich, wie ich gestehe. [...] So ein Umgang erweitert ja den Horizont in ganz unverhofftem Grade und gibt Einblick in eine Welt, von deren Existenz man keine blasse Ahnung hatte.‹« (5.1, 618) Dieses Zitat ist insbesondere deshalb von Interesse, da die Forschung den Fokus zumeist auf Settembrini und dessen ›pädagogisches‹ Einwirken auf Hans Castorp legte.[12] Der Roman stellt indes heraus, dass Naphta zumindest temporär ebenfalls ein großer Einflussfaktor ist. Im Zusammenhang mit seinem Schneetraum sagt Hans Castorp interessanterweise: »Du [Settembrini, K.M.] [...] bist mir lieber als der scharfe kleine Jesuit und Terrorist [...], obgleich er fast immer recht hat, wenn ihr euch zankt ...« (5.1, 719). Dass Hans Castorp sich an so zentraler Stelle bezüglich der vorgetragenen Inhalte auf die Seite Naphtas und gegen Settembrini stellt, wird gern übersehen. Es fügt sich jedoch in das gezeichnete Figurenprofil des Protagonisten und ist insofern weniger eine weltanschauliche Positionierung, als dass es die momentanen Ansichten Castorps in Anbetracht dessen spiegelt, was ihm kurz zuvor durch Naphta vermittelt wurde.

Später wird der Gegensatz zwischen Settembrini und Naphta für ihn bekanntlich aufgelöst und durch Peeperkorn neutralisiert (vgl. 5.1, 892). Das zeigt einmal mehr, wie beeinflussbar Hans Castorp ist. Peeperkorn bewirkt letztlich

[11] Vgl. Katrin Max: Literarische Heilkunst. Ansichten und Einsichten der Krankheit in Thomas Manns »Der Zauberberg«, in: Etudes Germaniques, Jg. 72, 2017, S. 665–690, hier S. 685–688.

[12] Vgl. exemplarisch Hans Wißkirchen: »Ich glaube an den Fortschritt, gewiß.« Quellenkritische Untersuchungen zu Thomas Manns Settembrini-Figur, in: TMS XI, 81–116; Hans Wysling: Probleme der »Zauberberg«-Interpretation, in: TM Jb 1, 1988, 12–26, hier S. 15f.

gar, dass Madame Chauchat neben ihm verblasst und für Castorp weniger interessant erscheint als das Neue, das dieser repräsentiert. Castorps einst gezeigtes erotisches Interesse für sie scheint ebenso nicht mehr vorhanden, wie ihm seine durch Krokowski und Behrens angestellten Überlegungen zu biologischen und psychisch-psychologischen Prozessen nicht mehr gegenwärtig sind.

Übernahmen von Formulierungen und Handlungen

Charakteristisch für Hans Castorp ist weiterhin, dass er wiederholt bestimmte Formulierungen übernimmt, und zwar von unterschiedlichen Figuren: Der Bogen spannt sich dabei vom schlicht anmutenden »Schnickschnack« der Adriatica von Mylendonk (vgl. 5.1, 254, 256, 262) über eine Formulierung Settembrinis, dass der Monat die kleinste Zeiteinheit sei, welche Hans Castorp wortwörtlich in einen Brief übernimmt (vgl. 5.1, 91, 248, 341), bis hin zu Aussagen mit philosophischem Kontext, wie beim von Settembrini übernommenen Begriff der »Weltentzweiung« (vgl. 5.1, 570, 584).

Manches wandelt er leicht ab in seinen Bezügen. So wendet er beispielsweise die Einschätzungen seiner Person auf Naphta an: »›er [Naphta, K.M.] ist auf seine Art auch so was wie ein Sorgenkind des Lebens, ein joli jésuite mit einer petite tache humide‹« (5.1, 619, vgl. 701). Bei dieser Aussage greift er darauf zurück, dass Settembrini ihn selbst vorher als »Sorgenkind des Lebens« bezeichnet hatte und Madame Chauchat von ihm leicht spöttisch als einem »[j]oli bourgeois à la petite tache humide« sprach (5.1, 467, 518).

Hans Castorp übernimmt nicht nur Formulierungen, sondern auch Handlungen. Exemplarisch erwähnt sei jenes Vorkommnis, bei dem er den Blick eines Moribunden nachahmt, dessen er kurz vorher ansichtig wurde. Er begegnet dabei zufällig Madame Chauchat, sodass er sie »mit diesen Augen« anblickte (5.1, 164). Der Charakter ihrer weiteren Beziehung wird durch jenen Moribundenblick antizipiert, begründet in Hans Castorps Wesen einer gesteigerten Aufnahmelustigkeit. Ebenfalls deutlich in ihrer Symbolik ist die Episode im Zuge der Totenbeschwörung Joachims, da Hans Castorp im Sinne von Ratio und Aufklärung das Deckenlicht einschaltet – ganz so, wie es vorher Settembrini in seinem eigenen Krankenzimmer getan hatte, um den Spuk zu vertreiben (vgl. 5.1, 293, 1033). Weiterhin sei in diesem Zusammenhang genannt, dass Hans Castorp wiederholt Mynheer Peeperkorn in seiner abgehackten, inhaltsleeren Sprechart nachahmt, analog dazu, wie er vorher jeweils Argumente von Settembrini oder Naphta aufgriff (vgl. 5.1, 856f., 866, 881).

Insbesondere in diesem Punkt ist ersichtlich, dass es sich beim Werdegang Hans Castorps nicht um eine Entwicklung im Sinne eines Bildungsromans handelt, sondern dass er sich gemäß dem »Placet expiriri« (5.1, 997) ausprobiert und dabei jene Ansichten, Formulierungen und Verhaltenweisen adaptiert, die gerade für ihn greifbar sind. Möglicherweise fügen sich selbst seine »Regierungsgeschäfte[]« (5.1, 712) in dieses Schema, da sie als Nachahmung der buchstäblichen Regierungstätigkeit seines Großvaters, des Senators, aufzufassen sind.

Hans Castorps Aufnahmelustigkeit ist so weit gesteigert, dass er sogar Dinge übernimmt, von denen er weiß, dass sie nicht korrekt sind. Er und Joachim Ziemßen sind nicht verwandt miteinander. Gleich zu Beginn des Textes wird mitgeteilt, dass Joachim der »Stiefschwestersohn[] seiner seligen Mutter« sei (5.1, 56). Als Behrens später bei der gemeinsamen Untersuchung der beiden vermutet, die Neigung zur Krankheit läge in der Familie, widerspricht Castorp mit: »Er ist aber nur ein Stiefvetter von mir, Herr Hofrat«, was Behrens geflissentlich ignoriert (5.1, 275). Später überlagert die Fehleinschätzung durch den Arzt allerdings Hans Castorps eigenes Wissen um die Familienverhältnisse. »[A]lso kann es ja sein, daß es ein bißchen in unsrer Familie liegt, Behrens wenigstens machte so eine Bemerkung« (5.1, 282), sagt er kurze Zeit darauf. Und viel später, bei Joachims Rückkehr zum Sterben, erklärt Hans Castorp auf die Frage »›Sie hängen an Ihrem Vetter [...]?‹ [...] ›Was läßt sich da sagen, Herr Hofrat. Ein so naher Verwandter [...]‹« (5.1, 799). Wider besseres Wissen hat er in diesem Punkt also die falsche Ansicht übernommen, ja geradezu internalisiert.

Folglich spricht einiges dafür, Hans Castorp als jemanden zu verstehen, der auf Außenreize reagiert und der sehr leicht beeinflussbar ist. Dies ist nicht mit einer Weiterentwicklung oder gar einer Steigerung zu verwechseln.

Es wäre nun nicht *Der Zauberberg*, wenn es im Text nicht auch Belege dafür gäbe, eine solche Lesart zu unterwandern. Das soll weder ignoriert noch verschwiegen werden. So ist zum Beispiel bei Settembrini eine gewisse Tendenz zur Auseinandersetzung erkennbar (vgl. 5.1, 596f. im Bezug zu 379f.). Es gibt außerdem Situationen, in denen Castorp selbst entscheidet, etwa wenn er den Empfehlungen zur Abreise nicht folgt, wie sie – in ganz unterschiedlichen Situationen – anfänglich von Settembrini und später von Behrens ausgesprochen werden (vgl. 5.1, 133, 631). Dass es zum Ende des sechsten Kapitels heißt, »[n]euerdings verwirrte und verhaspelte Hans Castorp sich nicht mehr« (5.1, 883), legt den Gedanken an eine Entwicklung nahe. Zudem sticht wie erwähnt der Abschnitt »Schnee« heraus. Eingedenk dessen ist der Gesamteindruck aber dennoch derjenige, dass Hans Castorp von Anfang bis Ende dazu neigt, alles »harmlos« haben zu wollen (5.1, 798). Entsprechend zeigt er sein Verhaltensmuster, immer das gerade Aktuelle aufzugreifen und anzuwenden, bis etwas Neues kommt. Er setzt sich nicht tiefer mit den Dingen auseinander. Insofern bleibt er der einfache junge Mensch, bei dem bestenfalls die Einfachheit gesteigert werden kann (vgl. 5.1, 9, 11, 1085). Sein Erkenntnisgang markiert keine Entwicklung, sondern die jeweiligen Einflüsse werden singulär, das heißt nacheinander, verarbeitet. Dass all die gehörten Ansichten zusammenzudenken sind, um der Komplexität der Welt Rechnung zu tragen, erkennt er nur ahnungsweise.

Hans Castorp und die Herausforderungen der Moderne

Hans Castorps Zuwendung zu den verschiedenen Standpunkten kann im Sinne der historischen Gegebenheiten im frühen 20. Jahrhundert gelesen werden. Jene Epoche der Moderne ist durch den Verlust des Zentrums charakterisiert. Es gibt keine Autoritäten oder letzte Instanzen mehr. Gewissheit und Verlässlichkeit weichen einem Wahrheitspluralismus, der zwar vielfältige Möglichkeiten bietet, aber auch Orientierungslosigkeit bedeuten kann.

Die ein wenig überstrapazierte Formel vom *Zauberberg* als »Zeitroman« (XI, 611) ist so ebenfalls anwendbar. Die Vielzahl all jener Ansichten, Perspektiven und Informationen, die auf Hans Castorp einwirken, sind dabei zugleich Ausdruck eines demokratischen Verfahrens. Im Roman wird alles paritätisch vorgetragen, seien es naturwissenschaftlich-medizinische Aspekte, historische Informationen, politische Ansichten oder parawissenschaftliche Praktiken wie die einer spiritistischen Sitzung. Es ist an ihm selbst, sich damit aktiv auseinanderzusetzen und einen eigenen Standpunkt zu erarbeiten, so wie er das im Schneetraum in Ansätzen vornimmt. Insofern thematisiert *Der Zauberberg* jenes damals aktuelle Problem, sich im Sinne des Wahrheitspluralismus in Demokratie zu üben, ohne sich selbst dabei zu verlieren.

Die Stabilität des Ich und damit zusammenhängende Fragen der Identität sind ein weiteres bedeutsames Thema der damaligen Zeit. Die Literatur der Moderne brachte die Krise des Ich in vielerlei Hinsicht zur Sprache. Von der Forschung wurde und wird dieser Aspekte als zentral erachtet.[13] Thomas Mann erfuhr hierbei allerdings geringere Aufmerksamkeit als andere Autoren, mutmaßlich weil seine Figuren die Problematik weniger offensichtlich thematisierten, als es in anderen Werken der Moderne der Fall ist. Selbst dann, wenn jüngere Debatten zur Moderne den Autor Thomas Mann zum Gegenstand ihrer Auseinandersetzung machen, wird das Thema der Ich-Identität ausgespart.[14]

[13] Vgl. Philip Ajouri: Literatur um 1900. Naturalismus – Fin de Siècle – Expressionismus, Berlin: Akademieverlag 2009, S. 115–130.

[14] Genannt sei die im Internationalen Archiv für Sozialgeschichte der Literatur (IASL) der Bände 32 bis 34 abgedruckte Debatte, die mit Anzweiflung der Modernezugehörigkeit Thomas Manns ihren Ausgangspunkt nahm, im Laufe der Beiträge Argumente gegen eine solche Position versammelte und Mann als Autor der Moderne bestätigte, dabei die Ich-Thematik jedoch aussparte; vgl. Anke-Marie Lohmeier: Was ist eigentlich modern? Vorschläge zur Revision literaturwissenschaftlicher Modernebegriffe, in: IASL, Jg. 32, 2007, S. 1–15. Huber deklarierte

Dabei greift Thomas Manns Werk sehr wohl jene damals virulente Frage auf. So sind Deutungen möglich, die es erlauben, anhand von Figuren wie Hans Castorp Aspekte der Ich-Identität und Selbstvergewisserung zu exemplifizieren, gerade weil sie scheinbar tradierten Mustern folgen. In der Differenz zu herkömmlichen Erzählschemata offenbart sich dabei das Moderne der Texte Thomas Manns. Indem es sich beim *Zauberberg* nicht um einen Bildungsroman handelt, sondern bestenfalls um eine parodistische Anverwandlung des Goetheschen *Wilhelm Meister*, werden Themen und Probleme des aktuellen 20. Jahrhunderts aufgegriffen und literarisch zur Sprache gebracht.

Wenn Hans Castorp im Roman als »Bildungsreisende[r]« bezeichnet wird (vgl. 5.1, 869, 893, 997, 1034), ist dies folglich im Lichte der Moderne zu sehen und damit ironisch gebrochen zu lesen. Castorp gibt sich den Anschein, ein solcher zu sein. In der Umsetzung wird offenbar, dass es um die Fragen seiner eigenen Gegenwart geht, nicht um die Themen der Zeit hundert Jahre zuvor. Das wird im Roman sowohl inhaltlich durch die Handlung als auch formal und strukturell durch die Erzähltechnik realisiert. Die Art und Weise, sich innerhalb der erzählten Geschichte den unterschiedlichen Aspekten zu widmen und sie nacheinander gewissermaßen stationsweise abzuarbeiten, entspricht dem Vorgehen des frühen 19. Jahrhunderts. Angesichts einer sich mehr und mehr ausdifferenzierenden Welt, in der es keine verbindlichen Wahrheiten mehr geben kann, wird Castorp bei seinem Vorgehen jedoch zum Spielball der äußeren Einflüsse. In ihrer Vielzahl überfordern ihn die unterschiedlichen Sichtweisen. Sie erlauben ihm kein Bildungserlebnis mehr, wie es einst bei früheren Romanfiguren der Fall war. Das sukzedane Erschließen bedeutet für ihn eine Komplexitätsreduktion, die nötig ist, um die Dinge zu erfassen. Durch die Besonderheiten seiner literarischen Gestaltung thematisiert der Roman zugleich, dass das Vorgehen seines Protagonisten kein probates Mittel ist, den Herausforderungen der Moderne zu begegnen.

Hans Castorp und der Erzähler: Besonderheiten der Erzähltechnik

Durch seine Charakterisierung weist Hans Castorp über die bloße Handlungsebene des Textes hinaus. Er ist in einem erweiterten Sinne aufnahmelustig, da er Elemente des klassischen Bildungsromans aufgreift und so in den Spuren literarischer Vorgänger wie Wilhelm Meister wandelt. Diese strukturelle Intertextualität gibt einen Hinweis auf die Erzähltechnik des Romans, die

Thomas Mann als »Prüfstein« der Modernekonzepte (Martin Huber: »Was bleibet aber …?« Ein Zwischenruf zur Debatte literaturwissenschaftlicher Modernebegriffe, in: IASL, Jg. 33, 2009, S. 210–216, hier S. 216).

abschließend im Bezug zum hier verhandelten Thema wenigstens kurz angerissen werden soll.

Ähnlich wie mit der Hauptfigur Hans Castorp verhält es sich mit dem Erzähler. Beide weisen Bezüge zu literarischen Vorlagen auf: Hans Castorp gibt sich den Anschein eines Bildungsreisenden aus früheren Zeiten, während der Erzähler darauf bedacht ist, als auktorialer, allwissender Herr seiner Geschichte zu erscheinen. Jedoch ist ersichtlich, dass es weder zeitgemäß noch angemessen ist, mit den Mitteln früherer Epochen literarisch Themen und Probleme des eigenen historischen Kontexts zur Sprache zu bringen. *Der Zauberberg* ist somit auch in dem Sinne modern, als er die Optionen der Erzähltechnik und literarischen Gestaltung zur Debatte stellt, sei es hinsichtlich seiner Handlung und Figuren, sei es hinsichtlich seiner Instanzen der Erzählung.[15]

Die Analogien der Verhaltensmuster zwischen Hauptfigur und Erzähler sind auffällig. Beide geben sich eine Form, der sie letztlich nicht gerecht werden können. An beiden wird deutlich, dass sie auf die literarische Tradition zurückgreifen. So wie Hans Castorp den Willen zum klassischen Bildungsreisenden bekundet, ist der Erzähler sichtlich darum bemüht, die letzte Instanz seiner Geschichte zu sein, alles zu überblicken und auf jede Frage eine Antwort geben zu können.

Auf den ersten Blick mutet die Form, die sich der Erzähler gibt, derart an, als sei er in der Tat ein auktorialer: Das paternalistische ›wir‹ ist hierfür ebenso Beleg wie die umfangreichen Reflexionen und Erläuterungen, die er gibt; zudem folgt der Aufbau der Geschichte tradierten Erzählschemata. Der hieraus erwachsende Eindruck der »traditionsbewusste[n] Eigenwilligkeit« rechtfertigt allerdings nicht, die Modernezugehörigkeit des Romans anzuzweifeln.[16] Vielmehr erstrecken sich die Ambivalenzen und Widersprüchlichkeiten des Textes auch auf die Erzählinstanz,[17] wodurch *Der Zauberberg* seine narrativen Verfahren offenlegt.

Der Erzähler des *Zauberberg* ist ein solcher, der – ganz ähnlich wie Hans Castorp als Figur – seine Rolle so umzusetzen versucht, wie es in früheren Zeiten angemessen war. Zunehmend verliert er sich in Erklärungen, warum er seine Geschichte so und nicht anders erzählt.[18] Am Ende erscheinen diese

15 Auch der Erzähler ist wie gezeigt im *Zauberberg* relativiert und somit nicht die letzte Instanz der Erzählung, weshalb es sinnvoll erscheint, eine weitere Kategorie wie die des impliziten Autors zwischen Erzähler und historischem Autor anzunehmen.

16 Sabina Becker: Jenseits der Metropolen. Thomas Manns Romanästhetik in der Weimarer Republik, in: TM Jb 22, 2009, 83–97, hier S. 83.

17 Vgl. Manfred Dierks: Ambivalenz. Die Modernisierung der Moderne bei Thomas Mann, in: TM Jb 20, 2007, 155–170, hier S. 156.

18 Zur Illustration seien drei Beispiele gegeben: erstens jene Episode, bei der der Erzähler auf eine Unterredung zwischen Hans Castorp und Ferdinand Wehsal mit folgenden Erläuterungen seines eigenen Vorgehens zu sprechen kommt: »Denn, da wir immer gleich weit entfernt bleiben,

Erläuterungen fast schon als Rechtfertigungen.[19] Die von ihm angestrebte lineare Struktur seiner Erzählung bricht er später angesichts der Komplexität des Vermittelten selbst auf. So ordnet er zum Beispiel die Dispute zwischen Naphta und Settembrini den Ereignissen im Sanatorium zu, ohne dass dies in der Umsetzung wirklich geglückt wäre (vgl. 5.1, 781). Auffällig ist ferner sein Bemühen um Genauigkeit, wenn er permanent die dialektalen Besonderheiten und verschiedenen Arten der Aussprache seiner Figuren hervorhebt, wie die getrennte Aussprache des s-t bei Hans Castorp (vgl. 5.1, 23), Krokowskis Gaumen-R und sein »[I]ch gdieße Sie« (vgl. 5.1, 553 f.) oder die offenbar humoristisch intendierte fehlerhafte Aussprache von Fremdwörtern durch Hofrat Behrens (vgl. 5.1, 163). Sein Bestreben um höchste Präzision kann er jedoch zum einen nicht vollständig realisieren, zum anderen bewirkt es eher das Gegenteil, dass nämlich der Eindruck entsteht, er könne nicht adäquat vermitteln, was sich tatsächlich ereignet hat. Zudem wird an einigen Stellen greifbar, dass er in der Tat nicht allwissend ist, etwa wenn er die Sprachkompetenzen des Hofrats falsch einschätzt (vgl. 5.1, 386, 660) oder wenn er selbst wie die Figuren seiner Geschichte nicht in der Lage ist, den korrekten Namen des Tschechen Wenzel zu verwenden (vgl. 5.1, 641).

Dass er seine Leserschaft wiederholt mit »unsere Zuhörer« anspricht und dadurch nicht das Medium des Schrifttextes berücksichtigt (vgl. 5.1, 986, 993), verfestigt den Eindruck, seiner gewählten Rolle als auktorialer Erzähler eines Romans nicht entsprechen zu können. Der Fortführung herkömmlich-tra-

diesen besser oder schlechter machen zu wollen, als er war, so sei mitgeteilt, daß […]«, und wenig später: »Dennoch haben wir Gründe, ihn und uns davon [von der Unterredung, K. M.] auszuschließen« (5.1, 644). Als zweites Beispiel seien die erläuternden Worte des Erzählers erwähnt, die er im Anschluss an die Beschreibung des durch Hofrat Behrens angefertigten Porträts Madame Chauchats äußert: »Wir geben mit alldem die Eindrücke Hans Castorps wieder« (5.1, 392), ein ungewöhnlicher und umständlich anmutender Erzählerkommentar, der bei souveräner Anwendung der Redewiedergabe nicht nötig gewesen wäre. Die Konstruiertheit der Erzählsituation und die Bemühtheit des Erzählers selbst werden noch weiter hervorgehoben, wenn dieser fortfährt: »aber wenn er [Hans Castorp, K. M.] besonders bereit war, solche Eindrücke zu empfangen, so ist doch sachlich festzustellen, daß […]« (5.1, 392). Drittens sei der Beginn des Abschnitts »Fülle des Wohllauts« erwähnt, der mit einer rhetorischen Frage des Erzählers beginnt, die dieser selbst mit »Wir sind im Begriffe, es zu erzählen, […] aufrichtig begierig, sie mitzuteilen« beantwortet (5.1, 963). Auch hier bewirkt die umständlich-technisierte Mitteilung, dass er gleich etwas erzählen wird, eine ironische Brechung seines bemüht-pathetischen Erzählstils.

[19] So erklärt er bezogen auf die Platte mit dem Lindenbaumlied: »Weiter war es nichts mit dieser Platte. Wir glaubten, kurz von ihr reden zu sollen, weil Hans Castorp sie so ausnehmend gern hatte« (5.1, 985). Dass der Erzähler hier eine Begründung für sein Vorgehen gibt, ist ungewöhnlich. Ebenso deutet die wenig später zur Schau gestellte vermeintliche Bescheidenheit eine Rechtfertigung des Erzählers an, wenn er sagt: »Wir mögen uns wohl schmeicheln, es sei uns in früheren Fällen gelungen, unseren Zuhörern ein ungefähres Verständnis […] einzuflößen« (5.1, 986 f.).

dierter Erzählverfahren erteilt *Der Zauberberg* somit eine Absage, wobei die Parallelen zwischen Erzähler und Figur erkennbar sind.

Ein letztes Beispiel soll dies verdeutlichen: Der Erzähler vermag auch dann nicht zu überzeugen, wenn er seiner Hauptfigur Hans Castorp eine Steigerung attestiert, da er im Zuge dieser Deklaration wieder eine Frage aufwirft, die er mit »Wir behaupten und erzählen, daß er es war« beantwortet (5.1, 987). Indem er derart seine Erzählerkommentare als bloße Behauptungen charakterisiert, stellt er letztlich seine eigene Autorität in Frage. Dass er dies bezeichnenderweise im Zuge von Überlegungen zur Steigerungsfähigkeit seines Protagonisten tut, bestätigt die hier vorgestellte Lesart von Hans Castorp.

Fazit

Zusammenfassend ist festzuhalten, dass die Möglichkeiten, den *Zauberberg* kontrovers zu betrachten, vielfältig sind. Der Roman ist ein Text, der die Gegensätze und Antagonismen zum Thema macht. Innerhalb der Handlung lassen sich – ohne dass dies immer eindeutig wäre – bestimmte Figuren den verschiedenen Standpunkten zuordnen. Hans Castorp als Protagonist sieht sich mit all den präsentierten Ansichten konfrontiert und dazu herausgefordert, Stellung zu beziehen. Seine im Zuge des Schneetraums formulierte Forderung, als »Mensch« der »Herr der Gegensätze« zu sein (5.1, 748), bleibt ohne Konsequenzen für sein Handeln und erfährt auch sonst keine Umsetzung im Laufe der weiteren Geschichte.

Ob er eine Steigerung erfährt oder nicht, wurde durch die Leserschaft unterschiedlich bewertet und kann somit ebenfalls als Ausprägung einer Kontroverse angesehen werden. Der vorliegende Artikel plädiert dafür, Hans Castorp im Wortsinne als den einfachen jungen Menschen zu sehen, als der er zu Beginn des Romans gleich zweimal vorgestellt wird. Castorp ist empfänglich für jegliche Sinnesreize. Sein Talent, sich aufnahmelustig zu zeigen, bedeutet nicht allein, dass er sich zum Patienten eines Lungensanatoriums qualifiziert, ohne dass je geklärt wäre, ob er wirklich ernsthaft an Tuberkulose erkrankt. Er ist ebenso beeinflussbar hinsichtlich der verschiedenen Ansichten, Meinungen und Standpunkte, die im Zuge seines Aufenthaltes an ihn herangetragen werden.

Die innerhalb der Handlung thematisierten Aspekte der Meinungsvielfalt in Verbindung mit dem daraus resultierenden Wahrheitspluralismus greifen für das frühe 20. Jahrhundert relevante Fragen auf. Sie sind charakteristisch für die Moderne und können bezogen auf die unterschiedlichen Bereiche des historischen Kontexts gelesen werden, in Übereinstimmung damit, dass *Der Zauberberg* ein Panorama liefert, das das Leben in seiner Gesamtheit abzubilden bemüht ist. Die Menge der präsentierten Ansichten ist als Ausdruck eines demokratischen Verfahrens lesbar. Der Roman stellt im Zuge des Schneetraums zwar die Forderung auf, sich im Sinne des Humanismus zu positionieren, zeigt zugleich aber anhand seines Protagonisten Hans Castorp die Schwierigkeit, dies tatsächlich einzulösen. Die Vielzahl und Heterogenität der Meinungen bedingen eine Überforderung des Individuums, was in eine Krise des Ich münden kann. Hans Castorp vermeidet dies, indem er sich den verschiedenen Ansichten nacheinander und einzeln widmet. Dass er sich dabei stets auf die Dinge ganz einlässt, ohne das vorher Gehörte noch einzubeziehen, verdeutlicht seine Einfachheit. Insofern bleibt er von Anbeginn bis Ende relativ konstant in seinem – schlichten – Wesen.

Die hier vorgenommene Sichtweise stellt eine Seite der Kontroverse um die Hauptfigur des *Zauberberg* dar. Sie ist eingedenk dessen, dass der Text auch Hinweise für eine gegenteilige Lesart liefert. Eine Deutung wie die vorliegende, die Hans Castorps Bildungsgang so auffasst, dass dieser durch den Roman selbst ironisiert wird, eröffnet für die Interpretation des Textes verschiedene Optionen. Sie kann Aspekte des historischen Kontexts einbeziehen oder Überlegungen zur Erzähltechnik anstellen. Insbesondere sind bei Letzterem die Parallelen zwischen Hauptfigur und Erzähler auffällig. Beide greifen auf die literarische Tradition zurück. So aber, wie Hans Castorp nur den Anschein erweckt, einen klassisch anmutenden Bildungsgang zu durchlaufen und eine Entwicklung zu erfahren, kann auch der Erzähler seinem Anspruch, ein auktorialer Erzähler zu sein, nicht gerecht werden. In selbstreflexiver Manier weist *Der Zauberberg* dadurch seinen Anspruch aus, Text der Moderne zu sein, der die literarische Tradition einbezieht, sie aber zugleich reflektiert. Bezogen auf den eigenen historischen Kontext bringt er überdies Themen von hoher Aktualität zur Sprache. Ein Zeitroman ist *Der Zauberberg* somit nicht nur in der Weise, dass er die Zeit selbst zu seinem Thema macht und die Ereignisse der Zeit deutet, sondern auch dadurch, dass er nach der zeitgemäßen narrativen Gestaltung literarischer Texte fragt.

Er erweist sich dadurch in einem umfassenden Sinne als herausragender Text. Die kontroversen Forschungspositionen zeugen davon, dass er nicht leicht zu erschließen ist. Fixpunkte im Sinne von Gewissheiten gibt es nicht. Dieser Umstand wird durch die verschiedenen Ebenen des Romans herausgearbeitet. Damit ist *Der Zauberberg* ein Bekenntnis zur Demokratie: Er bietet eine Vielzahl von Lesarten an. Er lässt die Kontroverse zu, fordert sie geradezu heraus – und ist damit auch hundert Jahre nach seinem Erscheinen noch aktuell.

Michael Navratil

Hans Castorp – ein Held in Maßen

Hans Castorp mit Begriff und Konzept des Heldentums in Verbindung zu bringen, liegt nahe und fern zugleich. Nahe, weil die Charakterisierung des Protagonisten als ›Held‹ im Roman selbst sowie auch in den auktorialen Epitexten Thomas Manns immer wieder vorgenommen wird. Fern hingegen, weil Hans Castorp vordergründig so gar nichts Heldenhaftes oder anderweitig Außergewöhnliches an sich zu haben scheint. In dieser Hinsicht unterscheidet er sich deutlich von den Protagonisten aller anderen Romane Thomas Manns: Lässt man einmal den Erstling *Buddenbrooks* außen vor, der nicht eine einzelne Figur, sondern eine ganze Familie ins Zentrum rückt, so ist *Der Zauberberg* der einzige unter Thomas Manns acht Romanen, in dem *kein* Ausnahmeindividuum im Zentrum steht. Prinz Klaus Heinrich, der biblische Joseph, Goethe, Adrian Leverkühn, Papst Gregorius und schließlich Felix Krull: Sie alle sind auf die ein oder andere Weise erhöhte, durch Begabung, Schicksal, natürlichen oder tatsächlichen Adel von der Masse isolierte Charaktere. Einzig Hans Castorp erscheint vordergründig wie ein rechter Durchschnittsmensch.

Zugleich und gleichwohl ist Hans Castorp eben doch der Protagonist der großen Erzählung vom Zauberberg – und damit schon rein erzählfunktional vor den anderen Figuren des Romans herausgehoben. Bereits im allerersten Satz des *Zauberberg* schwankt der Erzähler zwischen zwei Möglichkeiten der Bedeutsamkeitsattribution an Hans Castorp: Einerseits nämlich werde die Geschichte »nicht um seinetwillen« erzählt, da »der Leser [...] einen einfachen, wenn auch ansprechenden jungen Menschen in ihm kennenlernen« werde – anderseits aber müsse »zu Hans Castorps Gunsten denn doch erinnert werden [...], daß es *seine* Geschichte [sei], und daß nicht jedem jede Geschichte passier[e]« (5.1, 9).[1] Offenkundig ist der Erzähler mit sich selbst uneins darüber, ob die nachfolgende Erzählung aufgrund ihres allgemeinen Gegenstands oder aufgrund ihres Helden mitteilenswert erscheint. Dieselbe Ambivalenz findet sich im weiteren Verlauf des Romans dann immer wieder an jenen Stellen des Textes, wo der Begriff »Held« ganz wörtlich verwendet wird. Meistenteils nämlich wird dieser Begriff – sofern er sich auf Hans Castorp bezieht – mit

[1] Eine parallele Formulierung findet sich auf der letzten Seite des Romans, wo es heißt: »Deine Geschichte ist aus. Zu Ende haben wir sie erzählt; sie war weder kurzweilig noch langweilig, es war eine hermetische Geschichte. Wir haben sie erzählt um ihretwillen, nicht deinethalben, denn du warst simpel. Aber zuletzt war es deine Geschichte; da sie dir zustieß, mußtest du's irgend wohl hinter den Ohren haben [...]« (5.1, 1085).

relativierenden Epitheta versehen: Der Erzähler bezeichnet Hans Castorp mehrfach als »schlichten Helden« (5.1, 951, 987), aber etwa auch als »durchaus anspruchslosen Helden« (5.1, 997), als »unbedeutenden Helden« (5.1, 877) sowie als »unheldischen Helden« (5.1, 897). Castorps Heldentum wird damit gleichermaßen behauptet wie relativiert.

Der vorliegende Beitrag unternimmt den Versuch, einmal interpretatorisch Ernst mit Hans Castorps Heroismus zu machen und die Frage zu stellen, inwiefern Hans Castorp mehr ist als die bloße Projektionsfläche der ideologischen Extrempositionen, die allenthalben an ihn herangetragen werden. Es soll gezeigt werden, dass Hans Castorp nicht nur erzählstrukturell – also insofern er als Protagonist des Romans fungiert –, sondern durchaus auch hinsichtlich seiner positiven Eigenschaften und Verhaltensweisen eine mehr als durchschnittliche Person ist. Als Held, wenn auch ein Held in Maßen, figuriert Hans Castorp in mehrfachem Sinne: Er wird erstens gegenüber der ihn umgebenden Gesellschaft immer wieder abgegrenzt, herausgehoben, singularisiert; er beweist zweitens bei verschiedenen Anlässen, dass er zur Selbstbehauptung in der Lage ist; und er erscheint schließlich drittens gegen Ende des Romans in einem sehr spezifischen Sinne als ›Regent‹, als eine Art Herrscher, welcher eine Versöhnung der ideologischen Gegensätze des Romans zwar nicht bündig zu formulieren, eine solche Versöhnung aber immerhin traumhaft zu erahnen vermag.

Singularisierungen

Parallel zur wiederholten Betonung von Hans Castorps Durchschnittlichkeit durch den Erzähler und in gewissem Sinne in Opposition zu dieser stehen eine ganze Reihe an Episoden im Roman, in denen Hans Castorp von seiner Umwelt abgehoben wird. Zunächst scheint Castorp – hierin späteren Thomas Mann-Protagonisten wie dem biblischen Joseph oder Felix Krull vorgreifend – ohne große persönliche Ambition oder Anstrengung das Wohlgefallen seiner Umwelt zu erregen.[2] In höherem Maße, als dies bei allen anderen Figuren des Romans der Fall ist, fliegen Hans Castorp Sympathie und Interesse der ihn umgebenden Personen zu: Um ihn ganz besonders zeigen sich Naphta und Settembrini pädagogisch bemüht; ihm als einzigem Patienten des Sanatoriums Berghof bietet die »Persönlichkeit« Mynheer Peeperkorn das brüderliche Du an; er ist es, der die Gunst Clawdia Chauchats erringt, wiewohl auch eine ganze Reihe anderer Interessenten um diese Gunst bemüht sind. Zu den ehemaligen

[2] Vgl. Peter Pütz: Krankheit als Stimulans des Lebens: Nietzsche auf dem Zauberberg, in: TMS XI, 264.

oder aktuellen Aspiranten auf Clawdia Chauchats Gunst zählen neben Hans Castorp etwa Madame Chauchats Ehemann, ein Beamter »hinter dem Kaukasus« (u. a. 5.1, 923); ein russischer Landsmann, der Madame Chauchat regelmäßig von Davos Platz aus besucht; die Lehrerin Fräulein Engelhart, mit der sich Hans Castorp halb neckender, halb verschwörerischer Weise über die Vorzüge Madame Chauchats austauscht; Hofrat Behrens, welcher in einer ganzen Reihe von Sitzungen Madame Chauchats Porträt anfertigt, wobei sein besonderes Augenmerk auf die Haut ihres Dekolletés fällt; Pieter Peeperkorn, für den das Versagen der eigenen Potenz vor den erotischen Reizen seiner Reisebegleiterin »eine kosmische Katastrophe« (5.1, 913) bedeutet, eine existenzielle Kränkung, die ihn letztlich den Selbstmord als einzig möglichen Ausweg wählen lässt; sowie der Mannheimer Ferdinand Wehsal. Letzterer ist von Hans Castorps erotischem Vorstoß bei Clawdia Chauchat derart beeindruckt, dass er sich Castorp nachgerade als Diener anbietet und es noch als Privileg erachtet, auf Spaziergängen Castorps Mantel tragen zu dürfen. Castorp seinerseits

> duldete [...] das dienerische Wesen Wehsals, der jede Gelegenheit wahrnahm, sich vor ihm zu verneigen und ihm schön zu tun, duldete sogar, daß jener ihm zuweilen beim Lustwandel den Überzieher trug – mit einer gewissen Andacht trug er ihn über dem Arm –, duldete endlich des Mannheimers Gespräch, das trübe war. (5.1, 643)

Wehsal gegenüber darf sich Castorp entschieden als der Überlegene fühlen. Er schilt den kriecherischen Möchtegern-Nebenbuhler gar ob seiner ihn selbst erniedrigenden Jammertiraden und lässt ihn seine Verachtung durch Blicke spüren:

> »Erbärmlicher!« besagte der Blick, mit dem er den Mannheimer maß, besagte es unter Ausschluß jeder auch nur aufs leichteste fehlgehenden Auslegung, und Wehsal anerkannte denn auch diesen Blick und steckte ihn ein, ja er nickte sogar dazu, indem er seine zerstörten Zähne zeigte [...]. (5.1, 835)

Nun mag ein Charakter wie Wehsal keine allzu fordernde Vergleichsfolie für die Feststellung der eigenen Vorzüge darstellen. Tatsächlich aber wird Hans Castorp auch an anderen Stellen des Romans und von ganz verschiedenen Personen eine mehr als gewöhnliche Natur attestiert. Als etwa Ludovico Settembrini gesprächsweise auf Hans Castorps und Joachim Ziemßens Besuche an den Krankenlagern der Moribunden zu sprechen kommt und Castorp auf seinen Vetter verweist, schneidet der Italiener ihm das Wort ab:

> »Aber lassen Sie doch Ihren Vetter aus dem Spiel! Man hat es mit Ihnen zu tun, wenn Sie beide von sich reden machen, das ist gewiß. [...] Sie werden mich an seine Führerschaft nicht glauben machen. Der Bedeutendere, aber auch der Gefährdetere sind Sie.« (5.1, 467)

Nun entspricht Joachim Ziemßen rein äußerlich sehr viel eher als Hans Castorp dem klassischen Bild eines Helden, was die ungebildete Frau Stöhr dann auch dazu bewegt, nach Joachims Tode auszurufen: »›Ein Held! Ein Held!‹« – an seinem Grabe müsse unbedingt »die ›Erotika‹ von Beethoven gespielt werden« (5.1, 813). Ziemßens Heldentum jedoch ist rein äußerlich-militärischer Natur; die interessantere, weil nicht von vornherein festgelegte Figur ist Hans Castorp.[3]

Hofrat Behrens sodann schließt sich Settembrinis Urteil an, wenn er Hans Castorp eine gewisse Überlegenheit gegenüber seinem Vetter einräumt: »›Sie wären ein besserer Patient als der‹« (5.1, 73), urteilt der Hofrat – und bringt damit die Idee der Krankheit auf kuriose Weise in Verbindung mit der Idee der Begabung und des Talents. Subtil angespielt wird damit auf Nietzsches Dekadenz-Kritik sowie an seine Idee der ›großen Gesundheit‹: einer Gesundheit, die sich auch und gerade in der Krankheit erweist.[4]

Selbst noch Castorps rhetorische Fähigkeiten werden verschiedentlich gelobt. Bereits zu Beginn seines Aufenthalts im Sanatorium Berghof vermag Castorp Settembrini im Wortstreit einen Stich zu versetzen, woraufhin Letzterer Ziemßen gegenüber einräumt: »›Er ist kein übler Räsonneur, Ihr Vetter, ein durchaus nicht ungefährlicher Gegner im Wortstreit, wenn es ihm darauf ankommt.‹« (5.1, 381) Sehr viel später im Roman lobt dann Pieter Peeperkorn das Formulierungstalent Hans Castorps: »›Ich lausche mit unwillkürlichem Vergnügen auf Ihr behendes kleines Wort, junger Mann. Es springt über Stock und Stein und rundet die Dinge zur Annehmlichkeit.‹« (5.1, 916) Nun mag dieses Lob von Castorps rhetorischen Fähigkeiten dadurch relativiert scheinen, dass Peeperkorn selbst über so gar kein Talent zur pointierten und gebundenen Rede verfügt. Doch selbst noch der Erzähler des *Zauberberg* zieht an einer Stelle des Textes den Hut vor Castorps rhetorischer Begabung, nachdem nämlich Castorp eine erste Charakterisierung Peeperkorns geliefert hat. Es sei, so der Erzähler, Castorp überlassen geblieben, »von der Figur des neuen, unerwarteten Gastes ein ungefähres Bild zu zeichnen, und er hat seine Sache

[3] Eine Differenz zur konventionellen Heldensemantik wird im Text auch noch an anderer Stelle eingezogen, wenn es über Hans Castorp heißt: »Unser Held war kein Wehsal. Elendstiefen waren nicht seine Sache. Er war nur eben kein ›Held‹, das heißt: er ließ sein Verhältnis zum Männlichen nicht durch die Frau bestimmen.« (5.1, 870) Gemeint ist hier, dass Castorp nicht gewillt ist, in einen – gar kriegerischen – Wettstreit mit Pieter Peeperkorn um die Liebesgunst von Madame Chauchat einzutreten.

[4] Vgl. Pütz: Krankheit als Stimulans des Lebens (Anm. 2), S. 259, 264. Zur werkchronologischen Entwicklung von Gesundheitskonzepten siehe Michael Navratil: Konzepte der Gesundheit im Werk Thomas Manns: Dekadenter Gesundheitsverdacht, Krankheitswahl und die Autonomie des Körpers, in: Letizia Dieckmann / Julian Menninger / Michael Navratil (Hrsg.): Gesundheit erzählen. Ästhetik – Performanz – Ideologie, Berlin / Boston: de Gruyter 2021 (= Narratologia, Bd. 78), S. 33–52.

nicht schlecht gemacht, – wir hätten sie auch nicht wesentlich besser machen können« (5.1, 830).

Selbstbehauptungen

Castorp wird allerdings nicht allein durch sein soziales Umfeld sowie den Erzähler verschiedentlich eine Sonderstellung eingeräumt. Er selbst erweist sich in seinen Handlungen bei genauerer Betrachtung als weit weniger passiv und formbar, als es vorderhand den Anschein haben mag: Castorp ist, in bestimmten Grenzen, durchaus ein Held der Selbstbehauptung.

Kleinere Aufmüpfigkeiten gegenüber der Hausordnung – etwa die Beteiligung am nächtlichen Bacchanal mit Mynheer Peeperkorn – fallen dabei noch kaum ins Gewicht, handelt es sich dabei doch um weitgehend ortsübliche und gewissermaßen gewöhnliche Selbstlizenzen (wobei immerhin zu bemerken ist, dass eine dieser Selbstlizenzen, nämlich die Aufnahme des Skisports, Hans Castorp beinahe das Leben kostet, als er bei einer seiner Skiausfahrten in einen Schneesturm gerät). Eine schon eher beachtenswerte Selbstbehauptung bildet Castorps Weigerung, sich in die Ebene des Flachlandes – und damit in den Bereich von Pflicht, Arbeit und Wohlanständigkeit – zurückziehen zu lassen. Zunächst reichen hierzu noch einige Briefe aus, in denen Castorp wohlkalkuliert auf seinen herabgesetzten Gesundheitszustand – unter anderem während des Briefeschreibens selbst – verweist. Als sein Onkel James Thienappel dann höchstpersönlich auf den Zauberberg heraufkommt, um den Neffen von selbigem herunterzuholen, lässt Hans Castorp den Geist des Ortes das Seine tun, um dem Onkel eine Ahnung von der erschlaffenden Wirkung eines verlängerten Aufenthalts im Sanatorium Berghof zu vermitteln – worauf der tüchtige Mann denn auch überstürzt das Weite sucht (das einschlägige Kapitel trägt bezeichnenderweise den Titel »Abgewiesener Angriff« (5.1, 640)).

Ein besonders eindrückliches Beispiel für Hans Castorps Fähigkeit zur Selbstbehauptung bildet sein Verhalten am Ende des Kapitels »Fragwürdigstes«. Beschworen wird hier, unter Anleitung des Psychoanalytikers Dr. Edhin Krowkowski und mithilfe des Mediums Ellen Brand, der Geist des verstorbenen Joachim Ziemßen. Hans Castorp, der sich eine neuerliche Begegnung mit dem verstorbenen Vetter vorderhand noch als »sehr liebes Abenteuer« (5.1, 1016) ausgemalt hatte, ist vom Erscheinen von Joachims Geist dann allerdings nicht so sehr unheimlich berührt als vielmehr beschämt. Entgegen der konventionellen Semantik des Gespensts, dessen Erscheinen meist mit einer Bedrohung der Lebenden assoziiert wird und das folglich Angst auslöst, erregt Joachims Geist bei Hans Castorp keinen Schrecken, sondern ein Gefühl sittlicher Unstatthaftigkeit, so als handele es sich bei der Wiedererweckung eines Toten weniger um ein ontologisches als um ein ethisches Skandalon. Die Störung der Totenruhe empfindet Castorp als unanständig – und erweist damit eine größere moralische Standfestigkeit als der Rest der Gesellschaft. Deren gesammelten Ärger in Kauf nehmend bricht Hans Castorp die von langer Hand vorbereitete Séance eigenmächtig ab:

> Dr. Krokowski [rief] seinen Namen, diesmal in streng vermahnendem Ton. Aber Hans Castorp war mit wenigen Schritten bei den Stufen der Eingangstür und schaltete mit knappem Handgriff das Weißlicht ein. [...]
>
> Auf den im Stehen protestierenden Krokowski ging Hans Castorp zu, nahe vor ihn hin. [...] Mit brüsk heischender Kopfbewegung streckte er die Hand aus. Da er den Schlüssel empfangen, nickte er dem Doktor mehrmals drohend ins Gesicht, machte kehrt und ging aus dem Zimmer. (5.1, 1033 f.)

Der Abbruch der spiritistischen Sitzung und das drohende Gebaren gegenüber Krokowski markieren eine generelle Distanzierung Castorps von der mystisch-fragwürdigen Sphäre, welche der obskure Analytiker im Roman vertritt. Überhaupt vermag sich Hans Castorp immer wieder erfolgreich gegen Versuche der ideologischen oder pädagogischen Vereinnahmung zur Wehr zu setzen. Hans Castorp legt im Verlauf des Romans immer wieder eine erstaunliche »Vereinnahmungsresistenz«[5] an den Tag. Immun erweist er sich etwa gegenüber den megalomanischen Weltanschauungen Naphtas und Settembrinis, dem analytischen Obskurantismus Krokowskis oder auch dem Antisemitismus Herrn Wiedemanns, dessen völkische Hasstiraden Hans Castorp innerlich nur mit einem verachtungsvollen »Du hast es nötig!« (5.1, 1037) quittiert. In dem kleinen Essay *Die Schule des Zauberbergs* bemerkt Thomas Mann: »Insofern, als er seine eigene noch nicht entwickelte Persönlichkeit gegen das ihm Ungemäße zu behaupten wußte, ohne sich ihm zu verschließen, war auch er ein Soldat und brav.« (XI, 601) Vermittelt über ein *Faust*-Zitat (»Ich gehe durch den Todesschlaf / Zu Gott ein als Soldat und brav.« (V. 3774 f.)), welches zugleich jenem Kapitel des *Zauberberg* die Überschrift gibt, in dem Leutnant Ziemßen stirbt, wird Hans Castorps ›simples Heldentum‹ hier auf eine Stufe gestellt mit dem konventionelleren Heroismus des Kriegshelden.[6] So sehr auch

[5] André Schuetze: Hans Castorp auf der Umlaufbahn. Über die Personenkonstellation in Thomas Manns »Der Zauberberg«, in: Weimarer Beiträge, Jg. 54, H. 3, 2008, S. 404–423, hier S. 420.

[6] Eine ironische Volte der Geschichte besteht freilich darin, dass Joachim gar nicht in Kriegshandlungen verwickelt wird, während Hans Castorp vermutlich auf den Feldern des Ersten Weltkriegs stirbt. Die Schilderung der Kriegsrealität im letzten Kapitel des Romans wiederum lässt mit ihrer krassen Darstellung von Furcht, Schmutz und Elend kaum Raum für Fantasien eines bellizistischen Heroismus. Das Heldentum, das im *Zauberberg* sowie überhaupt in Thomas Manns Werken ausgestaltet wird, lässt sich eher einem ›Heroismus der Schwäche‹ zuordnen. So fragt etwa der Erzähler im *Tod in Venedig* mit Blick auf Gustav von Aschenbach, »ob es über-

fremde Eindrücke und pädagogische Anfechtungen auf ihn eindrängen mögen: Nirgends im Roman unterwirft sich Castorp ganz und gar einem ideologischen System. Expliziten Handlungsaufforderungen vonseiten seiner Erzieher folgt er überhaupt nur dann, wenn sie seinen eigenen Bedürfnissen und Wünschen entsprechen.

Seine Eigenständigkeit und Fähigkeit zur Immunisierung gegenüber pädagogischen Anfechtungen hat Castorp insbesondere im Verhältnis zu Settembrini unter Beweis zu stellen. Lautet der Wahlspruch der Aufklärung *sapere aude* – in Kants Übersetzung: »Habe Mut, dich deines eigenen Verstandes zu bedienen!« –, so wird man Settembrini nur eingeschränkt als Aufklärer bezeichnen können. Seinen Zögling Hans Castorp möchte er jedenfalls nicht zum eigenständigen Urteil, sondern zur unhinterfragten Übernahme der eigenen Standpunkte bewegen. Deutlich wird dies etwa in einem der Streitgespräche zwischen Naphta und Settembrini, bei dem Letzterer Hans Castorp, der sich vorsichtig in das Gespräch einzuschalten versucht, mit den Worten zurechtweist: »›Schweigen Sie, Ingenieur! [...] Unterrichten Sie sich, aber produzieren Sie nicht!‹« (5.1, 610)

Hans Castorp allerdings ist keineswegs gewillt, derartigen expliziten Handlungsdirektiven Folge zu leisten. Wiederholt bietet er dem Pädagogen Settembrini Paroli: sei es mit seiner Weigerung, auf Settembrinis Rat hin bereits nach wenigen Tagen das Sanatorium wieder zu verlassen; sei es durch sein Beharren auf der Karnevalslizenz des Duzens gegenüber Settembrini; sei es schließlich in Form seines Unwillens, Settembrini zuliebe auf die interessanten, an-, auf- und erregenden Bekanntschaften mit Clawdia Chauchat, Naphta oder Mynheer Peeperkorn zu verzichten.

Peeperkorn böte Hans Castorp noch einmal eine gänzlich anders gelagerte Gelegenheit zur Selbstbehauptung, insofern beide um die erotische Gunst Clawdia Chauchats bemüht sind. Zu einem ernsthaften Kräftemessen zwischen Castorp und Peeperkorn kommt es im Roman zwar nicht, schon allein deshalb, weil Letzterer altersschwach und ernstlich krank ist. In gemäßigter Form bietet Hans Castorp Mynheer Peeperkorn aber durchaus die Stirn, als er nämlich am Lager des fiebernden und wie üblich wohl auch etwas betrunkenen Peeperkorn steht und das Gespräch sich der Faschings- und Liebesnacht zwischen Hans und Clawdia zuwendet: »›Es ist hohe Zeit‹«, denkt Castorp, »›daß

haupt einen anderen Heroismus gäbe, als denjenigen der Schwäche« (2.1, 512). An Kurt Martens schreibt Thomas Mann am 28. März 1906: »Ich halte [...] Leute wie Herakles oder Siegfried für populäre Heroen, aber nicht für Helden. Heldenthum ist für mich ein ›Trotzdem‹, überwundene Schwäche, es gehört *Zartheit* dazu. [...] Körperliches Leiden scheint mir historisch eine beinahe nothwendige Begleiterscheinung der Größe zu sein und das leuchtet mir psychologisch ein. [...] Schließlich, liegt nicht in der zähen Repräsentation des erschöpften Thomas Buddenbrook eine ganze Menge Heldenthum?« (21.1, 359).

ich mich aufrichte und ihm frank, wenn auch ehrerbietig in das großmächtige Antlitz blicke!‹«, worauf der Erzähler die lapidare Bemerkung nachschiebt: »So tat er.« (5.1, 919) Der Konflikt zwischen den beiden Aspiranten auf Clawdia Chauchats Zuneigung wird dann letztlich auf kurios-chevaleske Weise gelöst, indem Mynheer Peeperkorn Hans Castorp zwar nicht die Brust im Duell, wohl aber das brüderliche Du anbietet.[7]

Lieben und Regieren

So erfolgreich Hans Castorp über weite Strecken des Romans die vielfältigen pädagogischen oder ideologischen Anwürfe auch abzuwehren vermag: Die Ausformung eines eigenständigen, intellektuell durchgearbeiteten Weltbilds bleibt ihm verwehrt. Eine Weltanschauung, die sich ernsthaft auf eine Stufe mit derjenigen Settembrinis, Naphtas oder auch nur Peeperkorns stellen ließe, weiß er bis zum Ende des Romans nicht zu formulieren.

Bedeutet dies nun aber, dass Hans Castorp jegliche Entwicklung verwehrt bleibt? Verläuft seine, wenn man so will, Heldenreise[8] letztlich im Kreis?

Der Erfinder Hans Castorps jedenfalls war nicht dieser Ansicht. In seiner *Einführung in den »Zauberberg«* für die Studenten in Princeton schreibt Thomas Mann:

> [D]er junge Hans Castorp ist ein simpler Held [...]. In der fieberhaften Hermetik des Zauberberges aber erfährt dieser schlichte Stoff eine Steigerung, die ihn zu moralischen, geistigen und sinnlichen Abenteuern fähig macht, von denen er sich in der Welt, die immer ironisch als das »Flachland« bezeichnet wird, nie hätte etwas träumen lassen. Seine Geschichte ist die Geschichte einer Steigerung [...]. (XI, 612)

[7] Volker Mertens sieht hierin eine Autonomisierung gegenüber den erotischen Reizen Clawdia Chauchats: »Die Rivalität von Castorp und dem Holländer wird in eine Männerfreundschaft neutralisiert und Clawdia damit aus ihrer beherrschenden Position entfernt« (Volker Mertens: »Elektrische Grammophonmusik«. Fundstellen zu einer Leidenschaft Hans Castorps im »Zauberberg« Thomas Manns, in: JUNI-Magazin für Literatur und Politik, H. 39/40, Deutsches Lied, Vol. 1, 2007, S. 49–75, hier S. 56).

[8] In der Princeton-Rede zum *Zauberberg* nimmt Thomas Mann zustimmend auf Howard Nemorovs Studie *The Quester-Hero: Myth as Universal Symbol in the Works of Thomas Mann* aus dem Jahr 1932 Bezug. Hans Castorp wird hier einem besonderen Heldentypus in der Literatur, nämlich dem Gralssucher, zugeschlagen: »Der Gral-Quester insbesondere, Perceval, wird im Beginn seiner Wanderungen gern als ›Fool‹, ›Great Fool‹, ›Guileless Fool‹ bezeichnet. Das entspricht der ›Einfachheit‹, Simplizität und Schlichtheit, die dem Helden meines Romans beständig zugeschrieben wird – so als ob ein dunkles Überlieferungsgefühl mich gezwungen hätte, auf dieser Eigenschaft zu bestehen.« (XI, 615) Der »Gral« aber, das sei im Falle Hans Castorps »die Idee des Menschen, die Konzeption einer zukünftigen, durch tiefstes Wissen um Krankheit und Tod hindurchgegangenen Humanität« (XI, 617).

Nun ist dies freilich vorderhand nichts weiter als eine auktoriale Behauptung – ihre hermeneutische Stichhaltigkeit hat sie mit dem Blick auf den Romantext zu erweisen. Tatsächlich aber gibt es, wie im Folgenden gezeigt werden soll, gute Gründe dafür, Thomas Manns Selbstdeutung plausibel zu finden.

Es wurde bereits erwähnt, dass Castorps Weiter- und Höherentwicklung weder die rein körperliche oder gar militärische Sphäre noch auch den rein intellektuellen Bereich betrifft. Der spezifischen Natur von Hans Castorps »Steigerung« kann man sich annähern, indem man dem kuriosen Begriff des ›Regierens‹ im Roman nachforscht. Der konventionellen Semantik zufolge ist Regieren nicht die Aufgabe des Helden, sondern die Aufgabe des Königs – es kommt gewissermaßen *nach* der Heldenreise. Hans Castorp jedoch verwendet den Begriff des ›Regierens‹ in einem durchaus eigenwilligen Sinne:

> Er hatte ein sonderbares Wort für diese seine verantwortliche Gedankenbeschäftigung [...]: er nannte sie »Regieren«, – gebrauchte dies Spiel- und Knabenwort, diesen Kinderausdruck dafür, als für eine Unterhaltung, die er liebte, obwohl sie mit Schrecken, Schwindel und allerlei Herztumulten verbunden war und seine Gesichtshitze übermäßig verstärkte. (5.1, 589)

Regieren bezeichnet ein gedankliches Abwägen der Positionen und Optionen, das hier nicht zufällig mit »Herztumulten« – im wörtlichen wie auch im metaphorischen Sinne – in Verbindung gebracht wird: mit der Idee der Krankheit nämlich sowie mit der Idee der Liebe, zwei Ideen, die im Roman allerlei Verbindungen unterhalten.[9] Das ›Regieren‹ ist eben nur auf dem Zauberberg, in fieberhaft-erhitzter, erhöhter und dem gewöhnlichen Leben enthobener Position möglich. Zugleich handelt es sich dabei um mehr und anderes als um eine rein gedankliche Beschäftigung. Hans Castorps »Regierungsgeschäfte[]« (5.1, 712, 719) stehen in enger Verbindung mit Erwägungen und Bewegungen des Herzens.

Tatsächlich ist Hans Castorps relative Eigenständigkeit nicht adäquat zu fassen ohne Berücksichtigung der Affekte. Dort, wo sich Hans Castorp von äußeren Einflüssen freizumachen weiß, geschieht dies fast nie aufgrund einer irgendwie überlegenen theoretischen oder politischen Einsicht. Das zentrale Movens von Hans Castorps Autonomiebestrebungen ist nichts Geringeres als die Liebe (wenn auch Liebe in vielerlei Gestalt):[10] Bereits früh im Roman sind es die Reize Madame Chauchats, die Hans Castorp dem pädagogischen Einfluss Settembrinis entziehen. Zum Aufbegehren gegen das strenge Reglement der

[9] Die Idee einer Gedankenschärfung qua Krankheit hat dabei in Nietzsche ihren geistigen Gewährsmann; vgl. Pütz: Krankheit als Stimulans des Lebens (Anm. 2), S. 249, 260.

[10] Pütz hält entsprechend fest: Hans Castorps »Urteile und Entscheidungen resultieren weniger aus der Kraft der Reflexion als aus der des Glaubens und Empfindens« (Pütz: Krankheit als Stimulans des Lebens (Anm. 2), S. 260).

okkultistischen Zusammenkunft bei Dr. Krokowski fühlt sich Hans Castorp durch die Liebe zu seinem verstorbenen Vetter Joachim berechtigt. Und im berühmten Schneetraum wird die Liebe als die eine Macht erkannt, die es erlaubt, zwischen den existenziellen und auch ideologischen Extremen Maß und Mitte zu halten:

»Die Liebe steht dem Tode entgegen, nur sie, nicht die Vernunft, ist stärker als er. Nur sie, nicht die Vernunft, gibt gütige Gedanken. [...] Oh, so ist es deutlich geträumt und gut regiert! Ich will dran denken. Ich will dem Tode Treue halten in meinem Herzen, doch mich hell erinnern, daß Treue zum Tode und Gewesenen nur Bosheit und finstere Wollust und Menschenfeindschaft ist, bestimmt sie unser Denken und Regieren. *Der Mensch soll um der Güte und Liebe willen dem Tode keine Herrschaft einräumen über seine Gedanken.*« (5.1, 748)

Diese mehr als vernünftige Erkenntnis bildet das zentrale Resultat von Castorps gedanklich-emotionalen Erwägungen. Nun mag der kursiv-gesetzte Zentralsatz – eine für Thomas Mann eher untypische ästhetische Entscheidung – für sich allein genommen wenig mehr sein als ein Kalenderspruch. Eine über das Sentenziöse hinausgehende Bedeutung erhält die Schneetraumerkenntnis erst, indem sie auf den Roman in seiner Ganzheit bezogen wird.

Dem Schnee-Kapitel korrespondiert ein anderes Kapitel im Roman, welches die Idee einer humanen Mitte zwischen Lebensdienst und Todesbewusstsein noch einmal aufgreift und zugleich politisch konkretisiert: Die Rede ist vom Musik-Kapitel »Fülle des Wohllauts«. Als im Hauptgesellschaftsraum des Sanatoriums ein Grammophon aufgestellt wird, ist es Hans Castorp, der die Bedienung des Apparats übernimmt. Auch hier sondert sich Castorp von der Gemeinschaft ab, wenn er die Verwaltung des Musikschatzes allein als seine Aufgabe erachtet wissen will – was sich die übrigen Patienten gern gefallen lassen, waren sie doch, wie es im Text heißt, »trotz [...] laut bekundeten Entzückens [...] ohne *Liebe* und darum völlig einverstanden, jedem, der da wollte, die Sorge zu lassen« (5.1, 973, Hervorhebung M. N.). Erneut ist es die Liebe, die den an sich eher phlegmatischen Hans Castorp zu eigenmächtigem Handeln jenseits des sozialen *comme il faut* befähigt.

Nächtens von seinen Mitpatienten isoliert, gibt sich Hans Castorp dem Musikgenuss hin. Ausführlich werden im Roman seine verschiedenen Vorzugsplatten charakterisiert: Dabei handelt es sich durchgehend um Programmmusik – Oper, sinfonische Dichtung, Lied –, deren inhaltliche Themen vielfältige Verbindungen zu Hans Castorps eigenem Schicksal unterhalten.[11] Als letzte

[11] Siehe aus der Forschung etwa Karl-Josef Müller: »die Leidenschaft als zweifelnde Liebe«. Schuberts »Winterreise« in Thomas Manns »Zauberberg«, in: Germanisch-Romanische Monatsschrift, Neue Folge, Jg. 44, 1994, S. 191–204; Mertens: »Elektrische Grammophonmusik«

von Castorps Vorzugsplatten wird im Text eine Aufnahme von Franz Schuberts »Lindenbaum« erwähnt. Die Gedanken, die sich Castorp zu diesem Lied macht, werden vom Erzähler als Resultat jener »Steigerung« ausgegeben, die der unheldische Held in seinen Jahren auf dem Zauberberg erfahren hat:

Will man glauben, daß unser schlichter Held nach so und so vielen Jährchen hermetisch-pädagogischer Steigerung tief genug ins geistige Leben eingetreten war, um sich der »Bedeutsamkeit« seiner Liebe und ihres Objektes *bewußt* zu sein? Wir behaupten und erzählen, daß er es war. (5.1, 987)

Ausführlich reflektiert der Erzähler im Folgenden über die sonderbare Doppelnatur des Lieds »Der Lindenbaum«. Einerseits handele es sich dabei um einen lieblichen Ausdruck positiver emotionaler Gestimmtheit. Andererseits jedoch unterhalte »Der Lindenbaum« – respektive die Welt, die das Lied vertritt – untergründige Verbindungen zum Bereich des Todes. »Der Lindenbaum« und überhaupt Schuberts *Winterreise* stehen im *Zauberberg* für die Sphäre der deutschen Romantik.[12] Romantik aber ist im Roman – und ist bei Thomas Mann überhaupt – hochambivalent.[13] Im Essay *Musik in München* formuliert der Autor bündig: »Was ist das Romantische? Die ›Winterreise‹ könnte es lehren. Es ist das Volkstümlich-Dämonische.« (15.1, 198) Dämonisch ist das Romantische insofern, als sich die tiefen Affekte, welche die romantische Kunst auszulösen vermag, eben auch in Richtung eines ideologischen Obskurantis-

(Anm. 7); Barbara Beßlich: Vom Nutzen und Nachteil des Grammophons für das Leben Hans Castorps. Narratologische, intermediale und reproduktionsästhetische Betrachtungen zum »Zauberberg«, in: Wolf Gerhard Schmidt / Thorsten Valk (Hrsg.): Literatur intermedial. Paradigmenbildung zwischen 1918 und 1968, Berlin / New York: de Gruyter 2009 (= spectrum Literaturwissenschaft, Bd. 19), S. 153–166.

12 Siehe aus der reichhaltigen Forschung zu Thomas Manns Verhältnis zur Romantik etwa die Beiträge in Jens Ewen / Tim Lörke / Regine Zeller (Hrsg.): Im Schatten des Lindenbaums. Thomas Mann und die Romantik, Würzburg: Königshausen & Neumann 2016.

13 Thomas Manns kritische Ambivalenz gegenüber der Romantik ist dabei freilich nicht mit einer rundweg ablehnenden Haltung gegenüber der Romantik gleichzusetzen. So müsste etwa das ›romantische Heldentum‹, welches Matthias Schöning Hans Castorp attestiert, unter den Vorbehalt gestellt werden, dass Hans Castorps (implizite) Romantik-Deutung eben nicht ausschließlich das Nationalistisch-Chauvinistische, sondern auch das Element einer sehnsüchtigen Liebe miteinschließt; vgl. Matthias Schöning: Der deutsche Zauberberg. Thomas Manns »Betrachtungen eines Unpolitischen«, Hans Castorps romantisches Heldentum und das Prinzip Akkumulation, in: Uwe Hebekus / Ingo Stöckmann (Hrsg.): Die Souveränität der Literatur. Zum Totalitären der Klassischen Moderne 1900–1933, München: Fink 2008, S. 289–310. Eine Ambivalenz-Umdeutung der deutschen Romantik, welche dieser die nationalistisch-völkische Eindeutigkeit entzieht und sie damit zum geistigen Vorläufer einer neuen, möglicherweise sogar republikanischen Staatsordnung erhebt, findet sich etwa auch in Thomas Manns 1922 entstandener Rede *Von deutscher Republik*, dort insbesondere mit Bezug auf Novalis.

mus und politischen Terrorismus kanalisieren lassen.[14] Im Kapitel »Fülle des Wohllauts« heißt es dazu:

Man brauchte nicht mehr Genie, nur viel mehr Talent, als der Autor des Lindenbaumliedes, um als Seelenzauberkünstler dem Liede Riesenmaße zu geben und die Welt damit zu unterwerfen. Man mochte wahrscheinlich sogar Reiche darauf gründen, irdisch-allzu irdische Reiche, sehr derb und fortschrittsfroh und eigentlich gar nicht heimwehkrank, – in welchen das Lied zur elektrischen Grammophonmusik verdarb. (5.1, 990)[15]

Was hier als Form des technisch-politischen Missbrauchs romantischer Gestimmtheit aufgerufen wird, ist bezeichnenderweise in der konkreten Szene bereits Realität geworden, ertönt Schuberts Lied hier doch gar nicht im Vortrag eines physisch anwesenden Sängers, sondern tatsächlich als ›elektrische Grammophonmusik‹.[16] Der Musikliebhaber Hans Castorp steht, so wird hier suggeriert, nicht verlässlich außerhalb einer Sphäre, in welcher das romantische Erbe technisch oder auch politisch verdorben würde. Zugleich ist seine ›Steigerung‹ hier, bereits gegen Ende seines Aufenthalts auf dem Zauberberg, so weit fortgeschritten, dass er sich über die Ambivalenz des romantischen Geistes immerhin Rechenschaft zu geben vermag – eine Fähigkeit, die ihm zu Beginn der Romanhandlung noch nicht zu Gebote gestanden hätte. Das maßvoll Heldenhafte an Hans Castorp besteht gerade darin, dass es sich nicht kritiklos auf die Verlockungen einer romantischen Volkstümlichkeit, die in martialischen Nationalismus umzuschlagen geneigt ist, einlässt, sondern über die Sphäre einer todesverfallenen Romantik zumindest ahnungsweise hinauszublicken vermag: »Es war so wert, dafür zu sterben, das Zauberlied!«, heißt es zum Ende des Kapitels hin; allerdings setzt der Text fort mit: »Aber wer dafür starb, der starb schon eigentlich nicht mehr dafür und war ein Held nur,

[14] Siehe zur Ambivalenz in der Betrachtung romantischer Kunst im *Zauberberg* etwa Müller: »die Leidenschaft als zweifelnde Liebe« (Anm. 11).

[15] Hans Rudolf Vaget bindet diese Passage an historische Konkreta rück: »Wagner ist der ungenannte ›Seelenzauberkünstler‹, der dem deutschen Lied die ›Riesenmaße‹ des Musikdramas verlieh, um ›die Welt damit zu unterwerfen‹. Und Bismarck war es, der, ermächtigt durch die politischen Ideen der Romantik, jenes ›sehr derb[e] und fortschrittsfroh[e] […] irdisch-allzu irdische‹ Reich gründete, das seinen Anspruch auf Weltmacht mit der Überlegenheit jenes in der Tat erobernden Seelenzaubers begründete.« (Hans Rudolf Vaget: Seelenzauber. Thomas Mann und die Musik, Frankfurt/Main: Fischer 2006, S. 54).

[16] 1926 schreibt Thomas Mann im Essay *Die geistigen Tendenzen des heutigen Deutschlands* über sein Verständnis für die »Weltantipathie« gegen die Verbindung, »die der Romantismus im neuen Reiche mit derbster Imperial-Wirtschaftlichkeit eingegangen war, sodaß man sich Deutschland endlich unter dem Bilde eines reichlich brutalen Generaldirektors vorstellen konnte, der sich von einem elektrischen Grammophon Schuberts Lindenbaum-Lied vorspielen läßt« (15.1, 1084). Siehe auch den parallelen Passus in der *Pariser Rechenschaft* (15.1, 1128).

weil er im Grunde schon für das Neue starb, das neue Wort der Liebe und der Zukunft in seinem Herzen – –« (5.1, 990).[17]

Die erschreckenden Auswüchse nationalen Schwärmertums gewinnen am Ende des Romans ganz konkrete Gestalt, wenn sich Hans Castorp auf den Schlachtfeldern des Ersten Weltkriegs wiederfindet. Hier hat Castorp just Schuberts Lied vom Lindenbaum auf den Lippen – dies allerdings kaum zum Zwecke der patriotischen Selbstermutigung, sondern eher, um sich in den Schrecknissen des Gefechts emotional ein wenig zu regulieren. In den Kriegsgräueln ist die Idee des Romantisch-Nationalen zur kruden Realität des Moderns und Sterbens, von Dreck, Blut und Elend heruntergekommen. Gelegenheit zum soldatischen Heldentum scheint hier kaum geboten – und selbst wenn, so wäre Hans Castorp wohl kein geeigneter Anwärter auf den Titel des Kriegshelden. Explizit differenziert der Erzähler zwischen einer Bewährung im Körperlichen und einer Steigerung in der Sphäre des Geistes: »Abenteuer im Fleische und Geist, die deine Einfachheit steigerten, ließen dich im Geist überleben, was du im Fleische wohl kaum überleben sollst.« (5.1, 1085) Gesteigert ist Castorps Einfachheit am Ende des Romans nicht durch überlegene Erkenntnis und auch ganz gewiss nicht durch eine Bemeisterung des martialischen Tötungsgeschäfts. Ein Held, wenn auch ein Held in Maßen, ist Hans Castorp einzig insofern, als er alle Gegensätze und Extrempositionen der Vorkriegsgesellschaft durch sich hat hindurchgehen lassen und als Ergebnis dieses tentativen Aufnahmeprozesses nicht der einen oder anderen Position rückhaltlos zugestimmt hat, sondern reif geworden ist für die traumhafte Vision einer neuen Humanität – eine Vision, die praktisch umzusetzen oder auch nur klar programmatisch zu formulieren Hans Castorp dann eben doch nicht der rechte Mann ist.

Die letzten beiden Sätze des *Zauberberg* lauten: »Augenblicke kamen, wo dir aus Tod und Körperunzucht ahnungsvoll und regierungsweise ein Traum von Liebe erwuchs. Wird auch aus diesem Weltfest des Todes, auch aus der schlimmen Fieberbrunst, die rings den regnerischen Abendhimmel entzündet, einmal die Liebe steigen?« (5.1, 1085) Ein letztes Mal scheint hier die Idee des ›Regierens‹ sowie die Möglichkeit der Liebe als versöhnende Kraft auf. Angesichts der kruden Realität des Gemetzels auf dem Schlachtfeld mag es sonderbar, ja deplatziert anmuten, von Liebe auch nur zu sprechen. Doch ist es eben die Hoffnung auf diese Liebe, die über die Schrecken des Krieges hinausweist. Im Offenen Brief *Vom Geist der Medizin* schreibt Thomas Mann über seinen Roman: »sein Dienst ist Lebensdienst, sein Wille Gesundheit, sein Ziel die Zukunft« (XI, 595). Die Vision dieser Zukunft wird am Ende des

[17] Vaget vertritt die Ansicht, hier werde auf Friedrich Nietzsche und dessen kritische Abwendung von der Musik Richard Wagners angespielt; vgl. Vaget: Seelenzauber (Anm. 15), S. 56.

Zauberberg nicht bündig formuliert. Der simple Held Hans Castorp kommt über die traumhafte Ahnung einer neuen Versöhnung und Humanität nicht hinaus – und gelangt mit dieser Ahnung doch weiter als alle anderen Figuren des Romans.[18] Castorp ist nicht Sprachrohr einer bestimmten Erkenntnis oder Botschaft, die sich auch außerhalb des Romans bündig formulieren ließe. Er ist vielmehr das kalkuliert mäßige Beispiel einer persönlichen Entwicklung und eines mehr als bloß intellektuellen Bildungsganges, die das Individuum reif machen zur Formulierung eines autonomen Standpunkts – eine Position, zu der vollends durchzudringen Hans Castorp nicht mehr vergönnt ist.

Der Zauberberg endet nicht mit einem politischen Appell, sondern mit einem scheuen Fragezeichen bezüglich der Möglichkeit der Liebe jenseits von Krieg und Völkerhass. Es ist nicht zuletzt diese schwebende Stellung zwischen humanistischem Grundtenor und weltanschaulicher Ungebundenheit, zwischen politischem Sendungsimpuls und ästhetischer Offenheit, die dem Roman seit nunmehr einem Jahrhundert seine zeitenübergreifende Bedeutsamkeit sichert. Die Frage, wie nach nationalistischen Verhärtungen, dem Wüten wahrheitsindifferenter Ideologien und den Gräueln des Krieges wieder Versöhnung, Verständigung und Liebe zwischen den Völkern möglich sein sollten – diese Frage ist den heutigen Lesern von Thomas Manns *Zauberberg*, 100 Jahre nach seinem Erscheinen, ein weiteres Mal aufgegeben.

18 André Schuetze bemerkt hierzu: »Die wesentliche Disparität der anderen Figuren zu Hans Castorp ist dessen Wandlungs- und Lernfähigkeit.« (Schuetze: Hans Castorp auf der Umlaufbahn (Anm. 5), S. 406). Siehe auch Pütz: Krankheit als Stimulans des Lebens (Anm. 2), S. 264.

Wolfgang Matz

»I'm still livin' the dream we had«

Laudatio auf Navid Kermani zur Verleihung des Thomas Mann-Preises[1]

»Man ist als Künstler innerlich immer Abenteurer genug. Äußerlich soll man sich gut anziehen, zum Teufel, und sich benehmen wie ein anständiger Mensch.« Wir kommen noch drauf zurück, was zu halten ist von diesem immerhin hundert Jahre alten Dresscode für Musiker, Dichter und ihre Gesellen, doch zunächst die Frage: Wer ist der Teufel? Da gibt es bekanntlich anderswo Auskunft: »Hatt einen weißen Kragen um und einen Schleifenschlips, auf der gebogenen Nase eine Brille mit Hornrahmen [...] ein Intelligenzler, der über Kunst, über Musik, für die gemeinen Zeitungen schreibt, ein Theoretiker und Kritiker, der selbst komponiert, soweit eben das Denken es ihm erlaubt.« Zwar versichert der Teufel treuherzig, »ich schenke meinem Äußeren gar keine Aufmerksamkeit, überlasse es sozusagen sich selbst«, doch die Wissenschaft hat ausdauernd gegrübelt, wer sich da wohl verbirgt hinter Brille und Schlips, Nietzsche, Mahler, Adorno? Nicht nur die wissenschaftliche, auch die gemeine Neugier verlangt seit Jahr und Tag zu wissen, wer oder was von der sogenannten Realität in Romanen steckt, und bekanntlich las man in den *Lübeckischen Anzeigen* einst die Annonce von Onkel Friedrich:

> Ich sehe mich deshalb veranlasst, mich an das lesende Publikum Lübecks zu wenden und dasselbe zu bitten, das oben erwähnte Buch gebührend einzuschätzen. Wenn der Verfasser der ›Buddenbrocks‹ in karikierender Weise seine allernächsten Verwandten in den Schmutz zieht und deren Lebensschicksale eklatant preisgibt, so wird jeder rechtdenkende Mensch finden, dass dieses verwerflich ist. Ein trauriger Vogel, der sein eigenes Nest beschmutzt.

Sie fragen sich, wann kommt er endlich zu Kermani, wir wollen ja hier keinen Vortrag hören über Friedrich Nietzsche oder Onkel Friedrich und tutti quanti. Aber Entschuldigung! wie unsere gemeinsame Freundin Lina jetzt im Geiste ruft! Wir reden doch die ganze Zeit schon von Navid Kermani! Ist er vielleicht der »Intelligenzler, der über Kunst, über Musik, für die gemeinen Zeitungen schreibt, ein Theoretiker und Kritiker«, der zwar nicht selbst komponiert, aber doch kunstvolle Romane verfasst, »soweit eben das Denken es ihm erlaubt«. Nein, dieser Teufel kann Kermani nicht sein, denn er schreibt seine Romane

[1] Gehalten am 27. September 2024 im Theater Lübeck.

gerade nicht, »soweit eben das Denken es ihm erlaubt«, für ihn ist, im Gegenteil, das Romaneschreiben Fortsetzung des Denkens mit anderen Mitteln. Auch das übrigens verbindet ihn mit Thomas Mann. Da der Thomas Mann-Preis sogar in Lübeck nicht für die Nähe des Preisträgers zum Namengeber verliehen wird, werde ich versuchen, mich mit Thomas Mann-Hinweisen künftig zurückzuhalten; aber noch einmal ganz kurz: Kermani ist kein naiver Erzähler, sondern einer, der weiß, was er tut. Wie unser Pate umfasst sein Werk erzählerische und essayistische Teile und sogar, das gab's bei jenem nicht, wissenschaftliche. Und die Frage, was oder gar wer aus der sogenannten Realität in den Büchern steckt, verfolgt auch Kermani seit seinem Debüt.

Beginnen wir mit dem Ende, also der letzten Frage, aber stellen wir uns nicht dumm: Auch unser Preisträger heute Abend ist ja keineswegs schuldlos daran, dass man ihm zuweilen auf die Pelle rückt. Was soll man dazu sagen, wenn unser Mann am Dienstag, dem 11. Mai 2010, seine Frankfurter Poetikvorlesung so beginnt:

> In dem Roman, den ich schreibe, hält jemand, der oft Enkel, sonst Sohn, Vater, Mann, Liebhaber oder Freund, hin und wieder Romanschreiber, regelmäßig Berichterstatter, dann wieder Orientalist, ein Jahr lang die Nummer zehn und an einigen Stellen Navid Kermani genannt wird, am Dienstag, dem 11. Mai 2010 eine Poetikvorlesung in Frankfurt.

Wenn Sie fragen, was davon in der sogenannten Realität »stimmt«, dann ist die Antwort einfach: alles. Kermani hat die Vorlesung tatsächlich gehalten, hat den Roman tatsächlich geschrieben, der Held, wenn wir ihn einmal so nennen wollen, ist mal ein »jemand«, mal ein »ich«, mal ein »Navid Kermani«. Alles »stimmt« – aber sind wir jetzt klüger?

Wenn jemand »ich« sagt, ist das im Alltag eine eindeutige Sache. In der Literatur dagegen ist von Eindeutigkeit keine Rede, im Gegenteil. Dante sagt schon im zweiten Vers der *Göttlichen Komödie* »ich«, landet dann aber zunächst in der Hölle, später im Paradies, und zwar in Begleitung eines längst verstorbenen römischen Dichters. Das glaube, wer will. Die Wissenschaft pflegt sich zu helfen, indem sie unterscheidet zwischen dem realen Autor aus Fleisch und Blut und dem Erzähler-Ich, wie es im Buche steht, aber dürfen wir es uns so leicht machen bei einem Autor, der, nach eigener Auskunft, nicht nur ich und jemand heißt, sondern auch Enkel, Sohn, Vater, Mann et cetera und an einigen Stellen Navid Kermani? Wenn Kermani – also nicht die Figur im Roman, sondern unser Mann hier vorne im Saal –, wenn Kermani sich dergestalt über die Identität seines Romanhelden auslässt, dass diese Identität sich nahezu auflöst, dann tut er das sicher nicht um eines bloßen Spieles, nicht um des Vergnügens an der Verwirrung willen wie einst Groucho Marx beim Wechsel aller Zimmernummern im Hotel Casablanca. Natürlich, Spiel ist dabei, planvolle Verwirrung ist dabei, und auch ein sehr erhebliches Vergnügen. Aber sonst folgt Kermani äußerst konsequent einer Idee, die den modernen Roman in großen Teilen prägt: der Selbstreflexion des Romans im Roman selbst.

Eduard – so nennen wir einen reichen Baron im besten Mannesalter – Eduard hatte in seiner Baumschule die schönste Stunde eines Aprilnachmittags zugebracht, um frisch erhaltene Pfropfreiser auf junge Stämme zu bringen. Sein Geschäft war eben vollendet; er legte die Gerätschaften in das Futteral zusammen und betrachtete seine Arbeit mit Vergnügen, als der Gärtner hinzutrat und sich an dem teilnehmenden Fleiße des Herrn ergetzte.

So schön beginnt heut niemand mehr sein Erzählen, aber Obacht: Schon hier mischt sich mit diesem »so nennen wir einen reichen Baron im besten Mannesalter« ganz unauffällig die Stimme des Erzählers ein, der seinen Helden frei auf einen schönen Namen tauft. Hieß Eduard also wirklich Eduard, oder hat nur Goethe ihn so genannt? Die Teufelsgeschichte vom Doktor Faustus erzählt uns ein Herr Serenus Zeitblom, der zwar seinerseits erfunden ist, aber als Zeuge des Geschehens die Wahrheit des Erzählten naturgemäß garantiert.

Bevor wir nun Kermanis Instrumente vorzeigen, noch eine Frage: Was ist das eigentlich, ein Roman? Walter Benjamin sprach in seinem Essay über den großen Romancier Julien Green, der in Kermanis Alphabet auch seine Rolle spielt, vom Roman als »diesem zusammengestoppelten Unding aus Erlebtem und Ausgedachtem«, und mit dieser unsterblichen Definition sind wir mitten im Gemenge. Welcher Roman der Literaturgeschichte hätte das denn *nicht* getan, dieses Zusammenstoppeln von Ausgedachtem und Erlebtem? *Die Leiden des jungen Werthers*, *Der Zauberberg*, das sind nur die offensichtlichen Beispiele, und ansonsten kennen die Schriftsteller dieser Welt sehr viel subtilere Tricks, die Wohnung der Schwester, die Krankheit des Onkels, die Frisur der Tante, das Schafsgesicht der Kollegin, die schwerstrhetorischen Marotten des Kollegen, die eigene, eine fremde, eine geschenkte oder geborgte Familiengeschichte in den Roman hineinzumontieren, und wenn auch der gemeine Leser wenig davon erkennen mag, drin steckt's trotzdem.

Kermani, und das macht seine Romankunst so besonders, treibt dieses Spiel von Dichtung und Wahrheit an einen so vorgeschobenen Punkt wie fast kein anderer (ich sage »fast«, weil ich nur einen zweiten kenne). Er radikalisiert es so sehr, dass er jene Frage, mit der man die Autoren traditionsgemäß gequält hat, am Ende schlechterdings in Luft auflöst. Ich möchte das zeigen an dem bereits erwähnten Gebrauch des Personalpronomens »ich«. Zwei sprachliche Formen sind es, die uns am stärksten die Identität einer Person Aussage garantieren: das »ich« und der Eigenname. Im Jahr 2002 beginnt mit *Das Buch der von Neil Young Getöteten* Navid Kermanis literarisches Werk; auf dem Titelblatt steht zwar keine Genrebezeichnung, doch wenn er später *Dein Name*,

Große Liebe, *Sozusagen Paris* und *Das Alphabet bis S* als Romane bezeichnet, so können wir uns erlauben, auch den Auftakt der im *Album* versammelten frühen Bücher als Roman zu verstehen, denn ästhetisch verfährt er schon wie die offiziell so genannten. *Das Buch der von Neil Young Getöteten* also ist ein Ich-Roman so wie der bis dato letzte, *Das Alphabet bis S* aus dem Jahr 2023. Dazwischen benutzt *Dein Name* abwechselnd die Pronomen »ich« und »er« für (naiv gesprochen) ein- und dieselbe Romanfigur, und das ist genauso in *Große Liebe*. *Große Liebe* erzählt genau das, was der Titel verspricht: die erste große Liebe auf dem Schulhof eines Fünfzehnjährigen, und aus dem »ich« folgern wir messerscharf, der Autor nutze hier die eigene Jugendgeschichte. Kann natürlich sein, kann natürlich auch nicht sein. In *Sozusagen Paris* nun erzählt auch ein Ich, aber dieses Ich ist ein etwa fünfzigjähriger Schriftsteller, der gerade einen Roman namens *Große Liebe* geschrieben hat und mit diesem auf Lesereise geht. In der Buchhandlung, beim Signieren, kommt es zum Wiedersehen zwischen Dichtung und Wahrheit, und zwar in Gestalt einer Leserin, die sich als die jugendlich Angebetete des *Große Liebe*-Romans vorstellt. Die Ex-Angebetete, die im Roman Jutta heißt, in der Wirklichkeit, was immer das sein mag, aber nicht, führt allerdings keine Beschwerde, dass der einst heftigst verliebte Schulkamerad sie jetzt zur Romanfigur verarbeitet hat (»Ich habe nicht mit dir gelebt als literarisches Material, ich verbiete dir, dass du über mich schreibst«, sagte einst Ingeborg Bachmann zu Max Frisch, obwohl sie naturgemäß auch nicht anders verfuhr); nein, sie kommen ins Gespräch und verbringen miteinander den Abend und die halbe Nacht. Kann natürlich sein, kann natürlich auch nicht sein. Doch wenn das, »was mir im Augenblicke selbst widerfuhr«, bekannte schon Werthers Goethe, »mich in leidenschaftliche Bewegung setzte, so konnte es nicht fehlen, daß ich jener Produktion, die ich eben unternahm, alle die Glut einhauchte, welche keine Unterscheidung zwischen dem Dichterischen und dem Wirklichen zuläßt«.

2023 nun erscheint *Das Alphabet bis S*, und hier beschränkt Kermani sich endlich wieder konsequent auf eine durchgehaltene Perspektive, die erste Person Singular, das »ich«. Aber o Schreck, o Graus, der Held trägt viele dem Kermani-Leser bekannte Züge, schreibt Bücher, ist politisch und öffentlich engagiert, hat familiäre und Eheprobleme, aber er ist – eine Frau. Eine Schriftstellerin um die fünfzig, auf dem Höhepunkt des Erfolgs und am Tiefpunkt des Lebens: Die Ehe gescheitert, die Mutter gestorben, der Sohn schwerkrank. Das Ganze gleichsam in Echtzeit, in 365 Kapiteln, eins pro Tag dieses einzigen Jahres, Roman, Tagebuch und Essay in einer Person, Politik und Privatleben – ein zusammengestoppeltes Unding aus Erlebtem und Ausgedachtem. Obacht! Wir sind gewarnt! Und wir finden die konsequenteste, beeindruckendste Weiterführung von Kermanis Weg als Romancier. Ein Roman lebt definitionsgemäß von Fiktion, aber besonders auch von der Fiktion, das Leben bestehe aus einer sogenannten »Handlung«, also einer interessanten Konstellation am Anfang, die nach einigem interessanten Hin und Her konsequent hinführt zu einem interessanten Schluss; was nicht hineinpasst – kochen, waschen, schlafen, die kaputte Waschmaschine, Kopfschmerzen, Schlangestehen im Postamt – all das fällt weg; der Laudator fragte sich einst als Zehnjähriger, ob Winnetou und Old Shatterhand eigentlich nie aufs Klo müssen. Denn das wahre Leben sieht anders aus: »Deutschland hat Rußland den Krieg erklärt. – Nachmittag Schwimmschule.« Die hochartifizielle Tag-für-Tag-Struktur des *Alphabets bis S* montiert die disparaten Lebenselemente des Alltags ineinander, als stecke ein echtes Tagebuch innen drin in diesem komponierten, virtuosen Roman.

Trotzdem, eine Frau? Ein Mann schreibt aus der Perspektive einer Frau – geht das überhaupt, darf der das überhaupt? So eine Figur ist doch nie und nimmer glaubwürdig! Lieber Kermani, tun Sie, was Sie wollen, aber *das* musste nicht sein. Doch, es musste sein. Denn diese vorerst letzte Rollenverschiebung eines Autors, der sich mal er, mal ich, oft Enkel, sonst Sohn, Vater, Mann et cetera und an einigen Stellen Navid Kermani genannt hat, bringt die ganze Frage nach der Identität von Romanfiguren, nach der sogenannten Realität, nach Dichtung und Wahrheit, nach Erlebtem und Ausgedachtem definitiv zu einem höchst aufschlussreichen Platzen und jeden aufmerksamen Leser zu eigenen Gedanken. Es ist doch kurios: Friedliche Romanautoren pflegen sich, berufsbedingt, in alle und jeden hineinzudenken, in Mörder und Polizisten, in Diktatoren und Chauffeure, in kommunistische Großeltern und nazistische Urgroßeltern, und niemand hat sich je beschwert. Aber sich hineinversetzen ins andere Geschlecht! Das hat uns gerade noch gefehlt! Mir scheint, die antiquierte Vorstellung von der Frau als einem Wesen sozusagen vom andren Stern verbindet sich heute bestens mit der neu-antiquierten Identitäts-Post-Modernität – dabei war die Literatur schon einmal deutlich weiter. »Madame Bovary, c'est moi«, die Wissenschaft hat zwar rausgekriegt, dass Flaubert das gar nicht gesagt hat, aber trotzdem, er hatte vollkommen recht. Der große Kollege Julien Green hat es noch ein Stück weitergetrieben: »Und hier ist die Wahrheit über mein Buch: Ich bin *alle* Figuren.«

Und nun sind wir fündig: Kermani sendet in seinen Romanen unübersehbar autobiografische Signale. Doch indem die zentrale Erzählerfigur in *personae*, also in Masken auftritt, die vom eigenen bürgerlichen Namen »Navid Kermani« zu »er« und »ich« hinüberreichen und bis zum Alter Ego einer Frau, verschwindet die alte, viel zu alte Frage, was in einem Roman sozusagen »stimmt«, in einem schwindligmachenden Wirbel, aus dem sie nicht wieder auftaucht. Und damit kommt der Roman zurück zu *der* Form von »Stimmigkeit«, die uns einzig und allein interessiert: Zu der Frage, was er uns über unsere Welt zu sagen hat, über unser Leben, über unser Leben und unseren Tod, Scheitern und Glück, Langeweile und Arbeit, Lesen, Schlafen, Liebe, Musik, Schwimmschule und Krieg. Ein Roman ist nicht einfach ein Kunstwerk, ein Roman ist Existenzerhellung. »Alle Romane aller Zeiten sind mit dem Rätsel des Ich beschäftigt«, sagt der große, unvergessliche Milan Kundera: »Sobald man ein imaginäres Wesen, eine Figur schafft, ist man automatisch mit der Frage konfrontiert: Was ist das Ich?« Dieser Erkenntnis Kunderas fügen Kermanis Romane eine weitere hinzu: Auch wenn die erschaffene Figur nicht imaginär, sondern der Autor selber ist, sogar dann, gerade dann bleibt die Frage: Was ist das Ich?

Es gibt die Virtuosen der Vielfalt, und es gibt die anderen, die hartnäckig und lebenslang einer Idee folgen, einer Frage, einem Gedanken, und das heißt, die getrieben sind von dem zentralen Zug ihres Charakters. Oder in Kermanis eigenen Worten: »Für viele Maler, Musiker und Dichter ließe sich sagen, daß ihr gesamtes Schaffen Teil eines einzigen großen Werkes sei.« Für einen Schriftsteller kann der eigene Charakter sich nirgendwo anders ausdrücken als in seinem Schreiben, seiner Sprache, seinem Stil. Lesen wir, Pars pro Toto, Kermanis Debüt, *Das Buch der von Neil Young Getöteten*, und darin als erstes den ersten Satz, mit dem dieser Autor sozusagen das literarische Feld betrat:

Als wolle Gott ihr die Erkenntnis einbläuen, dass sie das Paradies verlassen habe, als wolle er ihr die Erinnerung rauben oder, schlimmer noch, die Geborgenheit zu einer bloßen Erinnerung gerinnen lassen, bekam meine Tochter regelmäßig abends um acht oder halb neun Blähungen.

So wie Georges-Louis Leclerc de Buffon in seiner Antrittsrede bei der Académie Française im Jahre 1753 sagte: »Le style est l'homme même«, der Stil ist der ganze Mensch, so finden wir in diesem wenig idyllischen Gesang vom Kindchen tatsächlich bereits den ganzen Kermani. Außer dem Ich des Erzählers sind sofort zwei Personen präsent: die Tochter und Gott. Die Nächste und der Fernste, also, man verzeihe den pathetischen Ausdruck, aber welchen sollte ich sonst wählen, also die ganze Welt, das ganze Universum, also die Schöpfung.

Ich hatte vorher nicht gewusst, was Blähungen exakt sind und dass es für sie, wenn sie bei Neugeborenen auftreten, einen feststehenden Begriff, den der *Drei-Monats-Kolik*, gibt [...]. Meine schreiende Tochter durch die Wohnung tragend, beschuldigte ich die Menschheit, sich den tatsächlichen Konditionen ihres Daseins zu verschließen, und Gott des Verbrechens an der Menschlichkeit.

Wenn es stimmt, was Kundera sagt: »Die einzige Existenzberechtigung eines Romans besteht darin, daß er einen unbekannten Aspekt des Lebens entdeckt«, dann geschieht das hier: In der Revolte gegen die Theodizee durch die Blähungen eines zehn Tage alten Töchterchens, in der Hilflosigkeit des Vaters, der »das Elend alles Irdischen in ihr zappelnd verkörpert sieht«. Und es geschieht durch nichts anderes als den Stil: den harten Schnitt des ganz Unerwarteten, Gott und Blähung, Kinderzimmer und Paradies, Religion und Babygeschrei;

geschieht durch den vollkommen schmucklosen, dabei höchst farbigen Sprachgebrauch, den schnellen Wechsel von Tonlagen, Farben, Rhythmen; geschieht im respektlos-respektvollen Zusammenstoß der größten Gedanken mit dem lausigen Alltagskram, und schon auf dem ersten Dutzend Buchseiten stehen neben den sich langsam lichtenden Verdauungssorgen und Plagen die Namen von Nietzsche, Büchner, Heidegger, Gustav Mahler, Oskar Matzerath, Beckett, Milarepa, Adorno, ohne dass die Sache im Geringsten einen bildungshuberischen Tonfall bekommt; ganz im Gegenteil, denn noch nie hat man all diese Namen in einem solchen *Blues* gehört.

Stopp! Auch wir haben über Mahler, Adorno, Nietzsche hinaus noch Dante, Green, Benjamin, Bachmann, Frisch, Kundera, Kafka und sogar Buffon bemüht, so als wären Kermanis Romane noch ausschließlich verankert in der großartigen, spätestromantischen, doch vielleicht ja längst zu Ende gegangenen Kultur von Bildung und Musik. Ach, die Musik – lauschen wir ihr noch einmal:

> Die meisten, wie das zu sein pflegt, sangen beim Aufnehmen der Mäntel und Hüte und beim Verlassen des Hauses, die Einprägung des Abends, das themabildende Motiv [...] benommen vor sich hin, und noch längere Zeit hörte man aus entfernteren Gassen, in die die Zuhörer sich zerstreuten, nächtlich stillen und widerhallenden Gassen der Kleinstadt, das ›Leb'-mir-wohl‹, ›Leb'-mir-ewig-wohl‹, ›Groß – war Gott in uns‹ echohaft herüberschallen.

[Der Laudator zieht ein Instrument aus der Hosentasche und spielt das Mundharmonika-Motiv aus Neil Youngs »Heart of Gold«.]
So geht es zu, wenn es schön ist! Ja, staunt wirklich keiner über den Titel: *Das Buch der von Neil Young Getöteten*? Heißt denn so ein Roman? Doch weil er tatsächlich so heißt, betreten wir hier still und manchmal recht laut einen ganz neuen Weg. Wenn sich Navid Kermani des Abends in den Kölner Straßen auf den Heimweg macht, mit Mantel, aber ohne Hut, dann singt er eben nicht nur – das vielleicht auch – das c-cis-d-g-g-Grü-ner-Wiesengrund-Motiv aus Beethovens »Arietta« vor sich hin, sondern eher das ebenso rührende, tröstliche, wehmütig versöhnliche Zwischenspiel aus »Heart of Gold« (obwohl er es im Stillen etwas kitschig findet). Es gab ja auch nur ein einziges Mittel, das dem blähgeplagten Säugling endlich Ruhe schenkte: Musik von Neil Young. Die Passagen, in denen der Vater praktisch und ästhetisch resümiert, welche CDs und welche Lieder den ersehnten Effekt erzielten und welche nicht, sind ein hinreißendes Beispiel für seine Fähigkeit, Hochkomik unauflöslich zu verweben mit dem Schwersten in Welt und Kunst. Das ganz Eigene aber liegt in dem, was es erst in dieser Generation geben konnte, die eben nicht nur mit der Schulbildung aufgewachsen ist, sondern mehr noch mit Politik, kritischer Kulturkritik und, nota bene, mit dem ganzen Repertoire populärer Kultur, Mode, Film, Musik. Es ist schon eine kuriose Konstellation: Auch Kermani bekennt,

wie viele seiner Generation, den epochalen Einfluss von Adorno, ohne den bis heute unser Denken nicht dasselbe wäre, und zugleich könnte dieselbe Generation sich das Leben unmöglich auch nur einen einzigen Tag lang vorstellen ohne Blues und Pop und Rock'n'Roll, die der gleiche Adorno, dem schon der Jazz verdächtig war, nie und nimmer gebilligt hätte.

Der bedeutendste Band mit Kermanis Aufsätzen zur Literatur heißt *Zwischen Koran und Kafka* und seine Poetikvorlesungen tragen den Untertitel *Jean Paul, Hölderlin und der Roman, den ich schreibe*, aber zu dieser schönen Reihe von Namen gehört eben unbedingt auch Neil Young und die Kultur, für die er steht. Kermani vermag Lieder wie »Last Trip To Tulsa«, »Pocahontas«, »Cortez the Killer« so zu interpretieren wie ein Gedicht von Hölderlin, also als das, was Baudelaire »livres vécus, poèmes vécus« genannt hat: gelebte Bücher, gelebte Gedichte. Neil Young, das ist nicht einfach eine Geschmacksfrage, was einer gerne hört oder auch nicht, er steht hier für eine Seite unseres ganzen gelebten Lebens und damit auch des Schreibens, der Sprache, des Stils; in Kermanis eigenen Worten: »Neil Young hat ein herausragendes Sensorium für den Wert des Provisorischen, des Ungeschliffenen, und sagte selbst einmal, ihm schwebe etwas Analoges zum *cinéma vérité* vor, etwas wie ein *audio vérité*.« Ich denke, wir können uns erlauben, das auch für unseren Mann als programmatisch zu verstehen: *cinéma vérité*, kein schlechter Name für eine Literatur, die weder vor Gott zurückscheut noch vor den Blähungen eines Säuglings, die das Provisorische, Ungeschliffene zu großer Kunst macht, und das heißt, sehr altmodisch darauf beharrt, *Kunst* zu sein, also vor allem anderen eine hochbewusste Gestaltung von Sinn und Form – wie ungeschliffen auch immer. Der Sänger wurde dafür von seiner Plattenfirma sogar wegen »vorsätzlicher Unkommerzialität« verklagt, was dem Autor trotz der widerspenstigen Tausendseitenromane von seinem Verlag noch lange nicht widerfahren möge.

Kermani – das beweisen seine Aufsätze über Koran und Kafka, Shakespeare und Mosebach, über das *Glasperlenspiel* und den *West-Östlichen Divan* – ist wie wenige Kollegen mit den Wassern der Weltliteratur gewaschen und steht damit wie wenige für die große weltläufige, eben die west-östliche Tradition des deutschen Geistes. Und zugleich ist er entschieden ein Autor für das Jetzt, für das Lebensgefühl, die Lebensrealität, für den Rhythmus, die harten Reime, für den Sound unserer Zeit.

Manche meiner Freunde haben mich gefragt, weshalb ich, der ich im Beruf oder bei öffentlichen Anlässen doch recht gepflegt gekleidet bin, privat am liebsten zu weite offene Hemden über ausgewaschenen T-Shirts anziehe, die ebenfalls über die Hose ragen.

Ich hatte versprochen, zurückzukommen auf den Anzug des Künstlers und sein Benehmen als anständiger Mensch, zumindest »äußerlich«, wie unser hochverehrter Pate einst einräumte.

›That's why we don't wanna be good‹, entgegnen wir der Welt, die uns dennoch vereinnahmt, die unsere Musik zu laut, unsere Koteletten zu lang und unsere Hemden zu rustikal findet, die überhaupt meint, Hemden gehörten in die Hose gesteckt. Wenn gar nichts mehr hilft, grölen wir wenigstens noch, ›I'm still livin' the dream we had‹.

Der Traum, den Navid Kermani träumt, ist der, es möge dem Roman gelingen, auch heute noch, wie die unvergesslichen, irgendwann klassisch gewordenen Vorbilder, die wir so lieben, etwas von unserem Leben als Ganzem zu erfassen, mit seinen kleinen und großen Momenten, mit all dem Wichtigen und Belanglosen, Glücklichen und Unglücklichen, Scheitern und Hoffnung, Langeweile und Arbeit, Lesen, Schlafen, Liebe, Schwimmschule und Krieg, Blähungen, Musik und Gott, also von unserer ganzen, einzigen, vorübergehenden Existenz zwischen Geburt und Tod. Und wir erwarten gespannt, wohin ihn und uns, so Gott will, dieser Weg noch führen wird.

Navid Kermani

Dankesrede zur Verleihung des Thomas Mann-Preises[1]

Sehr geehrter Herr Bürgermeister, sehr geehrter Herr Präsident, geschätzte Jury, lieber Wolfgang, liebe Mutter, meine Damen und Herren,

»Von meiner Zeit will ich zu Ihnen sprechen, nicht von meinem Leben«, kündigte Thomas Mann an, als er im Mai 1950 ans Pult der Universität Chicago trat: keinen autobiografischen Vortrag wollte er also halten, sondern über die winzige Strecke Menschheitsgeschichte nachdenken, in die ein einzelnes Schicksal fällt, »das Stundenglas, das mir gestellt war und von dessen in feinem Strom durch die Enge rinnenden Sand so wenig noch übrig ist«. Und der 75-Jährige zitierte Goethe, der sich im selben Alter des Vorteils gerühmt hatte, in eine Zeit voller epochaler Ereignisse hineingeboren worden zu sein, so dass er »vom Siebenjährigen Krieg, sodann von der Trennung Amerikas von England, ferner von der Französischen Revolution und endlich von der ganzen Napoleonischen Zeit bis zum Untergange des Helden und den folgenden Ereignissen lebendiger Zeuge« gewesen sei. Das habe ihm, Goethe, »zu ganz anderen Resultaten und Einsichten« verholfen, als wenn er einer anderen, weniger stürmischen Zeit beigewohnt hätte. »Nun«, wandte Thomas Mann ein, »an dem Miterleben markanter Weltbegebenheiten und Weltveränderungen« habe es auch in jedem anderen Geschlechte nicht gefehlt: »Es kommt kein Jahrgang zu kurz.« Als Beispiel verwies er auf seine eigenen 75 Jahre, 1875 in Lübeck geboren, in denen er die bürgerliche, liberale Epoche noch bewusst miterlebt hatte, aber auch deren Auflösung in zwei Weltkriegen und der Schande Deutschlands vor aller Welt, nach 1945 der rasende Wiederaufbau, die Neuordnung der Staaten in zwei ideologischen Blöcken. So wie Goethe in Weimar Napoleon persönlich begegnete, traf Thomas Mann in Washington mehrfach Franklin D. Roosevelt, der ihm weltgeschichtlich nicht weniger bedeutend erschien als Julius Caesar.

Wie ist es mit *meiner* Zeit, die 1967 in der westdeutschen Provinz begann? 19 Jahre fehlen mir noch, um so weit wie Goethe und Thomas Mann zurückzublicken, 19 Jahre, in denen, wir spüren und fürchten es gerade alle, noch schrecklich viel passieren kann. Lege ich allerdings nur meine bisherige Lebenszeit zugrunde, würde ich wiederum Thomas Mann widersprechen und Goethe recht geben: Doch, manche Jahrgänge kommen, was das Miterleben historischer Umwälzungen betrifft, eindeutig zu kurz. Ist es nicht ein Glück?

[1] Gehalten am 27. September 2024 im Theater Lübeck.

Wer nach dem Krieg im Westen Deutschlands aufwuchs, kennt nichts anderes als die immergleiche staatliche Ordnung, einen stetigen Frieden, stabile soziale Verhältnisse, einen beispiellosen Wohlstand, umfassende Freiheitsrechte.

Sicher, in meiner Zeit ereignete sich ebenfalls eine, sogar eine deutsche Revolution, die mächtige Sowjetunion löste sich vor unseren Augen ebenso auf wie der Warschauer Pakt, und mit dem Fall der Mauer schien nicht nur Berlin, schien ganz Europa wiedervereint zu sein. Seither sind wir Zeugen einer neuen Epoche, in der die Vereinigten Staaten als einzig verbliebene Weltmacht von China herausgefordert werden, einem noch vor kurzem völlig verarmten Riesenreich mit einem ganz anderen, autoritären Wertesystem. Weltpolitisch waren die Jahre nach 1967 an Umbrüchen sogar überreich, mit fürchterlichen Kriegen, blutigen Revolutionen, einem atomaren Wettrüsten und dem Ende des Kolonialismus. Und müsste man nicht auch den Beginn der ökologischen Frage als Zäsur begreifen, schließlich ist meine Generation die erste, die der Zerstörung des Planeten durch den Menschen entgegensieht?

All das ist richtig, und doch sind die Verhältnisse, die uns in Westdeutschland seit nunmehr 75 Jahren beschieden sind, verglichen mit fast allen anderen Zeiten, Weltgegenden und schon im Vergleich mit dem Osten Deutschlands, ausgesprochen kommod. Kein Krieg hat uns verängstigt wie Goethe die französische Besatzung, als marodierende Soldaten sein Haus in Weimar stürmten, kein Terrorregime hat uns zu Flucht und Exil gezwungen wie Thomas Mann. Auch der Klimawandel hat unser Leben – anders als das Leben in weiten Teilen Ostafrikas und Südasiens – noch längst nicht umgestürzt, manche finden die wärmeren Sommer sogar ganz nett. Selbst den Fall der Mauer haben wir nur von der Rückwand aus gesehen oder wie Hausbewohner, die vom Einsturz der gegenüberliegenden Fassade überrascht werden. Bis dahin hatten uns im Westen, seien wir ehrlich, die Bewohner im gegenüberliegenden Haus nicht sonderlich interessiert. Und nach 1989 blieb auf unserer Straßenseite alles mehr oder weniger, wie es war, der gleiche Staat, dieselbe Verfassung, bis vor kurzem, über 30 Jahre später, fast die gleiche Parteienlandschaft und abends um acht die *Tagesschau*. Es ist kein kleines Privileg auf Erden, eine bisher 56-jährige Lebenszeit in Sicherheit, in Freiheit, in Wohlstand verbracht zu haben. Folgt man Goethe, folgt man Thomas Mann, ist es allerdings für die Erkenntnis und damit für jede ernsthafte Autorenschaft durchaus ein Verlust, keine markante Weltbegebenheit oder Weltveränderung persönlich erlebt, persönlich durchlitten zu haben. Das würde bedeuten, dass die westdeutsche Gegenwartsliteratur im Vergleich etwa zu ihren östlichen Nachbarn und selbst zur ostdeutschen Literatur nicht dieselbe Dichte weltbedeutender Werke hervorbringt, hervorbringen kann. Ob der Befund stimmt, mag jeder für sich beurteilen. In meinem Fall stimmt zumindest die Herleitung nicht ganz, allerdings wurde mir das erst in den letzten Jahren bewusst. Je selbstverständlicher ich Deutscher wurde, desto mehr ging mir auf, wie tief mich meine iranische Herkunft prägt. Und auch, dass literarisch darin meine reichste Quelle liegt.

Kurz nach Weihnachten 1978, ich war soeben elf Jahre alt geworden, nahm uns mein Vater mit nach Neauphle-le-Château nahe Paris. Wenn ich mich richtig erinnere, wollten wir in den Skiurlaub fahren, aber mein Vater hatte sich in den Kopf gesetzt, Ajatollah Chomeini zu besuchen, der von seinem französischen Exil aus die Islamische Revolution anführte. Mein Vater, es fällt mir schwer das auszusprechen, weil ich ihn natürlich liebe, mein Vater war seinerzeit ein überzeugter, heute würde ich sogar sagen: glühender Anhänger Chomeinis. Wir anderen hingegen waren nicht begeistert von dem langen Umweg über Paris, meine Mutter, meine zwei Brüder und das Nesthäkchen, das heute vor Ihnen steht. Der dritte, ebenfalls deutlich ältere Bruder war gar nicht erst mitgefahren, weil er eine neue Freundin hatte oder lieber Party feiern wollte, was wusste ich. Vor allem meiner Mutter, obwohl sie wie fast alle Iraner die Revolution unterstützte, war der Ajatollah von Anfang an suspekt. Das hatte, so vermute ich heute, auch mit ihrer Klassenzugehörigkeit zu tun, nicht so sehr mit der Religion. Ihr Vater war ein Großgrundbesitzer, wenn auch während der Landreform von 1963 weitgehend enteignet und nicht mehr annähernd so vermögend wie mein Urgroßvater, dafür hochgebildet, mehrsprachig, Absolvent der Amerikanischen Schule in Teheran, im Berufsleben Bankdirektor in Isfahan. Meine Großmutter mütterlicherseits war sogar aus adeligem Geblüt, Enkelin des Prinzen Zell os-Soltan, der als Gouverneur Ende des 19. Jahrhunderts Isfahan tyrannisierte und nach der Krone in Teheran griff.

Welcher Welt meine Mutter angehörte, mag man daraus ersehen, dass ihre jüngere, äußerst schöne Schwester dem Schah vorgestellt werden sollte nach der Scheidung von Soraya. Zur Überraschung der königlichen Emissäre und womöglich auch zur Enttäuschung meiner Tante, die 18, 19 Jahre alt gewesen sein wird, wies mein Großvater das Ansinnen empört zurück. Ungewöhnlich für einen Großgrundbesitzer, war er überzeugter Republikaner, Parteigänger des gestürzten Ministerpräsidenten Mohammad Mossadegh: In meiner Familie, rief er, heiratet man keinen Schah! Meinen Vater hingegen, obwohl er aus kleinbürgerlichen Verhältnissen stammte, Sohn eines niederen Beamten, akzeptierte er als Bräutigam. Warum? Mein Vater war ebenfalls Anhänger Mossadeghs, aber vor allem war er strebsam und sehr ehrgeizig, noch Medizinstudent, aber schon ein Aufschneider vor dem Herrn, der sich für das erste Rendezvous ein amerikanisches Cabriolet auslieh, das er als sein eigenes ausgab. Vor allem aber galt die Familie meines Vaters, und das war meinem Großvater wichtiger als die Klassenzugehörigkeit, als sehr fromm; mein Urgroßvater war der oberste Geistliche Isfahans und Gegenspieler eben jenes Prinzen Zell os-Soltan, der wiederum mein Ururgroßvater war. So haben Sie schon das Personal eines Nationaldramas beisammen. Allerdings war das alles noch *vor* meiner Zeit. In meiner Zeit saß ich mit elf Jahren auf der Rückbank des Mercedes-Benz, den mein Vater Richtung Paris fuhr, links und rechts meine älteren Brüder, die alles im Kopf hatten, nur keine Revolution.

Ich sagte, die Vorbehalte meiner Mutter gegen Chomeini hatten mit ihrer Klassenzugehörigkeit zu tun. Umgekehrt gilt das für meinen Vater erst recht: Er, der Aufsteiger, der Emporkömmling, der in eine großbürgerliche Familie eingeheiratet und es als Arzt in Europa zu Geld und Ansehen gebracht hatte, jedoch immer das Ressentiment der Vornehmeren spürte oder sich vielleicht auch nur einbildete – es war seine Revolution, der Aufstand des einfachen Volks gegen eben jene Eliten, die ihn trotz seines Erfolgs kleinhielten. Niemand in Deutschland und nicht einmal mehr die Jüngeren in Iran machen sich einen Begriff von den Klassenschranken, die noch während meiner Kindheit dort herrschten. Ich muss zurückgehen zu den Romanen, die vor der Revolution in Russland geschrieben worden sind, und das ist in Europa mehr als hundert Jahre her, um die Gesellschaft meiner Sommerferien in Iran wiederzufinden. Etwa war es völlig klar, dass meine Großeltern Bedienstete hatten, die bei ihnen aufwuchsen, die mit ihnen lebten, die praktisch Leibeigene waren, auch wenn sie, soweit ich es wahrnahm und später hörte, von meinen Großeltern stets gut behandelt und beim Erbe mehr als angemessen bedacht worden sind. Und die barfüßigen Kinder im letzten verbliebenen Dorf meines Großvaters nahe Isfahan – es wäre undenkbar gewesen, dass wir Enkel des Großgrundbesitzers anders als gönnerhaft mit ihnen gesprochen oder gar mit ihnen gespielt hätten. Es sind diese Kinder im Dorf meines Großvaters, besser gesagt: Menschen, die vor der Revolution in den denkbar einfachsten, ärmlichsten Verhältnissen lebten, die heute in den Behörden, Ministerien, Staatskonzernen und Botschaften Irans fast überall das Sagen haben. Das Du, mit dem sie selbst ältere Bürger bis heute häufig ansprechen, ist das Du auf den Dörfern oder in den Slums, die sich nach der misslungen Landreform des Schahs an den Rändern der Großstädte gebildet hatten.

Mit dem Wissen von heute ist es leicht, meinen Vater zu verurteilen, der Ende 1978 zu Ajatollah Chomeini pilgerte. Wir alle waren doch für die Revolution, bekräftigte meine Mutter, als ich sie vor ein paar Tagen auf die Reise nach Neauphle-le-Château ansprach, wir alle sind später nach Bonn gefahren in die Botschaft und haben für die Islamische Republik gestimmt. Das heißt, Sie waren gar nicht gegen den Besuch bei Chomeini?, fragte ich, weil ich es anders in Erinnerung hatte. Ja, Sie, so wie alle Iraner meines Stands und meiner Generation sieze ich meine Eltern und grundsätzlich jeden, der älter ist als ich, deshalb empfinde ich die Ungehörigkeit des revolutionären Behörden-Dus so stark. Wir ahnten doch nicht, was für eine Scheiße dabei rauskommt, antwortete meine Mutter mit Worten, die ihrem Stand ebenfalls nicht entsprachen. Genaugenommen sagte sie nicht Scheiße, sie sagte *zahr-e mâr*, Schlangengift, was auf Persisch ein schlimmeres Schimpfwort ist. Von Gift sprach auch Ajatollah Chomeini, als er 1988 in den Friedensschluss mit dem Irak einwilligte, genau gesagt, von einem Becher Gift, den er getrunken habe. Acht Jahre zuvor hatte der Irak angegriffen, gerade mal ein Jahr nach dem Sieg der Revolution. Weil die iranische Armee nach den Säuberungen am Boden lag, rechnete Saddam Hussein mit einem raschen Durchmarsch, Frühstück Sonntag in Teheran. Doch 1980, da wehrte sich in Iran noch das revolutionär gestimmte Volk, Kinder inklusive, die auf Minenfelder geschickt wurden mit einem Blechschlüssel am Hals für die Pforte zum Paradies. Nach zwei Jahren war die irakische Armee ins eigene Land zurückgedrängt.

Chomeini hätte den Krieg im Triumph beenden können, zumal er den Verteidigungsfall genutzt hatte, um nach dem Militär gründlich auch die Politik zu säubern; dem liberalen Staatspräsidenten Bani-Sadr, der von 75 Prozent der Iraner gewählt worden war, gelang als Frau verkleidet gerade noch die Flucht. Doch nun war er es, Chomeini, der vom Durchmarsch träumte, erst Bagdad, dann Jerusalem. Um einen iranischen Sieg zu verhindern, rüstete der Westen den Irak auf, das Giftgas, von wegen nie wieder, deutsches Fabrikat. Sechs weitere, sechs überflüssige Jahre dauerte der Krieg an. Als Chomeini endlich einsah, dass sein erschöpftes, von der Revolution desillusioniertes Land vor einer Niederlage stand, waren eine Million Iraner gestorben für nichts. Das Gift, das er mit dem Friedensschluss zu trinken behauptete, das hatte er in Wahrheit dem Volk eingeflößt. Um sich wieder Respekt zu verschaffen, ordnete er ein Massaker in den Gefängnissen an, stellte seinen designierten Nachfolger Ajatollah Montazeri unter Hausarrest, der gegen die tausenden und abertausenden Hinrichtungen protestiert hatte, und erließ die Fatwa gegen Salman Rushdie, durch die er seinen Kulturkampf in den Westen trug. Der Kulturkampf, er dauert bis zum heutigen Tag an, siehe die immer neuen Diskussionen über den Islam.

Nicht wenige Historiker sagen, das Schlüsseljahr, in dem sich unsere heutige Epoche formiert hat, sei nicht 1989 gewesen, sondern 1979, der Papstbesuch in Polen, Chinas Öffnung unter Deng Xiaoping, der Unfall im Atomkraftwerk Harrisburg und die Gründung der Grünen, die Wahl Margaret Thatchers und die Entfesselung der Märkte, der man den irreführenden Begriff Neoliberalismus gegeben hat, aber zuerst und vor allem die Islamische Revolution in Iran, die noch im selben Jahr den Einmarsch der Roten Armee in Afghanistan zur Folge hatte und ein Jahr später den Triumph Ronald Reagans über Jimmy Carter dank der Botschaftsbesetzung in Teheran und der gescheiterten Geiselbefreiung. Reagan wiederum setzte nicht nur Thatchers Wirtschaftspolitik im globalen Stil durch, sondern schuf das Bündnis der westlichen Führungsmacht mit dem streng wahhabitischen Herrscherhaus in Saudi-Arabien, um weiterhin billiges Erdöl zu beziehen, die Revolution in Iran einzudämmen und in Afghanistan die Mudschahedin aufzurüsten. Deren Sieg über die Rote

Armee leitete bekanntlich das Ende der Sowjetunion ein. Mit der Revolution von 1979 trat also nicht nur der Islam auf die Bühne der Weltpolitik und verbündete sich Amerika ausgerechnet mit dem Wahhabismus, dessen Ideologie dem Dschihadismus zugrunde liegt, von 9/11 über den Islamischen Staat bis Solingen. Die Islamische Revolution führte im Westen auch mittelbar zum Sieg des Neoliberalismus, der heute den Reichtum in den Händen einiger weniger Menschen konzentriert, und trug im Osten zum Scheitern des Kommunismus bei. Gemessen an der Wirkung steht Ajatollah Chomeini in der Geschichte des 20. Jahrhunderts in einer Reihe mit Lenin, Hitler und Mao. Und in gewisser Weise ist der Islamismus nach dem Kommunismus und dem Faschismus das dritte Projekt der Moderne, den Himmel auf Erden zu errichten – und auch der dritte Versuch hat stattdessen in die Hölle geführt.

In Péter Nádas' großem Memorial *Aufleuchtende Details* steht ein Satz, der unscheinbar anmutet und mir dennoch immer nachgegangen ist: »Bei den Verhaftungswellen, so auch bei der stark unter der Zensur stehenden Übertragung des großen Schauprozesses, gab es keinen Aspekt, der meine Familie nicht persönlich berührt hätte.« In meinem Roman *Das Alphabet bis S* habe ich den Satz zitiert und angemerkt, es sei für Westeuropäer kaum glaublich, wie tief das Zeitgeschehen in die Lebensläufe und noch in die intimsten, also auch kindlichen oder sexuellen Erfahrungen vieler osteuropäischer Autoren eingewoben ist. Heute erkenne ich deutlicher, dass ich, wiewohl in Siegen geboren, nicht nur Westeuropäer bin. Unser Leben beginnt nicht mit der Geburt und endet nicht mit dem Tod. Und wenn ich auf das Land meiner Eltern und Großeltern blicke, das Land meiner Cousins und Cousinen, die gleichzeitig mit mir in Isfahan oder Teheran aufwuchsen, dann könnte ich Nádas' Satz sogar noch erweitern: Bei den Verhaftungswellen, den Schauprozessen, dem achtjährigen Krieg, den Foltergefängnissen, den Fluchterfahrungen von Millionen Iranern, den Massenhinrichtungen, gab es keinen Aspekt, der meine Familie nicht persönlich berührt hätte. Der Schwager meiner Tante wurde unmittelbar nach der Revolution hingerichtet, meine Cousins saßen als Oppositionelle über Jahre im Gefängnis, kämpften an der Front oder flohen als Jugendliche auf gefährlichen Fußmärschen aus dem Land. All die selbstbewussten Frauen in meiner Verwandtschaft, meine Tanten, meine Cousinen, auch meine Großmutter, die für die Freiheit auf die Straßen gegangen waren und sich unterm Kopftuch wiederfanden, ihrer grundlegenden Rechte beraubt. Die Angehörigen der religiösen Minderheit der Bahais, in meinem Fall Cousinen und Cousins zweiten Grades, die bis heute in Iran auf schlimmste Weise verfolgt werden. Mein Großvater, mein tiefreligiöser Großvater, der wegen Chomeini so lautstark mit Gott haderte, dass meine Großmutter fürchtete, die Spitzel in der Nachbarschaft könnten es durch die verschlossenen Fenster hindurch hören. Und mein eigener Vater verteidigte weit und breit als einziger in der Familie noch über Jahre die Revolution, erbitterte Streitereien bei den abendlichen Geselligkeiten inklusive.

Ich liebte meinen Vater, wie gesagt, aber ich verstand nicht, wie er so blind sein konnte für das, was alle anderen sahen. Nicht dass er die Repressionen verteidigte, die Hinrichtungen, die Verhaftungen, die Entrechtung der Bahais. Er selbst hatte den abgesetzten Präsidenten Bani-Sadr gewählt und war mit Mehdi Bazargan befreundet, dem ersten Ministerpräsidenten der Islamischen Republik, der aus Protest gegen die Botschaftsbesetzung zurückgetreten war und bis zu seinem Tod 1995 so mutig wie kein anderer Oppositioneller innerhalb Irans die politischen Zustände und auch Chomeini persönlich kritisierte. Aber mein Vater hielt an der Hoffnung fest, dass sich noch alles zum Guten wenden würde, auch die Französische Revolution sei nicht im ersten Jahrzehnt geglückt. Nach und nach wurde mein Vater schweigsamer auf den Geselligkeiten, und wohl spätestens mit den Massenhinrichtungen 1988, also noch während des ersten Jahrzehnts, begann er seinen Irrtum einzusehen. Es ist keine Frage, dass er, wenn er noch lebte, heute für Frau, Leben, Freiheit eintreten würde, *zan, zendegi, azadi*. Die Bedeutung dieser Bewegung liegt ja gerade darin, dass sie nicht auf das ohnehin säkulare Bürgertum beschränkt ist, sondern sich aus allen Klassen und Ethnien zusammensetzt. Auch die Kinder, mit denen wir einst im Dorf meines Großvaters nicht spielten, und wenn nicht sie, dann deren Kinder, dürften den Glauben an eine religiöse Herrschaft längst verloren haben, und die jungen Menschen, die während der Proteste hingerichtet wurden, stammten alle aus eben jenen sozialen Schichten, die Chomeini an die Macht getragen haben. Anders als Deutschland wird sich Iran aus eigener Kraft von der Diktatur befreien.

Es wäre leicht, meinen Vater zu verurteilen. Aber mit ihm haben sich viele kluge Geister getäuscht, auch im Westen, wo die Revolution in linken und liberalen Kreisen auf viel Sympathie stieß, beileibe nicht nur bei dem heute dafür so oft gescholtenen Michel Foucault. Was westliche Denker an der Erhebung faszinierte, war nicht nur der Widerstand gegen die koloniale Ausbeutung und den amerikanischen Imperialismus. Es war auch »das Ziel einer politischen Spiritualität«, wie es Foucault formulierte, nachdem er 1978 aus dem Retreat in einem japanischen Zen-Kloster direkt in das revolutionäre Teheran geflogen war. Für die Praxis allerdings, so der Philosoph beinah enttäuscht, buchstabierten die Revolutionäre nichts anderes als »die Grundformeln der bürgerlichen oder revolutionären Demokratie«. Auch der Chomeini, den wir Ende 1978 in Neauphle-le-Château besuchten, sprach von Demokratie, von Menschenrechten, von Gleichberechtigung. Er sprach davon, dass er sich nach dem Erfolg der Revolution natürlich nach Ghom zurückziehen werde, damit gewählte Politiker das Land regieren. Seine Schriften, in denen er die Theokratie genau konzipiert hatte, hatte kaum jemand gelesen und wenn, nahm man sie nicht ernst. Alle linken und liberalen Gruppierungen innerhalb der revolutionären Bewegung waren überzeugt, nach dem Sturz des Schahs mit Chomeini fertig zu werden, der für die Mobilisierung der Massen gebraucht wurde. Stattdessen schaltete Chomeini, der über eine enorme Intelligenz und Skrupellosigkeit verfügte, nach seiner triumphalen Rückkehr eine politische Gruppe nach der anderen aus, bis seine Herrschaft des Rechtsgelehrten unangefochten war. Sein Auftreten, seine Rhetorik mögen altertümlich anmuten, tatsächlich jedoch ist seine Ideologie eine weitere, die vorläufig letzte Gegenaufklärung, wie sie sich in der Moderne ein ums andere Mal formiert hat. »Wahr ist, was dem Menschen frommt«, der Satz des kommunistischen Jesuiten Leo Naphta aus dem *Zauberberg*, könnte ein Zitat von Ajatollah Chomeini sein, dessen Pein- und Blutjustiz ebenfalls dem Glauben an eine höhere, jedes Opfer rechtfertigende Wahrheit entsprang. Chomeinis Definition des *maslahat*, wonach der Islamische Staat jedwede Norm und selbst das Gesetz des Korans aufheben dürfe, wenn es das übergeordnete Interesse erforderte, entspricht bis in einzelne Formulierungen der Doktrin des Ausnahmezustandes von Carl Schmitt. Als der Großajatollah Mehdi Haeri Yazdi, der älter war und theologisch sogar höher stand, in den 1980er-Jahren Chomeini ansprach, ja anflehte, den Krieg endlich zu beenden, in dem sich sinnlos jeden Tag Muslime gegenseitig töteten, entgegnete Chomeini lapidar: »Kritisieren Sie auch Gott dafür, wenn er ein Erdbeben hinabsendet?« Nach ihm hat kein politischer Führer mehr solche Massenaufläufe und Massenhysterien hervorgebracht, wie sie nicht zufällig im aufgeklärten 20. Jahrhundert aufgekommen sind, im Faschismus und Nationalsozialismus, im Stalinismus und Maoismus. »›Alle wahrhaft erziehenden Verbände haben von jeher gewußt, um was es sich in Wahrheit bei aller Pädagogik nur handeln kann‹«, fährt Naphta fort: »›nämlich um den absoluten Befehl, die eiserne Bindung, um Disziplin, Opfer, Verleugnung des Ich, Vergewaltigung der Persönlichkeit. Zuletzt bedeutet es ein liebloses Mißverstehen der Jugend, zu glauben, sie finde ihre Lust in der Freiheit. Ihre tiefste Lust ist der Gehorsam.‹«

Dass die Aufklärung Gegenkräfte freisetzt, wusste kaum jemand besser als Thomas Mann. »Beinah vom Augenblick ihrer Geburt an war die Freiheit ihrer selbst müde und spähte aus nach neuer Bindung, neuer Einschränkung, nach etwas absolut Ehrfurcht Gebietendem, einem zentripetalen Ideen- und Moralsystem«, sagte er als 75-Jähriger in Chicago. Er selbst war in jüngeren Jahren Teil dieser Gedankenströmung, als er den Ersten Weltkrieg bejubelte und in den *Betrachtungen eines Unpolitischen* die deutsche Tradition der Romantik und Innerlichkeit gegen den seelenlosen Rationalismus des Westens wendete. Paradigmatisch finden wir die Dichotomie von Selbstentfaltung und Unterwerfung bereits in Goethes *Faust*, den Thomas Mann im *Doktor Faustus* mit der Versuchung des Faschismus in einen Zusammenhang gebracht hat. Die Gegenposition, die am Primat der Vernunft festhält, vertritt im *Zauberberg* der

Italiener Lodovico Settembrini und Thomas Mann sein ganzes weiteres Leben lang. Aber wie gut er, Mann, das Unbehagen an der Freiheit nachvollziehen konnte, bewies er in den Monologen Naphtas, der die bürgerlichen Ideale als Teufelsknechtschaft des Individuums verwirft. Die Jugendlichen, die auf die Minenfelder der irakischen Armee rannten, trugen am Hals den Schlüssel zum Paradies.

Meine Damen und Herren, es kann noch schrecklich viel passieren. Wir spüren es und fürchten es wohl gerade alle, die äußeren Bedrohungen ebenso wie die inneren Versuchungen, denen unsere heutigen westlichen Gesellschaften ausgesetzt sind. Wenn Sie nur den Diskurs über Asyl und Migration nehmen, so hat sich die vorherrschende Grundstimmung innerhalb weniger Jahre in ihr Gegenteil verkehrt. Oder die mögliche Wiederwahl Donald Trumps als Führer der westlichen Welt, die Triumphe nationalistischer oder sogar völkischer Parteien überall in Europa … Es wäre zu einfach, die Ursache nur bei den anderen, den politischen Gegnern zu sehen. »Nichts ist naiver, als die Freiheit fröhlich moralisierend gegen den Despotismus auszuspielen, denn sie ist ein beängstigendes Problem«, warnte Thomas Mann 1950 in Chicago – »beängstigend in dem Maße, daß es sich fragt, ob der Mensch um seiner seelischen und metaphysischen Geborgenheit willen nicht lieber den Schrecken will als die Freiheit.«

Und wie war er, Ajatollah Chomeini? Ich erinnere mich an den Gegensatz zwischen der Vornehmheit der Wohngegend mit ihren alten Villen und der extremen, ja ausgestellten Bescheidenheit der Räume, in denen der Ajatollah untergebracht war. Es gab in dem Haus nichts, nicht einmal Möbel, nur einen schlichten Teppich, auf dem er saß und, so hatte es den Anschein, vermutlich auch schlief. Er schaute mich freundlich an, den elfjährigen Jungen im Parka, und begrüßte mich so leise, dass ich mich zu ihm hinunterbeugen musste, um ihn zu verstehen. Hätte ich gedurft, so hätte ich danach vermutlich ebenfalls für die Islamische Republik gestimmt. Bald darauf hatte niemand in Iran eine Stimme mehr.

Ich danke der Stadt Lübeck und der Bayerischen Akademie der Schönen Künste für die Auszeichnung mit dem Thomas Mann-Preis. Und ich danke Ihnen, meine Damen und Herren, für die Aufmerksamkeit. Freuen wir uns jetzt, ein weiteres, heute letztes Mal Majid Derakhshani zu hören, in dessen Musik die Spiritualität besser aufgehoben ist als in der Politik.

Thomas Mann und das Meer

Volker Weidermann im Gespräch mit Dana Grigorcea, Jahresversammlung der Thomas Mann Gesellschaft Zürich, Literaturhaus Zürich, 8. Juni 2024

VOLKER WEIDERMANN: Etwas Einschüchterndes hat das für mich heute schon, vor der Schweizer Thomas Mann Gesellschaft, vor Ihnen von Thomas Mann zu erzählen und dir, Dana, als Vorstandsmitglied. Aber die Schüchternheit werde ich hoffentlich überwinden. Mit der Liebe fing es an. Natürlich, bei den Büchern muss, wenn man sich lange Zeit mit einem Gegenstand beschäftigt, Liebe am Anfang stehen. Und dann gab es tatsächlich so eine Art Urmoment für mich, ein Urmoment des Staunens, was für mich notwendigerweise zum Nachdenken dazugehört, Liebe und Staunen. Und das ist bestimmt zehn Jahre her. In Brasilien ist es gewesen, wo ja ein wesentlicher Teil der Wurzeln der Familie Thomas Manns liegt, in Paraty am Strand. Ich war bei einem Literaturfestival in Brasilien im Vorfeld der Frankfurter Buchmesse, wo die brasilianische Literatur Gegenstand war. Und ich habe wie nebenbei gehört: Übrigens hier, wenige Kilometer von diesem Festivalzelt entfernt, ist der Strand, an dem die Mutter Thomas Manns auf die Welt gekommen ist. Ich wusste natürlich, wie wir alle: »Ja, Brasilien, Herkunft der Mutter«, aber irgendwie im Nebel lag diese Herkunft, und ich konnte es schon überhaupt nicht glauben, dass ich da jetzt hinfahren kann. Und dann fuhr ich hin und es wirkte wie ein Märchenstrand, auch noch unberührt. Das Haus von damals stand noch, aber so malerisch verfallen. Dass hier in Brasilien wesentliche Teile, maximal weit entfernt von der norddeutschen Stadt Lübeck, Teile der Wurzeln dieses doch deutschesten Werkes des letzten Jahrhunderts liegen, konnte ich gar nicht glauben. Und damit fing dann das Suchen, Überlegen, Forschen an.

DANA GRIGORCEA: Du beschreibst ganz schön diesen Urstrand. Du nennst ihn Urstrand im Buch, an dem Julia Mann, Dodo, aufwächst im weißen Kleidchen, barfuß, auch mit den Sklavenkindern spielend. Die Familie hatte Sklaven, war reich, hatte eine Zuckermühle unter dem Haus, die die Sklaven ständig gedreht haben. Und du beschreibst das so traumwandlerisch schön, diesen Strand, und voller Bedrohung eigentlich auch und auch mit dieser unheimlichen kolonialen Geschichte, nicht? Mit dem einen Sklaven, der Julia Mann einen prägenden Schrecken einjagt, als er sich so verletzt.

VW: Ja, und wir sprachen gestern – also das führt ein bisschen weg, aber dann doch auch nicht – mit Martina [Schönbächler]. Als ich zum ersten Mal in doch fast heiliger Andacht den Schreibtisch von Thomas Mann sehen konnte, der wenige Meter von hier ausgestellt ist. Sie [im Publikum] waren natürlich alle da, aber falls nicht, kann ich das sehr empfehlen. Dort sprachen wir auch von möglichen Zukunftsforschungsgegenständen, vom kolonialen Erbe insgesamt, von deutscher, Schweizer Kultur. Und natürlich ist es interessant, woher eigentlich nicht unwesentliche Teile des Erbes stammen. Auch der Buddenbrooks, zum Beispiel, von jener Gerda Buddenbrook, wo wir wissen, dass Thomas Buddenbrook sagte, irgendjemand habe ihm in bösartiger Weise die hohe Mitgift eingeflüstert, die er zu erwarten habe, wenn er Gerda heirate. Und Gerda trägt natürlich, wie immer bei Thomas Mann, Züge der Wirklichkeit, also auch Züge seiner eigenen Mutter. Ja, und wo nicht unwesentliche Teile des späteren Vermögens – das dann ja auch schneller verschwunden war, als man ahnen konnte – hergekommen sind, ist nebenbei ganz interessant.

DG: Es ist eine sehr fein gewobene Erzählung von diesen Orten, mit Zitaten aus den Büchern Thomas Manns. Du zeigst sehr schön auf, welcher Strand ihn inspiriert hat, nach welchem Sommer er welches Buch geschrieben hat. Und dein Buch ist auch eines, das sich als Reisebegleiter an diese Strände eignet, nicht wahr? [lacht] Wie viele Meere hat denn Thomas Mann besucht?

VW: Ja, ich würde ehrlich gesagt wahnsinnig gerne diese Reise auch einmal machen. [lacht] Nein, ich war an vielen Meeren von Thomas Mann gar nicht. Unter anderem Pacific Palisades steht mir noch bevor, das große, weiße Haus des Exils, wo er dann später, ja, faktisch residierte als der Gegen-Hitler oder die Stimme des anderen Deutschland; auch wieder am Meer, aber das war dann eher schon die Zeit des hellen Meeres, nicht? Wir werden ja noch davon sprechen. Am Anfang war natürlich das Meer immer das Dunkle, das Verzaubernde, die Todessympathie und die Antipolitik. Das hat sich dann eben in der Mitte von Thomas Manns Leben grundlegend gewandelt. Das andere Meer, dass ich sehr, sehr gerne sehen möchte und das auch jetzt wieder am Rande des Weltgeschehens liegt, ist natürlich das Haus in Nidden – von dem viele von Ihnen auch Bilder kennen – an der kurischen Nehrung, heute in Litauen gelegen. Dort möchte ich gerne hin, das muss traumhaft gewesen sein. Ich glaube, auch von der Landschaft her ist das dort eine ideale Kombination, so etwas wie Hochgebirge am Meer, nämlich diese Riesendünenlandschaft. Und gleichzeitig hat Mann in der Folge des Nobelpreises so viel Geld gehabt, dass er sich dort ein schönes eigenes Haus am Meer errichten konnte. Etwas absurd, richtig im Kern habe ich es eigentlich nie verstanden. Er lebt in München – und dann in Nidden. Schon heute ist das eine außerordentlich weite Reise, aber damals, ich weiß gar nicht, zwei, drei Tage war man unterwegs. Aber man blieb dann immerhin auch gleich drei Monate, [lacht] lustig natürlich.

DG: Du willst diesen Strand in Nidden besuchen und ich war schon da, als ich dein Buch gelesen habe. Es ist so sinnlich beschrieben, diese Weiten und wie die Zeit stillsteht, weil er beim Gehen immer am gleichen Ort ist. Die Landschaft verändert sich nicht. Du sagst eben, das Meer steht bei Thomas Mann für den Sog ins Verderben, die verbotene Liebe. Da fallen alle Schranken. Da lässt er sich gehen. Er verliebt sich am Strand oft. Das Meer steht für den Rausch, für die Romantik, für seliges Vergessen, Glück ohne Pflicht, Schönheit, Ferien für immer.

VW: Ja, das ist doch ein Ideal. Ich glaube, als Mitglieder einer Thomas Mann Gesellschaft sind Sie genau wie ich an dieser großen Frage interessiert: Wir lieben die Bücher, und es ist jetzt hundert Jahre her seit dem *Zauberberg*, aber was hat das denn mit uns zu tun? Was hat das mit der Gegenwart zu tun? Und wie verlaufen diese Traditionslinien von den Büchern ins Jetzt, über die Generationen hinweg, und dann vielleicht auch idealerweise aus den Büchern in die Politik, in das gesellschaftliche Leben des Landes? Und das ist natürlich der Uranspruch und das Wollen meines Buchs. Insgesamt sind es letztlich vier Generationen, die ich hier zu beschreiben versuche.

DG: Es ist die Kindheit, von der Julia Mann, die dann mit dem Vater und den anderen Geschwistern nach Lübeck kommt, ihren eigenen Kindern oft erzählen wird. Von dieser Kindheit hat Thomas Mann immer viel gehört. Und du beschreibst auch dieses Ankommen der Kinder in Lübeck; erst mal die Äquatortaufe, so eine ganz abenteuerliche Reise, die wie lange gedauert hat, von Brasilien bis nach Lübeck?

VW: Wir wissen doch, wir sind beide nicht so stark mit Zahlen.

DG: Ja. [lacht]

VW: Drei Wochen? Ich weiß es nicht.

DG: Thomas Mann war es auch nicht, übrigens, stark mit Zahlen. Aber jetzt zur ganz langen Reise, zur abenteuerlichen Reise Julia Manns: Ihr Aberglaube hat sie immer erschreckt auf dem Schiff und dann auch gerettet. Sie hat immer versucht, im Wasser die Konturen der Heiligen Maria zu sehen, denn wenn man die gesehen hatte, dann blieb man am Leben, dann konnte das Meer einem nichts antun. Und so kommt die Familie nach Lübeck. Der Vater wird nach einiger Zeit wieder nach Brasilien fahren und einen nach dem anderen die Brüder, seine Söhne, holen. Julia aber bleibt in Lübeck.

VW: Genau. Noch einen kleinen Schritt zurück: Die Mutter stirbt. Das ist ein grauenvolles Erlebnis für jedes Kind, und für Julia besonders. Es war, wie ich schreibe, als hörte alles auf, diese ideale Welt [der Kindheit] hörte auf. Der Vater beschloss kurz danach, alles aufzugeben. Er konnte das nicht ohne Frau, mit den Kindern, mit der Plantage. Er verkaufte alles und fuhr dann in diese wirklich fremde Welt. Es war einerseits ein Abenteuer für die Kinder, vor allem die Meerfahrt war ein Abenteuer, du beschreibst den Aberglauben. Und dann später war es einfach nur ein Albtraum, der nicht endete. Denn es ist ja wirklich eine Entwurzelung unvorstellbaren Ausmaßes gewesen, von Paraty nach Lübeck im Alter von sechs, sieben Jahren. Es war alles fremd. Sie sprachen die Sprache nicht, von den tiefen Temperaturen zu schweigen. Sie kannten keinen Menschen, und der Vater und der einzige weitere vertraute Mensch, das Kindermädchen, sind einfach weggefahren. Der Vater wollte es ihr nicht mal sagen, wollte sie dort lassen. Das ist einfach ein traumatisierter Mensch, Julia. Ihre Geschwister auch, aber von Julia wissen wir es eben genauer, weil sie es auch irgendwann aufgeschrieben hat. Und zum Aberglauben gehörte auch ihr Glaube. Für mich eine besonders eindrucksvolle Beschreibung, wie sie das schildert. Sie war ursprünglich katholisch. Dann in Lübeck musste sie natürlich protestantisch werden und es gab die Konfirmation. Sie war dort ein wirklich fremder Mensch, der nicht zurechtkam. Und ihr Konfirmationsspruch? Sie war gläubig und wusste deswegen, dass er das Gesetz ihres kommenden Lebens sein würde. Man hatte ihn für sie ausgewählt: »Folge mir nach und verleugne dich selbst«. Sie beschreibt sehr eindrucksvoll in ihren Erinnerungen, die zu Lebzeiten nicht erscheinen durften, weil ihre Söhne das peinlich fanden oder sonst irgendwie unangenehm, wie sehr dieses Gottesgesetz sie erschüttert hat. Denn das tat sie ja schon die letzten sechs, sieben Jahre ihres Lebens. Und jetzt musste sie hören, dass das von höchster Instanz für den weiteren Verlauf ihres Lebens vorgesehen war. Es ging auch tatsächlich so weiter. Ihre Erinnerungen enden damit, dass sie sich in einen jungen Mann außerhalb von Lübeck verliebt. Aber der Vater, so wenig er sich für sie interessierte, für die richtige Heirat interessierte er sich dann doch genug. Um diese Heirat zu verhindern, ist er aus Brasilien gekommen und hat eine Europareise mit ihr gemacht, um sie von ihrer Liebe zu lösen. Schließlich begegnete sie dann dem Mann, der für sie ausgewählt war. Und da endet ihre Autobiografie, mit den Worten: »Damit war ihr Schicksal besiegelt.«

DG: Sie schreibt von sich in der dritten Person.

VW: Genau.

DG: Der Vater war aus einer reichen Lübecker Familie nach Brasilien gefahren, hatte eine schöne Frau geheiratet, Kinder bekommen. Und jetzt hat er Dodo, so wurde Julia genannt, zu seiner Familie gebracht, zu der Großmutter, zu den Großeltern. Es ist sehr schön, wie dein Buch aufgebaut ist, weil es mit einer Entwurzelung beginnt und dann diese Flucht eigentlich auch Thomas Manns Geschichte prägt, sie setzt diese Geschichte fort.

VW: Letztlich ist der Konfirmationsspruch »Verleugne dich selbst« durchaus auch im Leben von Thomas Mann zum Grundgesetz geworden. Dieses unterdrückte andere Leben, was Julias Leben auszeichnete. Wir werden noch kurz zu ihrer Sterbeszene kommen, wo es im Moment der Sprache plötzlich den Söhnen auch deutlich wird, was diese Frau – selbst für ihre Kinder unbemerkt – ein Leben lang in sich unterdrückt hat. Das ist in der Tat das Grundmotiv dieses Buches, das andere Leben. Und dafür steht auch das Meer. Das Meer bedeutet eben den Moment, wo Thomas Mann – den sein Lebensfeind, Robert Musil, einmal bösartigerweise eine ›lebende Bügelfalte‹ genannt hat –, der immer die Anzüge als Rüstung trug, eben plötzlich frei war von diesen Rüstungen – nicht wahr? – und wo dann dieses andere Leben einfach hervortrat.

DG: Man sieht auf der Rückseite deines Buchs Thomas Mann im Bademantel am Meer. Ich finde das Foto schön, so ungewöhnlich. Das kennt man nicht.

VW: Ja, und er raucht fast unstilisiert. Ich meine, das wissen wir jetzt, bei Thomas Mann ist alles Stilisierung. Wenn der Fotograf kam, war er mit Sicherheit Stunden zuvor beschäftigt, sich zurechtzurücken, und auch damit, wie er rauchte. Das ist ganz toll, nicht, wenn das Bild hier unkuratiert wäre. Also, selbst im unbemerktesten Augenblick hat er sich schon im Voraus den Bademantel rausgelegt und die Zigarette zurechtgelegt. Aber es ist trotzdem sehr dicht an dem wahren Thomas Mann, wie ich ihn mir vorstelle. Dieses Bild ist zum Beispiel auf Sylt entstanden. Er hat sich immer am Meer verliebt, immer in Männer verliebt, aber Sylt, 1927, war doch ungefähr das Krasseste. Die Liebe von Sylt 1927 ist dann ja später sogar bei ihnen [der Familie Mann] zu Hause eingezogen, das muss man sich mal vorstellen. Ein paar Wochen nur [dauerte der Aufenhalt], Klaus Häuser war es, über den er, schon während die Liebe entstand, an Klaus Mann schrieb: »Finger weg von diesem Mann, der ist für mich.«

DG: Ja. [lacht] »Du sollst meine Kreise nicht …« Wie hat er das gesagt? »Du sollst meine …«

VW: Die Durchschlagsthese ist schöner, ja, er hat das dezent ausgedrückt.

DG: [lacht] »Ich bin jetzt alt und berühmt und ihr sollt bitte nicht auf meine Berühmtheit hin … warum sollten andere auf meine Berühmtheit hin sündigen [lacht], an meiner Statt«, nicht?

VW: Die Familie war überhaupt … also, ja, das führt uns ein bisschen weg vom Thema: dass er in der Familie so frei sein konnte. Und auch die Liebe zu Katia, die Ehe mit ihr ist ja ein Thema für sich. Aber dass es bei ihm, wenn es die Leidenschaft betrifft, um etwas anderes geht, das war in der Familie, auch der Ehefrau bekannt. Dieses frühe Wissen und dass Klaus Häuser sogar für eine Weile bei ihnen einziehen durfte, das ist schon erstaunlich. Und dass er in seinem Sohn, Klaus Mann, den er einerseits ebenso liebte und andererseits so sehr fürchtete, weil er das alles öffentlich …

DG: Den Rivalen sah …

VW: Ja. Ja, nee. Nee, fürchten; also als Rivale nur ein bisschen oberflächlich. Gefürchtet hat er natürlich diese Freiheit des Sohnes und sein öffentliches Ausleben des anderen Lebens. Das war immer dieses bedrohliche Spiegelbild des Lebens, das er selbst in sich unterdrückt hat.

DG: Ich musste nach dem Lesen dieses Buches darüber nachdenken, also, lange überlegen, warum sie in der Familie so frei waren. Da war natürlich viel Psychoanalyse dabei, nicht wahr? Sie haben viel Freud gelesen. Da sind die Kinder auch früh zu Psychologen geschickt worden. Da haben sie sich sehr mit dem Seelischen auseinandergesetzt. Und Katia Manns Toleranz erstaunt in der heutigen, doch viel prüderen, Zeit.

VW: Absolut. Und das ist aber wirklich Katias Erbe. Thomas Mann hat das irgendwo in sich oder im mütterlichen Erbe auch gefunden, aber er hätte es niemals so leben können, ja, auch im Umgang mit den Kindern. Also, nee, das kam von Katia und der Familie Pringsheim. München in dem Sinne nicht, aber der jüdische Anteil, auch die Kunst als wesentlicher Teil des Lebens machte diese Familie frei. Und Katia – dafür, dass sie dann später so sehr ein Leben im Dienst ihres Mannes führte – kam nicht nur aus dieser großen reichen, berühmten Familie, sondern war auch die erste weibliche Mathematikstudentin in München. Sie war eine absolut selbstbewusste junge Frau. Aber, das führt vom Hölzchen aufs Stöckchen, es war ja auch eine literarische Liebe. Denn Thomas Mann hatte sich schon längst in sie verliebt, als er sie noch gar nicht kannte, weil die Kinder [der Familie Pringsheim] so bekannt waren. Es gibt ja dieses Lenbach-Gemälde, das er sich in Lübeck über seinen Schreibtisch gehängt hatte. Und eines dieser Kinderporträts zeigte jene Katia, die er sich dann Jahre später in München aussuchte ... so kann man, glaube ich, sagen.

DG: Er sah sie im Theater, nicht wahr? Er guckt so durch diesen ...

VW: Feldstecher oder Opernglas, ja.

DG: Durch das Opernglas sieht er Katia und verliebt sich in sie. Und wirbt um sie und schreibt ihr einen schönen Brief, aus dem du zitierst.

VW: Später, sie ist fast geflohen vor ihm, natürlich ans Meer. Sie war noch so jung. Es ist nicht so, dass sie ihn gleich geliebt hätte, ich glaube, sie selbst sah das skeptisch. Aber sie fand ihn schon gut. Sie haben sich auch über ihn lustig gemacht natürlich, die Zwillinge [Katia und Klaus Pringsheim]. Dafür hat er sich gerächt in *Wälsungenblut*. Aber, ja, sie war nicht zur Ehe entschlossen und fuhr deswegen, vielleicht ein bisschen ähnlich wie Julia, halb freiwillig, halb wurde sie geschickt, ans Meer, für Monate. Er schrieb jeden Tag mindestens einen Brief, eine Postkarte. »Komm zurück, nicht ans Meer. Das kann böse enden. Ich brauche dich, du bist meine Prinzessin.«

DG: Und er hat sich immer auch als Prinz gesehen. Du schilderst sehr schön, wie er so aufgewachsen ist in Lübeck und sein Kindermädchen angehalten wurde, allen Leuten, allen Fußgängern zu erklären, wer er an dem Tag ist und wie sie ihm zu begegnen haben, wie sie sich vor ihm zu verbeugen haben. Also, er hat dieses Spektakel auch geliebt. Auch in der Familie lag das schon, wie sehr gut aus deinem Buch hervorkommt. Die Familie hat das Theater geliebt. Julia wäre gern Schauspielerin geworden. Das war unerhört. Das wollte die Familie nicht akzeptieren.

VW: Und die Musik vor allem, nicht? Sie war in die Musik verliebt und später dann auch in die Musiklehrer.

DG: Ja. [lacht] Und ich habe gar nicht gewusst, dass sie sich in einen Paul verliebte. Thomas Mann heißt eigentlich Paul.

VW: Genau, stimmt. Das hat sie ihm mitgegeben, die nicht ausgelebte Liebe. Überhaupt, das nicht gelebte Leben ist wirklich in dieser Familie ein wesentlicher Teil. Und, ja, die zweite Schwester ...

DG: Auch die Wege, die sie finden, die künstlerischen Wege: Sie hat, scheint mir auch, vieles in der Musik ausgelebt mit viel Leidenschaft, die sie nicht öffentlich ausleben konnte. Wobei, sie hatte auch, glaube ich, sehr viele Verehrer.

VW: Ja. Und, wie man heute sagen würde, die Kinder als Projekt. Nicht, dass sie die Schriftstellerkarriere vorgesehen hätte. Aber dieses andere Leben durch Lieder, durch Geschichten, durch Erzählungen in die nächste Generation zu implantieren, das war, zumindest unbewusst, natürlich ein wesentlicher Teil ihres Lebensprogramms.

DG: Und sie hat den Kindern diese Liebe zur Kunst vermittelt. Die Kinderzimmer waren vollgestopft mit Spielsachen. Die Eltern haben ihre Kinder mit Spielsachen überhäuft. Mit Musikinstrumenten …

VW: Genau, mit Musikinstrumenten, und das war auch immer ein Symbol. Nicht umsonst, es gab schon früh diesen Zweikampf, Heinrich und Thomas Mann, wer ist der wahre Prinz? Wer ist der wahre Künstler? [lacht] Heinrichs Stärke war das Geigenspiel. – Kaum war er aus dem Zimmer, hat Thomas die Geige zertrümmert.

DG: [lacht] Und das Puppenspiel, das Puppentheater, es war auch sehr umkämpft. Endlich, wenn Heinrich weg war, konnte Thomas mit den Puppen, mit dem Puppentheater spielen und sich Geschichten ausdenken. Und, ja, es wird früh erkennbar, dass Thomas Mann »falsch liebt«. Heinrich macht sich über ihn lustig.

VW: Das stimmt. Und genau im ersten Moment, wie es bei jungen Menschen ist. Es gibt natürlich keine falsche Liebe. Auch Thomas Mann wusste nicht, dass es falsch ist, was er in der Schule erfuhr mit seinen ersten Leidenschaften. Heinrich, auf der Suche nach der weichen Stelle – wir sprachen von der Geige –, dachte natürlich: »Oh, das ist ein Punkt, da kann ich einen endgültigen Sieg erringen, wenn ich das öffentlich mache.« Auch Freunden gegenüber machte er sich immer wieder lustig, naja, und empfahl Schlafkuren im Bordell [lacht] und so.

DG: Wie bist du beim Schreiben vorgegangen? Mir scheint … Also, was mich so beeindruckt hat beim Lesen, war, dass ich in die Figuren schlüpfe. Das ist wie ein Roman. Ich bin nah. Ich sehe mit Dodos Augen diesen Urstrand. Dann, obwohl diese Geschichten über Thomas Mann, über seine Homosexualität, über seine Zurückweisungen, über die Jungen, die ihn zu seinen großen literarischen Figuren inspiriert haben, bekannt sind, wurde ich hier neu schockiert. [lacht] Man ist ganz nah bei ihm, bei diesem zarten Jüngling, der den Schlaf liebt, der so weich und zart ist und einen liebevollen Blick auf die Welt hat. Und der die Freundschaft lebt und sich so in Freundschaft, diesen guten Freunden immer mehr und mehr nähert, um dann abgelehnt zu werden. Wie bist du da vorgegangen?

VW: Es hilft natürlich, wenn du zum Beispiel diese Szene schilderst, wie er sich durch Lübeck fahren lässt und das Kindermädchen auffordert, für Applaus zu sorgen, denn er ist doch der ›Erwählte‹, wie es später heißen wird. Er ist doch die ›Königliche Hoheit‹. Es hilft enorm, dass Thomas Mann einerseits so offen war und andererseits eben immer auch ironisch. Ironie, sein hauptsächliches literarisches Mittel, war auch sein hauptsächliches menschliches Mittel. – Das sind jetzt zwei Dinge. – Also erstens freut mich dein Leserlebnis natürlich unglaublich. Das ist mein Ziel beim Schreiben, dass die Figuren so lebendig werden. Und da hilft tatsächlich, dass ich mich seit 40 Jahren einfach mit diesen Büchern, mit diesen Figuren, mit dieser Familiengeschichte, mit den Werken beschäftige. Irgendwann gehen sie dann wie Familienmitglieder in einen selbst über. Das ist toll. Und, ja, seine Ironie hilft, seine Offenheit. Und dann hilft es für das Buch enorm, dass es eben kein Trick ist, wie es am Anfang vielleicht scheinen könnte, dass ich mir das Meer ausgesucht habe, weil ich gerne am Meer bin oder weil er oft über das Meer schreibt. Sondern ich glaube wirklich, dass dieses eine Naturmotiv, dieses literarische Motiv, wirklich den Urantrieb seines Lebens und Schreibens beschreibt; dass es eben dieses unterdrückte Leben beschreibt, das an bestimmten Orten frei wird und auch in der Literatur frei wird. Es gibt diesen wundervollen Moment oder Brief, glaube ich, ich weiß gar nicht genau, wo Thomas Mann entdeckt, dass er ein Schriftsteller ist, und er entdeckt, was Literatur vermag. Er hat ja seine ganz frühen Erzählungen geschrieben und da hat er doch, auch für uns Fans, muss man zugeben, gewisse literarische Schwächen. Aber dann gibt es irgendwann den Text, der mit dem schönen Satz beginnt »Die Amme hatte die Schuld«. Wir alle wissen, woran die Amme Schuld hat, denn die Amme trank zu viel. Und den kleinen Herrn Friedemann ließ sie in betrunkenem Zustand vom Wickeltisch fallen. Mit dem *Kleinen Herrn Friedemann* entdeckte er, was Literatur vermag, nämlich von dem tiefsten Inneren, von sich selbst zu erzählen, ohne von sich selbst zu erzählen. Er führte immer ein Schauspielerleben, immer ein repräsentatives Leben, und hatte immer auch dieses andere Leben in sich. Und davon dann irgendwann in der Wirklichkeit zu erzählen, führt eigentlich immer zu Kitsch und Peinlichkeit. Das Publikum wendet sich betreten ab, denn wir wollen es gar nicht genau wissen. Aber wenn man eben in Masken erzählt und wenn man sein tiefes inneres Leiden in Geschichten einer anderen Figur mitgibt … Wie zum Beispiel dem kleinen Herrn Friedemann, der, wie man damals sagte, verwachsen war infolge dieses Sturzes, also nicht groß werden konnte und deswegen feststellen muss, dass all die Liebe, die er hat, und all die Menschen, in die er sich verliebt, niemals etwas erwidern werden, denn er sieht einfach lächerlich aus. Und deswegen entscheidet er sich für die Kunst, widmet sein Leben der Musik und baut diesen Panzer um sich, wird sich nicht mehr verlieben. Das Liebesverbot ist wesentliches Motiv von Thomas Manns Leben, bis eben jene »fatale«, wie es heißt, Gerda von Rinnlingen den Ort betritt und dann mit seinen Gefühlen spielt oder versucht, diesen Panzer aufzubrechen. Und es gelingt ihr. Hier ist das erste Opfer von Thomas Mann, das im Wasser zu Tode kommt. Dies noch nicht im Meer, sondern in einem kleinen Gewässer, wo der kleine Herr Friedemann, auf anatomisch erstaunliche Weise, muss man sagen, Selbstmord begeht, indem er sich irgendwie [lacht] ans Wasser robbt und dort ertrinkt. Ja, aber damit fing es an. Und ich weiß gar nicht, an wen er geschrieben hat: »Wow, ich weiß [lacht] jetzt, wie es geht.« Es ist halt A) eine Freude, dass er merkt, »ich kann Schriftsteller werden«, B) aber vor allem diese enorme befreiende Kraft: »Ich kann der Welt von meinem tiefen Leiden erzählen, ohne davon zu erzählen.« Und das Tolle ist, er hatte eben damals diesen genialen Verleger, der selbst erst am Anfang seiner Karriere stand: Samuel Fischer schrieb ihm auf diese Erzählung [*Der kleine Herr Friedemann*] hin einen Brief und sagte, so in meinen Worten: »Wow. Das ist ja toll, mehr davon. Und außerdem, wenn Sie wirklich Geld verdienen wollen, dann müssen Sie mal was Längeres schreiben.« Na ja, und Thomas Mann wollte ja A) berühmt werden und B), fast genauso wichtig, viel Geld verdienen.

DG: Und dann hat er einen noch dickeren Roman geschrieben, als es Samuel Fischer erwartet hatte. Der wollte den kürzen, aber das hat Thomas Mann auch in jungen Jahren sehr selbstbewusst abgelehnt.

VW: Ja, ist ja auch unverschämt. Wenn der Verleger sagt: »Schreib mal was Längeres«, schreibt er was Längeres. Sagt der: »Jetzt machen wir was. Jetzt halbieren wir es.« Und dann das Selbstbewusstsein ... Also alles an den *Buddenbrooks* ist ja unglaublich. Dieses Buch heute zu lesen ... Wie alt war er, 23, 24, als er das schrieb. Und gerade wenn man auch Motive sucht, wenn man auf Spurensuche nach Motiven ist: Also wie dieses Buch von der ersten bis zur letzten Zeile mit ineinander verschränkten Motiven gebaut, ein perfekter Roman ist, ist unglaublich in diesem Alter. Und dann das Selbstbewusstsein zu haben: Jetzt habe ich endlich das Buch. Großer Verleger sagt: »Machen wir kürzer.« Und er: »Keine Zeile wird hieran gekürzt« – ist schon irre. Man kann jetzt überlegen, ob es die Sozialdemokratie ist, die Schuld hat am Niedergang der Buddenbrooks, oder sind es die Hagenströms? Aber ich glaube, oder bin einfach ganz sicher, der Grund für den Niedergang der Buddenbrooks ist die

Verleugnung des Lebens, die Verleugnung der eigenen Leidenschaften, die von Generation zu Generation zu Generation immer weniger tragbar ist. So ist Hanno am Ende halt dieses schwächliche Bürschchen mit den überbordenden Leidenschaften und dem viel zu großen Gefühl und der viel zu großen Liebe zur Musik und zum Meer, das dem allem einfach nicht mehr gewachsen ist.

DG: Und zum Meer, ja. Und alle Figuren, alle Thomas-Mann'schen Figuren, die sich verleugnen, gehen tragisch zugrunde. Aber jetzt, schlage ich vor, hören wir von einem Helden, der gerettet wird im Schnee.

VW: Stimmt. Du hast natürlich vollkommen recht, wir preschen weit voran. Und da würde ich doch ganz kurz, denn es ist noch ein bisschen ...

DG: Das Publikum regt sich nicht. Ich glaube, wir können davon profitieren und das ganze Buch hören ... [lacht]

VW: Das kann vieles bedeuten, »das Publikum regt sich nicht« [lacht]. Genau. Vielleicht sprechen wir auch später davon, aber wenn ich jetzt endlich zum Werk komme, bin ich schon ganz neidisch, dass Sie da jetzt gemeinsam eine literarische Expedition hinauf [nach Davos] machen. Bevor wir aber zum Berg kommen, würde ich doch ganz gern diesen tiefen, tiefen Fall, den Thomas Mann ja literarisch auch erst mal fallen musste, bevor er dann emporsteigen konnte, kurz skizzieren. Denn eben die Politik spielt in dem Buch eine ganz wesentliche Rolle, wie immer im Werk von Thomas Mann. Das Meer war eben einerseits, das haben wir gesagt, der Ort, wo man sich nicht mehr im Griff hat. Thomas Buddenbrook – der war auch wirklich wie für mich gemacht, [lacht] hatte ich den Eindruck – ist zu Beginn ein Bergsteiger. Denn Leute, die das Leben bezwingen, die tätig sind, Kaufmänner und Konsuln werden, die gehen in den Ferien natürlich in die Berge und nicht ans Meer, weil die wollen etwas tun. Und dann, als es langsam eng wird für Thomas Buddenbrook, ändert er auch sein Ferienziel und fährt plötzlich ans Meer. Und wir, also, die wir mein Buch kennen, wissen es schon, jetzt gibt er sich langsam dem anderen Leben hin oder die Kräfte reichen einfach nicht mehr. Dass das alles auch eine politische Bedeutung hat, wurde dann im weiteren Verlauf deutlich. Im späteren Werk geht es mit diesem Untergehen dann immer weiter. Thomas Manns Helden sterben, und Höhepunkt davon ist das berühmteste Meeresbuch, *Tod in Venedig*, wo auf unglaublich, muss man sagen, unverhüllte Weise die Maske wirklich stark verrutscht. Sehr viele Merkmale von sich selbst hat er Gustav von Aschenbach mitgegeben. Und das, nur um noch einmal daran zu erinnern, obwohl Homosexualität damals nicht nur ein Tabu, sondern ein Verbrechen war. Das war einfach verboten.

DG: Und die Knabenliebe vor allem, also, die auch heute.

VW: Ja, klar. Und davon so offen zu schreiben, war etwas. – Jetzt mache ich einen sehr großen Sprung, denn dass das alles auch viel mit Politik zu tun hat, war spätestens dann für die Öffentlichkeit zu erkennen, als wir seine Essays zum Kriegsausbruch lesen durften. Denn darin gibt es sehr viele der Vokabeln, die er schon für Gustav von Aschenbach gebrauchte, zum Beispiel die Müdigkeit über diese Friedenswelt. Europa ist müde. Das alles nahm er direkt aus der Novelle, um daraus Deutschland kriegstüchtig zu machen und zu sagen: »Wir haben alle diese Friedenswelt so satt.« Ja, und er hatte währenddessen sein anderes Untergangsbuch schon begonnen, vor dem Krieg, jenes Untergangsbuch, das dann sonderbarerweise ein Aufstiegsbuch wurde. Die Arbeit am *Zauberberg* aber unterbrach er, um Kriegsdienst am Schreibtisch zu leisten; am Schreibtisch, denn im Feld wollte er natürlich keineswegs Kriegsdienst leisten. Er hatte schnell einen befreundeten Arzt konsultiert, der ihm eine Achillessehnenreizung oder so etwas attestierte, jedenfalls war er für immer unfähig, im Feld zu dienen, ganz klar. Ja, und dann folgten eben seine Aufrufe: »Herrlich, der Krieg.« »Auf ins Feld«, wie fast alle deutschen Intellektuellen damals meinten, muss man sagen.

DG: Außer Heinrich.

VW: Außer Heinrich, ja. Außer Heinrich und einigen Aufrechten.

DG: Das hat zum großen Zerwürfnis der Brüder geführt, was die Mutter sehr betrübt hat.

VW: Das stimmt. Es war danach ein weiter Weg. Wir wissen, vier Jahre hat er genutzt, um die *Betrachtungen eines Unpolitischen* zu schreiben, das Buch. Im Kern schrieb er es gegen die Deutsche Republik, und am Tag, ich glaube, es war fast am Tag der Republikausrufung, wurde es ausgeliefert. Er schrieb noch ein Telegramm an Samuel Fischer: »Auslieferung stoppen, sofort. Wie peinlich, falsches Buch, falscher Zeitpunkt. Ich bin doch der repräsentative Dichter Deutschlands und liege so sehr daneben.« Aber auch da war der Verleger schlau genug, um zu sagen: »Ah, ein bisschen zu spät, gerade schon ausgeliefert.« Ja, man kann sagen, da war Thomas Mann politisch auf falschem Wege, auch im Sinne der Repräsentanz. Und für mich macht das eines der wesentlichen Elemente aus. Was den *Zauberberg* heute noch so lebendig macht, ist, dass der Autor darin im Grunde die bipolare Welt, die europäische Gesellschaft an den beiden Polen beschrieben hat. Und dass Thomas Mann am Beginn des Schreibens durchaus auf der Seite eines Leo Naphta stand und, als er den Roman beendete, auf die Seite Settembrinis übergewechselt war, gibt, glaube ich, diesem Roman eine besondere Lebendigkeit, Unentschiedenheit. Das Wankelmütige des deutschen Helden Hans Castorp in der ›deutschen Mitte‹ wird dadurch besonders plastisch oder glaubwürdig, dass der Autor selbst damals schwankte.

DG: Und er war ein Mensch seiner Zeit. Du schreibst es auch so schön, die Größe, ich zitiere aus dem Buch, »die Größe, die Bedeutung und die langwährende Kraft und Wirkungsmacht von Thomas Manns Werk besteht darin, dass er einerseits schonungslos und radikal immer wieder sich selbst preisgab, und, noch wichtiger, dass dieses Selbst auf, ja, magische Weise mit seiner Zeit, mit den Menschen seiner Zeit, der Politik, der Gesellschaft, den Ängsten, den Hoffnungen der Gegenwart verbunden war«. Also, er hat das alles gelebt mit größter Leidenschaft. Er war doch [lacht] repräsentativ für die Stimmungen in der Gesellschaft.

VW: Absolut.

DG: Und er hat das alles gelebt. Das Schöne ist, dass er dann plötzlich, vielleicht auch dank der Literatur, geläutert war und, wie er es später schildert und du ihn so schön zitierst, mit dieser Kunst, die eine Vertikale ist, die ins Licht führt, zur Wahrheit kommt. Und das mag ich. Es hat mich an deinem Buch begeistert, dass es gut mit dem Pathos Thomas Manns umgehen kann. Gerade in der heutigen Zeit, wo wir das Pathos scheuen und uns eher der Ironie hingeben. Doch dann bekommen diese großen Worte und großen Begriffe so eine Bedeutung und sind so Pfähle, zwischen denen sich unsere emotionale Landkarte und unsere, ja, unsere Welt aufspannt.

VW: Schön, ja. Also, ein bisschen hilft natürlich die [lacht] Thomas-Mann'sche Ironie nebenbei doch, aber im Kern muss man daran glauben, sonst schreibe ich ja dieses Buch nicht. Und wir würden auch jetzt nicht hier sitzen, wenn da nicht ein tiefer, tiefer Wesenskern in diesen Büchern wäre, der viele Jahre nach seinem Tod noch wirkte. Und das ist eben die tolle Kombination. Ja, er war mit den Menschen verbunden, sonderbar genug, denn er repräsentierte ja wirklich schon früh die abgeschlossene, [lacht] luftdicht abgeschlossene Villa in München, auch später im Exil. Also, er hatte wirklich wenig Volkskontakt [lacht], wie man sagen könnte. Wollte er auch nicht, aber irgendwie ein Gespür, eine offene Membran hatte er eben trotzdem. Aber natürlich ist das Wesentliche, dass er die deutsche Kultur, die europäische Kultur, auswendig konnte. Also, er lebte sie. Die Musik Richard Wagners zum Beispiel grundierte sein Leben, vom Aufstehen bis in die Träume hinein. Er kannte es so sehr und er hat es wirklich zum Leben erweckt. In ihm lebte das und dann auch die große Kunst, es in Geschichten zu verwandeln. Das ist unglaublich. Er ist wirklich kein reiner Held gewesen. In der Münchner Zeit ist dieses Schwankende und dieses Unsicher-Sein und die Frage »wohin geht jetzt eigentlich Deutschland und wohin gehe ich«, das hat ja unglaublich unsympathische oder politisch wirklich fatale Folgen. Die Kriegsbegeisterung, das kann man … – ich habe nichts zu verzeihen – aber man kann sie noch verstehen, denn das war einfach die europäische Bewegung damals. Aber die wirklich brutalen, auch antisemitischen Ausfälle in der Zeit 1918, 1919, überhaupt letztlich eine gewisse antisemitische Grundierung seines Wesens, kann man ihm, glaube ich, nicht absprechen. Aber man kann ihm natürlich zugutehalten, dass er es erkannte, in sich bekämpfte, und einen wesentlichen Teil seines Lebens dem Kampf dagegen, auch gegen dieses, wie ich manchmal denke, dieses Meer in sich zu kämpfen. Er war einfach auch mit der dunklen Seite Deutschlands verbunden. Und sein tollster Essay, den viele von Ihnen kennen, ist *Bruder Hitler*, den er 1938 noch schrieb; und darin einfach sagte: »Ja, ich kann ihn nur deswegen so besonders aus vollem Herzen hassen, weil ich alles davon in mir trage, weil ich diese Traditionen, aus denen diese spottschlechte Romantik«, wie er es nannte, »dieses Fatale, dieses Unterwerfende des Volkes, das alles kenne ich in mir, habe es erkannt und als falsch erkannt. Und deswegen widme ich mein Leben dem Kampf dagegen«. Das ist einfach eine heroische Leistung.

DG: Ja.

VW: Und wenn ich da so sanft zurückführe, dann kommen wir jetzt tatsächlich an diesen Punkt, wo er das auch Literatur werden lässt. Das hat, wie ich glaube und behaupte, irgendwie mit der Mutter zu tun oder mit dem Strand, von dem wir am Anfang erzählt haben. Das ist eine kleine philologisch esoterische Entdeckung, möchte ich es mal nennen, die ich in dem Buch gemacht habe. Ich bin sehr, sehr glücklich über die Rezeption, die das Buch bislang gefunden hat, aber dass diese Kernentdeckung – wie ich finde: bahnbrechend, ungeheuerlich – bislang eigentlich kaum oder gar nicht bemerkt worden ist, enttäuscht mich ein bisschen. Aber Sie sind ja da. Ich erzähle es Ihnen nochmal. Es hat wirklich mit diesem Strand zu tun. Und wo ich jetzt einsetze, das ist genau in dem Moment, über den wir am Anfang sprachen. Die Mutter stirbt, jene Dodo, die wir am Anfang kennengelernt haben, ist … – Ich weiß gar nicht, wie alt sie gewesen ist. Das könnte ich jetzt nachrechnen … Jedenfalls, sie verließ Lübeck nach dem Tod ihres Mannes geradezu fluchtartig, ging nach München und führte dort eine Art glückliches Leben, einen Salon. Aber je älter sie wurde, desto mehr setzte sich das durch, was wir Entwurzelung nennen würden, sie war ein entwurzelter Mensch. Und gegen Ende des Lebens wurde das auch physisch deutlich. Dass sie immer wieder den Wohnort, Wohnung auf Wohnung wechselte, innerlich ruhelos war, nicht mehr zu sich fand, war für die Söhne letztlich unverständlich. Und an ihrem Sterbebett kamen dann Thomas und Heinrich wieder zusammen. Es gibt eine wunderbare Szene, wo Thomas Mann sie zum ersten Mal – ich glaube, es sind gar nicht mal Wörter, sondern es sind nur Töne und eine Art, das R auszusprechen – sie zum ersten Mal Portugiesisch sprechen hörte. Das fand ich so unglaublich; dass selbst die Söhne … Also niemand kannte sie so intim, so nah und so persönlich wie die Söhne, aber selbst sie hatten diesen Ton ein Leben lang nie gehört. So geht Integration, Assimilation, Anpassung, also dass sozusagen geflohene Menschen ihre Herkunftskultur und auch die Sprache, ihre Herkunftssprache, so tief in sich verbergen, dass selbst die Kinder davon nichts ahnen. Und erst im Todesmoment, wo die letzten Panzer sich lösen, kann man die Ursprache, die Muttersprache erahnen. Das war der Moment, die Mutter ist tot, Thomas hat das gehört und in den Monaten danach über den Tod geschrieben und über das ideale Leben am Strand. Er hat über eine Gemeinschaft von Sonnen- und Meereskindern geschrieben, über Lebensfreundlichkeit und Menschen, die von innen heraus liebenswürdig sind. Er hat von einem jungen Mann geschrieben, der im Meer verloren zu gehen drohte und sogar Gefallen daran fand, weil er des Lebens überdrüssig war, weil er müde war und sich angezogen fühlte von einer Landschaft, die sich im Unendlichen verliert. Thomas Mann schreibt in den Monaten nach dem Tod seiner Mutter das berühmteste Kapitel seiner Romanwelt [im *Zauberberg*]. Er schreibt das Kapitel der Rettung Hans Castorps vor dem Tod. Er schreibt davon, dass der Mensch eine Verantwortung trägt für sich und die Gemeinschaft, zu der er gehört, dass man sich nicht gehen lassen darf, nur weil man müde ist. Dass man manchmal sich selbst überwinden muss, um das Gute zu tun. Dass die Liebe zum Tod eine Liebe zum Leben ist. Das Kapitel heißt »Schnee«. – Es handelt vom Meer. Thomas Mann gibt mit diesem Kapitel seinem ganzen Werk eine grundsätzliche Wende, von der es kein Zurück mehr geben wird. Der Todessympathisant wird Verantwortungsdichter, wohl stets und bis an sein Lebensende, im Grunde gegen sein innerstes Wollen, gegen seine Natur. Aber der Entschluss steht fest. Und er gibt ihn seinem Helden, Hans Castorp, mit in den Schnee. Für diesen wird er zu spät kommen, Castorp kann sich aus dem Todesbann des Zauberbergs nicht mehr befreien oder doch nur im Kriege. Aber die Lehre, die der todesfrohe Held im Schneetreiben erfährt, bleibt den Lesern und dem Autor als zentrale Botschaft erhalten. Es fängt mit nichts weiter als etwas Abenteuerlust an. Unser Held hat sich Schneeschuhe gekauft, um auch im Schnee mal in abgelegene Gebiete wandern zu können. Sein sittlicher Erzieher, Lodovico Settembrini, ist begeistert. Schneeschuhe, das bedeutet Selbstständigkeit. Es erinnert ihn an Mercurio, den Götterboten. Er sieht Castorp schon auf Flügelschuhen aus eigener Kraft endlich dem Todesberg entfliehen. Doch die Neuanschaffung macht Hans Castorp übermütig. Er schwimmt, könnte man sagen, immer weiter hinaus, begibt sich immer tiefer in das unendliche Weiß. Er denkt noch, er höre gewiss bald das Strandhörnchen des Aufpassers wie damals auf Sylt. Gewiss wird sein hiesiger Bergaufseher Settembrini ihn schon bald mit dem Hörnchen zurück an den sicheren Strand rufen, aber er hört nichts. Der Ruf müsste aus ihm selber kommen. Aber es ruft nichts in ihm. Er will sich der weißen Macht hingeben, dem trüben Nichts, dem Wesenlosen, dem wattigen Nichts, dem Chaos von weißer Finsternis. All das ist ihm tief vertraut, wie von immer schon. Zitat: »Von dort her kannte der junge Mensch das Begeisterungsglück leichter Liebesberührungen mit Mächten, deren volle Umarmung vernichtend sein würde. Was er aber nicht gekannt hatte, war die Neigung, diese begeisternde Berührung mit der tödlichen Natur so weit zu verstärken, dass die volle Umarmung drohte, also ein schwaches, wenn auch bewaffnetes und von der Zivilisation leidlich ausgestattetes Menschenkind, das er war, sich so weit ins Ungeheuerliche vorzuwagen oder doch so lange nicht davor zu fliehen, bis der Verkehr das Kritische streifte und ihm kaum noch beliebig Grenzen zu setzen waren, bis es sich nicht mehr um Schaumauslauf und leichten Prankenschlag handelte, sondern um die Welle, den Rachen, das Meer.« Und irgendwann schläft Hans Castorp ein. Das kann hier oben in dem tobenden Weiß nur den Tod bedeuten. Etwas in ihm weiß es selbst. Er schläft und träumt und etwas erinnert sich in ihm, er weiß nicht, was. Etwas tief in ihm erinnert sich an eine Landschaft, eine Meeresbucht tief im Süden. Er fragt sich träumend, ob es das Mittelmeer vor Sizilien sei oder Neapel, Griechenland. Er weiß es nicht, er ist noch nie dort gewesen, aber er kennt es. Es ist paradiesisch schön. Zitat: »Eine Seligkeit von Licht. Eine junge Frau am Strand braucht nur die Hand zu heben, schon greift sie eine Frucht mit Blättern.« Zitat: »Bläue schwamm … Die blanken Regenschleier sanken: da lag das Meer – ein Meer, das Südmeer war das, tief-tiefblau, von Silberlichtern blitzend, eine wunderschöne Bucht, dunstig offen an einer Seite, zur Hälfte von immer matter blauenden Bergzügen weit umfaßt, mit Inseln zwischenein, von denen Palmen ragten oder auf denen man kleine, weiße Häuser aus Zypressenhainen leuchten sah. Oh, oh, genug« … Eine paradiesische Bucht an einem Strand, ganz wie die eine, die er nie gesehen, aber von der er von frühen Kindertagen an immer wieder gehört hatte. Ererbte Erinnerung. Zitat: »Dennoch erinnerte er sich. Ja, das war eigentümlicherweise ein Wiedererkennen, das er feierte. Ah, ja, so ist es, rief es in ihm, als hätte er das blaue Sonnenglück, dass sich da vor ihm breitete, insgeheim und vor sich selbst verschwiegen von je im Herzen getragen. Und dieses Je war weit, unendlich weit, so wie das offene Meer zur linken dort, wo der Himmel zart, veilchenfarben darauf niederging.«

DG: Was für eine Wende. Thomas Mann am Meer, Thomas Mann, der sich am Meer verliebt, der sich am Meer dann auch nach diesem Buch der Aufklärung – würdest du das ein aufklärerisches Buch nennen, den *Zauberberg*? – läutert.

VW: Am Ende sagt er: »Im Grunde sind beide Schwätzer« [Settembrini und Naphta]. Als Botschaft ist das doch zurückhaltend, kann man sagen, nicht? Die Rettung von Hans Castrop ist in diesem Schneetraum, wo er zwischen Tod und Leben oder, wie ich schreibe, zwischen Verantwortung oder Hingabe, freier Kunst oder Verantwortungskunst oder – du hast es so schön zitiert – am Ende einen Weg findet: der helle Zauber der Kunst oder so irgendwie? Die Kunst hat einen Auftrag. Die Kunst ist nicht frei, und Thomas Mann ist mit dem gegenteiligen Programm gestartet. Insofern trägt der *Zauberberg* eine aufklärerische Botschaft. Und er war durch die Zeitgeschichte gedämpft, sage ich mal, in seinem aufklärerischen Impetus. Aber es ist ja wirklich interessant, wenn man sich dann das weitere Werk von Thomas Mann ansieht. Natürlich ist es eine Wende, was da reinspielt. Die vielseitigen *Joseph*-Romane tragen diese helle Botschaft und am Ende den, ja, den tätigen Helden in der Welt und auch in der Politik. Und wenn er dann später wieder zu den Untergangsbüchern wie dem *Doktor Faustus* zurückkehrt, gezwungenermaßen durch den Lauf der Geschichte, ist eben ein Zeitplan mitgegeben. *Doktor Faustus* steht, wenn auch machtlos, aber doch am Rande, er kommentiert mit erhobenem Zeigefinger und sagt: »Um Himmelswillen, Adrian, pass auf.« Sie war nicht machtvoll genug, die Dichtkunst von Thomas Mann, um die Geschichte zu ändern. Aber es war seinen Werken ab da immer eingeschrieben. Vorher war Hingabe. Gustav von Aschenbach hat keine Kraft in sich. Er liebt, darf nicht leben und gibt sich dann dieser Seuche in Venedig hin. Das war danach einfach vorbei.

DG: Dann gibt es da auch eine andere Novelle, die am Meer spielt, *Mario und der Zauberer.*

VW: Das ist halt das wirkliche Gegenbuch, nicht? Man sagt immer, eigentlich sei *Der Zauberberg* das Gegenbuch zum *Tod in Venedig*. Stimmt eben nur halb, denn *Mario und der Zauberer* ist wirklich ein Aufklärungsbuch. Da hat Thomas Mann dann schon die Botschaft mitgegeben, da ist dieser Zauberer, da ist diese Hypnose. Er verzaubert das Volk, er unterwirft sich dem Volk, aber mich nicht, uns nicht. Und es ist sogar erstaunlich, dass der Diktator, für den dieser Cipolla und sein Zauber stehen, am Ende erschossen wird, und der Erzähler – das dürfen wir sagen, auch ist die Novelle nicht lange nach dieser Wende erst entstanden – sagt, das ist ein guter Ausgang. Der Diktator muss erschossen werden. Es war lange vor 1933, dass *Mario und der Zauberer* erschienen ist. Aber der Faschismus in Italien hatte stattgefunden, Thomas Mann hat ihn erlebt beim Familienurlaub und das aufgeschrieben. Ja, das Meeresgegenbuch. Das ist auch wieder am Meer, aber hier ist sozusagen ein gewappneter Held am Meer.

DG: Und das Erstaunliche ist, dass in der Familie Thomas Mann von seinen Kindern »Zauberer« genannt wird.

VW: Stimmt. Jetzt fällt mir auch wieder ein: Ich suchte schon die ganze Zeit das Wort »Kunst als heller Zauber«. So heißt es nämlich dann in dem späteren Buch. Genau, Kunst ist auch und bleibt Zauberei, aber es muss hell sein. Wir sind der Helligkeit verpflichtet und nicht den dunklen Mächten. Wir zaubern hell gegen die dunklen Mächte in uns und in der Kultur, der ich entstamme.

DG: Und man merkt in den Büchern von Thomas Mann und auch in seinen Reden, dass er ein gläubiger Mensch war. Ich zitiere wieder aus deinem Buch, ein Zitat von Thomas Mann: »Die Kunst ist das schönste, strengste, heiterste und frömmste Symbol alles unvernünftig menschlichen Strebens nach dem Guten, nach Wahrheit und nach Vollendung. Und der Atem des rollenden Meeres der Epik würde uns nicht die Brust so lebensvoll weiten, wenn er nicht die Strenge und erquickende Würze des Geistigen und Göttlichen mit sich führte.«

VW: Toll. Ja, das ist natürlich das Allerschönste, wenn man sich mit großen Dichtern in einem Werk beschäftigt. [lacht] Man kann dafür unaufhörlich zitieren.

DG: Es ist sehr schön eingebettet. Und auch wenn du Bücher nacherzählst, Bücher, die wir alle kennen, finde ich, du setzt sie in einen Kontext, was dein Buch auch so großartig macht, so lesenswert. Also man merkt: »Ah ja, nach diesem Meer kam diese Geschichte in der Zeit.« Und gleichzeitig habe ich dein Buch wie einen Roman, nicht wie eine Biografie gelesen, nicht wie eine Geschichte über Thomas Mann und seine Bücher, sondern wie einen Roman mit Figuren, die sich immer wieder, erstaunlicherweise, über den Weg laufen. Auch diese Geschichte mit Samuel Fischer, der von dem Vater aufgesucht wird, weil der Bruder Heinrich dort ein Praktikum …

VW: Ja, er macht eine Lehre bei ihm.

DG: Eine Lehre.

VW: Der Mann wollte ihn prüfen: »Naja, gut, mein Sohn wird womöglich kein anständiges Leben führen, aber wenn er jetzt schon in die Lehre geht, dann hoffentlich bei einem anständigen Mann.« Und dass der Mann die Bonität jenes Mannes prüfte, der dann später mit dem Untergang des anderen – etwas komplizierter Satz, aber so ist es – sein Imperium aufbaute. Mit anderen Worten: Samuel Fischers Verlag stand im Wesentlichen lange Zeit auf dem Fundament des Erfolgs der *Buddenbrooks*. Und die *Buddenbrooks*, wie wir wissen, beschreiben den Untergang des Mannes, der eben noch den Verleger prüfte, ob der auch geschäftstüchtig genug sei. Das ist schon eine schöne Volte der Geschichte. Okay. Wir hatten fest versprochen, nach anderthalb Stunden zu enden.

DG: Sie wollen auch, dass es in Liebe endet, nicht wahr? [lacht]

VW: [lacht] Sie wollen das doch. [lacht] Stehen Sie auf, wenn Sie das nicht wollen.

James N. Bade

Thomas Manns Rolle bei Karl Wolfskehls Anträgen auf Asyl in Neuseeland

Der bekannte deutsch-jüdische Dichter Karl Wolfskehl verließ Deutschland am Morgen nach dem Reichstagsbrand, am 28. Februar 1933, denn er wusste, dass es nach der Machtergreifung Hitlers für ihn dort keine lebenswerte Zukunft mehr gab. Er floh zuerst in die Schweiz und dann Ende 1933 nach Italien. Als ihm aber klar wurde, dass der Antisemitismus auch in Italien immer gravierender wurde, entschloss er sich, zusammen mit seiner Sekretärin Margot Ruben in dem Land Zuflucht zu suchen, das von Europa am weitesten entfernt war – nämlich in Neuseeland, »Auf Erdballs letztem Inselriff«, wie er es ausdrückte.[1] Seine Ankunft in Neuseeland 1938 im Alter von 69 Jahren kündigte für ihn den Beginn einer neuen Ära an, den Anfang seiner größten Schaffensperiode.[2]

Wolfskehls Sekretärin und Partnerin Margot Ruben, die den Wolfskehl-Briefband *Zehn Jahre Exil: Briefe aus Neuseeland 1938–1948* herausgab,[3] meinte 1978 auf einem Wolfskehl-Kolloquium zum 30. Todestag des Dichters: »Kenner halten diese Briefe aus Neuseeland neben dem *Dr. Faustus* von Thomas Mann für das bedeutendste literarische Zeugnis der deutschen Exilliteratur.«[4] Da Thomas Mann damals als bekanntester Repräsentant des deutschen Exils galt, hat diese Bemerkung eine hohe Aussagekraft.[5] Für den Wolfskehl-Spezialisten

[1] Friedrich Voit: Karl Wolfskehl: Leben und Werk im Exil, Göttingen: Wallstein 2005, S. 250; ders. (Hrsg.): Eine Wiederbegegnung im neuseeländischen Exil: Der Briefwechsel von Karl Wolfskehl mit Otti und Paul Binswanger (1939–1948), Frankfurt/Main: Peter Lang 2014 (= Germanica Pacifica, Reihenherausgeber James N. Bade, Bd. 14), S. 4f. Vgl. auch Nelson Wattie in: Karl Wolfskehl: Poetry and Exile: Letters from New Zealand 1938–1948, hrsg. u. übersetzt v. Nelson Wattie, Lyttelton: Cold Hub Press 2017, S. xiii.

[2] Nelson Wattie: Karl Wolfskehl, in: Roger Robinson / Nelson Wattie (Hrsg.): Oxford Companion to New Zealand Literature, Melbourne: Oxford University Press 1998, S. 594: »it would not have been surprising if this had been the end of his creative life; in fact it was the beginning of his greatest period.«

[3] Karl Wolfskehl: Zehn Jahre Exil: Briefe aus Neuseeland 1938–1948, hrsg. v. Margot Ruben, Heidelberg: Schneider 1959.

[4] Margot Ruben: Karl Wolfskehl. Exul Immeritus. Erinnerungen an Neuseeland, in: Karl Wolfskehl Kolloquium: Vorträge – Berichte – Dokumente, hrsg. v. Paul Gerhard Klussmann unter Mitarbeit v. Jörg-Ulrich Fechner u. Karlhans Kluncker, Amsterdam: Castrum Peregrini Presse 1983, S. 45–60, hier S. 57.

[5] Gotthard Erler: Fontane, der ›Bruderzwist im Hause Mann‹ und ein legendärer Exilverleger, der über »Effi Briest« promoviert hat. Vortrag, in: Fontane Blätter, Jg. 116, 2023, S. 131–149, hier

Karlhans Kluncker, der auch am Kolloquium teilnahm, war Wolfskehl »einer der bedeutendsten Briefschreiber der Epoche«, der »das Medium des Briefs mit auktorialer Souveränität und Originalität handhabt«.[6]

Paul Hoffmann, der 1957 mit einer Doktorarbeit über Wolfskehl an der Universität Wien promovierte,[7] nahm auch am Wolfskehl-Kolloquium teil; bekannt wurde er später in der Literaturforschung der 1960er- und 1970er-Jahre als Professor für Deutsch an der Victoria Universität Wellington und als Professor für deutsche Literatur an der Universität Tübingen. Hoffmann fand, dass die Spätphase Wolfskehlscher Dichtung in vielerlei Hinsicht die Motive der deutschen Nachkriegsliteratur vorwegnahm: »Die letzte Entwicklungsstufe Wolfskehlscher Dichtung antizipiert wesentliche Momente der Entwicklung der deutschen Lyrik nach der Katastrophe.«[8]

John Asher, in den 1950er-Jahren Leiter des Deutschen Seminars an der Universität Auckland, zitierte in seinem Aufsatz über Wolfskehl im neuseeländischen Exil die folgende Bemerkung Wolfskehls: »die Spätphase im Exil, ganz aus dem Eigenen, sie steht mir zu oberst im gesamten Lebenswerk«, und meinte, dass die Kritiker der Zukunft die in Neuseeland verfassten Gedichte und Briefe Wolfskehls als seine besten Werke betrachten würden.[9] Gerda Bell, die in den 1960er- und 1970er-Jahren als hochgeschätzte Dozentin für deutsche Literatur an der Victoria Universität Wellington tätig war, unterhielt von 1938 bis 1945 einen Briefwechsel mit Wolfskehl und erwähnt in ihrem Aufsatz über ihre Korrespondenz mit ihm, dass in den Augen mancher Literaturwissenschaftler das beste Werk Wolfskehls aus der Zeit seines neuseeländischen Exils stammt.[10] Die deutsche Autorin Freya Klier, die 2006 ein Buch über jüdische Flüchtlinge in Neuseeland veröffentlichte, schrieb Folgendes zu Karl Wolfskehl: »Karl Wolfskehl hat einige große Werke verfaßt – gerade in Neuseeland, wo er sein letztes Lebensjahrzehnt verbringt, samt seelischen Turbulenzen, sehschwachen

S. 143: »Der Boden war also bereitet, als Thomas sich in den USA niederlässt, wo er bald so etwas wie der Repräsentant des deutschen Exils wird.«

6 Karlhans Kluncker: Karl Wolfskehl als Briefschreiber, in: Karl Wolfskehl Kolloquium (Anm. 4), S. 177–186, hier S. 177: »So aber ist es bei Karl Wolfskehl, der einer der bedeutendsten Briefschreiber der Epoche ist und der das Medium des Briefs mit auktorialer Souveränität und Originalität handhabt.«

7 Claus Victor Bock: Nach dreißig Jahren, in: Karl Wolfskehl Kolloquium (Anm. 4), S. 11–25, hier S. 12.

8 Paul Hoffmann: Wolfskehls Dichtung im Entwicklungszusammenhang der modernen Lyrik, in: Karl Wolfskehl Kolloquium (Anm. 4), S. 61–85, hier S. 83.

9 J. A. Asher: Wolfskehl in Exile, in: AUMLA: Journal of the Australasian Universities Modern Language Association, Vol. 9, November 1958, S. 65–70, hier S. 65 f.

10 G. E. Bell: Letters from Karl Wolfskehl, written during his Time of Exile, in: AUMLA: Journal of the Australasian Universities Modern Language Association, Vol. 37, May 1972, S. 57–72, hier S. 58.

Augen und diversen körperlichen Leiden. Er ist dem Land, das ihn aufgenommen hat, aus vollem Herzen dankbar.«[11]

Der Wolfskehl-Biograf Friedrich Voit stellt fest, dass Wolfskehls Ruf hauptsächlich auf den Werken seiner Exilzeit basiert: »Sein Ruf und seine Anerkennung als deutsch-jüdischer Dichter gründet heute auf seiner Rolle im George-Kreis, seinem Wirken in München vor 1933, doch vor allem auf der Dichtung sowie den Briefen der Exiljahre.«[12] Mit Ausnahme vielleicht vom Gedichtzyklus *Die Stimme spricht* (1934), der eine tiefgreifende Wirkung auf so viele Leser hatte,[13] müsste man mit Nelson Wattie übereinstimmen, dass Wolfskehls wichtigste Werke aus seiner Zeit in Neuseeland stammten.[14]

Es stellen sich in diesem Zusammenhang nun zwei wichtige Fragen: Wie ist Wolfskehls Asyl in Neuseeland zustande gekommen? Und wer hat beim offiziellen Entscheidungsprozess mitgeholfen, um seine produktive Zeit dort zu verwirklichen?

Karl Wolfskehl erhielt im April 1938 ein Touristenvisum von der New Zealand High Commission in London, das ihm einen Aufenthalt bis Ende 1938 gewährte. Er und Margot Ruben fuhren mit dem Oceanliner »Strathnaver« von Marseille nach Australien. Die Abfahrt erfolgte am 21. Mai 1938, und nach fast sechswöchiger Schiffsfahrt erreichten sie Sydney. Nach einem zehntägigen Aufenthalt fuhren sie mit dem Schiff »Awatea« weiter nach Neuseeland und kamen am 3. Juli 1938 in Auckland an. Anfang September erreichte sie aber die Nachricht vom italienischen Ausweisungsdekret, das ausländische Juden zwang, das Land innerhalb von sechs Monaten zu verlassen. Die Rückkehr nach Italien und nach Europa überhaupt war ihm also verwehrt.[15] Friedrich Voit erläutert es so: »Dieses antijüdische Gesetz machte alle seine Reisepläne

[11] Freya Klier: Gelobtes Neuseeland: Fluchten bis ans Ende der Welt, Berlin: Aufbau 2006, S. 412.

[12] Voit: Karl Wolfskehl: Leben und Werk im Exil (Anm. 1), S. 577; ders.: Eine Wiederbegegnung (Anm. 1), S. 1; ders.: Introduction, in: Karl Wolfskehl: A Poet in Exile, Lyttelton: Cold Hub Press 2019, S. 11.

[13] In ihrer Edition von Karl Wolfskehls *An die Deutschen / To the Germans*, Lyttelton: Cold Hub Press 2013, S. 1, bezeichnen die Herausgeber Friedrich Voit und Andrew Paul Wood den Gedichtzyklus *An die Deutschen* als Wolfskehls bekannteste Gedichtsammlung: »best known collection of poetry«, »widely read amongst German Jews of the time«. Nelson Wattie in: Wolfskehl: Poetry and Exile (Anm. 1), S. xiii, schildert *Die Stimme spricht* so: »a book rich with Judaic imagery which comforted many who were distressed by the horrors and atrocities of the time«.

[14] Nelson Wattie in: Wolfskehl: Poetry and Exile (Anm. 1), S. xiii: »the poet's greatest work was either completed in New Zealand after being started earlier or totally written ›on the globe's last island reef‹, as he called it, the remotest place on the planet from the continent that had abandoned him.«

[15] Voit: Karl Wolfskehl: Leben und Werk im Exil (Anm. 1), S. 211–239; ders.: Eine Wiederbegegnung (Anm. 1), S. 4f., 9; ders.: Karl Wolfskehl: A Poet in Exile (Anm. 12), S. 10f.; ders.: Der Dichtung und dem Dichter zugeschworen, in: Margot Ruben: Aufzeichnungen aus Italien 1934–1938, hrsg. v. Friedrich Voit, Berlin/Leipzig: Hentrich & Hentrich 2021, S. 95–221, hier S. 145.

zunichte und wandelte von einem auf den anderen Tag seinen Status: Aus dem weltreisenden Besucher wurde nun in der Tat ein Flüchtling mit nur befristeter Aufenthaltsgenehmigung.«[16] Wolfskehl entschloss sich, eine Daueraufenthaltsbewilligung für Neuseeland zu beantragen.

Um seinem Antrag zusätzliches Gewicht zu geben, hatte man Wolfskehl geraten, Referenzschreiben zu seiner Person aus dem angloamerikanischen Raum einzuholen. Er dachte an Thomas Mann, der als Nobelpreisträger in Neuseeland ein bekannter Name war; er kannte Mann gut aus seiner Zeit in Schwabing, München.[17] Die Literaturhistorikerin Sabine Neubert fasst es so zusammen: »Ein Kabel zu Thomas Mann nach Kalifornien und dessen Intervention schaffen Abhilfe«.[18] Paul Hoffmann, der Wolfskehl persönlich kannte, erklärt die Situation etwas detaillierter:

> Unsicherheit war durchzustehen, Neuseelands Immigrationspolitik war sehr restriktiv. Um Sukkurs wurde an Thomas Mann in Kalifornien gekabelt. Der war dem mit dem Fall betrauten Richter ein Begriff, und konnte so glaubwürdig bezeugen, was es mit dem von der Ausweisung bedrohten deutschen Juden für Bewandtnis habe. Schließlich erhielt Karl Wolfskehl, trotz seines hohen Alters und des Mangels für ihn bürgender Angehörigen, den dauernden Aufenthalt gebilligt.[19]

Eine Fotokopie des Telegramms liegt im Thomas-Mann-Archiv der Eidgenössischen Technischen Hochschule in Zürich. Der Adressat lautet »Thomas Mann Nobelpriceman Princeton NJ«, und Wolfskehls Bitte um ein Gutachten von Thomas Mann liest sich so: »Need your English testification about my poetical scientific personality faculties works thanks.« Es folgen die Angaben zum Absender: »Wolfskehl 45 Esplanade Road Auckland NewZealand.«[20]

Thomas Mann beglückwünscht Wolfskehl in seiner Antwort, datiert auf den 30. November 1938, zu dem Entschluss, eine Daueraufenthaltsgenehmigung für Neuseeland zu beantragen, lobt die anspruchsvolle Kultur des Landes,

[16] Voit: Karl Wolfskehl: Leben und Werk im Exil (Anm. 1), S. 235.

[17] Ebd., S. 236f.; Nelson Wattie in: Wolfskehl: Poetry and Exile (Anm. 1), S. ivf.

[18] Sabine Neubert: Karl Wolfskehl: vom Bohemien zum Dichter des Exils, Berlin: Hentrich & Hentrich 2014, S. 58.

[19] Karl Wolfskehl: Karl Wolfskehls Briefwechsel aus Neuseeland 1938–1948, mit einem Vorwort von Paul Hoffmann, hrsg. v. Cornelia Blasberg, Band I, 2. Auflage, Darmstadt: Luchterhand-Literaturverlag 1988, S. 29.

[20] Wolfskehl-Th.Mann Telegram B-II-WOLFT-5, Thomas-Mann-Archiv der ETH, Zürich. An dieser Stelle möchte ich Dr. Tobias Amslinger, Gabriele Hollender, und Rolf Bolt (Thomas-Mann-Archiv der ETH Zürich) danken für ihre Hilfe beim Auffinden relevanter Materialien und für ihre freundliche Genehmigung zum Zitieren und zur Wiedergabe der Briefe zwischen Thomas Mann und Wolfskehl, die in diesem Aufsatz herangezogen werden. Die Genehmigung zum Zitieren und zur Wiedergabe dieses Telegramms wurde auch vom S. Fischer Verlag (Dr. Sascha Michel, 8. März 2024) und vom Deutschen Literaturarchiv Marbach (Prof. Dr. Helmuth Mojem, 12. März 2024) erteilt.

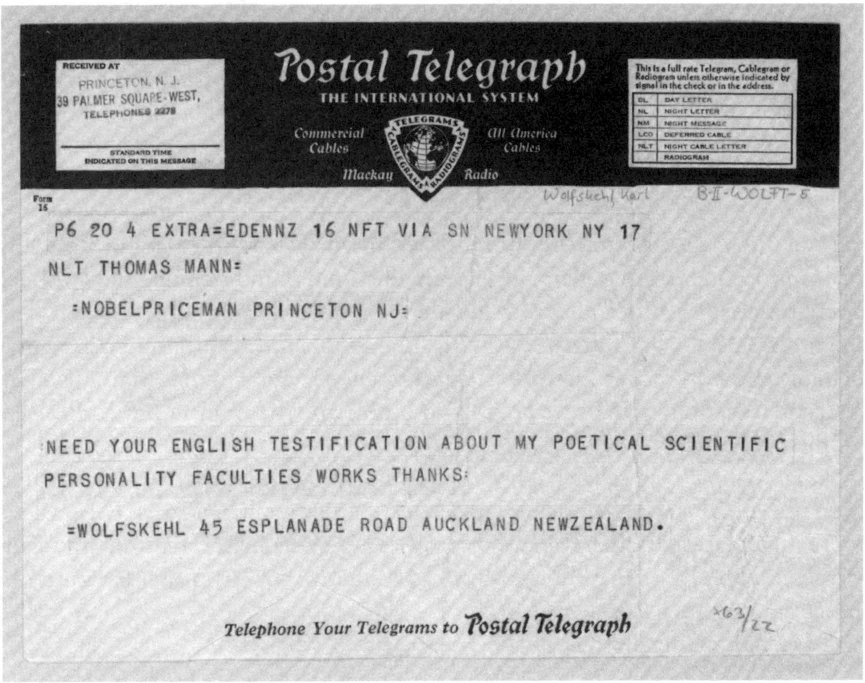

RECEIVED AT
PRINCETON, N. J.
39 PALMER SQUARE-WEST,
TELEPHONES 2278
STANDARD TIME INDICATED ON THIS MESSAGE

Postal Telegraph
THE INTERNATIONAL SYSTEM
Commercial Cables · All America Cables · Mackay Radio

This is a full rate Telegram, Cablegram or Radiogram unless otherwise indicated by signal in the check or in the address.

DL	DAY LETTER
NL	NIGHT LETTER
NM	NIGHT MESSAGE
LCO	DEFERRED CABLE
NLT	NIGHT CABLE LETTER
	RADIOGRAM

Wolfskehl, Karl B-II-WOLFT-5

P6 20 4 EXTRA=EDENNZ 16 NFT VIA SN NEWYORK NY 17

NLT THOMAS MANN=

=NOBELPRICEMAN PRINCETON NJ=

NEED YOUR ENGLISH TESTIFICATION ABOUT MY POETICAL SCIENTIFIC PERSONALITY FACULTIES WORKS THANKS=

=WOLFSKEHL 45 ESPLANADE ROAD AUCKLAND NEWZEALAND.

Telephone Your Telegrams to Postal Telegraph

Karl Wolfskehls Telegramm an Thomas Mann mit der Bitte um ein Gutachten.

unterstreicht Wolfskehls Beitrag zum deutschen Kulturerbe und hebt hervor, dass Wolfskehl der perfekte Kandidat für eine Universitätsdozentur wäre. Das Gutachten lautet folgendermaßen:

Dear Doktor Wolfskehl, I learn with pleasure that you intend to settle in New Zealand and wish to congratulate you on your choice. I am sure you will like it there and I also am perfectly sure that the Newzealanders will like you and will be eager – proud as they are of their well known cultural standard – to use your manifold talents and your great learning, which together – in a Germany free from Nazidom – would have enabled you to hold any teaching office at university or college in the field of letters. In our country you first attracted the public attention as one of the most promising disciples of this great poet and educator, Stephan George. I should say that since then you have fulfilled this promise as a poet, writer, critic and last, but not least, as a profound expert in music.

I have written this in English because possibly you may wish to show my letter to someone who could be of help to you. In doing so you have my full authorization.

With sincerest wishes, Cordially yours, Thomas Mann.[21]

[21] Gutachten Thomas Manns vom 30.11.1938, Deutsches Literaturarchiv Marbach. Mein Dank

Wolfskehls Antrag wurde im Januar 1939 bewilligt, mit der zusätzlichen Unterstützung des jüdischen Rechtsanwaltes Louis Phillips, des Englischprofessors Arthur Sewell und des Mediziners Douglas Robb, die Wolfskehl in Auckland kennengelernt hatte und die sich ihm und Margot Ruben als Bürgen zur Verfügung stellten. Das Einkommen vom Verleger Salman Schocken, das er in seinem Antrag erwähnt hatte, ermöglichte es ihm und Margot Ruben, in eine Dreizimmerwohnung im Aucklander Stadtteil Mount Eden einzuziehen, wo sie für die nächsten dreieinhalb Jahre wohnten. Da stand er in anregendem Austausch mit Schriftstellern, Intellektuellen und Künstlern in Auckland. Er befreundete sich unter anderem mit dem Erzähler Frank Sargeson und den Dichtern A. R. D. Fairburn und R. A. K. Mason, die ihn als prominenten Repräsentanten europäischer Literatur betrachteten, der mit Thomas Mann, Rainer Maria Rilke, Stefan George, Hugo von Hofmannsthal und Franz Kafka persönlichen Umgang hatte.[22]

Am 9. Januar 1939 schrieb Thomas Mann ein zweites Gutachten, das er mit einem Begleitbrief an Wolfskehl abschickte. Hier stellt er Wolfskehl als Persönlichkeit europäischen Ranges vor, mit Kompetenzen in Literatur- und Kulturgeschichte, Religion, Philosophie und Ästhetik, der ein großer Gewinn für Hochschulen aller Art wäre.

Das zweite Gutachten liest sich wie folgt:

Karl Wolfskehl is a personality of European rank, holding an important and incomparable place in the history of German spirit. As a poet and thinker, as an intimate friend and lifelong companion of the great German poet, Stephan George; as a promotor stimulating varied progressive movements of the twentieth century he was of great influence in significant spheres of arts and letters. There are few who combine such a commanding power of understanding and mastering problems, and such an exact knowledge of universal range.

In his chief works Karl Wolfskehl deals with German and general European history of literature and culture, of religion, philosophy and esthetics.

Besides his own poetry especially his translations of German and latin medieval poems have won him a high reputation throughout the literary world, and so did the philosophical essais gathered in his book »Bild und Gesetz« (Image and Idea).

Dr. Wolfskehl will be a great honour and most useful to every educational institution which may secure his services. Thomas Mann.

gilt Dr. Tobias Amslinger, Thomas-Mann-Archiv der ETH, Zürich, Dr. Sascha Michel, S. Fischer Verlag, Frankfurt a. M., Dr. Werner Volke und Prof. Dr. Helmuth Mojem, Deutsches Literaturarchiv Marbach, für ihre Hilfe bei der Genehmigung zum Zitieren und zur Wiedergabe des Gutachtens.

22 Voit: Eine Wiederbegegnung (Anm. 1), S. 9f.; ders.: Karl Wolfskehl: Leben und Werk im Exil (Anm. 1), S. 261.

Im Begleitbrief an Wolfskehl schreibt Thomas Mann, er sei der Ansicht, dass das erste Gutachten ungenügend wäre, und deshalb habe er sich entschlossen, ein zweites zu schreiben, das zweckmäßiger wäre. Der beiliegende Brief liest sich so:

Princeton, den 9. I. 39.

Lieber Herr Dr. Wolfskehl, Ich hatte das deutliche Gefühl, dass das Statement, das ich Ihnen neulich, etwas übereilt, schickte, ungenügend war und Sie hat enttäuschen müssen. Ich habe es mir angelegen sein lassen, ein zweites zu schreiben, das, glaube ich, seinem Zweck besser und würdiger entspricht. Hier ist es. Meine besten Wünsche füge ich hinzu und die Bitte, mich über den Erfolg Ihrer Bewerbung und Ihr Leben überhaupt auf dem Laufenden zu halten.

Ihr aufrichtig ergebener Thomas Mann.[23]

In seiner Antwort vom 6. März 1939 auf Thomas Manns Gutachten und den beiliegenden Brief Manns bedankte sich Wolfskehl für die Referenz, die offenbar den damals herrschenden amtlichen Anforderungen genau entsprach:

Lieber Herr Thomas Mann, was Sie mir diesmal freundlicherweise geschickt haben, paßt so ausgezeichnet für die in Betracht kommenden minds and mentalities, daß ich ganz glücklich bin und, unberufen, Erfolges gewiß. Sie sprechen geradezu aus den stummen Fragen heraus, die sich einer schwer zu rubrizierenden Persönlichkeit gegenüber kolonialerweise Mißtrauischen aufdrängen.

Er fügte hinzu, dass sich die Neuseeländer für das Ausland interessierten und dass der Name Thomas Mann ihnen gut bekannt war: »ein freundliches Interesse an dem Draußen nimmt doch fast ein Jeder. Und es ist wirklich so: der Name Thomas Mann wirkt, und in Australien ebenso wie hierzuland, geradezu als ein magischer Schlüssel.«[24]

Sechs Monate später lagen Neuseeland und Deutschland im Krieg miteinander, und die Lage präsentierte sich ganz anders. Wie war die offizielle Haltung der neuseeländischen Regierung gegenüber den Neuankömmlingen aus Deutschland? Was für rechtliche Hindernisse mussten Menschen wie Wolfskehl und Ruben nun überwinden? Hier spielte das zweite Gutachten Thomas Manns eine entscheidende Rolle.

[23] Gutachten und beiliegender Brief Thomas Manns an Karl Wolfskehl vom 9. Januar 1939, Deutsches Literaturarchiv Marbach. Mein Dank gilt Dr. Tobias Amslinger, Thomas-Mann-Archiv der ETH, Zürich, Dr. Sascha Michel, S. Fischer Verlag, Frankfurt a. M., Dr. Werner Volke und Prof. Dr. Helmuth Mojem, Deutsches Literaturarchiv Marbach, für ihre Hilfe bei der Genehmigung zum Zitieren und zur Wiedergabe dieser Dokumente.

[24] Wolfskehl an Thomas Mann, 45 Esplanade Road Auckland, 6. März 1939, in: Wolfskehl: Briefwechsel aus Neuseeland 1938–1948 (Anm. 19), S. 292–294, hier S. 292f.

Zu Ausbruch des Zweiten Weltkriegs am 1. September 1939 war ein junger neuseeländischer Rechtswissenschaftler, Dr. Martyn Finlay, der später in Neuseeland rechtliche und politische Prominenz erlangte, gerade nach Neuseeland zurückgekehrt, und er wurde zum Privatsekretär des Ministers für Justiz, Rex Mason, ernannt. Martyn Finlay promovierte 1938 an der London School of Economics, besaß ein LLM (1936) von der University of Otago, Dunedin, und hatte 1938 ein Forschungsstipendium an der Harvard University erhalten – ideale Voraussetzungen für eine Stelle als Berater des Ministers für Justiz, der selbst ein prominenter Rechtsanwalt war und der seine Studien in Jura und Mathematik an der Universität Victoria, Wellington, 1907 abgeschlossen hatte.[25] Später war Mason der amtsälteste Justizminister in der Geschichte Neuseelands: Von 1935 bis 1949 und wieder von 1957 bis 1960 war er gleichzeitig Generalanwalt und Justizminister. 1937 gründete er den Gesetzesrevisionsausschuss (Law Revision Committee) und war 38 Jahre lang ununterbrochen als Mitglied des Ausschusses tätig.[26]

Finlay verfasste ein Themenpapier vom 13. September 1939 für Rex Mason mit dem Titel »Effect of Outbreak of War« (»Die Folgen des Kriegsausbruchs«), das sich mit den neuen Schritten beschäftigte, die in der komplexen Krisensituation unternommen werden müssten. Unter dem Titel »Enemy Subjects in New Zealand« besprach er die verschiedenen Optionen, die Staatsangehörigen feindlicher Nationen in Neuseeland vorbehalten wurde, vom freien Verbleib in Neuseeland unter gewissen Bedingungen (»freedom subject to certain conditions«) bis hin zur vollen Internierung.[27] Dieses Themenpapier führte zu den Notverordnungen Emergency Regulations Act 1939 und den Aliens Emergency Regulations 1940.

Unter den Vorschriften von 1940 wurden Lokalbehörden für feindliche Staatsangehörige gegründet, die mit allen Staatsangehörigen Vorstellungsgespräche durchführen mussten, um sie zu klassifizieren.[28]

25 Derek Round: Henry Greathead Rex Mason KC CMG: An Outstanding Law Reformer, in: Waikato Law Review, Vol. 9, 2001, S. 131–152, hier S. 131, 136; Alister Taylor: Finlay, Hon Dr (Allan) Martyn QC, in: New Zealand Who's Who Aotearoa, hrsg. v. Alister Taylor, Auckland 1992, S. 96.

26 Round: Henry Greathead Rex Mason KC CMG (Anm. 25), S. 131: »Rex Mason, Attorney-General and Minister of Justice in the first and second Labour governments (1935–1949 and 1957–1960), made possibly the greatest contribution of any politician to law reform in New Zealand in the twentieth century.«

27 Effect of Outbreak of War, MS-Papers-1751-2/05, Collection: Mason, Henry Greathead Rex, 1885–1975: Papers, Alexander Turnbull Library, Wellington.

28 The Aliens Emergency Regulations 1940, Order-in-Council by Galway, Governor-General, at the Government House, Wellington, 24 October 1940, Serial Number 1940/273, S. 944–958.

Der Behördenleiter in jedem Bezirk musste Berichte über alle »feindlichen Staatsangehörigen« in seinem Bezirk für den Justizminister abfassen und sie in unterschiedliche Gruppen aufteilen. Es gab fünf verschiedene Möglichkeiten: Class A: Personen, die zur sofortigen Internierung empfohlen wurden; Class B: Personen, die bei Invasionsdrohung oder im Falle eines feindlichen Angriffs zur Internierung empfohlen wurden; Class C: Personen, für die keine Internierungsgründe vorlagen, die aber gewissen Einschränkungen unterworfen waren; Class D: Personen, die als feindliche Staatsangehörige eingestuft wurden, für die aber keine Internierung und keine Einschränkungen nötig waren; Class E: Personen, die wegen gesetzlicher Aufhebung von dieser Regelung ausgenommen waren. Praktisch gesprochen reichten die Optionen von sofortiger Internierung (Class A) bis hin zur größtmöglichen Freiheit, die man zu Kriegszeiten erwarten konnte (Class D).

Der Behördenleiter für den Bezirk Auckland, der mit dem Fall Wolfskehl beauftragt wurde, war der renommierte Rechtsanwalt Alexander Johnstone, der seine Jura-Studien am College der Victoria University in Wellington 1905 mit einem B.A. und LLB abgeschlossen hatte. Er war von 1925 bis 1926 Präsident der Juristischen Gesellschaft Auckland (Auckland District Law Society) und wurde 1934 zum hochgeschätzten juristischen Amt Kings Counsel (KC)[29] ernannt. Während der Kriegsjahre war er auch Mitglied des Berufungsausschusses für Kriegsdienstverweigerer, und von 1938 bis 1948 war er Mitglied des Senats der Universität Neuseeland (University of New Zealand).[30]

Der Bericht Alexander Johnstones vom 27. Februar 1941 zum Fall Wolfskehl und Ruben liest sich folgendermaßen:[31]

[29] KC/QC (King's Counsel/Queen's Counsel) stellt die höchste Auszeichnung im neuseeländischen Rechtsbereich dar.

[30] Johnstone, Sir Alexander Howat, in: Who's Who in New Zealand, hrsg. v. G. H. Scholefield, 5. Edition, Wellington: Reed 1951, S. 124.

[31] Enemy Aliens: Karl Wolfskehl; Margot Lizzie Ruben [R22532265 AAAR 493 1941/50/579], Archives New Zealand Te Rua Mahara o te Kāwanatanga. Mein Dank gilt der Archivarin Hilary Ackroyd, Archives New Zealand, für ihre Hilfe beim Auffinden, Zitieren und Digitalisieren dieses Berichts sowie meinem Kollegen Dr. Yannick Müllender (Freie Universität Berlin), der bei der Durchsicht meines Beitrags so behilflich war.

IN THE MATTER of The Aliens Emergency Regulations 1940

AND

IN THE MATTER of
No. 2404 KARL WOLFSKEHL and
No. 2403 MARGOT LIZZIE RUBEN
Alien Enemies (German Jews)

REPORT OF MR. A. H. JOHNSTONE,
ALIENS AUTHORITY, SITTING AT AUCKLAND

ALIENS

KARL WOLFSKEHL born at Darmstadt, Germany, on 17th September 1869, of Jewish parents. A philosopher and poet of world wide reputation, now nearly blind. He lives at 45, Esplanade Road, Mt Eden, his chief means of subsistence being a pension of £20 sterling per month paid to him by Salmann Schocken of Jerusalem, President of the Hebrew University there.

His Secretary is

MARGOT LIZZIE RUBEN born in Berlin on 5th September 1908 of German Jewish parents. Miss Ruben is a well educated young woman. She holds the degree of Ph. D. of Basle and has been granted the M. A. degree (ad eundem) of the University of New Zealand. In addition to assisting Wolfskehl she does some teaching and translating work, being proficient in the French, German and Italian languages. She lives at 45 Esplanade Road.

HISTORY

Karl Wolfskehl claims to be a member of a German Jewish family members of which have lived in the Rhine District since 1650. He is certainly a very distinguished man. He produced a copy of a letter from Thomas Mann, Nobel Prizeman now a citizen of the United States, which refers to Wolfskehl as »an intimate friend and lifelong companion of the great German poet Stefan George«. Wolfskehl left Germany in 1931 in anticipation of racial persecutions and went first to Switzerland, then to Florence and then back to Switzerland (Basle). In 1935 he went to Reggo in the Italian Riviera and stayed there, with short absences, until early in 1938 when in anticipation of the Italian anti-Jewish laws he left Italy for New Zealand arriving here on 4th July 1938. He received assistance from the Rotary Club, having been a member of German Rotary. His wife, from whom he is separated, and two daughters still live in Germany.

Miss Ruben became Secretary to Wolfskehl in November 1934 and came to New Zealand with him. Her parents and sister now live in Shanghai.

RESULT OF EXAMINATION

These Aliens were examined by me on 3rd December last. Both are genuine Jewish refugees. They came to New Zealand as tourists on temporary permit but decided to remain here. They subsequently obtained permanent permits.

Wolfskehls' books are banned in Germany. He has done very little literary work in New Zealand because his sight is now very poor.

Both these aliens have made friends in New Zealand and appear to be grateful for the hospitality shown to them.

<u>CLASSIFICATION</u>

I am of opinion that both should be placed in Class D, and I recommend accordingly.

A. H. Johnstone
Aliens Authority
27 February 1941

The Hon. the Minister.
Submitted for your consideration.
B. L. Dallard
Under-Secretary
3 Mar/1941

The Under-Secretary
I concur.
H. G. R. M.
Minister of Justice
4/3/41

Copy to Police
Despatched 5 March 1941, Department of Justice

Johnstones Bericht wurde vom Justizminister, Hon. Rex Mason, am 4. März 1941 genehmigt, mit den Initialen »H. G. R. M.« (Henry Greathead Rex Mason) unterzeichnet.

Dass Thomas Mann der beste internationale Gutachter für Karl Wolfskehl war, steht außer Frage. Aber auch die drei Neuseeländer, die innerhalb des Landes zu einer Spitzengruppe hochrangiger Sachverständiger gehörten, haben einen wichtigen Beitrag bei der Unterstützung Wolfskehls geliefert. Ohne die Intervention Thomas Manns in den Vereinigten Staaten und die Kollaboration von Johnstone, Mason und Finlay in Neuseeland wäre das schöpferische Jahrzehnt, das Wolfskehl in Neuseeland verbrachte, wohl nie zustande gekommen.[32] Thomas Manns erste Empfehlung spielte eine wesentliche Rolle bei der

[32] Es wurden z. B. mehrere jüdische Flüchtlinge während der Kriegsjahre in Neuseeland interniert; s. Ann Beaglehole: Locked up and Guarded ›Lest [They] Escaped to Help their Mortal Enemies‹: Jewish Internees in New Zealand during the Second World War, in: Emily Turner-Graham / Christine Winter (Hrsg.): National Socialism in Oceania: a Critical Evaluation of its Effect and Aftermath, Frankfurt/Main: Peter Lang 2009 (= Germanica Pacifica, Reihenherausgeber James N. Bade, Bd. 4), S. 147–167; James N. Bade: Escape from Somes, in: British Review of New Zealand Studies, 18, 2009, S. 47–69.

Erteilung der Daueraufenthaltserlaubnis, und die Erwähnung der Unterstützung Thomas Manns in Johnstones Bericht hat zweifellos dazu beigetragen, dass Wolfskehl einer Kategorie zugeordnet wurde, die die Freiheit (»freedom subject to certain conditions«) verkörperte, die sich Finlay in seinem Themenpapier vorgestellt hatte, sodass Wolfskehl angesichts der damals herrschenden Kriegsbedingungen die größtmögliche Freiheit genießen konnte. Auf diese Weise konnte sich Wolfskehl den Werken widmen, die er im neuseeländischen Exil schuf, den Dichtungen und Briefen, die ihm verhalfen, in der deutschen Literaturgeschichte einen Platz auf Dauer zu belegen.[33] Friedrich Voit drückt es so aus: »Der antipodische Inselstaat hatte dem deutschen Dichter seit 1938 Asyl bis zu seinem Tod 1948 gewährt und ihm so fern vom europäischen Kriegsgeschehen Raum und Ruhe gegeben für ein schaffenskrönendes Spätwerk«.[34]

[33] Voit: Karl Wolfskehl: Leben und Werk im Exil (Anm. 1), S. 596.
[34] Ders.: Eine Wiederbegegnung (Anm. 1), S. 1.

Holger Rudloff

Die »Chanteuse mit einem rotseidenen Babykleide«

Zur digitalen Aktualität von Thomas Manns früher Erzählung *Luischen*

In der Rubrik »Strafjustiz« berichtet *DER SPIEGEL* vom 6. Juli 2024 über den folgenden Vorfall in Frankfurt am Main. Ein Siebzehnjähriger hatte einen Gleichaltrigen in seine Wohnung gelockt:

> Dort stieß er ihn zu Boden, trat gemeinsam mit einem Kumpel auf das Opfer ein und fesselte es schließlich an einen Stuhl.
>
> Das Opfer wurde mit einem Messer bedroht, geschlagen, getreten, beleidigt und schikaniert. Es musste sich ausziehen und einen rosafarbenen Strampelanzug anziehen. All diese Details liegen den Ermittlern in einem rund 18-minütigen Video vor, quasi live und in Farbe. Eine 17-Jährige filmte alles mit ihrem Handy. [1]

Die Zwangsdekoration in den »rosafarbenen Strampelanzug« aus dem Jahre 2024 ist gewissermaßen in Thomas Manns 1897 in Rom geschriebener Erzählung *Luischen* vorgezeichnet. Hier führt uns der Erzähler in eine »weitläufige Festhalle«, in der das Wilhelminische Bürgertum, »Juristen, Offiziere, Kaufherren, Künstler, hohe Beamte nebst ihren Gattinnen und Töchtern« (2.1, 174), versammelt ist. Zum Potpourri des Varietéprogramms auf offener »Bühne« gehört eine »geheimnisvolle Nummer«, die unter der Überschrift »›*Luischen*. Gesang und Tanz. Musik von Alfred Läutner.‹« (2.1, 177) angekündigt ist. Erzählt wird der Auftritt des Rechtsanwalts Christian Jacoby, der von seiner Ehefrau Amra und ihrem Komplizen, dem Musiker Alfred Läutner, gezwungen wird, als »Chanteuse mit einem rotseidenen Babykleide« (2.1, 170) zu posieren. Als »jammervolle[] Figur« (2.1, 178), eingehüllt in ein »weites, faltenloses Kleid aus blutroter Seide« (2.1, 177), soll Jacoby dem Spott des versammelten Publikums ausgeliefert werden.

Bereits auf den ersten Blick sind eine Reihe von Gemeinsamkeiten zwischen der zur Babydoll maskierten literarischen Figur Thomas Manns und dem Opfer im »rosafarbenen Strampelanzug« aus dem aktuellen Videoclip zu erkennen. Neben der Zwangsverkleidung betrifft das zunächst die auftretenden Beteiligten: Täter, Mittäter, Opfer. In beiden Fällen planen Täter und Mittäter die Degradierung ihres Opfers von langer Hand. Die filmende Mittäterin aus dem im *SPIEGEL* skizzierten Verbrechen erwartet das Opfer in der Wohnung mit

[1] DER SPIEGEL, Nr. 28 vom 06.07.2024, S. 34–35, S. 35.

einsatzbereitem Handy. Erzwungen wird damit über die Verkleidung im Privatbereich hinaus ein öffentlicher Auftritt, denn die Maskerade erfolgt, um ins Netz gestellt zu werden. Ähnlich wie in Thomas Manns Erzählung das Geschehen auf der öffentlichen Bühne eines Festsaals stattfindet, soll dem Gewaltvideo durch seine Verbreitung im Internet ein öffentliches Forum bereitet werden. Dabei wirken die Täter durch das Filmen und Verbreiten ihrer Straftaten durchaus an ihrer Überführung mit, denn die Handyaufzeichnungen unterstützen die Ermittlungsarbeiten und gelten als objektives Beweismittel. Doch das scheinen die Internetaktivisten in Kauf zu nehmen, denn darüber machen sie sich, so *DER SPIEGEL*, »keine Gedanken«.[2] Analog dazu macht sich auch Thomas Manns literarische Figur Amra Jacoby keinerlei Gedanken, als Initiatorin des Verkleidungsgeschehens auf offener Bühne erkannt zu werden. Ihre Order an den Gatten, im Babykostüm vorzutanzen, erfolgt innerhalb eines Kreises aus Freunden und Bekannten, eines »Komitee aus Herrschaften« (2.1, 167). Auf diesem Hintergrund lässt sich die Frage nach dem Grund, Brutalitäten öffentlich zu inszenieren, sowohl an die geschilderten aktuellen Vorkommnisse als auch an die *Luischen*-Erzählung stellen. *DER SPIEGEL* fragt: »Was fasziniert Jugendliche daran, mit ihrem Mobiltelefon Gewalt zu dokumentieren und zu veröffentlichen?«[3] Warum bleibt die Tat nicht das Geheimnis der Täter, warum besteht ihr Reiz gerade darin, die privaten Handyaufzeichnungen zu einem öffentlichen Geschehen zu machen? Warum erreichen die im Privaten praktizierten Demütigungen des Opfers gerade durch ihre digitale Publikation ihren Höhepunkt? In ähnlicher Weise lässt sich die Frage an Thomas Manns literarischen Text stellen: Was fasziniert Amra Jacoby und ihren Kumpanen Läutner daran, den Rechtsanwalt Christian Jacoby nicht nur zu kostümieren, sondern ihn gerade auf einer Festbühne bloßzustellen? Nach Ansicht einiger im *SPIEGEL*-Artikel zu Worte kommender Juristen und Psychologen geht es den Tätern darum, »Macht und Dominanz« zu zeigen und sich mit der »Demütigung eines Opfers zu brüsten«. Darüber hinaus würde das Opfer »durch die Veröffentlichung zusätzliche psychische Gewalt erfahren, die – da das Netz nie vergisst – oftmals noch schwerer wiege und länger andauere«.[4] Damit werden relevante Aspekte über die Beziehung zwischen Täter und Opfer und über die Bedeutung der Bereiche »Privat« und »Öffentlich« benannt. Diese lassen sich auch anhand von Thomas Manns früher Erzählung *Luischen* diskutieren. Allerdings könnten sich der journalistisch beschriebene Kriminalfall und die fiktiven Vorgänge des ästhetischen Textes nur dann wechselseitig erhellen, wenn man Literatur nicht als Referenzstück

[2] Ebd.
[3] Ebd., S. 34.
[4] Ebd.

außerliterarischer Produktionen oder psychologischer Hypothesen missversteht. Anders formuliert: Zu analysieren ist, welche literarischen Gestaltungsmittel Thomas Manns Erzähler einsetzt, um das Verhältnis Täter/Opfer und die Bereiche Privat/Öffentlichkeit darzustellen.

*

Thomas Manns Erzählung *Luischen* fristet von Beginn an ein Randdasein. Nach der Publikation in der Zeitschrift *Die Gesellschaft* (1900) und im *Tristan*-Band (1903) stieß sie »weitgehend auf Ablehnung«.[5] Der in Rudolf Vagets Kommentarband skizzierte Überblick über die zeitgenössische Rezeption bezeichnet sie als das »schwarze Schaf«[6] des *Tristan*-Bandes. Ulrich Weinzierl stellt 1991 fest: »*Luischen* ist in der Tat ein ungeliebtes Kind der Thomas-Mann-Forschung«[7], um in Anschluss daran die Forschungslage, »das germanistische Schicksal *Luischens*« seit den frühen 50er-Jahren, zu referieren.[8] Eine aktuelle Zusammenfassung der Forschungsdebatte bis 2015 liefert Georg Mein.[9] Er stellt fest: »Erst die jüngere Thomas-Mann-Forschung hat die exquisite Komposition und den literarischen Wert klar herausgearbeitet.«[10] Die vorliegende Untersuchung verfolgt das Ziel, die digitale Aktualität der Erzählung *Luischen* zu diskutieren. Sie greift die Problematik der Veröffentlichung privater Gewaltvideos im Internet auf, um auf diesem Hintergrund die Verkleidung der literarischen Figur Thomas Manns in eine »Chanteuse mit einem rotseidenen Babykleide« im Spannungsfeld von Privatsphäre und Öffentlichkeit zu untersuchen. Dabei steht die besondere ästhetische Gestaltung im Mittelpunkt. Die Erzählung ist in fünf Kapitel gegliedert. In jedem Kapitel nehmen die Teilbereiche »Privat« und »Öffentlich« eine nicht zu unterschätzende Bedeutung an. Bereits die ersten beiden Sätze von Kapitel 1 bieten dazu ein Präludium. Der Einleitungssatz lautet: »Es giebt Ehen, deren Entstehung die belletristisch geübteste Phantasie sich nicht vorzustellen vermag.« (2.1, 160) Damit scheint resultativ festzustehen: Die »Entstehung«, also das Zustandekommen gewisser Ehebündnisse ist mit einem Fragezeichen zu versehen, sie ist und bleibt eine oft rätselhafte Angelegenheit der Partner, damit eine Privatsache, der Außenstehende selbst mit ausgeklügeltster Einbildungskraft nicht beikommen können.

5 Hans Rudolf Vaget: Die Erzählungen, in: TM Hb (2005), 534–618, S. 562.

6 Hans Rudolf Vaget: Thomas Mann. Kommentar zu sämtlichen Erzählungen, München: Winkler 1984, S. 97.

7 Ulrich Weinzierl: Die »besorgniserregende Frau«. Anmerkungen zu »Luischen«, Thomas Manns »peinlichster Novelle«, in: TM Jb 4, 1991, 9–20, S. 10.

8 Ebd., S. 11.

9 Georg Mein: Luischen (1900), in: TM Hb (2015), 104–106.

10 Ebd., S. 104.

Im zweiten Satz wird das »Theater« als Institution und der »mathematische[] Aufbau einer Posse« (2.1, 160) erwähnt. In der öffentlichen Institution des Theaters kann eine Ehe als ein kalkuliertes Lustspiel auf der Bühne verhandelt werden. Dergleichen gilt eben nicht für die Privatsphäre einer Ehe. Diese bleibt oft unzugänglich, verschlossen, also »nicht vorzustellen«, denn sie basiert auf einer Übereinkunft zweier Individuen, die die Fantasie von Außenstehenden übersteigen mag.[11] Kapitel 2 bestätigt diese Differenzbestimmung gleich einleitend: »Warum eigentlich Amra den Rechtsanwalt Jacoby geheiratet hatte, das steht dahin.« (2.1, 163) Dennoch – oder um doch nähere Aufschlüsse über die Ehe zu liefern – nimmt der Erzähler einen Einblick in die intime Sphäre der Eheleute vor. Die folgende Szene dieser Ehe findet »in dem großen Schlafzimmer« (2.1, 163) statt. Hier spielt Christian Jacoby »[o]ftmals« die Rolle eines devoten Liebhabers, der »demütig und angstvoll« (2.1, 163) vor dem Ehebett »kniete« (2.1, 164), um in einer unter Tränen vorgetragenen Liebeserklärung der verzweifelten Hoffnung Ausdruck zu geben, Amra möge ihn »niemals verraten und hintergehen«, obwohl er einsieht, dass sie ihn »wohl nicht lieben kann[].« (2.1, 164) Amra antwortet darauf auf ihre Weise, sie

> strich mit der Hand über die Borsten ihres Gatten und sagte mehrere Male in dem langgezogenen, tröstenden und moquanten Tone, in dem man zu einem Hunde spricht, der kommt, einem die Füße zu lecken: »Ja –! Ja –! Du gutes Tier –!« (2.1, 164 f.)[12]

[11] Die Differenzbestimmung zwischen privaten und öffentlichen Sphären einer Ehe hat Georg Wilhelm Friedrich Hegel in seiner *Rechtsphilosophie* eingehend thematisiert. Er trennt zwischen privaten und öffentlichen Bereichen. Für den Privatbereich der Ehe macht er geltend, hier werde »ohne Erröten von natürlichen Ereignissen gesprochen, die bei unehelichen Verhältnissen ein Schamgefühl hervorbrächten« (Georg Wilhelm Friedrich Hegel: Grundlinien der Philosophie des Rechts oder Naturrecht und Staatswissenschaft im Grundrisse, hrsg. v. Helmut Reichelt, Frankfurt/Main/Berlin/Wien: Ullstein 1972, S. 155, Paragraph 163, Zusatz). – Welche Absprache die Eheleute Jacoby »ohne Erröten« für ihr Eheverhältnis vereinbart haben mögen, lässt Thomas Manns Erzähler offen. Er weist dabei auf Entstehungsbedingungen hin, die Dritte nicht nachvollziehen können. So schützt der Einleitungssatz erst einmal die Privatsphäre der Eheleute ab. Eben das könnte ein frühes Beispiel nicht-erzählter Zwischenzeit oder, präziser formuliert, nicht-erzählter *Vorzeit* sein.

[12] Die Figur eines Liebhabers, der vor einer dominanten Frau auf den Knien liegt, während sie ihm mitleidig über die Haarborsten streicht, ist in *Luischen* zum ersten Mal im Werk Thomas Manns zu finden. Dieser Topos wiederholt sich im *Zauberberg*, als Hans Castorp in der Walpurgisnacht »auf beiden Knien, den Kopf im Nacken« (5.1, 518 f.) vor Madame Clawdia Chauchat kauert, während von ihr erzählt wird: »Sie streichelte ihm leicht mit der Hand das kurzgeschorene Haar am Hinterkopf.« (5.1, 518) Kurz vorher hatte Settembrini seinen Schützling eindringlich gewarnt, er könne von dieser Frau buchstäblich zum Tier degradiert werden: »›Meiden Sie diesen Sumpf, dies Eiland der Kirke, auf dem ungestraft zu hausen Sie nicht Odysseus genug sind. Sie werden auf allen Vieren gehen, Sie neigen sich schon auf Ihre vorderen Extremitäten, bald werden Sie zu grunzen beginnen, – hüten Sie sich!‹« (5.1, 375) Was tatsächlich im Schlafzimmer von Madame Chauchat passiert, bleibt im Roman nach dem Willen des Erzählers die nicht erzählte Zwischenzeit. Im *Krull*-Roman werden derartige Ereignisse noch einmal im Schlaf-

Da derartige Canossagänge ins eheliche Schlafzimmer, wie gesagt, »oftmals« stattfinden, nehmen sowohl die Unterwerfungsgesten des Ehemanns als auch die Reaktionen der Ehefrau Züge eines eingeübten Rituals an. Allein zu klären bleibt, worauf sich Jacobys dringliche Bitte, Amra möge ihn »niemals verraten und hintergehen«, bezieht. Um was für einen eventuellen Liebesverrat soll es sich handeln? Damit ist wohl kaum ein möglicher Ehebruch gemeint, denn Amra hintergeht ihren Mann »seit Jahr und Tag« mit dem jugendlichen Musiker Alfred Läutner, ein »Verhältnis, von dem die ganze Stadt wußte« (2.1, 166). Es mag ein frühes Beispiel für Thomas Manns herausragendes Stilmittel der Ironie sein, wenn der Erzähler versichert, »daß der Rechtsanwalt, wie sehr auch immer sein Herz von Sorge und Angst beschwert gewesen sein mag, keinen bestimmten Verdacht gegen seine Gattin hegen konnte« (2.1, 166). Der Erzähler hält die Probleme des Rechtsanwalts in der Schwebe zwischen öffentlichem Bescheidwissen und privater Ignoranz, um sie so als unlösbar zu inszenieren. Einiges spricht dafür, dass das Verb »verraten« im Sinne von »preisgeben« oder »ausplaudern« zu verstehen ist. Der sonderbare Liebhaber bittet seine Angebetete, sie möge niemandem mitteilen, auf welch Bedingungen ihr Ehebündnis bestehe. Dieses so eindringlich erbetene Stillschweigen knüpft an den Einleitungssatz der Erzählung an. Hier gibt der Erzähler zu überlegen, dass die »Entstehung« (2.1, 160) so mancher Ehe für Außenstehende unerklärbar bleiben muss. Die in der Folge so anschaulich geschilderten Bettgeschichten in den vier Wänden des Schlafzimmers des Ehepaars Jacoby legen dann den Schluss nahe, in diesem Szenario einen Schlüssel zur Erklärung zu suchen. Anders formuliert: Christian Jacoby bekniet Amra, das Brauchtum ihrer Amour fou dort zu belassen, wo es hingehört, nämlich hinter die verschlossenen Türen ihrer Privatwohnung. Unter allen Umständen müsse ihre Intimsphäre unangetastet bleiben, ohne befürchten zu müssen, dass Dritte davon Kenntnis erlangen.

Wie begründet diese Furcht ist, bereitet das dritte Kapitel vor, der Mittelteil der fünf Kapitel, die Gelenkstelle der Erzählung. Amra plant, »ein großes Fest« (2.1, 166) in einem »großen Saal« einer Gastwirtschaft zu veranstalten, die über eine »kleine Bühne« verfüge, worauf sie »besonderes Gewicht lege« (2.1, 167). Ihre Etagenwohnung, als »komfortables Stockwerk« (2.1, 162) in die Erzählung eingeführt und von Amra »unser Raum« genannt, sei für ein derartiges Vorhaben »zu beschränkt« (2.1, 167). Durch diesen Positionswechsel konkurriert das öffentliche Gasthaus als Ort der Handlung mit dem privaten Wohnsitz des Ehepaars.

zimmer von Madame Houpflé in »Durchheiterung« (Koopmann) durchgespielt. Zusätzlich zu bedenken ist, dass auch Madame Chauchat in einem langgezogenen Ton »nie ohne Spott« (5.1, 504) zu Hans Castorp spricht, wenn sie über »Mähnschlichkeit« (5.1, 879) doziert. – Auf diesem Hintergrund kann die *Luischen*-Erzählung durchaus als eine Keimzelle des Erzählrepertoires Thomas Manns gelten.

Das vierte Kapitel spielt im Hause Jacoby, genauer gesagt, in »Amras Salon« (2.1, 168). In ihrem Privatgemach soll das von ihr ersonnene Fest in der öffentlichen Wirtschaft geplant werden. Der Salon wird zur Nahtstelle zwischen Privatsphäre und Öffentlichkeit. Hier tritt ein »Komitee aus Herrschaften« (2.1, 167) zusammen, um ein Programm aus theatralischen Einlagen aufzustellen. Nach diversen Vorschlägen stellen die »Herrschaften« fest, dass noch etwas fehlt, nämlich »die Hauptnummer, die Glanznummer, der Clou, der Höhepunkt« (2.1, 169). An dieser Stelle erfolgt Amras folgenreicher Vorschlag, der eigentlich eine beschlossene Order an ihren Gatten ist: »›Christian, ich schlage vor, daß du zum Schlusse als Chanteuse mit einem rotseidenen Babykleide auftrittst und uns etwas vortanzest.‹« (2.1, 170)

Auf die Zumutung, in aller Öffentlichkeit die Rolle eines Transvestiten anzunehmen, reagiert der Rechtsanwalt »in qualvoller Stellung« und mit einem »angsterfüllten Lächeln« (2.1, 171). Seine Angst und Qual erscheinen umso plastischer, wenn man sie auf den bisherigen Erzählverlauf rückprojiziert. Amras Befehl, er solle als infantile Figur im Babykleide auftreten, schließt an seinen im ehelichen Schlafzimmer so »[o]ftmals« (2.1, 163) gespielten Part des unterwürfigen Liebeskaspers an. Allein was vorher unter Ausschluss der Öffentlichkeit in der privatimen Verschwiegenheit, »im schwachen Licht der Nachtlampe« (2.1, 164) geschieht, soll nun auf Amras ausdrückliche Order im hellen Licht der Theaterbühne erscheinen, um einem Publikum vorgeführt zu werden. Das Szenario unter vier Augen könnte zum Spektakel vor der ganzen Welt werden. Jacobys Ehegeheimnis droht auf dem öffentlichen Marktplatz des Gelächters zu landen. Mit der Demaskierung des Inneren des Protagonisten *medium in forum*, verbindet sich ein weiterer Sachverhalt. Das lateinische Substantiv *forum* geht weit über den Marktverkehr hinaus. Es beinhaltet gerade den Begriff der Öffentlichkeit, es steht für eine Plattform, für öffentliche Diskussion und Podiumsgespräch; nicht zuletzt ist der freie Platz für Volksversammlungen, für Gericht und Gerichtshof vorgesehen. Die Aussicht auf ein öffentliches Tribunal seiner privaten Vorlieben in »Babykleide« versetzt Christian Jacoby in Panik. Doch nach erneuten Schurigeleien durch Amra, er sei ein Spielverderber, der durch »rauhe Ungefälligkeit« (2.1, 173) stört, willigt er in das Verkleidungsspiel ein. Warum? Jacobys erpresste Zustimmung wird von einer Selbstbeschwichtigung begleitet. Er tröstet sich, es handele sich bei seinem Bühnenauftritt um einen Bestandteil der populären Spaßkultur, um »einen Scherz, eine Mummerei, einen unschuldigen Spaß« (2.1, 173). Hiermit knüpft der Erzähler erneut an die einleitenden Erklärungsversuche zur Darstellung einer Ehe auf der Theaterbühne an. Nun legt er diese seiner Figur in den Mund. Das Publikum akzeptiere ja »im Theater« sonderbare Verbindungen, die in einer »Posse« (2.1, 160) oder einer »Mummerei« (2.1, 173) dargestellt werden. Dergleichen könne, wie der Erzähler im ersten Satz betont, selbst »die belletristisch geübteste Phantasie« nicht als Entstehungsbedingung einer tatsächlichen Ehe entschlüsseln; sie bliebe ein Privatgeheimnis. Es spricht einiges dafür, dass Christian Jacoby derartige Differenzbestimmungen zum Verhältnis von privater Eheführung und öffentlicher Darstellung erwägt, um damit Mut für die kommende Aufgabe zu sammeln.

Das fünfte, das finale, Kapitel von *Luischen* erzählt von der öffentlichen Aufführung der Maskerade. In einem »Kleid aus blutroter Seide« betritt Jacoby jetzt »in mühsamem Bärentanzschritt« (2.1, 177) den Vorstellungsraum. Aus dem »gute[n] Tier« (2.1, 165) vor dem »schwere[n] Bett« (2.1, 164) im ehelichen Schlafzimmer ist im Theaterstück ein dressierter Tanzbär geworden. In der Folge kommt es sowohl für den Schauspieler als auch für die Zuschauer zu einer »vollkommen verblüffende[n] Überrumpelung«, zu einer »in ihrer Plötzlichkeit fast grausame[n] Entschleierung« des Geschehens, vom Erzähler mit einem »Vorhang« verglichen, der »zerreißt« (2.1, 179). Ausgelöst durch die außergewöhnliche Begleitmusik bleibt der Tanzbär im roten Babykostüm »inmitten der Bühne wie angewurzelt« (2.1, 179) stehen. Sein Blick heftet sich auf die gaffende Menge. Dreimal unterstreicht der Erzähler diesen Blick durch das Verb »starren«: Schlagartig

> starrte diese abenteuerliche und gräßlich lächerliche Erscheinung dort oben mit tierisch vorgeschobenem Kopf und entzündeten Augen geradeaus ... Er starrte in diesen geputzten, hellen und menschenvollen Festsaal hinein, in dem, wie eine Ausdünstung aller dieser Menschen, der fast zur Atmosphäre verdichtete Skandal lagerte ... Er starrte in alle diese erhobenen, verzogenen und scharf beleuchteten Gesichter, *in diese Hunderte von Augen*, die alle sich *mit dem gleichen Ausdruck von Wissen* auf das Paar dort unten vor ihm und auf ihn selbst richteten ... (2.1, 179 f., Hervorhebungen H. R.)

Der entsetzte Blick in »diese Hunderte von Augen« ist sowohl der des protokollierenden Erzählers als auch der der handelnden Figur. Jacoby überkommt die Befürchtung, die Anwesenden wüssten über »das Paar« und über »ihn selbst« Bescheid. Der »Ausdruck von Wissen« des Publikums steigert sich in ihm zu einer tödlichen Gewissheit:

> ... eine Erkenntnis schien plötzlich über sein Gesicht zu gehen, ein Blutstrom ergoß sich in dieses Gesicht, um es rot wie das Seidenkleid aufquellen zu machen und es gleich darauf wachsgelb zurückzulassen – und der dicke Mann brach zusammen, daß die Bretter krachten. (2.1, 180)[13]

[13] An dieser Stelle zeigt die Erzählung *Luischen* (niedergeschrieben im Sommer 1897), dass sie Themen und Motive anderer Werke Thomas Manns aufgreift. Schon vor *Luischen* behandelt *Der Bajazzo* (niedergeschrieben im Winter 1896/97) die Zerstörung des »Kunstbau[s]« (2.2, 62) eines Lebens. Diese Erzählung geht sehr wahrscheinlich auf Ruggiero Leoncavallos Oper *I pagliacci*, deutsch: *Der Bajazzo*, zurück. Thomas Manns *Bajazzo* erzählt von einer lächerlichen Figur, die

Prüfen wir die Gründe für Jacobys Zusammenbruch noch einmal zusammenfassend: Jacoby kollabiert *nicht*, weil er ein entstellendes Kostüm tragen soll, er akzeptiert dies in Kapitel 4 ja noch als »einen Scherz, eine Mummerei, einen unschuldigen Spaß« (2.1, 173). Er kollabiert erst, als der »unschuldige Spaß« seine Unschuld verliert, als er zu der »Erkenntnis« gelangt, dass das Publikum das Bühnenereignis nicht für ein Theaterlustspiel hält, sondern für bare Münze, es also im Bilde ist über die Gegebenheiten seiner Rolle im Hause Jacoby. Der »Vorhang«, von dem der Erzähler sagt, dass er plötzlich »zerreißt«, ist ein Theatervorhang geworden, der die Bereiche Spiel und Wirklichkeit trennte. Jacoby fühlt sich an der verwundbarsten Stelle getroffen, er ist ertappt, sein Privatleben wird der »grausame[n] Entschleierung« (2.1, 179) preisgegeben. Die Unterwerfungsspiele im Dämmerlicht des ehelichen Schlafzimmers stehen auf einmal im Rampenlicht der Öffentlichkeit des »hellen und menschenvollen Festsaal[s]«. Sein Intimstes, sein Tabubezirk, soll vor versammelter Mannschaft nach außen gekehrt werden. Für das Opfer Jacoby besteht das bürgerliche Publikum nun aus einer Masse schadenfroher Voyeure, deren »Hunderte von Augen« ihn unaufhörlich beschämen. Mit eben dieser »Erkenntnis« (2.1, 180) kann er nicht weiterleben.[14]

die ersonnenen Selbstabschaffungspläne nicht vollziehen kann. In Leoncavallos *Bajazzo* richtet sich die Gewalt der Titelfigur nach außen. Als er feststellt, dass er auf der öffentlichen Jahrmarktbude seine Privatrolle als geprellter Liebhaber spielt, vermischt er Wirklichkeit und Spiel und sticht auf die Mitspielerin Colombina ein. – Später wird Mario aus *Mario und der Zauberer* (1930) vor einem »Auditorium« (6.1, 242) vom Zauberer Cipolla vorgeführt, sein Privatleben öffentlich darzubieten. Der auferlegte Zwang erfolgt unter Hypnose. Mario rächt die Täuschungsstrategien des Zauberers und tötet diesen auf der Bühne. Auch er richtet die Gewalt nach außen, während der vorgeführte Anwalt Jacoby in der Erzählung *Luischen* sie nur gegen sich selbst wenden kann.

[14] Im Gegensatz zu dieser Deutungsmöglichkeit, die versucht, Jacobys Demütigungen des auferlegten Verkleidungsspiels im Spannungsfeld von Privatsphäre und Öffentlichkeit zu begreifen, stehen aktuelle Interpretationen, die Jacobys plötzliche »Erkenntnis« (2.1, 180) mit dem außerehelichen Verhältnis zwischen Amra und Alfred Läutner begründen. Ingeborg Robles argumentiert: »Die enthüllte Wahrheit ist natürlich zuerst einmal die Untreue Amras, die jetzt erst von ihrem Mann begriffen wird, aber auch jedem im Publikum klar geworden ist: ein Skandal.« (Ingeborg Robles: Ähnlichkeit und Differenz in Thomas Manns frühen Erzählungen, in: TM Jb 19, 2006, 51–70, S. 58). Claudio Steiger formuliert analog dazu: »Während der bizarren Szene erst erkennt Jacoby den Ehebruch.« (Claudio Steiger: »Die Luftstimmung ist das Ganze!« Atmosphärische Räume in Thomas Manns Frühwerk, in: TM Jb 31, 2018, 139–152, S. 149). Sicher können diese Positionen eine gewisse Wahrheit für sich verbuchen, denn sowohl Jacoby als auch das Publikum erkennen Amras Treulosigkeit. Dazu aber hätte es der öffentlichen Maskerade auf der Bühne nicht bedurft. Bereits in Kapitel 2 wird »ein unkeusches Verhältnis« zwischen Amra und Läutner erwähnt, ein »Verhältnis, von dem die ganze Stadt wußte« (2.1, 166), das also als Stadtgespräch längst ein öffentliches Ereignis ist. Auch für Jacoby wird es nach dem Willen des ironischen Erzählers zu einem offenen Geheimnis, das er sich allerdings nicht einzugestehen getraut. Auf der Theaterbühne wird nun keine Posse über Amras permanente Seitensprüngen aufgeführt, vielmehr spielt die Programmnummer auf die bislang geheim gehaltene Szene aus

Und Amra Jacoby? Von ihr wird festgehalten, dass sie »unfähig« ist, »mit ihrem Spatzenhirn so rasch zu begreifen, was vor sich ging«, sie »blickte mit vollkommen leerem Gesichte um sich her ...« (2.1, 180). An dieser Stelle belässt es der Erzähler bei einer metaphorischen Kennzeichnung ihres geistigen Vermögens. Doch bereits früher verrät er, was in diesem »Spatzenhirn« abläuft. In Erwartung der Zurschaustellung des Verkleideten wirft Amra einen »lauernden Blick ins Publikum« (2.1, 177). Diese Geste eines beutejagenden Raubtiers korrespondiert auffällig mit jener »gewissen lüsternen Verschlagenheit« (2.1, 161), mit der sie in Kapitel 1 in die Erzählung eingeführt wird, und mit jener »grausamen Lüsternheit« (2.1, 170), die ihr attestiert wird, als sie in Kapitel 4 ihrem Gatten das öffentliche Erscheinen im Babykleide verordnet.[15] Wie ein roter Faden durchzieht Amras Wollüstigkeit die Erzählung; ihren Kulminationspunkt erreicht sie in der äußersten Erniedrigung ihres Opfer, in der Enthüllung eines Tabus auf öffentlicher Bühne. Auch ihren Mittäter Alfred Läutner behandelt sie wie einen Dienstboten, dem sie verordnet, ein Lied für das Fest zu komponieren. Vielleicht wäre es treffender, ihn nicht als einen Mittäter, sondern als einen Mitläufer zu bezeichnen, denn er wird von seiner Geliebten »angesteckt« und »mitgerissen« (2.1, 171).

*

Die durch Amra angestiftete Bloßstellung Jacobys, sein transvestitischer Auftritt auf einer Theaterbühne, deckt sich auffällig mit jenen Befunden, wie sie im *SPIEGEL*-Artikel über Gewaltdokumentationen im Internet zu finden sind. Bereits oben wurde skizziert, dass die Täter es darauf anlegen, »Macht und Dominanz« zu demonstrieren, um ihre Opfer zu demütigen. Zusätzliche psychische Gewalt wird den Leidtragenden durch die Veröffentlichung im digitalen Raum angetan.[16] Ähnlich übt Amra Jacoby ihre Vormachtstellung aus,

dem Schlafzimmer der Jacobys an. Die öffentliche Verbreitung und Enthüllung *dieser* Intimität wird für das Opfer zur größtmöglichen Beschämung.

15 Ulrich Weinzierl bestimmt Amras Plan, ihren Mann in aller Öffentlichkeit die Transvestitenrolle spielen zu lassen, als Höhepunkt des Geschehens. Er empfindet die Szene in Amras Salon als »hochgradig obszön« und insistiert besonders auf dem »laszive[n] Subtext«, der der Satzoberfläche zugrunde liegt, auf dem »klammernden und saugenden Blick« Amras, die »beide Hände im Schoß« (2.1, 170) behält: »Krasser lässt sich ein Mann, ein Ehemann, sexuell nicht demütigen.« (Weinzierl: Die »besorgniserregende Frau« (Anm. 7), S. 16). – Astrid Lange-Kirchheim interpretiert Amras »lüsterne Verschlagenheit« als »eine Manifestation der Rache der Amra [...], ersonnen für ihre Diskriminierung und Instrumentalisierung als Frau.« (Astrid Lange-Kirchheim: Maskerade und Performanz – vom Stigma zur Provokation der Geschlechterordnung. Thomas Manns »Der kleine Herr Friedemann« und »Luischen«, in: Stefan Börnchen / Claudia Liebrand (Hrsg.): Apokrypher Avantgardismus. Thomas Mann und die Klassische Moderne, München: Fink 2008, S. 187–224, S. 216).

16 Vgl. Anm. 1 und den dazugehörigen Text.

um ihren Gatten Christian ausdrücklich dem großen Publikum vorzuführen. Sowohl die ins Netz gestellten Videos als auch Amras Intrige verfolgen die Absicht, eine Menschenansammlung auf Kosten eines Opfers zu unterhalten. Aus dem exklusiven großbürgerlichen Publikum des Fin de Siècle in *Luischen* ist im Jahr 2024 ein anonymes digitales Massenpublikum geworden, dem sich jedermann durch Knopfdruck oder Mausklick als Follower anschließen kann. Der Reiz einer bürgerlichen Elite, ein Opfer vor geladenen Gästen öffentlich zur Schau zu stellen und zu demütigen, ist im digitalen Raum zu einem weit verbreiteten Gesellschaftsspiel geworden.

Eben das lässt die These zu, den vorgenommenen Vergleich zwischen Thomas Manns Erzählung und dem journalistischen Artikel zur Strafjustiz als einen Beitrag zur Dialektik der Öffentlichkeit zu lesen. Leitmotivisch durchzieht die *Luischen*-Erzählung die Ansicht, dass »im Theater« (2.1, 160) etwas öffentlich darstellbar sei, vor dem die private Fantasie versage. Besonders die »Posse« (2.1, 160), später »Scherz«, »Mummerei« oder »unschuldige[r] Spaß« (2.1, 173) genannt, leistet dazu ihren Beitrag. Das Lustspiel, so wie es hier verstanden wird, vermag es, individuelle und zwischenmenschliche Verhältnisse zu erklären; es birgt folglich einen emanzipatorischen Kern in sich. Eine derartige Annahme über die Wirkung von Stücken auf dem Theater wird im Zeitalter der Aufklärung wiederholt formuliert. Als ein Beleg sei Friedrich Schillers Schrift *Was kann eine gute stehende Schaubühne eigentlich wirken?*[17] angeführt. Sowohl durch »Rührung und Schrecken« (Trauerspiel) als auch durch »Scherz und Satire« (Lustspiel)[18] leitet die Schaubühne den Zuschauer zu sittlicher und moralischer Bildung an, sie führt ihn zu lebensklugem Handeln: »Die Schaubühne ist [...] eine Schule der praktischen Weisheit, ein Wegweiser durch das bürgerliche Leben, ein unfehlbarer Schlüssel zu den geheimsten Zugängen der menschlichen Seele.«[19]

Gerade das Lustspiel vermag es, besagte Geheimnisse sanft zu lüften, denn es »kann unsre Schwächen belachen, weil sie unsrer Empfindlichkeit schont und den schuldigen Toren nicht wissen will – Ohne rot zu werden sehen wir unsre Larve aus ihrem Spiegel fallen und danken insgeheim für die sanfte Ermahnung.«[20] So bewirkt die Erschütterung des Zwerchfells einen selbstbefreienden Akt. Das Lachen steht im Dienst der Erkenntnis der »geheimsten« Winkel des Menschen und befördert ihn zum Souverän seines Gefühllebens.

[17] Friedrich Schiller: Was kann eine gute stehende Schaubühne eigentlich wirken?, in: ders.: Sämtliche Werke, 5. Bd., hrsg. v. Gerhart Fricke u. Herbert G. Göpfert, 4. Auflage, München: Hanser 1967, S. 818–831.

[18] Ebd., S. 825.

[19] Ebd., S. 826.

[20] Ebd.

Soweit Schillers utopische Intention, das Theater als moralische Anstalt zu etablieren, aus dem Jahre 1802.[21]

Am Ende des 19. Jahrhunderts sind die aufklärerischen Vorhaben fragwürdig geworden. Sie existieren als Idee weiter, werden aber als affirmative Kulturveranstaltungen inszeniert. Schillers richtungsweisende Entwürfe einer ästhetischen Bildung des Individuums und der Gesellschaft verkommen zu einem kulturellen Nebenweg. Was an ihre Stelle tritt, davon erzählt Thomas Manns *Luischen.* Amra Jacobys Bühnenfeier liefert ein besonders drastisches Beispiel für die Abdrängung der Hochkultur durch eine Stimulation der Sinne für Sensationen. Die einst humanen Gesichtspunkte der Aufklärung verwandeln sich unter ihrer Regie zu der menschenfeindlichen Veranstaltung, ihren Gatten öffentlich im rotseidenen Babykleide zu entwürdigen. Der von Schiller beschriebene heitere Entlastungseffekt der Komödie räumt seinen Platz für einen Kult des Vulgären. Thomas Mann wirft damit bereits in der frühen Erzählung eines seiner lebenslangen Zentralthemen auf: den Verfall des Bürgertums. Hier dargestellt anhand des Verfalls des Theaters als Institution der bürgerlichen Aufklärung zu einer Brutstätte des Grausamen, für die nichts mehr existiert, was dem Privaten, dem Verborgenen, dem Tabu angehört.

Analog dazu lässt sich die gesellschaftliche Entwicklung des Internets darstellen. Auch hier werden ursprünglich emanzipatorische Absichten zurückgenommen und konterkariert. Nicht zufällig gründeten die ersten Versuche in Silicon Valley auf dem Lebensgefühl der Hippiebewegung, ihre zwischenmenschliche Kommunikation zu innovieren und Informationen und Daten öffentlich für jedermann zur Verfügung zu stellen. Der Computer basiert auf dem Versprechen eines technologischen Fortschritts, der universale Verständigung und Einigkeit fördert. Anfänglich leuchtet die Vorstellung von einer Kommunikationsgesellschaft in optimistischen Zukunftsfarben. Doch infolge des kommerziellen Drucks verkam das Netz im Handumdrehen zu einer profitorientierten Veranstaltung, und die intendierte Informationsverbesserung wurde durch eine Öffnung für Trivialitäten begleitet. Eine Auswirkung davon zeigt sich in den genannten Gewaltvideos, über die *DER SPIEGEL* aktuell berichtet. Das Internet bereitet einer Öffentlichkeit den Boden, auf dem Userkulturen ihre Perversionen ausleben, die vor physischer und psychischer Gewalt nicht Halt machen. Sie erzeugen sensationelle Aufmerksamkeit und vulgäre Erlebnisse.

Auf diesem Hintergrund liegt es nahe anzunehmen, dass sowohl die Produkte der Mediengesellschaft als auch Thomas Manns erzählte Wirklichkeit

21 Schillers Schrift erscheint zuerst 1785 unter dem oben genannten Titel. 1802 veröffentlicht er eine leicht veränderte Fassung unter der Überschrift »Die Schaubühne als eine moralische Anstalt betrachtet«.

über Teile des Wilhelminischen Bürgertums bestimmte Trends moderner Öffentlichkeit wiedergeben. Übereinstimmend handelt es sich dabei um Erregungsgemeinschaften, deren Grenzen zwischen Realität und Fiktion schwinden. Dieser schamlose Breitenspaß ebnet alle Unterschiede zwischen privat und öffentlich, zwischen intim und allgemein, zwischen Erkenntnis und Erlebnis, kurz: zwischen Gut und Böse, ein.

*

Zusammenfassend lässt Thomas Manns frühe Erzählung *Luischen* die Deutungsmöglichkeit zu, sie entfalte schrittweise die Auflösung der Privatsphäre in eine erzwungen auferlegte Öffentlichkeit. Die der literarischen Figur Christian Jacoby angetane Grausamkeit, *coram publico* den Hampelmann im Babykostüm zu spielen, nimmt auf eigentümliche Weise die Gewaltvideos in der digital gestifteten Welt des Internets vorweg. Über einen gemeinsamen Themenkomplex hinaus eröffnet der literarische Text weiterführende Sichtweisen auf Täter und Opfer. Dazu gehören alle Einzelheiten, die der Erzähler vom ersten bis zum letzten Kapitel hinter der Maske der »grausamen Lüsternheit« seiner Figur und ihrer Verschlagenheit gestaltet. Eine attraktive Frau mit »Spatzenhirn« plant zielgerichtet, ihren Ehemann psychisch zu quälen. Ganz besonders reizt es sie, ihn einem öffentlichen Schauprozess auszuliefern. Durchgängig wird ihre sinnliche Gier als Antriebsfeder des Tuns ersichtlich. Gleichzeitig versucht das Opfer sich lange Zeit einzureden, es werde alles nur halb so schlimm, ein »Scherz«, eine »Mummerei«, die zur Spaßgesellschaft gehört. Nicht zu unterschätzen ist das Ende der Erzählung. Der jähe Tod der beschämten Figur weist auf Konsequenzen hin, die hinsichtlich der zeitgenössischen Verbreitung von Gewaltvideos im Netz zu befürchten sind. So hat Thomas Manns frühe Erzählung *Luischen* bis heute nichts an ihrer Aktualität verloren, ja, einzelne seiner Ausführungen, z. B. zum Verhältnis von Privatsphäre und Öffentlichkeit oder zum Täter- und Opferprofil, erhalten im Licht der späteren Ereignisse und bezogen auf die digitalen Verhältnisse der Gegenwart ein zunehmendes Gewicht.

Abbildungsverzeichnis

James Bade: Thomas Manns Rolle bei Karl Wolfskehls Anträgen auf Asyl in Neuseeland

S. 193: Karl Wolfskehls Telegramm an Thomas Mann mit der Bitte um ein Gutachten. (Wolfskehl-Th.Mann Telegram B-II-WOLFT-5, Thomas-Mann-Archiv der ETH, Zürich.) Die Genehmigung zur Wiedergabe dieses Telegramms wurde vom Thomas-Mann-Archiv (Dr. Tobias Amslinger und Gabriele Hollender, 5. März 2024) sowie vom S. Fischer Verlag (Dr. Sascha Michel, 8. März 2024) und vom Deutschen Literaturarchiv Marbach (Prof. Dr. Helmuth Mojem, 12. März 2024) erteilt.

Siglenverzeichnis

[Band arabisch, Seite]	Thomas Mann: Große kommentierte Frankfurter Ausgabe. Werke – Briefe – Tagebücher, hrsg. von Heinrich Detering, Eckhard Heftrich, Hermann Kurzke, Terence J. Reed, Thomas Sprecher, Hans Rudolf Vaget und Ruprecht Wimmer in Zusammenarbeit mit dem Thomas-Mann-Archiv der ETH Zürich, Frankfurt/Main: S. Fischer 2002 ff.
[Band römisch, Seite]	Thomas Mann: Gesammelte Werke in dreizehn Bänden, 2. Aufl., Frankfurt/Main: S. Fischer 1974.
DüD I	Dichter über ihre Dichtungen, Bd. 14/I–III: Thomas Mann, hrsg. von Hans Wysling unter Mitwirkung von Marianne Fischer, München: Heimeran; Frankfurt/Main: S. Fischer 1975–1981.
Ess IV	Thomas Mann: Essays, Bd. 1–6, hrsg. von Hermann Kurzke und Stephan Stachorski, Frankfurt/Main: S. Fischer 1993–1997.
Tb, [Datum]	Thomas Mann: Tagebücher. 1918–1921, 1933–1934, 1935–1936, 1937–1939, 1940–1943, hrsg. von Peter de Mendelssohn, 1944–1.4.1946, 28.5.1946–31.12.1948, 1949–1950, 1951–1952, 1953–1955, hrsg. von Inge Jens, Frankfurt/Main: S. Fischer 1977–1995.
TM Hb (2005)	Thomas-Mann-Handbuch, hrsg. von Helmut Koopmann, Frankfurt/Main: Fischer 2005.
TM Hb (2015)	Thomas-Mann-Handbuch, hrsg. von Andreas Blödorn und Friedhelm Marx, Stuttgart: Metzler 2015.
TM Jb [Band]	Thomas Mann Jahrbuch 1 (1988) ff., begründet von Eckhard Heftrich und Hans Wysling, hrsg. von Marc von Moos und Hans Wißkirchen (ab 2024), Frankfurt/Main: Klostermann.
TMS [Band]	Thomas-Mann-Studien 1 (1967) ff., hrsg. von Thomas-Mann-Archiv der ETH Zürich, Bern/München: Francke, ab 9 (1991) Frankfurt/Main: Klostermann.

Thomas Mann: Werkregister

Kursive Seitenzahlen verweisen auf die Anmerkungen.

Personenregister

Kursive Seitenzahlen verweisen auf die Anmerkungen.

Die Autorinnen und Autoren

Prof. Dr. James N. Bade, University of Auckland, School of Cultures, Languages and Linguistics, Building 207, 18 Symonds Street, Auckland 1142, Neuseeland
j.bade@auckland.ac.nz

Dana Grigorcea, Klusstrasse 3, 8032 Zürich
dana.grigorcea@gmail.com

Prof. Dr. Agnieszka Haas, Uniwersytet Gdański, Instytut Filologii Germańskiej, ul. Wita, Stwosza 51, 80-308 Gdańsk, Polen
agnieszka.haas@ug.edu.pl

Navid Kermani, Postfach 19 04 38, 50501 Köln

Prof. Dr. Ulrich Kinzel, Institut für Neuere Deutsche Literatur und Medien, Christian-Albrechts-Universität Kiel, Leibnizstr. 8, 24118 Kiel
ukinzel@ndl-medien.uni-kiel.de

Dr. phil. Michael Lauener, E.M.B.L-HSG, CAS Berufliche Vorsorge (IRP-HSG), Vieristrasse 7, 8603 Schwerzenbach/ZH, Schweiz
michael.lauener@bluemail.ch

Dr. Wolfgang Matz, München

PD Dr. Katrin Max, Universität Würzburg, Institut für deutsche Philologie, Am Hubland, 97074 Würzburg
katrin.max@uni-wuerzburg.de

Björn Moll, Institut für deutsche Sprache und Literatur I, Universität zu Köln, Albertus-Magnus-Platz, 50923 Köln
mollb@uni-koeln.de

Dr. Michael Navratil, Orber Straße 23, 14193 Berlin
michael.navratil@gmx.net

PD Dr. Till Nitschmann, Leibniz Universität Hannover, Philosophische Fakultät, Deutsches Seminar, Königsworther Platz 1, 30167 Hannover
till.nitschmann@germanistik.uni-hannover.de

Holger Rudloff, Dannergasse 9, 79227 Schallstadt
rudloff@ph-freiburg.de

Prof. Dr. Erik Schilling, Universität Leipzig, Philologische Fakultät, Beethovenstr. 15, 04107 Leipzig
schilling@uni-leipzig.de

Volker Weidermann, Hamburg
Volker.Weidermann@zeit.de

Auswahlbibliografie 2023–2024

zusammengestellt von Gabi Hollender

1. Primärliteratur

Frank, Bruno: Lüge als Staatsprinzip: Erstveröffentlichung aus dem Nachlass: mit begleitenden Texten von Bruno Frank, Erika Mann und Thomas Mann; hrsg. von Peter Graf und Tobias Roth, Berlin: Das Kulturelle Gedächtnis 2024, 107 S.

Mann, Thomas und Hirsch, Jakob: Thomas Mann und Karl Jakob Hirsch in ihren Briefen: 1941–1952: eine Edition, hrsg. von Gabriele von Bassermann-Jordan, in: Bassermann-Jordan, Gabriele von (Hrsg.): Karl Jakob Hirsch – ein Exilant im Nachkriegsdeutschland, München: Allitera 2024 (= Bavaria: Münchner Schriften zur Buch- und Literaturgeschichte, Kleine Reihe, Bd. 5), S. 163–196.

2. Sekundärliteratur

Ameriks, Karl: Dignity lost and regained: Thomas Mann's elliptical path, in: Ameriks, Karl: Kantian dignity and its difficulties, Oxford: Oxford University Press 2024, S. 143–195.

Amslinger, Tobias: Thomas Mann (neu) lesen – im Archiv, in: Schöll, Thomas Mann lesen!, S. 167–180.

Baskakov, Aleksej: Thomas Mann und der Stockholmer Friedensappell, in: Linder, Weltpolitik, Weltfrieden, S. 115–127.

Bedenig, Katrin: Zur Funktion der Farben in »Der Tod in Venedig«, in: Honold, Thomas Mann, »Der Tod in Venedig« und die Grenzgänge des Erzählens, S. 91–103.

Bennett, Jackie: Thomas Mann: Pacific Palisades, in: Bennett, Jackie: Die Gärten der Literaten, Hildesheim: Gerstenberg 2024, S. 150–155.

Berghahn, Cord-Friedrich: »Keine freie Note« – Musik und Geschichte in Thomas Manns »Doktor Faustus«, in: Schöll, Thomas Mann lesen!, S. 81–107.

Blocher, Friedrich: Thomas Mann: »Joseph und seine Brüder«: die biblische Vorlage und Manns Romanfassung im Vergleich, Hamburg: Dr. Kovac 2024 (= Poetica, Bd. 178), 89 S.

Bockius, Julian: Die Zweideutigkeit als System: Ästhetizismus, Barbarei und das Schicksal der Kunst in Adrian Leverkühns »Apocalipsis cum figuris«, in: Weimarer Beiträge: Zeitschrift für Literaturwissenschaft, Ästhetik und Kulturwissenschaften, Jg. 70, 2024, H. 1, S. 81–101.

Breloer, Heinrich: Ein tadelloses Glück: der junge Thomas Mann und der Preis des Erfolgs, München: DVA 2024, 462 S.

Bub, Stefan: Fragwürdiges bei Thomas Mann und Giorgio Bassani: »Der Zauberberg« und »Il giardino dei Finzi-Contini« im Vergleich, in: Germanisch-romanische Monatsschrift, Jg. 74, 2024, H. 2, S. 205–224.

Centorbi, Nadia: Thomas Mann in der deutschen Sprachpflege zwischen Ost und West, in: Linder, Weltpolitik, Weltfrieden, S. 83–96.

Chen, Yuzhong: Von den Stufen des Schönen herab: platonische Ästhetik in Thomas Manns »Der Tod in Venedig«, in: Literaturstraße: chinesisch-deutsche Zeitschrift für Sprach- und Literaturwissenschaft, Jg. 25, 2024, H. 1, S. 41–54.

Conte, Domenico: Thomas Mann nach der Katastrophe: mit einem Blick auf Italien, in: Linder, Weltpolitik, Weltfrieden, S. 179–209.

Coquemala, Luisa de Quadros: O horror fáustico à linha reta: uma comparação entre »Doutor Fausto« e »Tristram Shandy«, in: Pandaemonium Germanicum: revista de estudos germanísticos, Jg. 51, 2024, H. 1, S. 111–143.

Costagli, Simone: »Les avant-diplomates«: Thomas e Heinrich Mann come ambasciatori della pacificazione franco-tedesca, in: Guerra, Gabriele (Hrsg.): L'altro d'oltrereno: percorsi, incontri, conflitti e riconciliazioni in Europa (1870–1945), tra ideologia e letteratura, Rom: Castelvecchi 2024, S. 17–30.

Damrau, Peter: Religiöse Anti-Nazi-Propaganda bei Dorothy L. Sayers und Thomas Mann, in: Oxford German Studies, Jg. 53, 2024, H. 4, S. 497–520.

De Guise, Helena: »(De)constructing nationalism: understanding irony in Thomas Mann's »Der Tod in Venedig« (1912), »Unordnung und frühes Leid« (1925), and »Mario und der Zauberer« (1929), in: Publications of the English Goethe Society, Jg. 92, 2023, H. 2, S. 149–166.

Deiters, Franz-Josef: »Eine höchst positiv zu wertende Anlage, die aber [...] sich ins Böse verkehrte«: Thomas Manns kulturlutherische Selbstkritik, in: Deiters, Franz-Josef: Sprechen über Deutschland – vom Standpunkt der Religion: vier Stimmen im Zeitalter der Weltkriege: eine kulturwissenschaftliche Studie, Berlin: Erich Schmidt 2024 (= Philologische Studien und Quellen, Bd. 294), S. 79–125.

Deterding, Klaus: Ein Blick in die Tagebücher Thomas Manns, in: Deterding, Klaus: Und wir sprachen Deutsch: Einblicke in die Weltliteratur von Heinrich Heine bis Thomas Mann, Berlin: wvb Wissenschaftlicher Verlag Berlin 2024 (= Kleine Schriften, Bd. 5), S. 134–174.

Drywa, Gottfried Thore: Joseph duplex: die Anthropologie des Thomas Mann, Berlin: LIT 2023 (= Forum für Literaturanthropologie, Bd. 1), 2 Bde.,1242 S.

Eagles, Peter: Heresy and orthodoxy: a textual variant in Thomas Mann's »Doktor Faustus«, in: German life and letters, Jg. 77, 2024, H. 2, S. 177–194.

Eichel, Florian: Bildung als Krankheit, in: Sina, 100 Jahre »Zauberberg«, S. 59–67.

Elsaghe, Yahya: Luchino Viscontis »Morte a Venezia« und ihre Folgen für die ostdeutschen Thomas-Mann-Verfilmungen, in: Honold, Thomas Mann, »Der Tod in Venedig« und die Grenzgänge des Erzählens, S. 153–161.

Emre, Merve: Der Liebesapostel, in: Sina, 100 Jahre »Zauberberg«, S. 9–22.

Engelhardt, Dietrich von: Sterben und Tod im literarischen Werk von Thomas Mann, in: Universitas: Zeitschrift für interdisziplinäre Wissenschaft, Jg. 79, 2024, H. 9, S. 73–93.

Engelking, Wojciech: Thomas Mann's political writings between 1914 and 1918, in: Oxford German studies, Jg. 52, 2023, H. 4, S. 504–533.

Fischer Clara: Experimentierfeld Versepos (1918–1933): mit Studien zu Thomas Mann und Alfred Döblin, Göttingen: Wallstein 2024, 416 S.

Fischer, Oliver: »Man kann die Liebe nicht stärker erleben«: Thomas Mann und Paul Ehrenberg, Hamburg: Rowohlt 2024, 301 S.

Fornaro, Pasquale: Zwischen Mythos und Instrumentalisierung: zum Thomas Mann-Bild in den Ostblockstaaten der Fünfzigerjahre, in: Linder, Weltpolitik, Weltfrieden, S. 129–165.

Freschi, Marino: Thomas Mann, la svolta del 1922, in: Barrale, Natascia (Hrsg.): Menschen und Handeln im Zeichen transkulturellen Denkens: Festschrift für Laura Auteri, Lausanne: Peter Lang 2023 (= Jahrbuch für internationale Germanistik, Reihe A, gesammelte Abhandlungen und Beiträge, Bd. 148), S. 365–373.

Frilling, Christoph: »Nur kein Misstrauen – kriegstrauen Sie uns!«: Deutsch sprechen in Zeiten von Kriegsdiskurs und Zeitenwende, in: Der Sprachdienst, Jg. 68, 2024, H. 6, S. 209–220.

Frizen, Werner: Das Lächeln der Sphinx: Altes und Neues zu Thomas Mann: [Essays aus fünf Jahrzehnten zu Thomas Manns Erzählkunst], Breslau: Werner Frizen 2024, 390 S.

Gaber, Sarah (Hrsg.): Provenienz: Materialgeschichte(n) der Literatur, Göttingen: Wallstein 2024 (= Kulturen des Sammelns, Bd. 9), 375 S.

García Adánez, Isabel: Zeit und Zeitvertreib im »Zauberberg« von Thomas Mann, in: Donnarieix, Anne-Sophie (Hrsg.): Otro maldito homenaje …: Festgabe für Jochen Mecke, München: AVM – Akademische Verlagsgemeinschaft 2023, S. 69–78.

Gittel, Benjamin: Geocodes: zu Struktur und Funktionsweise geokultureller Deutungsmuster in der Zwischenkriegszeit, in: KulturPoetik: journal for cultural poetics, Jg. 23, 2023, H. 2, S. 182–205.

Görner, Rüdiger: Thomas Mann im Anderen: seine biographierenden Essay-Bilder, Berlin: De Gruyter 2024, 170 S.

Hayami, Yoshiko: Ein »vorweggenommene(r) National-Sozialismus«?: Nietzsche-Rezeption im »Tod in Venedig« und ihre Entwicklung in den 1930er Jahren, in: Honold, Thomas Mann, »Der Tod in Venedig« und die Grenzgänge des Erzählens, S. 163–180.

Hölter, Achim: Die Übersetzungen von Thomas Manns »Der Zauberberg«: ein Beispiel für komparatistische Praxis am weltliterarischen Transfer, in: Hölter, Achim (Hrsg.): The many languages of comparative literature, Bd. 1: The languages of world literature: collected papers of the 21st Congress of the ICLA, Berlin: De Gruyter 2024, S. 739–747.

Honold, Alexander: Handeln und Leiden, Sprechen und Denken: liminales Erzählen in Thomas Manns »Venedig«-Novelle, in: Honold, Thomas Mann, »Der Tod in Venedig« und die Grenzgänge des Erzählens, S. 17–39.

Honold, Alexander und Klawitter, Arne (Hrsg.): Thomas Mann, »Der Tod in Venedig« und die Grenzgänge des Erzählens: interkulturelle Analysen, Basel: Schwabe 2023, 207 S.

Hurta, Jan: Im Abteil mit Thomas Mann: das Motiv der Eisenbahn in »Der Kleiderschrank«, »Das Eisenbahnunglück« und »Bekenntnisse des Hochstaplers Felix Krull«, in: Blätter der Thomas-Mann-Gesellschaft Zürich, H. 39, 2023, (2020–2021), S. 25–59.

Ito, Mashiro: Frauenbilder und das »Weibliche« in Thomas Manns Erzählung »Der Tod in Venedig«, in: Honold, Thomas Mann, »Der Tod in Venedig« und die Grenzgänge des Erzählens, S. 123–136.

Jaspers, Anke: Bibliotheksphotographien, in: Gaber, Provenienz, S. 143–156.

King, Elizabeth: »Tonio Kröger«: Thomas Mann's »favourite literary child«, in: King, Elizabeth: The novelist in the novel: gender and genius in fictional representations of authorship, 1850–1949, New York: Routledge 2024 (= Among the Victorians and modernists), S. 152–161.

Klawitter, Arne: Den »biologischen Verfall vor den Augen der Welt« darstellen: der hygienisch-klimatologische Diskurs in Thomas Manns »Der Tod in Venedig«, in: Honold, Thomas Mann, »Der Tod in Venedig« und die Grenzgänge des Erzählens, S. 41–57.

Kontje, Todd Curtis: Eurocentric cosmopolitanism in Thomas Mann's »Buddenbrooks«, in: Tatlock, Lynne (Hrsg.): German literature as a transnational field of production, 1848–1919, Rochester: Camden House 2023, S. 170–187.

Koopmann, Helmut: »Es ist alles so äußerst kompliziert«: der Blick von außen: Deutschland-Bilder Thomas Manns von 1945–1955: eine Bestandsaufnahme, in: Linder, Weltpolitik, Weltfrieden, S. 23–50.

Krämer, Olav: Feindliche Übernahme: Argumentationsverfahren der Weltanschauungsliteratur in Thomas Manns »Der Zauberberg«, in: Scientia Poetica:

Jahrbuch für Geschichte der Literatur und der Wissenschaften, Jg. 28, 2024, H. 1, S. 89–127.
Kröll, Friedhelm: »Erkundung des Dunkels«: Thomas Mann liest Freud, in: Publications of the English Goethe Society, Jg. 92, 2023, H. 1, S. 46–55.
Krützen, Michaela: Routine: Hans Castorp, in: Krützen, Michaela: Zeitverschwendung: gammeln, warten, driften in Film und Literatur, Frankfurt/Main: S. Fischer 2024, S. 575–646.
Lackey, Michael: »Frederick the Great«: Thomas Mann on the political function of the biofictional symbol, in: Monatshefte für deutschsprachige Literatur und Kultur, Jg. 116, 2024, H. 1, S. 110–133.
Larcati, Arturo: Weltdemokratie und neuer Humanismus bei Giuseppe Antonio Borgese und Thomas Mann, in: Linder, Weltpolitik, Weltfrieden, S. 211–229.
Lee, Seong Jae: A second concealment: Quasimodo in Thomas Mann's »Doktor Faustus«, in: Arcadia: internationale Zeitschrift für literarische Kultur, Jg. 58, 2023, H. 1, S. 69–91.
Leskovec, Andrea: Radikale Fremdheit in literarischen Texten, in: Dudzik, Yvonne (Hrsg.): Im Zeichen des Unverfügbaren: literarische Selbst- und Fremdbilder im 20. und 21. Jahrhundert, Bielefeld: transcript 2023 (= Lettre), S. 87–105.
Linder, Jutta: »Ehrfurcht des Menschen vor sich selbst«: zu Thomas Manns Plan von einem Weltfriedenmanifest, in: Linder, Weltpolitik, Weltfrieden, S. 231–245.
Linder, Jutta (Hrsg.): Weltpolitik, Weltfrieden: Thomas Mann zur Zeit des Kalten Krieges, Frankfurt/Main: Klostermann 2024 (= Thomas-Mann-Studien, Bd. LIX), 272 S.
Lühe, Irmela von der: Wider den »Zynismus des Untergangs«: Thomas Manns Auseinandersetzung mit der »Konservativen Revolution«, in: Euphorion: Zeitschrift für Literaturgeschichte, Jg. 118, 2024, H. 4, S. 427–446.
Marx, Friedhelm: »Ich kenne keine Zonen«: Thomas Mann und die Bundesrepublik in den Jahren 1949–1955, in: Linder, Weltpolitik, Weltfrieden, S. 51–64.
Marx, Friedhelm: Technik und Technikkritik in Thomas Manns »Der Zauberberg«, in: Schöll, Thomas Mann lesen!, S. 27–41.
Möller-Bannasch, Ingrid: Bürgerlichkeit in Familienromanen des 19. und 20. Jahrhunderts: ein textanalytischer Vergleich im Hinblick auf bürgerliche Spezifika und Indikatoren: [»Buddenbrooks« (Thomas Mann), »Es geht uns gut« (Arno Geiger) und »Im Schatten des untergehenden Lichts« (Eugen Ruge)], München: GRIN Verlag 2024, 786 S.
Movaghati, Sina: A beast to be slain: the tiger and the unquenched desire of man, in: Journal of modern literature, Jg. 46, 2023, H. 4, S. 115–131.

Mueller, Nicole Marion: Japanische Thomas Mann-Übersetzung zwischen Kulturheteronomie und Emanzipation: Tonio Kröger-Retranslations im digitalen Topic Modeling, Berlin: J.B. Metzler 2024 (= Digitale Literaturwissenschaft), 390 S.
Neuhaus, Marco: Thomas Manns ambivalentes Verhältnis zu Heinrich von Kleist: ein kleiner Überblick, in: Blätter der Thomas-Mann-Gesellschaft Zürich, H. 39, 2023, (2020–2021), S. 7–24.
Neumann, Uwe: Der Wille zum »Zauberberg«: zur produktiven Rezeption eines Jahrhundertromans, in: Sina, 100 Jahre »Zauberberg«, S. 77–94.
Neumann, Uwe: Zaubersprüche und Zauberflüche: 49 Stimmen zum »Zauberberg«: eine Collage, in: Sina, 100 Jahre »Zauberberg«, S. 95–103.
Öhlschläger, Claudia (Hrsg.): Narrative des Humanismus in der Weimarer Republik und im Exil: zur Aktualität einer kulturpolitischen Herausforderung für Europa, Paderborn: Brill Fink 2023 (= Ethik – Text – Kultur, Bd. 20), 198 S.
Paul, Jean-Marie: »Les Considérations d'un homme étranger à la politique«: Thomas Mann au cœur de la mêlée, in: Études Germaniques: revue trimestrielle de la Société des Études Germaniques, Jg. 79, 2024, H. 1, S. 55–66.
Paumgardhen, Paola: Stefan Zweig e Thomas Mann: sul mito biblico di Rachele, in: Cultura tedesca: rivista semestrale, Jg. 65, 2023, H. 1, S. 225–244.
Pekar, Thomas: Zur Bedeutung der Blicke in Thomas Manns Novelle »Der Tod in Venedig«, in: Honold, Thomas Mann, »Der Tod in Venedig« und die Grenzgänge des Erzählens, S. 77–89.
Pelloni, Gabriella: »Europa wird nur sein, wenn der Humanismus seine Männlichkeit entdeckt«: zum »männlichen Humanismus« Thomas Manns, in: Öhlschläger, Narrative des Humanismus in der Weimarer Republik und im Exil, S. 73–90.
Peter, Nina: Der Verfall des Kaufmanns in Thomas Manns »Buddenbrooks« (1901), in: Peter, Nina: Poetiken der Ökonomie: Finanzkrisen und Spekulation in der Literatur vom 19. bis zum 21. Jahrhundert, Würzburg: Königshausen & Neumann 2024, S. 70–89.
Pezzella, Mario: Da un diario inedito di Adrian Leverkühn, in: Pezzella, Nel vuoto del tempo, S. 117–128.
Pezzella, Mario: Un duplice chiarore: »La montagna magica« di Thomas Mann, in: Pezzella, Nel vuoto del tempo, S. 21–45.
Pezzella, Mario: Il fascismo come »stato d'animo«: »Mario e il mago« di Thomas Mann, in: Pezzella, Nel vuoto del tempo, S. 91–116.
Pezzella, Mario: Nel vuoto del tempo: la crisi della coscienza europea negli anni Venti e Trenta del Novecento, Roma: Rogas edizioni 2023 (= Engageante), 239 S.

Phọnsan Watthanāngkūn: Von der Literatur zur Leinwand: Künstlerproblematik und Musikästhetik in Thomas Manns »Der Tod in Venedig«, in: Honold, Thomas Mann, »Der Tod in Venedig« und die Grenzgänge des Erzählens, S. 139–152.
Pike, Burton: Armand de Kroullosta: Thomas Mann's »Confessions of the confidence man«: a lecture, in: Constantine, Peter (Hrsg.): Underlying rhythm: on translation, communication, and literary languages: essays in honor of Burton Pike, Oxford: Peter Lang 2023, S. 73–91.
Pines, Sarah: Wo sterben?: Erinnerung an den »Zauberberg«, in: Sina, 100 Jahre »Zauberberg«, S. 49–58.
Port le roi, André: Thomas Mann: populäre Irrtümer und andere Wahrheiten, Essen: Klartext 2024 (= Irrtümer und Wahrheiten), 120 S.
Prado, Dante: The crisis of sociability and laughter in Thomas Mann's »Der Zauberberg«, in: German life and letters, Jg. 77, 2024, H. 4, S. 465–490.
Prütting, Lenz: Rettende Selbstbesinnung I: Die Causa Mann oder Der Schritt nach Westen, in: Prütting, Lenz: »Das kann nicht sein!«: Studien zur Phänomenologie von Verstörungs-Erlebnissen, Würzburg: Königshausen & Neumann 2024, S. 275–291.
Reidy, Julian: Case study: the barbaric in Thomas Mann's work, in: Winkler, Markus (Hrsg.): Barbarian: explorations of a western concept in theory, literature, and the arts: Bd. II: Twentieth and Twenty-First centuries, Stuttgart: J.B. Metzler 2023 (= Schriften zur Weltliteratur, Bd. 15), S. 179–202.
Reinelt, Carlos Peter: Von den Schweizer in die Japanischen Alpen – Thomas Manns »Der Zauberberg« als Hypotext von Murakami Harukis »Naokos Lächeln«, in: Literaturstraße: chinesisch-deutsche Zeitschrift für Sprach- und Literaturwissenschaft, Jg. 23, 2023, H. 2, S. 23–38.
Rosenbrück, Jonas: Bindungsroman: sickness, sexuality, and ambiguity in Thomas Mann, in: Colloquia Germanica: internationale Zeitschrift für Germanistik, Jg. 57, 2024, H. 3, S. 273–295.
Scerbo, Alberto: The »spirit« of Europe in literature between the two world wars, in: Zander, Laura A. (Hrsg.): Europe in law and literature: transdisciplinary voices in conversation, Berlin: De Gruyter 2023 (= Law & literature, Bd. 23), S. 111–119.
Schäfer, Hermann: Thomas Mann, in: Schäfer, Hermann: Die Rotary Clubs im Nationalsozialismus: die ausgeschlossenen und diskriminierten Mitglieder – ein Gedenkbuch, Göttingen: Wallstein 2024, S. 512–516.
Schelletter, Christopher: Zur Intertextualität homoerotischen Erzählens in Thomas Manns »Der Tod in Venedig« und Mishima Yukios »Bekenntnisse einer Maske«, in: Honold, Thomas Mann, »Der Tod in Venedig« und die Grenzgänge des Erzählens, S. 181–203.

Schickhaus, Tobias Akira: Doppelte Optiken: Gattungstraditionen und erzähltes Wissen um Thomas Manns »Der Tod in Venedig«, in: Honold, Thomas Mann, »Der Tod in Venedig« und die Grenzgänge des Erzählens, S. 105–122.

Schilling, Erik: Felix Krull – der »authentische« Hochstapler?, in: Schöll, Thomas Mann lesen!, S. 15–26.

Schings, Hans-Jürgen: Thomas Mann, in: Schings, Hans-Jürgen: Die Revolution des Feindes: Studien zum Ideenkrieg 1914 gegen 1789, Würzburg: Königshausen & Neumann 2024, S. 175–188.

Schininà, Alessandra: Thomas Mann im Österreich des Kalten Krieges, in: Linder, Weltpolitik, Weltfrieden, S. 167–177.

Schmidt, Gunnar: Pneumo-Pathologie (Mann), in: Schmidt, Gunnar: Atemräume: pneumo-ästhetische Betrachtungen, Emsdetten: Edition Imorde 2023 (= edition imorde.instants, Bd. 7), S. 113–133.

Schöll, Julia: Die Politisierung des Mythos in Zeiten der Krise: Thomas Manns Romantetralogie »Joseph und seine Brüder«, in: Schöll, Thomas Mann lesen!, S. 65–80.

Schöll, Julia und Solana Higuera, Franziska (Hrsg.): Thomas Mann lesen!, Würzburg: Königshausen & Neumann 2024, 182 S.

Schönbächler, Martina: Buchprojekte, in: Gaber, Provenienz, S. 79–91.

Schönbächler, Martina: Marginalien in der digitalen Edition: Bemerkungen zu Text und Autorschaft am Beispiel von Thomas Manns Nachlassbibliothek, in: Editio: internationales Jahrbuch für Editionswissenschaft, Jg. 37, 2023, H. 1, S. 12–27.

Schönbächler, Martina: Splitterpoetologie: Thomas Manns Gerda-Komplex zwischen Bibliothek, Frühwerk und »Joseph in Ägypten«, Göttingen: Wallstein 2024, 397 S.

Schöning, Matthias: Ansteckender Faschismus: Thomas Manns »Mario und der Zauberer«: Adressierung, Leitmotiv und Stellung des Erzählers zum Geschehen, in: Zeitschrift für deutsche Philologie, Jg. 142, 2023, H. 4, S. 561–587.

Schwarz, Thomas: Tropische Insularität: zum Einfluss der Geographie von Insel und Lagune auf Aschenbachs letzter Reise, in: Honold, Thomas Mann, »Der Tod in Venedig« und die Grenzgänge des Erzählens, S. 59–74.

Seidl, Claudius: Thomas Manns bester Film, in: Sina, 100 Jahre »Zauberberg«, S. 37–48.

Sina, Kai (Hrsg.): 100 Jahre »Zauberberg«, Frankfurt/Main: S. Fischer 2024 (= Neue Rundschau, Bd. 135.3), 181 S.

Sina, Kai: Was gut ist und was böse: Thomas Mann als politischer Aktivist, Berlin: Propyläen 2024, 295 S.

Sina, Kai: Den »Zauberberg« lesen in Arizona: Susan Sontag trifft Thomas Mann, in: Schöll, Thomas Mann lesen!, S. 129–147.

Solana Higuera, Franziska: Man(n) rezipiert Goethe im Exil: eine Spurensuche zu »Lotte in Weimar«, in: Schöll, Thomas Mann lesen!, S. 43–63.
Sparr, Thomas: Zauberberge: ein Jahrhundertroman aus Davos, Berlin: Berenberg 2024, 78 S.
Steinbach, Matthias: »Denn er ist unser!« –Thomas Manns Jenaer Ehrenpromotion von 1955, in: Schöll, Thomas Mann lesen!, S. 149–166.
Streim, Gregor: Das Humane und das Humanitäre: Thomas Manns »neuer Humanismus« und der »Doktor Faustus«, in: Öhlschläger, Narrative des Humanismus in der Weimarer Republik und im Exil, S. 3–26.
Szabó, Miloslav: Literarischer Antisemitismus?: Diskussionsbeitrag anhand einer Analyse von Thomas Manns Novelle »Der Tod in Venedig«, in: World literature studies, Jg. 15, 2023, H. 3, S. 115–126.
Theisohn, Philipp: Das Blut der Bücher: Thomas Manns »Der Zauberberg« als bibliotherapeutisches Experiment, in: Sina, 100 Jahre »Zauberberg«, S. 23–36.
Thomaz, Leonardo Augusto: »A enganada« e »A morte em Veneza«: a reconfiguração da doença no estilo tardio de Thomas Mann, in: Pandaemonium Germanicum: revista de estudos germanísticos, Jg. 27, 2024, H. 53, S. 295–311.
Tonye, Appolinaire: Thomas Mann und die Dekadenz: eine Analyse seiner frühen literarischen Werke und deren Verbindung zur dekadenten Strömung, München: Grin 2024, 150 S.
Vaget, Hans Rudolf: »Thomas Mann wählt Wallace«: die amerikanische Präsidentschaftswahl von 1948, in: Linder, Weltpolitik, Weltfrieden, S. 97–113.
Wenz, Gunther: Das Ewig-Kurzgefaßte: Thomas Manns Mose-Novelle »Das Gesetz« im Kontext biblischer Geschichte, in: Wenz, Gunther: Schibbolet: biblische und andere Geschichten, München: Utzverlag 2024 (= Zur Literatur, Bd. 9), S. 161–240.
Wiebe, Christian: Thomas Manns frühe Erzählungen und die Literatur der Klassischen Moderne, in: Schöll, Thomas Mann lesen!, S. 111–127.
Wimmer, Ruprecht: Thomas Manns Weg durch den Kalten Krieg, in: Linder, Weltpolitik, Weltfrieden, S. 11–21.
Wißkirchen, Hans: Heinrich und Thomas Mann im Kalten Krieg, in: Linder, Weltpolitik, Weltfrieden, S. 65–82.
Wolfinger, Kay: Kunstlicht und magischer Schatten: Künstlichkeitsverdunkelungen in Zaubertexten der Gegenwart, in: Goll, Francesca (Hrsg.): Zur Künstlichkeit in der Literatur, Lausanne: Peter Lang 2023, S. 83–97.
Xu, Yin: Konstruktion und Dekonstruktion des Orientbildes in »Der Zauberberg«, in: Literaturstraße: chinesisch-deutsche Zeitschrift für Sprach- und Literaturwissenschaft, Jg. 24, 2023, H. 2, S. 135–145.
Yuan, Si: Eine realitätsbezogene Metapher: Cholera und epidemische Psychologie in »Der Tod in Venedig«, in: Literaturstraße: chinesisch-deutsche Zeitschrift für Sprach- und Literaturwissenschaft, Jg. 23, 2023, H. 2, S. 213–227.

Zelić, Tomislav: Über Freiheit und Lust an der Unterwerfung zwischen Mitteleuropa und Mittelmeer am Vorabend des Ersten Weltkrieges, in: Agard, Oliver (Hrsg.): Liberalismus (be-)denken: Europa-Ideen in Wissenschaft, Literatur und Kulturkritik (1900–1950), Wien: Böhlau 2023, S. 309–322.

Zhu, Shuangjiao: Melancholie als literarisches Motiv: eine vergleichende Analyse zwischen »Hongloumeng« von Cao Xueqin und »Buddenbrooks: Verfall einer Familie« von Thomas Mann, Berlin: Lang 2024 (= China, Europa und die Welt: Literaturen und Kulturen im Dialog, Bd. 4), 291 S.

Ziegler, Heide: Thomas Mann, »Buddenbrooks«, in: Butzer, Günter (Hrsg.): Große Werke der Literatur XVI: eine Ringvorlesung an der Universität Augsburg, Augsburg: Universität Augsburg / Norderstedt 2024, S. 35–64.

Zimmermann, Rolf: Historische Erfahrung, kulturelle Sensibilität und Martin Seels Problem mit Thomas Mann, in: Zeitschrift für Ästhetik und allgemeine Kunstwissenschaft, Jg. 68, 2023, H. 2, S. 53–60.

Mitteilungen der Deutschen Thomas Mann-Gesellschaft Sitz Lübeck e.V. 2024/25

Das Jahr 2024 stand ganz im Zeichen von Thomas Manns international erfolgreichstem Roman, dem *Zauberberg*, der genau vor hundert Jahren erschienen ist.

Zum zweiten Mal fanden in Lübeck die »Thomas Mann-Tage« statt, ein Format, bei welchem im Rahmen der Strategie 2026 kommunikativere Formate vor wissenschaftlichen Vorträgen in den Vordergrund treten. Vom 27. bis 29. September 2024 lud die Deutsche Thomas Mann-Gesellschaft in Kooperation mit dem Buddenbrookhaus/Heinrich-und-Thomas-Mann-Zentrum unter dem Titel »100 Jahre *Der Zauberberg*« nach Lübeck ein. Am gleichen Wochenende fand außerdem die Verleihung des Thomas Mann-Preises an den Autor Navid Kermani im Theater Lübeck statt, dies konnte ebenfalls zum zweiten Mal an die Tagung in Lübeck gekoppelt werden.

Mittlerweile gehört die Übertragung der Tagung im Livestream zum festen Bestandteil und wird gut und gerne von Interessierten angenommen. Ebenso stehen die Vorträge wie gewohnt auf dem Youtube-Kanal der Deutschen Thomas Mann-Gesellschaft zur Verfügung.

Im großen Jubiläumsjahr zum 150. Geburtstag Thomas Manns hat die Deutsche Thomas Mann-Gesellschaft außerhalb des üblichen Rhythmus unter dem Titel »150 Jahre Thomas Mann. Grenzgänge und Verwandlungen« zwischen dem 5. und 8. Juni 2025 rund um Thomas Manns Geburtstag am 6. Juni eine große Tagung veranstaltet. Alle Vorträge und Reden werden im Jahrbuch 2026 versammelt. Da die Thomas Mann-Jubiläen nicht abreißen, veranstaltet die Deutsche Thomas Mann-Gesellschaft im kommenden Jahr erneut ihre Jahrestagung in Lübeck, im Zentrum steht dann das 125-jährige Erscheinen der *Buddenbrooks*. Die »Lübecker Thomas Mann-Tage« 2026 finden vom 25. bis 27. September statt.

Das Netzwerk Thomas Mann International, ein Zusammenschluss der fünf Thomas Mann-Häuser weltweit mit Sitz in Lübeck, hat zum Jubiläumsjahr eine Website (www.mann2025.de) aufgesetzt. Sie versucht zum einen alle Veranstaltungen rund um Thomas Mann in einem Kalender zusammenzufassen und versammelt zum anderen in einem Journal kurzweilige Essays und Interviews, die sich aktuellen Fragen und Forschungsdebatten rund um Thomas Mann widmen.

Am Vereinssitz der Deutschen Thomas Mann-Gesellschaft, dem Buddenbrookhaus in der Mengstraße 4 in Lübeck, gehen die Umbauarbeiten voran.

Die erforderliche Umplanung des NEUEN Buddenbrookhauses, die den Denkmalschutz umfassend respektieren muss, befindet sich derzeit in der Leistungsphase 3. Mit Unterstützung des Begleitarbeitskreises »Umbau Buddenbrookhaus« ist es gelungen, eine bauliche Variante zu finden, die dem Denkmalschutz und zugleich den Betriebsabläufen genügt. Die Kostenprognose nach Abschluss der Leistungsphase 2 hat die in der Bürgerschaft vom Gebäudemanagement der Hansestadt Lübeck (GMHL) kommunizierte Kostensteigerung auf gut 42 Millionen Euro (inkl. Kostenpuffer) bestätigt.

Parallel zu den Arbeiten der Entwurfsplanung, die im Herbst mit einer neuen Entwurfs- und Genehmigungsplanung abgeschlossen und dann den Gremien der Stadt (Begleitarbeitskreis, Bauausschuss, Kulturausschuss, Hauptausschuss, Bürgerschaft) vorgestellt werden sollen, wurden Arbeiten an der Baustelle vollzogen. Diese betrafen insbesondere die Abdichtungen der historischen Keller, die Verlegung der Regenwasserleitungen am Oberen Wehdehof und das interime Rettungskonzept. Ferner dienen restauratorische Untersuchungen an der Fassade Mengstraße 6 dazu, die Translozierung der Fassade bestmöglich vorzubereiten. Der Rückbau der Bestandsgebäude ist für Februar 2026 vorgesehen.

Noch bis zum 18. Januar 2026 kann die Jubiläumsausstellung »Meine Zeit. Thomas Mann und die Demokratie« des Buddenbrookhauses im St. Annen-Museum besichtigt werden. Daneben ist das Buddenbrookhaus weiterhin mit dem Museumsshop und Infocenter »Buddenbrooks am Markt« im Stadtraum präsent, der seit Jahresanfang in einem neuen Multifunktionsraum den Stammbaum und die Lebensstationen der Familie Mann frei zugänglich präsentiert.

Dank für Zuwendungen

All jenen, die die Tätigkeit der Deutschen Thomas Mann-Gesellschaft durch eine kleine oder größere Spende unterstützt haben, sei an dieser Stelle herzlich gedankt.

Ein besonderer Dank gilt der Possehl-Stiftung und der Friedrich Bluhme und Else Jebsen-Stiftung für die großzügige Förderung der Thomas Mann-Gesellschaft.

Für die Förderung der Internationalen Thomas Mann-Tagung 2025 gilt der Dank der Hansestadt Lübeck und dem Ministerium für Allgemeine und Berufliche Weiterbildung, Wissenschaft, Forschung und Kultur Schleswig-Holstein sowie der Arbeitsgemeinschaft Literarischer Gesellschaften und Gedenkstätten gefördert aus Mitteln des Beauftragten der Bundesregierung für Kultur und Medien.

Hinzu kommt der Dank für 7 Geschenkmitgliedschaften im Jahr 2025. Hierbei handelt es sich um neue Mitglieder, welche ihre Mitgliedschaft von einem anderen Mitglied im ersten Beitrittsjahr geschenkt bekommen haben.

Bis zum Redaktionsschluss am 30. Juni 2025 haben 38 Mitglieder die Thomas Mann-Gesellschaft mit einer Spende zur Tagung anlässlich des 150. Geburtstags von Thomas Mann unterstützt. Nachfolgend möchten wir namentlich jene Spenderinnen und Spender nennen, die einer Veröffentlichung zugestimmt haben:

Lucie Feldmann, Recklinghausen
Michael Finkbeiner, Bad Saulgau
Dr. Sören Fischer und Anna Schäde, Kaiserslautern
Ulrich Haury, Weinheim
Cristina Herbst, Frankfurt am Main
Manuel Ickrath, Wiesbaden
Dr. Eckhard Kiefer, Flörsheim-Dahlsheim
Friedrich-Wilhelm Kieseritzky, Lübeck
Thomas Lanfermann, Altenzaun
Friedburg Michaelis, Glashütte
Hans-Christian Nissen, Bremerhaven
Olaf Rode, München

Dr. Angelo Rohlfs, Hamburg
Thomas Schmalzgrüber, Köln
Bernhard F. Schoch, Köln
Volker Seemann, Aurich
Holger Spies, Frankfurt am Main
Thomas Sprick, Hamburg
Kathrin Verzino, Cottbus
Volksbank Lübeck eG, Lübeck

Mitteilungen der Thomas Mann Gesellschaft Zürich für 2025

Vom 5. bis 11. August 2024 begingen wir in Davos mit der Literaturtagung »Aktueller denn je! – Hundert Jahre Thomas Manns *Der Zauberberg* (1924–2024)« das Jubiläum von Thomas Manns Opus magnum mit einer Reihe von Vorträgen und Diskussionen zu Themen wie »*Der Zauberberg* – Gipfel im Werk Thomas Manns«, »Europa im *Zauberberg*«, »Claudia Chauchat – eine Frau mit Eigenschaften«, »Eros und Politik im *Zauberberg*«, »Wieviel Zeitgeschichte steckt im *Zauberberg*« oder »Was sagt uns der *Zauberberg* heute? Zur Aktualität des Romans«.

Zurück im Flachland, fand am 24. Oktober 2024 unter dem Titel »Feder und Bogen 1: Thomas Mann« ein Literatur-Konzert des Zürcher Kammerorchesters statt, das Thomas Ribi mit der TMG als Kooperationspartner organisiert hat. Im von Anina La Roche konzipierten Abend kreierten die Musiker*innen des ZKO, Anna Tchinaeva, Christina Moser, Justin Lee Mark Caulley, Guillermo Ortega Santos und Suguru Ito, mit dem Schauspieler Thomas Douglas wundersame musikalisch-literarische Miniaturen.

Anlässlich der 8. Thomas Mann Lecture der ETH Zürich am 3. Dezember 2024 beleuchtete der deutsch-amerikanische Literaturwissenschaftler Hans Ulrich Gumbrecht zum 100-jährigen Romanjubiläum das Spannungsverhältnis, in das der Zeitroman *Der Zauberberg* mit seinem Aufstieg zum Literaturklassiker geraten ist.

Am 16. Februar 2025 lud unsere Gesellschaft gemeinsam mit der Schweizerischen Richard Wagner-Gesellschaft zum Vortrag »Zwischen heiss, kalt und lauwarm: Die Wechselbäder von Thomas Manns kritischer Wagner-Begeisterung« von Hans-Joachim Hinrichsen im Lyceum Club Zürich.

Die Feier des 150. Geburtstages von Thomas Mann am 6. Juni 2025, organisiert durch das Thomas-Mann-Archiv der ETH-Bibliothek, die Thomas Mann Gesellschaft Zürich und die Gemeinde Kilchberg, durften wir im sommerlichen Garten des Conrad Ferdinand-Meyer-Hauses in Kilchberg begehen. Die Vizepräsidentin der TMG, Ursula Amrein, vergegenwärtigte die bedrückende historisch-politische Lage Thomas Manns im Schweizer Exil ab 1933. Thomas Amslinger betonte als Vertreter der ETH-Bibliothek die Bedeutung des 1956 an der ETH installierten Thomas-Mann-Archivs für die Forschung und Öffentlichkeitswahrnehmung Thomas Manns. Die Gastgeberin, Elisabeth Lott, würdigte die letzten Lebensjahre des Schriftstellers in unmittelbarer Nachbarschaft des C. F. Meyer-Hauses. Für die Deutsche Botschaft Bern sprach Gabriele Boner, Leiterin der Presse- und Kulturabteilung, über Literatur als »moralischen und gesellschaftlichen Resonanzraum« und Thomas Manns Romane als überzeitlichen Aufruf zu »geistiger Wachsamkeit«. Persönliche, musikalisch untermalte Grüße richteten der Urenkel des Jubilars, Stefan Mann, und seine Frau Tina Speckhofer aus. Die Schriftstellerin Dana Grigorcea führte ins künstlerische Programm »Musik und Text, inspiriert von *Doktor Faustus*« ein: Der Schauspieler Matthias Neukirch zog die Gäste mit einer berückenden Lesung aus dem Roman in seinen Bann, und die Violinistin Ilva Eigus und die Pianistin Ana Silvestru begeisterten mit ihrer feinfühligen Fülle des Wohllauts aus Werken von César Franck, Franz Schubert, Ludwig van Beethoven, Daniel Fueter und Johannes Brahms.

Am 6. September 2025 lädt die Thomas Mann Gesellschaft Zürich zu ihrer Jahrestagung auf Schloss Brunegg. Zusammen mit dem Gastgeberpaar, Thomas und Elisabeth von Salis, begeben wir uns an diesem illustren Ort auf die Spuren des berühmten Chronisten des Zweiten Weltkriegs, Jean Rudolf von Salis, und schlagen einen Bogen zu Thomas Manns »Deutsche Hörer!«. Begleitet werden die Wortbeiträge musikalisch von einem Arrangement von Jürg Dähler, dem Intendanten des Pfingstfestivals Schloss Brunegg, und zwar wird das 1. Streichquartett in F-Dur op. 17 Nr. 1 von Laura Valborg Aulin aus der Zeit der Belle Époque gegeben.

Seit 1958 erscheinen die *Blätter der Thomas Mann Gesellschaft Zürich* und sind damit die älteste Thomas Mann gewidmete Zeitschrift im deutschsprachigen Raum. Bislang waren die *BlTMG* nur gedruckt greifbar – nun sind sie es auch digital auf E-Periodica, der von der ETH-Bibliothek betriebenen Plattform für Schweizer Zeitschriften. Sämtliche Jahrgänge sind nun einem breiten Publikum online zugänglich (die aktuelle Ausgabe jeweils nach Ablauf einer Sperrfrist).

Die jüngste Ausgabe der *BlTMG*, die Nr. 40 – neu von Claudio Steiger redigiert –, erschien Anfang 2025; Oliver Fischer beschäftigt sich darin mit »›Man kann die Liebe nicht stärker erleben‹ – Thomas Mann und Paul Ehrenberg«, Martina Schönbächler mit »›Nie wieder –?‹ Friedemann im 21. Jahrhundert« und Claudio Steiger führt mit Manfred Papst ein Gespräch zu den Mann-Jubiläen 2024/2025.

Die Thomas Mann Gesellschaft Zürich zählt auf den Zeitpunkt der Jahrestagung 257 Mitglieder.

Elias Canetti
Jetzt in der *Zürcher Ausgabe*
208 Seiten. Leinen, Fadenheftung mit Lesebändchen
Elias Canetti
Der Ohrenzeuge
Fünfzig Charaktere
544 Seiten. Leinen, Fadenheftung mit Lesebändchen
Elias Canetti
Die gerettete Zunge
Geschichte einer Jugend
Hanser
Demnächst erscheinen:
Elias Canetti
Hochzeit
Komödie der Eitelkeit
Die Befristeten
Dramen
Elias Canetti
Die Fackel im Ohr
Lebensgeschichte
1921 – 1931
Elias Canetti
Die Stimmen von Marrakesch
Aufzeichnungen nach einer Reise
Elias Canetti
Das Augenspiel
Lebensgeschichte
1931 – 1937
Elias Canetti
Die Blendung
Roman
Foto: © Elias Canetti Erben, Zürich
Die *Zürcher Ausgabe* bietet sämtliche Werke von Elias Canetti in 13 Bänden, kommentiert und ergänzt um bisher unzugängliches Material. Mehr Informationen unter **eliascanetti.de**
HANSER